지은이

백종현 서울대학교 철학과 명예교수

안성두 전 서울대학교 철학과 교수

엄연석 한림대학교 태동고전연구소 교수

박원재 율곡연구원 원장

신정근 성균관대학교 유학대학 교수

김혜경 인제대학교 문화콘텐츠학과 교수

이종권 전 중앙대학교 철학과 교수

이종환 서울시립대학교 철학과 교수

이영환 이화여자대학교 철학과 교수

양호영 서울대학교 서양고전학과 강사

강상진 서울대학교 철학과 교수

김주연 작가, 사색의숲 출판사 편집장

구본권 한겨레 사람과디지털연구소 소장

이철승 조선대학교 아시아언어문화학부 철학 전공 교수

심지원 동국대학교 철학과 조교수

박충식 유원대학교 인공지능소프트웨어학과 석좌교수

김기봉 경기대학교 사학과 교수

『철학과 현실, 현실과 철학』 기획편집위원

백종현(대표), 강상진, 김도식, 김양현, 양일모, 이종환, 이진우, 정원섭, 조은수, 허우성, 백두환(간사)

(주)북이십일 경계를 허무는 콘텐츠 리더

21세기북스 채널에서 도서 정보와 다양한 영상자료, 이벤트를 만나세요!

페이스북 facebook.com/jiinpill21 **포스트** post.naver.com/21c_editors

인스타그램 instagram.com/jiinpill21 **홈페이지** www.book21.com

유튜브 youtube.com/book21pub

당신의 일상을 빛내줄 탐나는 탐구 생활 〈탐탐〉

21세기북스 채널에서 취미생활자들을 위한 유익한 정보를 만나보세요!

인간의 자각과 개명

일러두기

- 이 책에 등장하는 고유명사의 표기는 국립국어원 외국어 표기법을 원칙으로 하되 저자의 요청이 있는 경우 원어의 발음으로 표기했다.
- 따옴표 등 약물의 사용은 가독성을 높이는 방향으로 표기법을 통일했다.

1

철학과 현실—현실과 철학

인간의 자각과 개명

동서양 고중세 철학과 미래 세계에 대한 성찰

백종현
안성두
엄연석
박원재
신정근
김혜경
이종권
이종환
이영환
양호영
강상진
김주연
구본권
이철승
심지원
박충식
김기봉
지음

백종현
엮음

21세기북스

책을 펴내면서

석양의 강 언덕에 앉아 흐르는 강물을 물끄러미 바라보면서 상념에 젖는다. '나는 어디서 와서 어디로 가고 있는가?', '태어나서[生] 살다가 늙고[老], 병들어[病] 마침내 죽는 것[死]이 생애 전부인가?', '누구는 만물이 물이라 하니, 나 또한 물에서 나서 물로 돌아가는가? 아니면, 흔히 말하듯 흙에서 나서 흙으로 돌아가는가? 아니면, 깨달았다는 내 친구가 말하듯, 빛에서 일어나서 한 줄기 빛으로 지나가는가?'

사소한 일상에서 시작된 상념이 깊어져 사변으로 발전하면 철학이 된다. 숱한 철학적 논변들의 발단은 철학자의 생활 환경과 현실 체험이다. 이 책 『철학과 현실, 현실과 철학』은 한 철학자 또는 한 철학 학파의 어떤 사상이 그 철학자의 어떤 생활 세계, 어떤 현실 인식에서 발생했는지를 이야기하는 글 모음이다. 이 책의 공저자들은 단지 '현실'에 관한 철학 이야기뿐만이 아니고, '이상'에 관한 철학이라도 그것의 발단은 철학자의 현실 기반임을 이야기하고 있다.

이 이야기 글 모음에는 한국 철학계 동료 74인이 동참하고 있는데, 공저자 대부분이 전문 논문을 작성하는 일이 습성화한 전문 학자이다 보니, 어떤 글 꼭지는 논문식으로 서술되기도 했다. 그렇지만 공저자 일동은 가능한 한 다루고 있는 철학자, 철학 주제를 일상에서처럼 이야기해보고자 하였다. 또 어떤 글 조각은 이 책을 위해 처음으로 쓴 것이라기보다는 필자의 옛 글을 이 책의 발간 취지에 맞춰 고쳐 쓴 것이다.

공저자 74인이 서로 의논한 바 없이 각자 자기 방식으로 써낸 철학 이야기들임에도, 그 이야기들에는 일정한 맥락이 있어 이를 네 권에 나누어 담고, 각각에 다음과 같이 표제를 붙였다. 제1권 인간의 자각과 개명(開明), 제2권 인간 문명의 진보와 혼란, 제3권 인간 교화의 길, 제4권 현대 문명의 향도(嚮導).

우리 공저자 일동이 함께 뜻을 모아 이런 책을 펴내는 바는 줄곧 '철학과 현실'을 주제로 활동해오신 현우(玄愚) 이명현(李明賢, 1939~) 교수님의 85세수(八十伍歲壽)를 기리기 위한 것이다. 우리는 이 책으로 이명현 교수님이 오늘날의 한국 철학계를 형성하는 데, 특히 한국 철학계의 국제적 위상을 높이는 데 기여한 빛나는 공적을 후학들이 오래오래 기억하고, 우리 학계를 더욱더 발전시키고자 다짐하는 계기를 마련하려 하였다.

이명현 교수님의 일생을 되돌아보는 것은, 한국 현대사 85년을 되돌아보는 일이나 다를 바 없다. 이 교수님은 공식 기록에는 1942년 6월 16일생으로 되어 있으나, 실제로는 1939년 8월 1일 평안북도 신의주에서 아홉 형제 중 일곱째로 탄생하였다. 고향에서 8년을 살고 부친 별세 후에 1947년 모친과 함께 이남으로 피난하여 1949년 제주도에 정착, 열 살이 되어서야 초등학교에 2학년으로 입학했는데, 당시에 동급생들이 대개 1942년생이어서 그에 맞춰 1942년생으로 비로소 호적 정리를 했다고 한다. 그렇게 입학한 초등학교는 제대로 졸업했지만, 가정 형편상 중고등학교 정규교육 과정을 이수하지 못하고 검정고시를 거쳐 1960년에 서울대학교 철학과에 입학하였다. 이후로는 당시의 인재들이 보통 선택할 수밖에 없었던 '학자 되는 길'을 걸었다. 장학금을 얻어 미국 대학(Brown Univ.)에 유학하고, 1973년에 귀국하여 한국외국어대학교에서 교수 활동을 시작하였다. 1977년에 서울대학교 철학과 교수로 전임하여, 2007년에 정년 퇴임하였다.

이명현 교수님은 그사이 1980년 신군부 치하에서 4년여 강제 퇴직을 당하기도 했고, 복직 후 1994~1996년 간에는 대통령 자문 교육개혁위원회 상임위원을 맡아 이른바 '5·31 교육개혁안'(1995)을 마련, 현행 교육 3법(교육기본법, 초·중등교육법, 고등교육법)의 제정을 주도하였다. 그리고 그는 그 후속으로 짧은 기간(1997. 8.~1998. 3.)이지만 교육부 장관직을 맡아 교육 3법에 부수하는 제도 정비 작업을 수행하였다. 그리고 이와 관련해 이 교수님은 자신이 철학하는 취지와 사회 혁신, 특히 교육 개혁의 필요성과 방향을 두 권의 웅혼한 저술, 곧 『신문법 서설』(철학과현실사, 1997)과 『교육혁명』(철학과현실사, 2019)을 통해 밝혔다.

1945년 이후에야 한국의 철학계는 비로소 현대 한국어로 철학하기를 시작했는데, 일제강점기의 여파로 초기 1950~1970년대는 독일 철학적 주제들이, 이어지는 1980~1990년대는 사회철학이 학계의 주류를 이루었다. 이러한 환경에서 이명현 교수님은 이른바 영미 철학의 분위기를 일으킨 선도자였다. 학사 논문 「Tractatus의 중심 사상」(서울대학교, 1966), 석사 논문 「Wittgenstein에 있어서 언어의 의미 문제 — 후기철학을 중심으로」(서울대학교, 1968), 박사 논문 "The later Wittgenstein's Reflection on Meaning and Forms of Life"(Brown Univ., 1974)을 통해 이 교수님은 비트겐슈타인을 천착하였고, 이로써 한국 철학계에 새로운 학풍을 조성하였다. 이때 김준섭(서울대), 이한조(서강대), 이초식(서울교대, 고려대) 교수님 등 몇 분으로 겨우 구색을 갖추고 있던 영미 철학 분야가 이 교수님을 비롯해 김여수(성균관대, 서울대), 소흥렬(계명대, 이화여대), 엄정식(서강대), 정대현(이화여대) 교수님 등이 등장함으로써 차츰 한국 철학계의 큰 줄기로 발전하여, 2000년 이후는 학계의 대세가 되었는데, 그러한 학계의 형성에 이명현 교수님은 초석을 놓았다.

'한국 철학계'라는 학계의 형성에는 탁월한 연구와 교육뿐만 아니라, 이를 위한 기관 설립과 학자들의 교류의 장을 확대하는 일이 긴요한데, 이명현 교수님은 '서울대학교 철학사상연구소'(1989)와 '사단법인 한국철학회'(1996)의 기틀을 잡았고, 한국철학회가 주최한 두 차례의 세계적 학술대회였던 '한 민족 철학자 대회'(서울대, 1991)와 '제22차 세계 철학 대회(World Congress of Philosophy)'(서울대, 2008)를 주관하였다. 이와 같은 물적·가시적 업적을 넘어 이명현 교수님의 최고 미덕은 일에 대한 거시적인 안목과 통찰력, 미래 지향적 사고, 업무 처리에서의 공명정대함과 주변 인사들의 허물은 덮고 장점을 높이 사서 저마다의 역량을 널리 펼 수 있도록 눈에 띄지 않게 배려하는 품성이다. 오늘날 한국 철학계라는 '학계'는 그의 이러한 미덕에서 많은 자양분을 얻었다.

여기에 더해 이명현 교수님은 이 책의 표제가 그에서 비롯한 계간지

《철학과 현실》(철학문화연구소)의 창간 시기부터 편집인(1989~1997)으로, 나중에는 발행인(2009~현재)으로 활동하면서 철학과 현실의 접목에 진력하고 있다.

우리 공저자 일동은 각자 관심 있는 철학자(철학 학파)의 철학 이야기를 여기에 펼쳐내면서 이명현 교수님의 높은 학덕에 경의를 표하고, 그 노고에 깊은 감사를 표하는 바이다.

『철학과 현실, 현실과 철학 1 : 인간의 자각과 개명』은 서설과 함께 3부로 나뉜 17편의 철학 이야기로 구성되어 있다.

서설은 이 책의 표제인 '철학과 현실, 현실과 철학'의 기초 개념들에 대해 해설한다.

'제1부 문명의 개화'를 이루고 있는 여섯 편은 인류 문명 발화 시기의 불교, 유교, 도교, 그리스 사상을 이야기하면서, 그때 이후로 사람들이 줄곧 추구해온 진리의 가치를 성찰한다. 이러한 종교 사상과 철학 정신은 현대 한국 문화의 주요한 자양분이라는 점에서도 자못 의의가 크다.

'제2부 인간의 고뇌와 모색'은 고대 그리스와 로마 시대 그리고 중세 기독교 철학 형성기의 주요한 다섯 철학자의 이야기를 담고 있다. 이 이야기들은 인간에게 그다지 호의적이지 않은 자연환경에서 좋은 사회를 일궈나가려는 사상가들의 고뇌와 모색의 지점들을 들려준다.

'제3부 다가선 미래 성찰'의 다섯 편의 이야기는 3,000년의 문명 생활 끝에 인류가 마주친, 그리고 이내 마주치게 될 것 같은 현실을 조망한다. 미래는 교차하는 희망과 우려, 기대와 불안과 함께 온다. 미래에 대한 성찰은 사람들의 우려와 불안은 불식시키고 희망과 기대는 높이는 계기가 될 것이다.

이렇듯 다양한 철학 이야기를 한 권의 책으로 묶어내는 데는 많은 시간과 비용이 들어가는데, 이러한 책의 발간 기획 취지에 선뜻 응하여 공저자들이 독자들을 만날 수 있게 호의를 베풀어준 북이십일 출판사 김영곤 대표님과 결코 쉽지 않았던 교열과 교정 작업을 인내와 포용으로 맡아 해준 편집 담당자님께 깊은 사의를 표한다.

이명현 교수님과 함께 공저자 일동은 이렇게 책을 엮어냄으로써 철학도들끼리 주고받던 철학 이야기를 일반교양인 독자들과도 나누게 될 수 있기를 소망한다. 그리고 마침내는 한국의 교양인들 사이에서 철학 이야기꽃이 만발하기를 소망한다.

2024년 7월

『철학과 현실, 현실과 철학』 기획편집위원회를 대표해서

백종현

차례

1부 문명의 개화

2부 인간의 고뇌와 모색

3부 다가선 미래 성찰

서설

철학과 현실, 현실과 철학

백종현(서울대학교 철학과 명예교수)

'철학과 현실', '현실과 철학'은 서로 연관적으로 또는 대조적으로 자주 사용되는 말로서, 말하는 이와 듣는 이가 의사소통에서 그다지 어려움을 겪지는 않는 대구(對句)인 것 같다. 그럼에도 정작 "철학이 무엇인가?"라고 묻거나, "현실이란 무엇인가?"라고 물으면, 그 대답이 가지각색이다. 게다가 더러 사용하는 '철학의 현실화'라느니 '현실의 철학화'라느니 하는 말 또한 근사해 보이기는 하나 그 뜻이 명확하지는 않다. 그래서 '철학'이 무엇인지, '현실'이란 무엇을 의미하는지, '철학'과 '현실'은 어떤 관계를 갖는지는 거듭해서 생각해볼 것을 요구한다.

1. '현실'의 개념과 다의성

'현실(現實)'은 일면 ① '실제(實際)'를 뜻하고, 그런 경우 '현실적' 또는 '실제적'은 '이론(理論)적' 내지 '사변(思辨)적'과 반대되는 의미를 지닌다. 또 '현실'이 실제로 있음, 곧 ② '실재(實在)'를 뜻할 때 그것은 '관념(觀念)'이나 '이상(理想)' 내지는 '상상(想像)'과 반대의 의미를 지닌다. '현실'이 ③ '실현된 것'을 의미할 때는 어떤 이념(理念)이나 이상이 '작용(作用, actio, Wirkung)'한 결과를 지시하기도 하니, 이런 경우 '현실'은 오히려 이념이나 이상과 불가분리적이다. 그런가 하면 '현실'이 ④ '현실성'과 교환이 가능한 말로서 '실존(實存)' 내지 '현존성(現存性)'을 뜻할 때, 그것은 '가능성(可能性)'이나 '필연성(必然性)'과 구별되면서 '부재(不在)'와 반대의 의미를 지닌다. 여기서 '현실성'은 한낱 '존재(存在)'가 아니라, '실제로 존재함'을 지칭한다.

그런데 '실제로 존재함'이란 대체 어떻게 존재함을 말하는가? 아니, 먼저 '존재', '존재함/있음', '존재하다/있다'는 무엇을 지칭하는가?

'있다'란 '그는 있는 사람이다'에서 보듯 '유족(裕足)하다'라는 의미조차도 갖는 아주 다의적인 말이거니와, '존재하다'라는 의미로 좁혀서 본다고 해도 뜻이 그다지 분명해지지 않는다. 그래서 사람들이 그 뜻을 좀 더 분명하게 하기 위해 '실제로 있다(존재하다)' 또는 '실존하다'라는 부사를 덧붙인 표현을 사용하기도 하지만 말이다.

신은 실제로 있는가? 영혼은 실제로 있는가? '나'는 실제로 있는가? 나의 열 손가락은 실제로 있는가? '사람'은 실제로 있는가? 내 친구 오철수는 실제로 있는가? '3'이라는 것이 실제로 있는가? 인어는 실제로 존재하는가?

누구는 '신'을 숭배하며 매일 기도를 하면서, 영육 간의 조화와 안녕을 비는데, 누구는 '신'이니 '영혼'이니 하는 것은 실존하지 않는다며 고개를 젓고, 이런 행위를 헛짓으로 본다. 누구는 '사람'이 실제로 존재하는 것이고, 내 친구 '오철수'와 '김영숙'은 한낱 모상이라 하며, 반면에 누구는 실제로 존재하는 것은 나와 친교를 나누고 있는 '오철수'와 '김영숙'이고, '사람'이란 한낱 개념이라고 다투는 오랜 논쟁도 있다.

'현실'이라고 똑같이 말해도 실로 서로 다른 것을 뜻하는 일이 허다하다.

설왕설래 중에 뉴턴(Newton)을 거쳐 칸트(Kant)에 이르러서 '실제로 있다', '실존하다'는 '공간·시간상에서 감각될 수 있다'라고 규정되었다.[1]

① 공간·시간상에 나타나고 수량으로 재어질 수 있고, 다른 것과 서로 영향을 미칠 수 있는, 즉 힘을 주고받을 수 있는 것은 '있을 수 있는 것'이다. 그러한 것은 말하자면 가능적 존재자이다.

② 감각적으로 포착할 수 있는 것은 실제로 있다. 말하자면 지각할 수 있는 것은 현실적 존재자이다.

③ 어떤 현실적인 것과의 관련이 인과 관계나 상호 관계적으로 규정되는 것은 반드시 있다. 그런 것은 이를테면 필연적 존재자이다.

1 Kant, 『순수이성비판(Kritik der reinen Vernunft[KrV])』, A218=B265 이하 참조.

'현실적인 것'이 이렇게 규정되면서 종전에 거의 구별 없이 사용되던 '실재(實在, realitas, Realität)'와 '현실/실제(實際, actualitas, Wirklichkeit)'가 뚜렷하게 구분되었다. '실재적(realis, real)'이란 사물(res)을 이루는 것, 사물의 질(質, qualitas), 그러니까 사물의 무엇임(quidditas), 사물의 본질(本質, essentia) 요소이고, '실제적/현실적(actualis, wirklich)'은 사물의 존재 양태(Seinsweise)의 한 가지인 실존(實存, existentia) 방식이다. 칸트의 사고 기능의 범주 표에서 실재성은 질[~이다, 아니다] 범주의 하나이고, 현실성[현존/실존]은 양태[있다, 없다] 범주의 하나이다.[2] 이러한 규정에서 '한 사물이 실제로/현실적으로 있다[실존한다]'라는 것은 '한 사물이 공간·시간상에서 감각될 수 있다'를 말하고, 그 한 사물을 A로 또는 B로 규정하는 것은 특정한 공간·시간 관계와 함께 감각적 질료이다. 그러니까 특정한 공간·시간 관계 및 특정한 감각적 질료가 어떤 사물이며, 그 사물의 실재성을 이루고, 또한 그것이 어떤 사물의 현실성[현존/실존]의 준거이다. 바로 이 지점에서 실재성[무엇임]과 현실성[있음]은 서로 다른 종류의 지성 개념임에도 불구하고, 왕왕 유사 개념 또는 서로 교환할 수 있는 개념으로 쓰일 수 있다.

일반적으로 '실존하는 것', '실제로 있는 것', '현실'이 **'특정한 공간·시간 관계에서 감각되는 것'**을 지칭하는 통상의 어법은 이러한 사변을 거쳐 정착되었다. 그래서 '현실'은 가시적인 것으로서 공간적으로나 시간적

2 Kant, *KrV*, A80=B106 참조.

으로 제한적인 것으로 이해된다. 그렇기에 저 나라의 현실이 이 나라에서는 비현실일 수 있고, 어제의 비현실이 오늘의 현실일 수 있으며, 또 거꾸로일 수도 있다. 그러나 일반적으로는 자연과학이나 사회과학의 대상이 되는 것, 곧 일어난 일이나 일어나는 일 모두가 현실이라고 일컬어진다.

이쯤에서 '철학과 현실'의 관계에 눈길을 돌리면, 이러한 '현실'이라는 개념 자체가 철학적 사변(思辨)의 결과물이라는 사실이 눈에 들어온다. '철학적 사변'이라니…, 대체 '철학'이란 무엇인가?

2. '철학'의 개념과 한계

1) '철학'의 개념

사람들은 '철인(哲人)의 학문(學問)'인 철학(哲學, philosophia)을 보통 ① '지혜(sophia)의 학문' 또는 ② '모든 학문의 근본 학문'이라고 규정한다.

'대학(大學)'이 군자(君子) 대인(大人)의 학문, 곧 '대인지학(大人之學)'이라면, 철학은 철인의 학문, 곧 '철인지학(哲人之學)'이다. '성인(聖人)'이라 일컬어지는 공자(孔子)의 제자들 가운데 앞서 있는 열 명을 '십철(十哲)'이라 일컫는 예에서 보듯이, '성인'이 이미 지혜를 체득하여 인격을 완성한 이(sophos)의 지칭이라면, '철인'이란 아직 지혜에 온전히 이른 자는 아니지만, 지혜를 체득하여 성인이 되고자 무진 애를 쓰는 이

(philosophos),[3] 이를테면 구도자(求道者)를 일컫는다.[4]

'철인' 대신에 '철학자'로 '철학하는 자'를 지칭하기도 하는데, 그것은 '학문하는 자'를 통칭 '학자'라고 일컫는 것에 유비한 것이라 하겠다. 그런데 실은 '철학'이 '학문'의 대명사이던 시절, 즉 학문이 태동하던 시절에 '철학자'는 '학자' 일반의 호칭이기도 했다.

인간의 진리 탐구 활동이 막 싹틀 무렵 그 원리(시원)에 대한 탐구 활동에 매진한 이를 일컬어 '철학자'라 했고, 그 철학자의 활동 즉 '철학함'의 결실을 '철학'이라 일컬었던바, 그즈음에 '철학'은 실상 '학문'과 외연이 일치하는 것이었으니, 학문적 문제들은 모두 '철학적'이었다. 그것은 자연에 관해서든 인간에 관해서든 관련 문제의 근본 원리를 찾으려는 문제의식은 있었지만, 아직 인간이 그 문제 해결을 위한 마땅한 특별한 방법과 수단을 갖지 못한 채 암중모색에 머무르고 있었던 까닭이다.

공자와 플라톤(Platon) 시절에 공자와 플라톤은 당대 최고의 학자라 할 것인데, '과학자'로 일컬어진 다른 종류의 학자가 없던 그 시절에, 학자란 곧 '철학자'를 일컬은 것이니, 오늘날의 명칭 구분에 따라 말하자면 당

3 "파이드로스여, 그를 지혜 있는 자라고 부르는 것은, 내가 보기엔 너무 높이 올라간 것 같고 그런 말은 신에게나 적용하면 적절한 것 같네. 그러나 지혜를 사랑하는 자(philosophos) 혹은 그 비슷한 말로 부른다면, 그 자신도 차라리 동의할 것이고, 더 합당할 것 같네."(Platon, *Phaidros*, 278d) 참조.

4 "철학, 즉 지혜에 대한 사랑은 그 순수함과 견실함에 있어서 놀라운 즐거움을 가지는 것처럼 보인다. 그리고 앎을 실제로 가지고 있는 사람들이 그것을 찾는 사람들보다 더 즐겁게 삶을 영위한다고 말하는 것은 그럴 법하다."(Aristoteles, *Ethica Nicomachea*, 1177a 20~1177b 25) 참조.

대 최고의 학자인 공자와 플라톤은 당대 최고의 철학자이자 과학자이다.

그즈음에 '철인'이라 칭하든 '철학자'라 칭하든 '학자'는 만상(萬象)의 시원(始原, arche)을 탐구하는 한편 인격을 완성해가는 자를 뜻했다.

본래 '학문(學問)', 곧 '배우고 물음'이란 "배움으로써 덕을 모으고, 물음으로써 그것을 변별함(學以聚之[=德] 問以辨之)"[5]을 그 내용으로 갖는 것이다. 여기서 '덕(德)'은 한편으로는 이론적 지식의 큰 힘을, 다른 한편으로는 도덕적 실천의 큰 힘을 지시하는 것으로 볼 수 있겠다.[6] 그리하여 "밝은 덕을 밝힘[明明德]"을 첫째의 지향으로 삼는 '대인의 학문[大學]'은 "사물의 이치를 연구하여 지식을 완성함[格物致知]"과 함께 "뜻을 진실하게 하여 마음을 바르게 함[誠意正心]"[7]에 그 근본을 둔다. 이러한 의미에서의 학문으로서의 철학에는 다름 아니라 ① **인문학**(人文學), **곧 교양**(教養)**의 학문**이 그 본령이라 하겠다.

인문(人文),[8] 곧 인간의 무늬란 윤리·도덕, 예악, 풍속 등을 뜻하는 것이니, 인문학으로서의 철학의 핵심 과제는 예교 문화(禮教文化)의 향상에

5 『周易』, 乾爲天.

6 『論語』 첫 구절이 말하는 "배우고 그것을 때때로 익힘[學而時習之]"에서도 그 배우고 익힘의 대상 역시 '덕(德)'일 것이다. '덕'이란 실천(praxis)적인 도덕적 큰 힘(fortitudo moralis)이든 이론(theoria)적인 학술적 큰 힘(fortitudo scientialis)이든 본(本)을 받아 배우고 스스로 묻고 따지는 연습을 통해 체득되는 것이라 하겠다.

7 『大學』, 經文.

8 "천문을 관찰하여 이로써 때의 변화를 살피고, 인문을 관찰하여 이로써 천하를 교화시켜간다[觀乎天文 以察時變 觀乎人文 以化成天下]."(『周易』, 山火賁卦) 참조.

있고, 예교 문화는 사람의 사람됨에 기초하고, 사람됨은 사람의 자기 다스림, 자기 교화(自己敎化), 곧 교양(Bildung)을 통해 성취된다. 이러한 학문으로서의 철학의 본분은 '성정(性情)을 가지런히 한다'라는 본래 의미에서의 이성(理性)의 힘을 배양함이다.

그러나 인간의 삶에는 내면적 교양 외에도 외부 세계에 대한 지식 탐구들, 곧 과학 또한 필수적이다. 이러한 과학과 관련하여 철학은 특정한 지식(scientia)들의 체계인 과학(科學) 즉 분과학(分科學)들의 ② **근본**(根本, radix) **학문, 곧 근본학**(radical science)의 성격을 그 전면에 갖게 된다. 그것은 철학이 추궁하는 것이 만물의 궁극의 이치, 그러니까 모든 학문의 근본 원리이기 때문이다. 그러므로 철학은 과학 가운데 하나가 아니다. 철학은 과학의 바깥에서 과학들을 밑받침하거나, 과학들을 조망한다. 이러한 철학의 개념은 학문이 분화 발전하여 뭇 과학들이 생겨난 후에 형성되었다.

그런데 만학의 뿌리, 만상의 궁극 원리를 찾는 길은 드러나 있는 사태를 단서 삼아 그 원천을 추궁해가는 것이다. 드러나 있는 사태, 특정한 공간·시간상에서 지각하는 것, 곧 현실 또는 현상은 자연과 인간 사회 문화의 갖가지 모습들이니, 이에서 근본학으로서의 철학은 곧 '**자연과 인간 사회 문화 제 영역의 최고 원리와 제 영역의 통일 원리를 반성적으로 탐구하는 활동 또는 그 결실**'이라고 규정할 수 있다.

요컨대 학문으로서의 철학은 ① 인문학으로서의 일면과 ② 근본학으로서의 일면을 갖는다. 그런데 오늘날 사람들은 주로 ①의 면에서 철학하는 이를 '철인', 주로 ②의 면에서 철학하는 이를 '철학자'로 구분하여 말하기도 한다. 그러나 양면에서 두루 탁월한 학자를 '철인' 또는 '철학자'라고 구별 없이 부르기도 하니, 이 두 호칭이 엄밀하게 구분되는 것은 아니라 하겠다.

2) 철학의 한계, 곧 인간 지혜의 한계

시원(始元, principium), 곧 원리(原理)란 그 명칭 자체가 일반성, 보편타당성을 함의하고 있는 만큼, 그것에 대한 탐구의 결과 또한 응당 보편적일 것이지만, 그 원리를 탐구하는 단서나 경로, 방식의 차이로 인해 철학은 구분이 되고 여러 가지로 구별될 수 있다.

사고는 무엇보다도 언어로 표출되거니와, 누가 어떤 언어로 철학적 탐색을 하는지에 따라, 예컨대 '한국인이 한국에서 통용되는 언어로 자연과 인간 사회 문화 제 영역의 최고 원리와 제 영역의 통일 원리를 반성적으로 탐구하는 활동 또는 그 결실'은 '한국 철학'이라 할 수 있겠고, 독일인이 독일에서 통용되는 언어로 하는 철학은 '독일 철학'이라 구별해볼 수 있겠다.

또한, 특정 영역에 타당한 원리를 탐구함을 강조하기 위해서 자연철학, 문화철학, 사회철학, 법철학, 과학철학, 기술철학 등으로 구분하여 말하기도 하고, 탐구하는 원리의 성격에 따라 논리학, 형이상학, 인식론, 윤리학 등으로 구분해볼 수도 있겠다.

학문이 지식의 체계이고, 철학이 원리적 지식의 체계인 한에서, 철학을 언필칭 학문 중의 학문, 학문의 학문이라 하는바, 그러한 '철학'이 아무튼지 '고대' 철학, '근대' 철학, '동양' 철학, '서양' 철학, '자연' 철학, '문화' 철학, 논리학, 형이상학 식으로 갈라진다면, 이는 그 각각의 원리가 하나의 공통 원리로 수렴되지 않음을 함의하고, 그래서 꾸준히 통일 원리 곧 '하나의' 철학이 모색되고 있다.

모든 학문이 진리를 탐구한다 해도, 정작 '진리'가 무엇인지, 또 정치학이 정치 현상을 연구한다고 하지만, 정작 '정치'가 무엇인지, 법학이 법률 체계와 법질서 및 법 현상을 연구하는 학문이라 하지만, '법'이 무엇인지는 여전히 논란 중이어서 '철학적' 문제로 여겨진다. 여기서 '철학적' 문제란 '우선 검토해야 할, 그러나 이제 비로소 탐구되어야 할' 문제를 이르는 것이니, 이러한 사정은 '학문의 학문'이라 칭해지는 철학이 실상은 아직도 실마리를 찾는, 도정(道程)의 학문임을 말하고 있다.

인간의 지적 탐구가 진보하면서 문제 해결을 위한 번듯한 방법이 개발된 탐구 영역들은 그로 인해 그럴듯한 진리 체계를 갖추게 되어 '과학(科學)'—곧 분과학(分科學)—이라는 새로운 이름을 얻었지만, 그렇다고 '철학적'인 문제들이 줄어들기는커녕 오히려 늘어나고 있다 할 것이다. 한 문제에 대한 과학적 해결은 오히려 더 많은 철학적 문제들을 제기하기 일쑤이기 때문이다.

이러한 사태 연관은 '철학'의 성격을 잘 드러내주는 한편, 인간의 철학적 성찰이 지향하는 지혜가 늘 저 멀리에 있음을 말해준다. 이러한 형편을 어떤 사람들은, 철학의 한계라느니 철학자의 한계라느니 하고 말하지만, 그러한 형편을 철학 외의 어떤 학문이나 철학자 외의 어떤 학자가 개선

할 수 있는 것이 아닌 이상, 그것은 실로 인간의 한계로 보아야 할 것이다.

요컨대 철학의 한계, 그것은 물리학의 한계나 심리학의 한계와 마찬가지로 인간의 ① 원리적 지식의 한계인 한편, 인간의 ② 자기 다스림의 한계이다. 철학의 여러 갈래, 철학의 여러 학설, 학파는 아는 것보다도 여전히 모르는 것이 더 많은 인간 종(種)이 보편적 원리를 추궁해가는 도정(道程)의 여러 갈래 길인 것이다. 여러 갈래 길이 어디쯤에서 만나 대로를 이루기도 하고, 한참 이어지던 대로가 어디쯤에서 다시 여러 갈래로 나뉘기도 하는데, 철학의 역사 곧 인간의 지혜 탐구의 여정 또한 그러하다.

철학이야말로 암중모색의 학문이니, 마냥 이리저리 헤매고, 정처 없이 떠돌고, 가던 길 되돌아오고, 때로는 무단횡단하다 상해를 입거나 다툼을 일으키기도 한다. 철학적 문제들이란 그렇게 애당초 미결의 문제들이다. 그래서 때로는 2,000년 전 아무개의 해법 시안이 새롭게 시선을 끌기도 하고, 심지어는 모순 관계에 있는 두 가지 해법이 동시에 찬동을 얻기도 한다. 과학사와는 달리 철학사는 한낱 지나간 이야기가 아니라, 언제든 다시 이어질 이야기들을 담고 있다고 하겠다. 지혜로의 길은 탄탄대로라기보다는 숱한 샛길이 미혹하는 우여곡절의 길이라고 할까.

3. 철학과 현실

1) 철학의 현실과의 관계

자연과 인간 사회 문화의 최고 원리를 탐색하는 근본학으로서의 철학은 당연히 자연 현상과 인간 사회 문화의 실상(實相)을 직시하고 이해하는 데에서 출발한다. 그런데 경험하는 현존 세계, 현실의 현황 기술이나 규칙 체계를 서술하는 것은 자연과학이나 사회과학의 과업이다. 그러므로 철학은 자연과학과 사회과학의 진보와 함께 발전한다. 철학적 사념의 출발점 내지 단서는 바로 이러한 과학에 의해 밝혀진 사실, 현실이니 말이다.

과학을 통해 세계의 실상이 드러나고, 철학의 사변이 그러한 실상에서 개시되는 한에서, 철학은 과학들을 따라간다. 그래서 철학이 '과학의 시녀'인 것처럼 보이기도 한다. 기실 '과학의 시녀'라기보다는 '과학의 교사'라는 비유가 더 적절할 것이지만, 누가 굳이 '시녀'라고 부르고자 한다면, 그 '시녀'는 과학들의 치맛단을 들고 뒤따르는 시녀가 아니라, 오히려 과학들의 앞길을 밝히는 등불을 치켜들고서 앞서는 '시녀'이다. 철학의 과업은 과학들이 '실상'이라고 밝혀내는 바를 들여다보면서 그 원리들을 천착하는 것이니 말이다.

이러한 사정은 옛적에 철학을 '신학의 시녀'라고 일컬었을 때나 비슷하다. 철학은 과학과 신학, 또는 여느 다른 학문과 나란히 걷지 않는다. 분과 학문들을 뒤따르면서 시비를 가리거나, 앞장서서 이끈다. 그러니 여느 학문의 '시녀'라기보다는 오히려 '교사'라 하겠다.

과학을 통해 경험된 '현존 세계', '현실'이란, 과학이 인간의 탐구 활동인 한에서, 인간에 의해 경험된 것이다. 자연을 탐구하는 '자연과학'이나 사회를 탐구하는 '사회과학'이란 인간의 지적 활동이다. 그러니까 인간에게 파악된 '자연'이라는 것, '사회'라는 것은 일정 방식 인간의 지적 활동의 산물이다. 마치 우리 인간에 독립적인 것처럼 자연 자체, 사회 자체라고 말들 하지만, 정작 우리가 아는 자연, 사회는 우리가 과학적 탐구를 통해 알아낸 것, 즉 경험한 것일 따름이다. 철학은 일차적으로 이러한 '자연'과 '사회'에 대한 경험을 가능하게 하는 원리를 추궁한다. 철학은 곧 과학적 경험, 현실의 가능 근거들을 밝혀내고자 한다. 그러니 우리 인간에 독립적인 현실이란 있을 수 없고, 그러한 현실과 유리해 있는 철학이란 있을 수 없다.

요컨대 현실성이 없는 '철학'이란 있을 수 없다. 다시 말해 현실, 곧 '특정한 공간·시간 관계에서 감각되는 것'을 도외시하는 철학은 없다. 아니, 현실을 벗어나서는 철학이 할 일이 없다.

그런데 "철학은 현실성이 없다"라는 말을 "철학은 실용성이 없다"라는 말처럼 쓰는 이들도 적지 않다. 아마도 이 말은 '철학은 특정한 공간·시간 관계에서 감각되는 것과 관련해 쓸모가 없다'라는 일반적인 의미를 넘어, '철학은 사람의 의식주 생활에 쓸모가 없다'라는 것까지 함의할 것이다. 후자 관점에서의 '쓸모'를 두고 말하자면, 사람들에게 감동을 주고 탄성을 내게 하는 셰익스피어의 〈햄릿〉 극, 베토벤의 〈합창〉 교향곡, 이중섭의 〈황소〉 그림, 손흥민의 축구 경기는 지금 여기의 나에게 어떤 쓸모가 있는가? 사람에게 쓸모 있는 것이 근사한 집이나 명품 옷과 산해진미 같은 것일 뿐일까? 의식주에 쓸모 있는 것만이 사람에게 쓸모가 있는 것인가? 어쩌면 순전한 동물로서의 인간에게는 그럴지도 모른다. 그러나 인간은 한낱 동물이 아니다.

직접적으로 "어떤 기술의 실행에 쓸 수"[9] 있는 것뿐만 아니라, 인간의 "보편적 복지(안녕)를 위한 예방적 배려에서 나온"[10] 것도 '실용성'을 갖는 것이라면, 철학 이야기의 실용성도 연극 공연이나 악곡 연주, 그림 전시나 스포츠 게임이 갖는 실용성 못지않을 것이다.

논리학은 생각의 바른길을 일러주고, 윤리학은 행위의 옳은 길을 안내한다. 진실로 인간이 무엇인지를 생각해보면, 인간의 보편적 복지를 위해 이보다 더 유용한 것도 없다. 동물이면서도 한낱 동물에 머물지 않으려 하는 인간에게 쓸모 있는 것은 동물에게 쓸모 있는 것과는 사뭇 다르다. 철학 탐구는 "자유로운 행위자로서 인간이 그 자신에서 무엇을 이루며, 이룰 수 있고, 이루어야만 하는가에 향해 있다."[11]

그럼에도 철학의 실용성이 낮아 보인다면, 그것은 아마도 그것이 직접적이지 않고 간접적인 탓일 것이다. 사람들은 '진리'를 얻고자 하고, 과학은 진리를 찾아낸다. 그때 철학은 어떤 한 진리를 찾는 대신에, 대체 '진리란 무엇인가?'를 묻고, 진리의 의미를 밝힌다. 철학도 과학처럼 현실을 앞에 두고 있지만, 그 관심(intentio)은 직접적(recta)이지 않고 간접적

9 Kant, 『실용적 관점에서의 인간학(Anthropologie in pragmatischer Hinsicht [Anth])』, B82=A82=VII176.

10 Kant, 『윤리형이상학 정초(Grundlegung zur Metaphysik der Sitten[GMS])』, B44=IV417.

11 Kant, *Anth*, BA4=VII119.

(obliqua)이다.

2) 철학의 현실 조응 방식

철학은 현실과 유리되어 있지 않고, 오히려 '현실을 조응한다' 또는 '현실에 대응한다'. 이 말은 철학이 공간·시간 관계에서 감각 가능한 것에서 발단할 뿐만 아니라, 결국은 감각 가능한 세계에 타당하다는 것을 뜻한다. 그런데 그러한 말은 물리학과 같은 자연과학에도, 경제학과 같은 사회과학에도 두루, 아니 오히려 더 적실할 수 있다. 그렇다면 철학의 현실과의 조응은 어떤 특성이 있는가?

현실을 조응하지 않는 철학이란 있을 수 없을 것이지만, 그럼에도 철학적 사유는 현실 내지 현상 초월적이다. 무엇보다도 철학적 사유를 구성하는 요소 개념들이나 규칙들은 현실이나 현상에서 도출한 것이 아니다. 철학의 요소 개념들과 규칙들은 과학 분야에서처럼 경험적 사실들에서 귀납(inductio)적으로 얻은 것이 아니다. 그렇다고 그것들이 수학에서처럼 단적으로 정의(定義)한 것이거나 어떤 공리(公理)에서 연역(deductio)해낸 것도 아니다. 과학이나 수학의 방식으로는 해결할 수 없는 문제를 일컬어 '철학적' 문제라 하는 것인 만큼, 철학은 이것들과는 전혀 다른 종류의 개념과 규칙들을 가지고 그 앞에 놓인 과제 해결을 시도한다.

무릇 철학은 현실을 현실로 만든 필요충분조건들을 환원(reductio)적으로 설명(해설, expositio)하고 해석(interpretatio)하거나, 이념적으로 당위 규범(norma)을 세워 현실을 인도(안내, introductio)하고 규제(regulare)한다.

설명(해설)하든 인도(안내)하든 근본학으로서 철학의 유일한 방법은 사변(思辨, speculatio)이다.

이론 철학이 사변적-환원적이라면 실천 철학은 사변적-규범적이다. 그러나 사변은 지난하고 지루한 일이라, 지치기 쉬운 지성은 충분하지 않은 근거로 이미 확신에 차 교조주의에 빠지거나 근사해 보이는 증거에 미혹되어 경험주의에 넘어가기 일쑤이다. 그래서 철학은 늘 자기 비판(criticism)적이고, 끊임없이 자기 심사(examen)를 해야 하며, 자기 반성(reflexio)적이지 않을 수 없다.

철학적 사유는 인간의 사고(思考)의 규칙부터 검토한다. 여기서 사고의 규칙이라는 것이 심리학이나 생리학과 같은 과학에 의해 온전히 들춰내진다면, 이러한 규칙의 탐구 역시 또 하나의 과학적 연구이겠다. 그러나 인간의 사고 활동의 바탕에는 모순율이나 근거율과 같은 논리 규칙에서 보듯 결코 경험 과학적으로는 해명할 수 없는 원리들이 있다.

'어떤 것에도 그것에 어긋나는 것이 속할 수 없으며, 또한 서로 어긋나는 성질이 함께 어떤 것에 속할 수 없다'라는 모순율은 경험적 사례들의 일반화가 아니다. 아니 일반화일 수가 없다. 또 사람들이 근거율 내지 충분근거율(充分根據律) 또는 충족이유율(充足理由律)이라고 부르는 '무엇이든 (충분한) 근거 없이는 있을 수 없다'라는 사고 규칙 역시 경험적 사례들의 귀납을 통해 생긴 것이 아니다. 모순율이나 근거율은 통상적인 사람들의 실제 사고 규칙이 아니다. 실제로 보통 사람들은 저런 규칙에 어긋나게 사고하는 일이 빈번하다. 오히려 이러한 논리 규칙들이 사람들의 사고와 경험을 바로잡아 이끌어간다. 결코 경험적이지 않은 논리 규칙들이 경험 일반을 지도해가는 것이다.

대체 인간 사고의 기초 중 기초인 논리 규칙들은 어디서 유래하는 것인가? 참으로 오래된 철학적 물음 가운데 하나이다.

또한, 어떤 과학적 자료나 실험으로써 결론을 낼 수 없는 인간 행위의 원칙들도 있다. 예컨대 '너 자신이나 다른 사람을 인격으로 대하라!'라는 인간 행실(行實)의 기초 중의 기초인 윤리 규범은 어디서 유래할까?

이런 규범이 경험들에서 도출된 것인가? 그렇다고 말하기 어렵다. 자신이나 다른 사람을 인격으로 대하지 않는 사람들이 숱하게 많으며, 설령 많은 사람이 서로 인격으로 대한다 해서, 그러한 사실 때문에 나 역시 다른 사람을 인격으로 대해야 하는 것도 아니기 때문이다. 또 반대로, 설령 다른 사람을 인격으로 대하는 사람이 세상에 하나도 없다고 해도, 사람은 누구나 인격으로 대하라는 것이 윤리 규범이다. 그러니 이러한 윤리 규범은 관습이나, 누적된 경험에서 우러나온 삶의 지혜라고 보기 어렵다.

그럼에도 적지 않은 사람들이 '사람을 한낱 물건이 아니라 인격으로 대하라!'라는 도덕률은 무조건 타당하다기보다는, 그렇게 하는 것이 결국은 인류의 공존을 위해 가장 유익하다는 이성적 계산의 산물이라고 본다. 사람이 서로를 인격으로 대하는 것이, 인류의 공존공영에 아무런 도움이 되지 않는다면, 과연 그러한 규범이 성립했겠냐고 묻는다. 그러면서 도덕률이란 인간이 오랜 경험을 통해 터득한 삶의 지혜라고 한다. 이렇게 상반되는 관점에서의 논변들이 '철학'의 주를 이룬다.

철학적 물음들을 되새기면서 논변들을 이끌어가는 현실의 철학자의 눈, 관점은 현실의 반영이라기보다는 반성이다. 그 반성이 곧 철학의 현실과의 조응이다. 이제 철학은 이러한 현실 조응을 통해, 지금 여기에서 인지할 수 있는 사안 내지는 현안(懸案)을 숙고하고, 그 사안의 구성 원리를 서술하거나 그 현안의 해소나 해결을 위한 원리를 제시한다. 그런데 철학자들의 사변의 결과인 '철학'이 한가지가 아니다.

4. 철학의 분파 요인

철학하는 이는 누구든 이미 지혜에 이른 자라기보다는 아직도 지혜를 추구하는 자인 탓인지, 각종 이설(理說)들이 '철학'이라는 옷을 입고 등장한다. 하나의 철학이 아니고 무수한 철학들이 각각 자리하고 있는 것은, 저마다의 '철학'이 아직 도정에 있음에도 불구하고 여타의 '철학'이 결여하고 있는 적어도 하나의 특장점, 즉 남다른 사변 방식이나 내용을 가지고 있기 때문일 것이다. 아무런 특장점도 없는데, 어떤 '철학'이 그럴듯하게 보일 리 있고, '하나의' 철학으로서 동조자들을 끌 수 있겠는가. 열 가지 결함을 내포하고 있어도 한 가지 특장점을 가지면 철학'설'로서 효력이 있다. 결점투성이인 사람이라도 한 가지 특장점을 가지면 능히 '사람'의 사례가 되듯이 말이다.

1) 인문학으로서의 철학들

'나'의 내면, 나의 욕망과 번뇌, 더 나아가 세상의 갈등과 부조리를 맞닥뜨리는 철학이 여러 분파를 갖는 것은 '인간 됨'의 길 또는 자기 교화의 방식 내지는 인간 계몽의 방법이 여러 가지인 까닭일 것이다. 누구는 이성적 자기 성찰의 반복을 통해, 누구는 고행(苦行)을 통해, 누구는 허심(虛心)과 좌망(坐忘)으로써 자기를 이겨낸다. 또 누구는 사회의 변혁을 꾀해 '나'와 함께 너희를 구제하고자 한다. 이때 철학은 사뭇 종교(宗教)와 동행한다. 그래서 때로 철학의 분파는 종파적이기도 하다. 그리고 실상 일반교양인이 철학에서 많이 기대하는 것은 철학을 통한 자기 구원 내지는 교화이기 때문에, 때때로 철학의 학파와 종교의 종파가 같은 것, 같은 유(類)의 것으로 여겨지기도 한다.

2) 만상(萬象)의 보편적 궁극 원리를 찾는 근본학으로서의 철학들

세상 일반을 주시하는 철학 역시 여러 가지, 여러 갈래를 보이는데, 그것은 무엇보다도 만상의 '원리(시원)'의 출처에 대한 견해의 차이에서 비롯하는 것이라 할 것이다.

누구는 그 원리가 자연(自然, natura) 자체에 있다 하고, 누구는 신(神, deus)에서 유래한다 하고, 누구는 인간 자신에 의해 형성된 것이라고 본다. 첫 번째의 의견을 자연주의라 하면, 두 번째 관점은 초자연주의, 세 번째 생각은 인간주의 내지 인본주의라고 이름 붙일 수 있겠다.

첫째 의견은 이신론(理神論, deism)과 둘째 의견은 유신론(有神論, theism)과 직결된다. 반면에 셋째 의견 곧 휴머니즘(humanism)은 인간이 몸과 마음, 육체와 영혼, 신체와 정신 내지는 감성과 이성으로 이루어져 있다는 통념으로 인해, 통상 두 가닥 곧 이성주의 또는 정신주의와 감성주의 또는 신체주의로 나뉜다. 여기서 어떤 사람들은 인간의 자연 본성을 감성/감정이라고 보아 감성주의/신체주의를 또 다른 의미에서의 자연주의라고 부르기도 한다. 현실 세계를 설명해주는 원리들을 어디까지 환원할 것인지를 둘러싸고 이렇게 논쟁하는 도정에서 영향력을 발휘한 철학 학파들이 철학사의 지점들을 차지하고 있다.

① 시원적인 것이란 '그 스스로 있는 것'이니 '스스로 그러한바', 곧 '자연(自然, physis)'이다. 이로부터 자연이 곧 '만상의 이치(logos)'라는 사상이 형성되었다. 고대 중국의 노장(老莊)학파와 유가(儒家), 헬레니즘-로마 시대의 스토아학파와 에피쿠로스학파가 그러한 사상을 대표한다고 하겠다.[12]

② 자연이 곧 만물의 이치이고, 자연이 오로지 물리적 체계라면, 사람의 삶에서 희망도 절망도 정해져 있는 현상으로서, 사람의 힘으로 어찌해볼 수 있는 것이 아니다. 칭송받는 선인도, 비난받는 악인도 정해지는 대로 작동하는 것일 뿐이다. 자연이 곧 만물의 이법(理法)이라면, 만물 중 하나인 인간의 삶도 뭇 사물들과 마찬가지로 자연의 흐름대로 이어질 따름이다. 어떠한 간난고초도 오로지 그 자신의 연관 관계 안에서 벗겨내지지 않는 한 감수하는 수밖에 다른 방도란 없다.

12 백종현, 『이성의 역사』(아카넷, 2018), 137쪽 참조.

그러나 자연 만물의 운행 연관 관계 안에 사람의 힘으로 변화시킬 여백이 조금이라도 있다면, 사람은 자기 노력 여부에 따라 더 개선하거나 더 퇴락할 수 있겠다. 대체로 자연주의자들이면서도 이러한 여백을 믿는 노장과 유가나 스토아학파와 에피쿠로스학파는 모두 각자 자신을 구원할 방도와 지혜를 설파한다. 구원의 길은 열려 있으되, 그 구원은 오로지 그 자신에 의해서만 가능하기 때문이다. 그러나 자신의 힘으로는 극복할 수 없는 상황에서도 사람들은 구원을 소망하고 희망한다. 그것은 이제 세상만사 운행의 이치를 자연 밖에서 찾는 것이다.

자기 자신의 힘만으로는 이를 수 없는 소망의 달성과 희망의 성취는, 자연 밖에서 자연을 주재하는 어떤 이법이나 인격이 있다면, 그 가능성이 열려 있는 것이라 하겠다. 초월자 곧 신(神)이 세계의 이법이라면 그 힘에 의지하여 미력하기 그지없는 인간도 완전함 또는 구원을 바랄 수 있다. 다수의 종교는, 예컨대 기독교는 그러한 희망을 '복음(福音, evangelium)'으로 전파한다. 그 복음에서 안식을 얻는 사람들이 많아질수록 '신이 만물의 원리'라는 사상이 그만큼 더 넓게 확산된다.[13]

③ 그러나 또 어떤 사람들은 '자연을 초월해 있으면서 자연을 주재하는 신' 대신에 인간의 이성에서 만상의 궁극 원리를 본다. 인간은 만상을 객관(客觀)[대상(對象, obiectum)]으로 표상하니, 그것은 자기 자신을 '나' 곧 주관(主觀)[주체(主體, subiectum)]로 여기기 때문이다. 만상은 인간에 의

13 이상 세 문단은 백종현, 『이성의 역사』, 213쪽.

해 인식되는 것인 만큼, 인간 인식의 원리에 따라 규정되는 것이다. 이러한 주관주의로부터 여러 형태의 관념론이 파생된다.

보통 관념론(이상주의/이념주의/이념론, idealism)은 한편으로는 실질론(유물론/물질론/물질주의/실질주의, materialism)과 다른 한편으로는 실재론(현실주의/사실주의, realism)과 상충하는 사상으로 간주된다.

어떤 이념주의(이데아론)는 오로지 내적 경험을 통해 확인되는바, 모든 것은 마치 아무런 물체(신체)가 없는 듯이, 영혼 속에서 생기(生起)한다는 주장을 펴는데, 그 반면에 물질주의는 모든 것이, 마치 영혼이란 도무지 없는 듯이, 물체에서 일어난다고 본다. 이런 예에서 보듯, 관념론은 분명히 실재론과 대립된 생각임에도, '관념'이 어떻게 이해되는가에 따라 심지어 어떤 실재론은 관념론적일 수 있고, 어떤 관념론은 실재론적일 수 있다.

관념론이라는 명칭의 원천이기도 한 플라톤의 '이데아(idea)'는 인간이 순수한 이성의 힘에 의해 거기에 이르러야 할 '이상'이라는 점에서, 인간 의식의 저편에 영원불변하게, 이를테면 초월적으로 실재하는 것이다. 반면에 우리의 사물에 대한 인식은, 그 자체로 실재하는 사물을 감각 경험을 통해서 있는 바 그대로 모사(模寫)하는 것이라고 설명하는 경험론은, 그 감각 경험이라는 것이 의식의 표상 작용의 산물인 표상, 즉 의식 의존적인 관념이라고 이해되는 한에서 일종의 관념론이다. 그러니까 관념론은 여러 각도에서 이해되기도 하고, 이해 방식에 따라 많은 다른 사상들과 연관될 수 있다. 근본학으로서의 철학의 역사는 상당 부분이 이러한 사변과 논쟁의 경과이다.

5. 철학의 분야와 학설

자기 교화의 학문 곧 인문학으로서 철학은 점차 내적(內的)이고 사적(私的, esoterikos)인 것으로 여겨지고, 지금은 공론(公論)의 장(場)—학교 철학—에서 사라졌다고 해도 과언이 아니다. 교양과 인품을 누가 어떻게 무슨 '객관적인 척도'로 평가한다는 말인가! 이러한 회의 때문인지, 대학에서 훌륭한 인품은 괄호 안에 묶어둔 채 —아마도 심사위원의 호감도는 영향을 미치겠지만— 유명 학술지에 게재된 논문의 평가로 신임 교수를 임용하는 관행이 굳어진 지가 이미 오래되었다. 그러한 방식과 기준이 이른바 '공적(公的, exoterikos)'이고 '객관적'이라는 것이다. 그래서 근본학으로서의 철학이 '대학 철학'의 주류가 되었고, '철학의 분야', '전공 분야'라는 것도 근본학으로서의 철학의 그것을 지칭하는 것이 보통이다. 그래서 철학을 통상 논리학, 형이상학, 윤리학 등등의 분야로 나누어 말한다.

이렇게 철학이 여러 분야, 분과로 나뉘는 요인은 추궁하는 원리의 타당 범위가 서로 다르게 보이기 때문이다. 다시 말해 논리로 윤리를 설명할 수 없고, 윤리로써는 해명할 수 없는 논리 같은 것이 있어 보이기 때문이다. 그것은 과학이 자연과학과 사회과학으로 나뉘고, 자연과학이 물리학, 화학, 생물학 등으로 나뉘는 이치와 같다 할 것이다.

구분 기준에 따라서 여러 가지로 분야를 가를 수 있겠지만, 근본학으로서의 철학의 큰 영역 내지 분과로는 다음의 여섯을 꼽을 수 있겠다.

1) 논리학

논리학(logica)은 문자 그대로 '로고스(logos)의 학문'이다. 그런데 그리스어 로고스는 말, 도(道), 관계, 비례, 추리, 이성 등을 뜻하는 매우 다의적인 말이고, 그 때문에 '논리학'은 태생적으로 다의성을 지닌다.

'로고스'를 '이성(理性, ratio)'으로 이해할 경우에 논리학은 '이성학(philosophia rationalis, Vernunftlehre)'을 말한다. 그러나 이때도 '이성학'은, 이성을 객관적인 예지적 존재(이성의 존재자, ens rationis)로 이해하느냐, 아니면 진리를 인식하는 데서 작동하는 인간 심성의 주관적인 지적 능력으로 이해하느냐에 따라 그 내용은 많이 달라질 수 있다. 근대 이전에 이성학은 주로 전자의 의미로, 근대 이후에는 주로 후자의 의미로 이해되었다. 전자 의미의 이성학으로서 논리학이 '세계의 시원 내지 원리의 학문'이라 한다면, 후자 의미의 이성학으로서 논리학은 '사고 기술 내지 사고 법칙의 학문'을 의미한다.

지적 능력으로서 이성은 일정한 법칙 내지 규칙에 따르는 사고 작용을 하며, 그 대표적 양태는 개념 작용, 판단 작용, 추리 작용, 체계화 작용이다. 이 사고의 법칙을 '논리 법칙'이라고 하며, 사고 작용의 양태 양상들의 체계적 서술이 논리학의 내용을 구성한다. 논리 법칙 내지 규칙을 습득하고 논리적 사고 훈련을 받음으로써 사고 능력이 증진한다면, 논리학은 사고의 기술(ars)을 담고 있는 셈이다. 이런 논리학은 사고의 형식들만을 내용으로 갖는다는 점에서 때로 '형식 논리학'이라고 일컬어지기도 하고, 사고 일반을 가능하게 하는 조건 내지 규칙들을 다룬다는 점에서 '일반 논리학'이라고 일컬어지기도 한다. 또 자연 언어의 다의성을 피하기 위해 논리 관계 항을 모두 기호로 표현하는 경우에는 '기호 논리학'이라고 일컫는다.

전자의 의미에서 논리학은 차츰 형이상학이나 존재론과 한가지로 치부되며, 후자의 의미에서 논리학은 사고의 원리를 추궁한다는 점에서 근대 이후에는 인식론의 일부를 이루는 것으로 간주되기도 하는데, '논리학'은 오늘날 주로 후자의 의미로 쓰인다. 이와 함께 '로고스'는 '이성'보다는 '말' 내지 '사고'의 의미로 받아들여진다. 이에 따라 '논리(論理)'도 대개 말의 이치, 사고의 이치, 논(論)함의 이치를 뜻하는 말로 쓰인다.[14]

2) 형이상학

형이상학(形而上學, metaphysica)은 낱말 뜻 그대로 '감각적인 것 너머의 것(ta meta ta physica)', 바꿔 말하면 자연 저편의 것에 관한 학문이다. 형이상학은 명칭 그대로 자연, 곧 경험 대상의 총체를 넘어서는 것, 그러니까 '초감성적인 것에 관한 학문'이다. 이런 뜻에서 아직 '철학'이 과학과 구별되기 전, 모든 학문적 주제는 형이상학적 주제였다고 해도 과언이 아니다.

형이상학은 다루는 대상의 차이로 인하여 다시금 두 분야로 갈린다. 자연(自然) 즉 '스스로 그러한바'의 것[存在者]에 관한 것인 '자연/존재

14 이상의 '1) 논리학' 절은 백종현, 『철학의 개념과 주요 문제』(철학과현실사, 2007), 77~78쪽 참조.

형이상학'과, 자유(自由) 즉 '스스로에서 비롯하는바'의 것[當爲, 道德]에 관한 것인 '자유/윤리 형이상학'이 그것이다. '존재 형이상학'은 순수 이성의 이론적(사변적) 능력 분석에 의거하고, '윤리 형이상학'은 순수 이성의 실천적 능력 곧 자유의 분석에 의거한다.

'어떤 상태를 자신으로부터 비로소 개시하는 힘'으로서 자유를 주제로 삼는 자유 형이상학은, 자유에서 비롯하는 원리가 바로 마땅히 있어야 할 것, 즉 당위(當爲, Sollen), 그러니까 도덕(道德)의 원리가 된다는 점에서, 곧 도덕철학 내지 윤리학의 근간을 이룬다.

그리고 존재 형이상학은 존재자로서의 존재자, 존재자 일반의 존재 원리를 탐구하는 '일반 형이상학(metaphysica generalis)'과, 한 존재자이긴 하지만 결코 감각 경험적으로 접근할 수는 없는 특수한 존재자들을 탐구하는 '특수 형이상학(metaphysica specialis)'으로 나뉜다. 일반 형이상학은 존재자가 존재자인 까닭을 탐구하고 모든 존재자에게 타당한 원리를 찾는 것이므로, 다름 아닌 존재론(ontologia)을 말한다. 특수 형이상학은, 특수한 초감각적인 존재자를 다루는데, 그런 존재자는 자연을 초월해 있는 것이므로 오로지 이성의 힘으로써만 개념화할 수 있는 것이다. 보통 그런 것으로 생각되는 것이 영혼, 우주 자체, 신인데, 그래서 영혼론, 우주론, 신학이 특수 형이상학의 내용을 이룬다.

이 가운데서도 오늘날 형이상학의 현안 중의 하나는 영혼론의 범위 안에 있는 '정신(精神, spiritus, mens)' 개념 문제이다.

오늘날의 철학적 논의에서 '정신'은 특히 '영혼(靈魂, anima)', '마음(心, animus)'과 때로는 교환이 가능한 말로 때로는 서로 구별되는 말로 사용되고, 또한 많은 경우 그것들의 상관 개념과 함께 사용되고 있다. 대표적인 상관 개념은 정신-물체(물질), 영혼-육체, 마음-몸(신체)[心身] 등으로, 이것은 바로 그 안에 많은 철학적 논읫거리를 함유하고 있다. 세계의 본원적 존재에서부터 세계 구성의 요소, 생명체의 고유성에서부터 인간의 인격성 또는 '나'라는 자아의 근원에 관한 문제에까지 거의 모든 형이상학적·인식론적·윤리학적 문제들은 이 켤레 개념들과 연관되어 있다.

2-1) 엄밀한 학으로서의 형이상학의 정초 작업

좁은 의미에서 '형이상학'은 보통 자연 형이상학만을 지칭한다. 자연 형이상학의 상관자로는 자연과학이 있는 데 반해, 윤리 형이상학에 대해서는 상응하는 과학이 없으므로, '윤리 형이상학'과 '윤리학'을 굳이 구별할 필요가 없기 때문이다.

형이상학은 성격상 순수한 이성 사용의 최고 원리들이 그 내용을 구성한다. 실질적인 의미에서는 형이상학과 다름없는 철학은 그 내용을 이루는 순수한 이성 사용의 최고 원리들을 경험으로부터, 그러니까 어떤 대상으로부터 얻어 갖는 것이 아니고, 이성 자신 안에서 찾아낸다. 근본학으로서의 철학은 곧 이성 자신이 그것에 준거해서 대상을 다룰 이성 사용의 규칙을 밝혀내는 일을 주 과제로 갖는다. 이런 맥락에서 철학은 '인간 이성의 입법자'라 일컬어지기도 한다.

우리가 순수한 이성 인식의 한 체계, 곧 하나의 형이상학을 세우고자 한다면, 우리는 무엇보다도 먼저, 경험이 우리에게 알려주는 바가 전혀 없고, 경험으로부터는 결코 아무것도 취할 수 없는 무엇인가를 우리 인간이 어떻게 인식할 수 있는지를 묻지 않을 수 없다. 그러나 이성은 어떤 경험에도 의존하지 않고서 어디에서 이 물음에 대한 답을 얻을 수 있을까? 과연 인간의 이성은 어떤 경험에도 의존함이 없이 무엇인가를 인식할 수 있는 능력을 가진 것인가?

이성은 우리 이성 자신을 점검하여 이러한 선험적 인식의 가능 여부를 따져보고, 그 근거를 캐면서, 이성은 경험적 원리의 도움 없이 어디까지, 어떤 종류의 대상에까지 이를 수 있는가를 규정하고, 또한 이성이 자신이 가지고 있는 인식 원리들과 함께 넘어서서는 안 될 경계선을 획정한다.

그런데 형이상학에서 이성은 감성적인 것으로부터 전혀 이종(異種)적인 초감성적인 것으로 넘어서려 한다. 더구나 이때 이성은 지금 그가 감성 세계를 인식하는 데 쓰던 인식의 원리들을 가지고 그렇게 해보려 한다. 그러나 감성적인 것과 초감성적인 것 사이에는 본질적인 차이가 있기 때문에, 이 원리들은 초감성적인 것들에는 도무지 타당할 수가 없다.

그러므로 이성이 형이상학이라는 이름 밑에서 자기 능력을 넘어서 무엇인가를 인식해보고자 한다면, 거기에는 큰 위험과 착오가 있다. 이를 피하고 참된 형이상학을 위한 확실한 주춧돌을 놓기 위해서는, 그러므로 먼저 이성이 그 이론적 사용에서 넘어서는 안 되는 이성 사용의 한계를 분명히 규정하는 일이 필요하다. 그래서 이성의 자신에 대한 비판 작업이 '엄밀한 학'으로서의 형이상학의 정초 작업이라 하겠다.[15]

15 이상의 '2) 형이상학' 절은 백종현, 『철학의 개념과 주요 문제』, 107~112쪽 참조.

3) 인식론

인식론(認識論, epistemologia, theory of knowledge, Erkenntnislehre)은 인식의 가능 원리를 탐구한다. 인식론 곧 '인식에 대한 이론'은 인식에 대한 반성의 결실이다. 여기서 인식에 대해서 반성한다고 함은 인식을 인식이게끔 해주는 토대, 그것도 참된 인식 즉 진리를 진리이게끔 하는 의심할 여지없는 확실한 기초를 추궁하고, 어떤 인식이 참이게끔 하는 조건들을 성찰한다는 것을 말한다.

인식이 참일 수 있는 조건에는 당연히 사고의 형식과 법칙들도 포함되기 때문에, 인식론은 상당 부분 논리학의 구성 요소들을 그 반성의 소재로 삼는다. 그래서 인식론은 '논리학의 철학'이라 볼 수도 있고, 관점에 따라서는 논리학을 인식론의 한 부문이라고 할 수도 있다. 반대로 인식론을 논리학의 한 부문으로 볼 수 있는 면도 있다. 후자의 경우에 인식론은 인식논리학이라 일컫기도 한다.

여기서 '인식'이라는 말은 '지식'이라는 말과 의미상의 차이가 없으며, 다만 '인식'이라는 명사는 '인식하다'라는 동사를 동족어로 가지고 있는 데 반하여, '지식'은 그렇지 못한 관계로—'지식'에 대응하는 한국어 동사는 '알다'이다— 통상 '인식'이라는 말이 사용된다. 그러니까 '인식론' 또는 '인식이론'을 '지식론' 또는 '지식이론' 또는 '앎의 이론'이라고 일컬어도 무방하다.

주목해야 할 것은, 인식론에서 문제가 되는 '인식'이란 '우리 인간에게 가능한 인식'이라는 점이다. 고대 그리스 철학이나 중세 스콜라 철학에서도 인식에 관한 많은 논의가 있었으나, 그때 참된 인식의 원본 내지 척도로 고려된 것은 신체 없는 인간에게나 가능한 순수 오성적 인식, 계시(啓示)나 신통력에 의한 직관적 인식 내지 신(神)적 인식이었다.

그러나 근대에 와서 새삼스럽게 '인식론'이라는 명칭과 함께 문젯거리가 된 '인식'은 수학적 인식이라든지 자연과학적 인식처럼 인간에 의해서 수행된다고 보는 그런 인식이다. '인식론'의 탐구 대상은 이성적 동물로서의 인간에서 가능한 인식인 것이다. 그래서 인식론은 데카르트(Descartes), 로크(Locke), 칸트의 예에서 보듯이 인간 이성의 자기 능력 비판에서 시작한다.

3-1) 인식론의 쟁점들

인식론은 '인간에서 인식이 어떻게 가능한가?'를 물으면서, 인식 일반에 대해서 ① 인식의 기원, ② 인식의 대상 및 내용, ③ 참된 인식[진리]의 의미, ④ 인간 인식(능력)의 한계 등을 해명하고자 한다. 그러나 일반적으로 철학적 노력의 이상은 언제나 진리 자체의 획득이지만, 현재까지의 철학적 작업의 결실은 제기된 철학적 물음에 대한 영구불변적인 답이라기보다는, 오히려 그 같은 답을 얻으려는 시도들이듯이, 인식론의 문제들과 관련해서도 여러 가지 '시론' 내지는 '학설'들이 있다. 동일한 문제에 관해서 대립하는 여러 '설'이 있고, 그 '설들'이 다른 '설들'의 약점을 자신의 강점으로 가지고 있음으로 해서 서로 양보 없이 맞서고 있다는 것은, 그 문제가 아직도 미결인 채 탐구 중임을 시사하는 것일 것이다.

주제별로 대표적인 학설들을 살펴보자.

① **인식의 기원의 문제**

인간의 무엇에 대한 인식의 단초는 바로 그 인식을 수행하는 인간 자신의 인식 능력이 구비하고 있는 선험적인 인식 원리라고 보는 이성론(理性論 또는 合理論, rationalism)과 인간에서 모든 인식의 출발점은 감각 경험이라고 보는 경험론(經驗論, empiricism 또는 感覺主義, sensationalism), 그리고 논리학, 수학과 같은 형식적 인식에서는 이성론에 동조하면서, 자연 대상에 대한 인식에 관해서는 감각 재료가 선험적 인식 원리에 따라 규정됨으로써 인식이 생긴다고 보는 초월론(超越論, transcendentalism 또는 超越哲學, Transzendental-Philosophie, 批判哲學, Kritische Philosophie) 등이 서로 다른 이론을 세운다.

② **인식의 대상 및 내용 문제**

인식 작용의 상관자로서 인식 내용이 있고, 이것이 바로 인식 대상이라고 보는 관념론(觀念論, idealism) 내지 현상론(現象論, phenomenalism)과 인식 작용이란 인식 대상을 수용하는 매개의 기능으로서 인식 대상은 인식 작용에 독립해서 실재한다고 보는 실재론(實在論, realism)의 대립이 있다.

③ **참된 인식[진리]의 의미 문제**

인식이 무엇에 대한 인식이냐에 따라 여러 가지 이론이 있는데, 무모순성과 체계 내 일관성을 진리의 척도로 보는 정합설(整合說, coherence theory), '인식의 사실과의 일치'를 진리로 보는 일치설(一致說, 合致說 또는 對應說, correspondence theory), 실생활에서의 유용성을 진리의 의미로 보는 실용설(實用說, pragmatism), 인식하는 자들 사이의 합의 내지는 일반적 의사소통을 진리의 기준으로 보는 상호 주관성 이론(相互主觀性理論, Theorie der Intersubjektivität) 내지는 합의설(合意說, Konsensustheorie) 등이 나름의 특장점을 가지고서 서로 다른 의견을 내세운다.

④ 인간 인식(능력)의 한계 문제

인간의 인식 능력은 구조적으로 일정불변하고 한계를 가지며 일정한 대상 영역을 넘어서면 어떠한 의미 있는 인식도 갖지 못한다는 인식 형식의 한정 이론(限定理論)과 인식 내용의 유한성 이론(有限性理論 또는 不可知論, agnosticism), 그리고 인간의 인식 능력이 현재 한계가 있는 것은 사실이지만 그러나 단계적으로 진보하기 때문에, 원리상 인식의 한계는 없다는 인식 진화론(認識進化論, evolutionäre Erkenntnistheorie) 또는 변증법(Dialektik)적 이론(辨證法的 理論)의 대립이 있다.[16]

4) 윤리학

윤리학(倫理學, ethica)은 윤리적 가치, 곧 선(善, 착함)의 의미와 원천을 밝히고, 선이 표현된 윤리적 규범들, 곧 도덕 법칙들을 찾아내고, 그것들 위에 서 있는 '윤리적 공동체', '도덕의 나라'를 추구하는 철학의 한 분야이다. '도덕철학(philosophia moralis)'이라고 일컬어지는 데서도 알 수 있듯

16 이상의 '3) 인식론' 절은 백종현, 『철학의 개념과 주요 문제』, 167~181쪽 참조.

이, 윤리학이 철학의 한 분야인 것은, 밝히고자 하는 '선'의 가치가 인간 행위 규범들의 뿌리라고 생각되면서도, 윤리적 가치와 규범들은 여전히 이른바 '과학적'인 방법으로는 해명될 수 없는 성질의 것이기 때문이다.

윤리학은 또한 '덕 이론(德理論, Tugendlehre)'이라고 일컬어지는데, 그 바탕에는 윤리란 실천하는 힘(virtus), 곧 실천하는 덕(德)으로 인해 현실 세계에서 비로소 실현될 수 있는 것이라는 이해가 놓여 있다.

윤리는 다름 아닌 인간의 삶의 질서(ordo vivendi)이고, 윤리학은 "인간적인 것에 관한 철학(he peri ta anthropeia philosophia)"[17]이지만, 윤리학의 소재인 도덕 이론은 사람들 사이의 이해 다툼을 조정하는 이론(정치학)도 아니고, 행복이나 쾌락에 대한 이론(심리학)이 아니라, 사람들의 인격적 가치에 대한 이론(철학)이다.

윤리적 규범이라는 것이 오로지 물리적 법칙의 테두리 안에 있는 인간의 자연적 성향에 토대를 둔 것이라면, 이른바 윤리학이라는 것도 물리학[자연학]의 한 분야라 해야 할 것이다. 사실 그렇게 생각하는 사람들이 적지 않다. 현대의 대다수 물리주의자들은 말할 것도 없고, 인간에서 한낱 물체가 아니라 '정신'을 본 근대인 데카르트조차도 도덕은 의학, 역학과 더불어 형이상학을 뿌리로 하는 물리학(자연학)이라는 줄기에서 나온 가지들 가운데 하나로 보았다.[18] 그러나 물리학이 사실과학을 뜻하는 한에서, 이런 견해는 당위의 학인 윤리학에 적중하지 못한다.

17 Aristoteles, *Ethica Nicomachea*, 1181b 15.

18 Descartes, *Principes de la philosophie*, in: Oeuvres IX-2, 14 참조.

물리학이 '자연의 법칙'들을 대상으로 삼는다면, 윤리학은 '자유의 법칙'들을 다룬다.[19] 자유의 법칙이란 자연적 인과 연관을 끊고 스스로 행위를 시작할 수 있는 인간의 힘, 곧 자유 의지의 행위 규칙, 다시 말해 자율(自律)을 말한다. 만약 인간의 행위가 순전히 심리적 성향이나 사회적·자연적 사실관계 속에서 일어나기만 한다면, 사회 규범에 대한 심리학이나 사회학 또는 물리학은 있을지 몰라도 더이상 윤리학은 없다. 윤리학을 사실의 학문이 아닌 '당위의 학문'으로 이해하는 한에서 그러하다. 어떠한 경험적 사실(Sein)로부터도 당위(Sollen)는 도출되지 않는다.

그래서 우리가 '당위'를 말하려 한다면, 그 근거를 어떤 선험적 이념에서 찾을 수밖에 없다. 여기서 그 선험적 이념이 '신적'인 것이냐, '인간 이성적'인 것이냐에 대한 의견이 갈리고, 그래서 또한 윤리 학설의 갈래가 생긴다.

4-1) 윤리·도덕과 예의범절

윤리(倫理)·도덕(道德)은 일정한 표현 형식을 갖는 것이 보통이고, 일반적으로 그런 형식은 예의범절(禮儀凡節)이 된다. '윤리성' 내지 '도덕성'이 윤리·도덕의 속 또는 본(本)이라면, 예의범절은 그것의 겉 또는 말(末)이라 볼 수 있겠다. 도덕성이 높은 사람은 대개 예의범절이 바르다. 또 바른 예의범절 교육을 통해 도덕성 자체를 높일 수 있다. 그러나 무슨 일에서나 속과 겉, 안과 밖, 본과 말이 언제나 일치하고 일관된 것은 아니듯이, 도

19 Kant, *GMS*, BIV=IV387 참조.

덕성과 예의범절이 늘 부합해 있는 것만은 아니다. 다시 말해 예의범절이 반듯하다 하여 그 행위에 반드시 도덕성이 깃들어 있는 것은 아니다.

또한, 예의범절은 풍속성이 강하기 때문에, 같은 수준의 도덕성도 시대와 지역 또는 족속에 따라 전혀 다른 표현 방식, 곧 판이한 예의범절을 가질 수가 있다. 예를 들어, 공경의 마음을 표시해야 할 국면에서 도덕성은 '진실한 공경의 마음씨'에 있는 것이며, 머리를 숙여 인사하느냐, 무릎을 꿇고 인사하느냐, 악수를 하느냐, 단지 목례만 하느냐는 예의범절에 속한다. 무릎을 꿇고 인사하는 이가 목례만 하는 이보다 반드시 도덕성이 뛰어나다고는 말할 수 없다. 그러니 남이 나와 다른 예의범절을 가지고 있다고 하여, 그것만을 보고서 나보다 도덕성이 높다 혹은 낮다고 평가할 수 없는 일이다.

겉은 보이고 속은 안 보이듯이, 예의범절은 가시적이고 도덕성은 비가시적인 탓에, 흔히 사람들이 예의범절(예절)을 두고 도덕을 이야기하면서, 도덕은 형식적이니 어쩌니 하는데, 예의범절(예절)이라면 모를까 도덕은 실로 한낱 형식적인 것이 아니다. 도덕은 인격성의 실질을 담고 있다. 도덕과 예의범절은 구별되어야 한다.

4-2) 윤리의 보편성

예의범절의 차이뿐만 아니라, '과학적'이고 '민주적'이라 일컬어지는 생활 방식은 사람들의 윤리 의식에 적지 않은 혼란을 야기하고, 그것은 곧잘 윤리의 보편성에 회의를 일으킨다. 이른바 '과학적' 생활 태도에서, '과학적'이란 한편으로는 수리(數理) 계량적이지만 다른 한편으로는 실험 관찰적이고, 대상을 실험 관찰적으로 탐구하는 한 그 결과는 제한적이고 상대적일 수밖에 없는 탓에, 도덕에 대해서도 '개방적'이고 '관용적'이라는 이름 아래 상대적인 견해를 취하는 사람들이 다수 생겨난다. 더구나 확실성이 없어 보이는 문제에 관해서는 견해 차이가 있더라도 상호 존중하고, 꼭 필요한 경우에는 다수결로 의견을 모으는 것이 '민주적'이며, 가능한 경우에는 현재하는 혹은 예견되는 결과의 실용성을 기준으로 견해 차이를 조정하는 것이 '합리적'이라는 생각이 호소력을 가지면서, 도덕 상대주의가 부상한다.

그러나 진리의 가치, 미의 가치에서도 그러하듯이, 만약 '도덕적 가치가 상대적'이라면, 그것은 결국 도덕의 몰가치를 뜻한다. '상대적 도덕'이 함축하는바, 누구에게는 도덕적 가치를 지니는 것이, 다른 누구에게는 도덕적 가치를 지니지 못한다면, 그때 과연 '그 도덕'이라는 것이 행위 규범으로서 기능할 수 있을까? 그런 경우 '그 도덕'이라는 것이 누구에게나 타당한 내적 규범이 되지는 못할 것이다. 따라서 그곳에는 어떤 외적 강제는 있을지 몰라도, 궁극적으로 내적 강제 명령으로서 도덕은 없다고 보아야 한다.

'상대적 도덕'이란 —어쩌면 처세술이나 사회 질서 이론은 될 수 있을 터이나— 정확히 말하면 도덕일 수가 없다. 만약 도덕이 있다면 그것은 절대적이고 보편적인 것일 수밖에 없다. 당위 규범으로서 도덕은 있거나 없거나이며, 만약 있다면 절대적이고 보편적인 것이다. 논리 규칙이 그렇듯이 말이다. 그러므로 이른바 '상대적 도덕'이란 '둥근 사각형'처럼 자가당착적인 것이다.[20]

윤리 세계가 선악의 가치 세계인 한에서, 진위의 가치 세계인 논리 세계가 그렇듯이, 윤리는 다수결에 의해 정해지는 것도 양보와 관용의 미덕으로써 타협할 수 있는 성격의 것도 아니다. 이해(利害)의 문제에서는 일방이 손해를 감수하고 화합한다면, 그는 평화주의자이고 선량하다고 칭송받을 수 있다. 그러나 진위의 문제에서도 그렇듯이 선악의 문제에서는 적절하게 악을 받아들이는 또는 용인함으로써 악과 화합하는 일은 결코 미덕이 될 수 없다. 그런 경우를 일러 타락이라고 한다.

누가 악과의 대립 중에 선을 내주고 조금이라도 악을 수용하면, 그는 너그러운 사람이 아니라, 악에 굴복한 또는 악에 물든 사람인 것이다. 선악의 이러한 엄격성은 모든 사람을 힘들게 하고, 그래서 '선악'의 가치어들이 모두 무의미하다거나, 선악은 실상 이해(利害)나 쾌고(快苦)라는 논변을 폄으로써 사람들을 편안하게 하려는 이론이 자주 각광을 받는다. 그러나 이런 추세라면 윤리학은 안락사에 이를 것이고, 이른바 윤리 문제는 사회학이나 심리학 또는 생리학의 과제일 따름일 것이다.

5) 사회철학

'사회철학(社會哲學, Sozialphilosophie)'은 사람들의 공동체 생활에 대한 철학적 반성이 싹튼 철학사의 초기부터 시작되어 현금까지도 가장 활발하게 논의되고 있는 철학 주제라고 할 것이다. 그러나 '사회생활의 보편타당한 합법칙성'을 탐구함으로써 분과적이고 개별적인 문제를 경험적 방법으로 연구하는 사회과학을 이끌어가야 할 '사회생활의 철학'이라는 사

20 이상 '4) 윤리학' 절은 백종현, 『철학의 개념과 주요 문제』, 239~244쪽 참조.

회철학의 개념은 비교적 늦게 정립되었다.[21] 그것은 '사회과학'이라는 개념의 역사 자체가 오래되지 않았기 때문일 것이다.

사회철학은 사실 서술과 규범 제시라는 두 측면을 가지고 있는바, '인간의 사회생활이 어떤 기초적인 규칙 아래서 운영되고 있으며, 운영되어야만 하는지'를 학문적으로 탐구한다. 그럼으로써 사회학과 함께 사회과학의 토대 해명에 기여하고, 윤리학과 함께 타인과 함께 살아가는 인간의 가치를 논구하며, '사회'가 '국가사회'로 이해되는 한에서는 정치철학 내지 법철학과 공통의 과제를 갖는다.

사회철학은 사회의 상태, 형태, 형성 과정 및 요소들에 대한 과학적 탐구 결과를 바탕으로 현실 사회를 비판하면서 '사회의 본질과 의미 그리고 의의'를 밝히고, 사회가 마땅히 걸어가야 할 정도(正道)와 지향해야 할 궁극적 목표를 제시한다. 이때 사회철학의 본령은 문명 비판이 된다.

궁극적으로 '이상 국가(理想國家)'의 상(像)을 제시하고자 하는 사회철학은 오늘날 인간 사회 구성의 주요 요소들인 법, 정치, 경제, 문화, 종교, 역사 등과 함께 인간의 심리 현상을 시야에 두고서, '이상 사회'를 영위하는 데 필수적인 사회 운영 원리로 간주되고 있는 자유, 평등, 정의, 우애 등의 이념의 의의와 이 이념 간의 충돌과 화해 방안의 모색을 주 과제로 삼고 있다.

21 R. Stammler, *Wirtschaft und Recht nach der materialistischen Geschichtsauffassung - Eine sozialphilosophische Untersuchung*(Leipzig 1896) 참조.

5-1) 국가 이론과 다툼 거리

사회(社會, societas)를 '공동의 목적을 가진 다수인의 결합체'라고 이해한다면, 국가사회(civitas, political society)는 '다수 구성원의 공동의 목적과 그 실현 방안을 법률로 규정하여 운영하는 매우 견고한 공동체'라고 하겠다. 그런데 여기서 개인으로서 인간을 자발적인 활동의 주체로서 받아들이고, 동시에 복수(複數)의 개인이 있음이 사실로 인정되는 사회에서는 개인들 상호 관계, 그리고 개인과 전체 사회의 관계가 문제 되지 않을 수 없다. 개인-사회 전체 관계 문제의 핵심은 사회를 개인들의 구성체(compositum)로 보느냐, 아니면 반대로 개인들을 전체(totum) 사회의 부분들로 보느냐에 있고, 이 문제에 대한 의견 차이에서 보통 개인주의-전체주의, 자유주의-사회주의 사이의 이견이 나오며, 서로 장단점을 바꿔 가지고 있는 이 두 이념은 이론적 작업에서뿐만 아니라 현실 정치 체제의 형성에서 여전히 작동하고 있다.[22] 그래서 사회철학의 주요 과업은 국가사회의 진보를 위한 제언과 함께 개인-국가 간의 관계에 내재하는 국가사회의 모순점에 대한 비판이다.

6) 문화철학

인간은 자연에서 태어나 자연 안에서 산다. 그러나 인간은 자연대로만 살지 않고, 자연을 가꾸며 살며, 어떤 경우에는 자기의 생각에 따라 자

22 이상 '5) 사회철학' 절은 백종현, 『철학의 개념과 주요 문제』, 315~324쪽 참조.

연을 바꾸어 가면서도 산다. 이 '자연을 가꿈' 내지 '자연을 꾸밈' 또는 '자연을 바꿈'의 활동 및 그 결과를 '스스로 그러한바' 내지는 '저절로 그러한바'인 '자연(自然)'과 대비시켜 통칭 '문화(文化)'라 하며, 자기의 생각에 따른 인간의 창작물 또한 '문화적인 것'이라 한다. 그러므로 문화는 (적어도 부분적으로는) 인간 자기 활동의 산물이라 하겠다. 이렇게 스스로 활동하면서 또한 그것을 끊임없이 되돌아보는, '인간이 자기 활동을 반성하면서 인간 자신 내지 인간 활동의 본질을 구명하고 그 가치를 평가하며 가치의 의미와 평가 척도의 원리를 찾는 작업'을 편다면, 그 결실이 '문화철학'의 내용을 이룬다.

왜 인간은 문화 활동을 할 수밖에 없는지, 아니 더 일반적으로 말해 '활동'을 하지 않을 수 없는지? 예컨대, 왜 인간은 노동을 하고, 투쟁을 하며, 글을 배우고 익히며, 유희를 하고, 결혼 의식(儀式)을 가지고 있으며, 시민 생활을 하며, 시를 쓰고, 미술과 음악 활동을 하고, 종교 생활을 하고, 심지어 철학을 하는지? 이같이 인간의 본질적 생활 양식의 까닭을 묻고 답을 찾을 때 문화철학은 진정한 의미에서 인간학이 된다.

인간의 문명은 발전하는가, 그리고 발전하기만 하는가? 문명의 발달은 인간에게 행복한 삶을 가져다주는가? 기술의 발달은 인간의 삶을 질적으로 향상시키고 있는가? 과연 고급 문화, 저질 문화의 평가 척도가 있는가? 문화의 보편적 양식(樣式)이 있는가? 이 같은 물음들은 '문화 비판'의 성격을 띠고 있는데, 문화 비판은 문화철학의 주요한 요소를 이룬다.

'문화'라는 것이 한낱 각기 특정한 집단의 사회성, 역사성, 종족성이 표출되는 생활 양식이어서 보편성을 찾을 수 없다면, 문화의 본질을 찾는다는 것도, 따라서 인간의 본질을 구명한다는 것도 부질없는 일일 것이고,

보편적 척도가 없는 마당에서는 문화의 비교 평가도 가능한 일이 아닐 것이다. 그리고 그런 경우에 문화에 대한 철학적 작업이란 무의미하다. 그러니까 문화철학은 다른 분야의 철학과 마찬가지로 인간의 이상적 생활 양식을 정립하고, 그것을 근거 삼아 현실적인 인간의 생활 양식을 조망하는 작업을 본령으로 삼는다. 이런 견지에서의 문화철학은 규범학이다.

문화의 본질 파악을 바탕으로 하는 문화 비판 작업은 특정 문화 형태의 칭송이나 폄하를 지향하는 것이 아니라, 문화의 다양한 형태 안에 있는 보편성을 발견하고, 그것을 바탕으로 인간의 자연과의 관계를 조정하고, 이른바 '문화권'에 대한 이해를 높여 서로 다른 문화권에 속해 있는 사람들 사이의 진정한 화해의 길을 연다. 이런 작업은 또한 인간 문화생활의 연유를 이해하고 방향을 전망한다는 점에서 역사철학 또는 미래학의 토대가 된다.

철학이 근본학인 한에서 문화철학이야말로 인간의 근본학이라 하겠다. 이런 의미에서의 '문화'가 무엇인가를 살펴보는 것은 결국 '인간이란 무엇인가'를 고찰하는 것과 같다.[23]

23 이상 '6) 문화철학' 절은 백종현, 『철학의 개념과 주요 문제』, 415~417쪽.

6. 철학의 전문화와 반(反)철학

'철학'이라는 이름으로 출발한 학문은 인간 지혜의 성장과 함께 분화를 계속한다. 15세기 이래 문법(grammatica), 수사학(rhetorica), 시학(poetica), 역사(historia) 그리고 도덕철학(philosophia moralis)을 내용으로 갖는 '인문적 탐구(studia humanitatis)' 중심의 학풍과 17세기 이래 두각을 드러낸 자연과학의 위풍 속에서 18세기 중엽 이후 서양의 '철학자'들은 '철학적' 문제 영역과 탐구 환경의 변화에 대한 뚜렷한 인식을 갖기 시작했다. 그즈음에 자연을 탐구의 대상으로 한 '과학'은 대중들의 욕구 충족에 부응함으로써 이미 상당한 권위와 신뢰를 얻었고, 이제 '철학'은 이와의 관련성 속에서 그 독자성과 생산성을 보여야 하는 처지에 놓였다. 이때 '철학'은 '과학'과 마찬가지로 전문적 연구를 필요로 했고, 그와 함께 근본학으로서의 철학은 전문화의 길에 들어섰다.

자연 물체를 탐구 대상으로 갖는 여러 과학은 특정한 사람들만이 아는 언어(즉 수학)와 방법(즉 실험 관찰, 통계), 그리고 그들만이 다룰 수 있는 도구(즉 과학 기기(器機)들)를 통해 큰 발전을 거두었다. 그 연구 성과는 놀라웠지만, 그러나 그것은 '전문가'들에 의해 이루어진 것이다. 이를 본, 여전히 철학적 문제에 관심이 더 큰 학자들은, 이제 철학도 전문적으로 연구되어야 할 필요를 절실히 느꼈다. 바야흐로 철학의 전문화가 시작되었고, 이것은 철학의 직업화를 낳았다. 어느 분야이든 그 이론적 작업에서는 전문적으로, 그리고 직업적으로, 그것도 분업적으로 몰두하지 않으면 수준을 끌어올릴 수 없는 학계 일반의 상황에 철학마저 휩쓸려든 것이다.

과학의 발전과 더불어 성찰해야 할 새로운 '현실'이 철학자들에게 잇

따라 나타났고, 또한 깊어진 사변을 담은 앞선 다수 연구자의 기술(記述)이 다량의 독서를 요구하였다. 이제 '철학자'들은 말보다 글에 열중해야 했고, 용어는 차츰 일상 언어를 훨씬 넘어 나갔다. 그리고 그것은 일반교양인이 점차로 철학자의 말을 알아들을 수 없고, 철학책을 읽기가 더욱 어려워졌다는 것을 의미한다.

그러나 세상 사람들은 여전히, '철학'은 어느 정도의 지성과 일반적인 인생 체험만 가지면 누구나 할 수 있고, 할 수 있어야 하고, 또 '철학'은 누구나 이해할 수 있는 언어로 말해야 한다고 생각했다. 그것이 인문학 내지 교양 학문으로서의 철학 개념에 오랫동안 익숙해 있는 일반교양인의 생각에는 당연한 것이었겠지만, 근본학으로서의 철학이 대세가 된 즈음의 '전문가' 철학자들은 그와는 다르게 생각하기 시작했다.

> 여타의 모든 학문에서는 [전문가가 있겠거니 하고] 조심성 있게 침묵으로 관망하는 모든 이들이 형이상학[철학]적 물음들에서는, 다른 학문에 비해 그들의 무식이 분명하게 드러나지 않음으로 해서, 대가인 양 말하고 대담하게 결정한다.[24]

라며 칸트는 불평했고, 더 나아가 헤겔(Hegel)은

> 사람들은 구두 한 켤레를 만들기 위해서도, 비록 누구나 자기 발에 맞는 척

24 Kant, 『형이상학 서설(Prolegomena)』, A21/22=IV264.

도와 손들, 그리고 구두를 만드는 일에 필요한 천부적 재능을 가지고 있다 하더라도, 구두 만드는 법을 배우고 훈련을 쌓지 않으면 안 된다는 것을 인정한다. 그런데 유독 철학함에 대해서만은 그러한 연구나, 배움 그리고 노고가 필요치 않다고들 말한다.[25]

라면서 철학 연구나 철학 문헌의 독서도 상당한 훈련이 필요함을 역설했다. 그리고 이런 '전문가' 철학자들은, 엄밀한 학리적 토대를 닦음이 없이 우주 삼라만상과 인생에 관해 논설을 펴는 (내지는 횡설수설하는) 이들을 '에세이스트' 또는 '이데올로그' 또는 '통속 철학자'라고 일컬어, 자신을 그들과 구별하였다.

(그리고 이즈음부터 ① 교양 학문으로서의 철학과 ② 근본 학문으로서의 철학은 다른 길을 걸었다고 볼 수 있다. 그래서 근본학으로서의 철학이 '대학 철학'의 근간을 이루고, 인문학으로서의 철학은 대학 내에서는 곁가지가 되거나 대학 밖에 자리를 잡기 시작했다. 대학 편제에서의 거의 모든 학과 학부의 연구 교육 주제가 서양 근대 학문의 전통을 승계하고 있는 한국 대학의 철학과에서 저 전통과는 다른 계열의 이른바 '동양 철학'을 함께 교수하는 실상은 특이한 사례 중의 하나라고 하겠다. 적어도 100년 전의 문헌 해석이 주를 이루는 '동양 철학'이 인품 형성의 하나의 초석은 될 것이지만, 현재 대학의 물리학이나 화학 또는 정치학이나 심리학의 '근본'과는 먼 거리에 있다고 해야 할 것이니 말이다.)

25 Hegel, *Enzyklopädie*, §5: GW20, 44.

요컨대, 이제 철학도 수학이나 과학들과 마찬가지로, 아니 그 문제의 근원성과 보편성, 그리고 난해함과 절실함으로 인해, 더욱더 엄밀히 전문적으로 연구되어야 할 상황에 놓였다. 바야흐로 철학은 점차 이론적 정밀화, 곧 또 하나의 '지식의 체계'화의 추세에 들어섰다. 이로써 실천적 덕성 함양은 더이상 '학문'의 본질의 문제가 아니라 각자의 교양 문제로 치부되어, '학자'의 본질과는 거의 관계없는 사안이 되어갔다.[26] 근본학으로서의 철학이 위주로 되어가면서, 인문학, 교양의 학문으로서의 철학은 빛을 잃어갔다. 말(末)이 번성해가면서 본(本)이 시들어간 것이라 할까….

여기에 전문가 철학자들이 직업 활동할 수 있는 공간이 대학과 그 언저리에 국한되다 보니 철학의 주류는 '대학 철학'이 차지했고, 철학 연구는 사회의 여러 제도의 굴레 속에 놓이게 되었다. (자유의 공기를 호흡하면서 철학자는 활력을 얻는 것인데 말이다.)

> 대학 철학은 항상 군주에 대한 두려움, 정부 부처의 의지, 국가 교회의 종규(宗規)들, 출판사의 소망, 대학생들의 호응, 동료들의 호의, 시국의 추세, 대중의 그때그때의 성향, 그 밖의 모든 것들을 유념하면서 백 가지 의도와 천 가지 동기에 짐 지워진 채 조심조심 요령껏 자기 길을 헤쳐나가고 있다.[27]

26 이상 일곱 문단은 백종현, 『칸트와 헤겔의 철학』 개정판 2쇄(아카넷, 2020), 43~45쪽 참조.

27 Schopenhauer, *Die Welt als Wille und Vorstellung*, 제2판 머리말: SW I, 25.

이러한 상황은 일찍이 데카르트가 철학할 수 있는 여건으로 꼽았던 "성숙한 나이", "일상의 걱정거리에서 벗어남", "홀로 있음의 한가"[28]와는 거리가 멀어, 오늘날 대학과 그 주변의 '철학자'들은 이를 데 없이 분망하다. 사유는 더이상 관조가 아니라 노동이 되어가고 있기 때문이다.

철학의 전문화는 학문의 전개상 불가피한 면이 없지 않다. 공자나 플라톤의 철학적 사유가 조응하는 현실이 상식의 세계라면, 칸트나 비트겐슈타인(Wittgenstein)이 사변하는 현실은 근현대 물리학의 세계를 포함한다. 철학은 생활 세계뿐만이 아니라 갈수록 진보하는 개별 과학이 드러내 보이는 현실 또한 조망해야 하고, 그 서술은 불가불 일상 언어 이상의 것을 필요로 한다.

그러나 철학은 학리적 이치의 근거를 탐구하여 근본학으로서의 구실을 다해야 할 뿐만 아니라, 교양 학문으로서 인간 행실의 규준 또한 내놓고, 일반교양인이 그 이치를 가늠하게 할 과제 또한 갖는다. 철학이 전문가의 전유물이 된다면, 오히려 그것은 반(反)철학적이라 할 것이다. 또한, 철학자는 학자의 일원으로서 학문하는 이의 징표인 자기 교화(自己教化)에 진심을 다해야 한다.

철학자들은 예나 지금이나, 대학 안에서나 밖에서나 근본학으로서의 철학의 과제뿐만 아니라 모름지기 교양학으로서의 철학의 과제 또한 안고 있다 하겠다.

28 Descartes, *Meditationes*, 1. Med.

7. 철학의 특수성과 보편성

독일 이상주의 철학자 피히테(Fichte)는, 철학이란 "사람의 영혼에 의해 생명이 불어넣어 있는 것"[29]이기 때문에, 누구의 철학이든 그것은 그 철학을 설파한 자가 어떤 인간인지에 달려 있다고 보았다. 그러나 누가 '어떤 인간'인지를 알게 해주는 '개성'은 생리-심리적인 자연적 요인에 의해서뿐만 아니라 사회-역사적인 문화적 요인에 의해서도 형성된다. 그런 의미에서 "개인"은 "각각이 그의 시대의 아들"[30]이고, 철학 또한 "그의 시대를 사상 안에 붙잡는 것"[31]이기 때문에, 철학은 시대의 아들이자 민족의 딸이라고 말하는 이도 있다.

철학이 철학자의 사상이라 하더라도 그 철학자는 그의 시대와 그의 사회 속에서 문제를 의식하고 그를 해결하려 시도하기 마련일 것이다. 이 점에서 한 철학자의 철학은 시대성, 역사성, 지역성과 함께 개성을 갖고, 이와 연관한 특수성을 갖기 마련이고, 바로 그만큼 현실성을 갖는다고 하겠다. 우리가 철학 이론들을 일람하면서 누구의 철학을 넘어, 어느 시대의 철학, 또는 어느 나라(지역)의 철학이라 구별해볼 수 있는 것도 이러한 관점이 성립할 수 있기 때문일 것이다.

또한, 철학적 문제들 가운데는 보편적인 '인간'의 문제와 아울러 특

29 J. G. Fichte, Erste Einleitung in die Wissenschaftslehre, 5, 1797: *Fichtes Werke*, Bd. I, hrsg. v. I. H. Fichte, 1845/46 Berlin, S.434.

30 G. W. F. Hegel, *Grundlinien der Philosophie des Rechts*[*GPR*]: TW7, 26.

31 Hegel, *GPR*: TW7, 26.

정한 민족의 역사적·문화 전통적 특성을 갖는 것도 있다. 그 때문에 또한 어떤 철학이 '한국적'일 수도 있고 '독일적'일 수도 있으며, '미국적'일 수도 있고 '중국적'일 수도 있다. 이때 '~적' 철학은 물론 특정 시대, 특정 지역, 특정한 사람들에게만 유효할 수도 있지만—이 점에서는 이른바 '과학'들도 마찬가지이다— 철학에 '~적'이라는 이름을 붙여 다른 철학과 구별하는 것은 그 유효성의 제한 때문이라기보다는 그 문제의식과 그 주제 전개 양태의 특별함 때문인 경우가 더 많다. 예컨대 실용주의 철학을 '미국적'이라고 한다면, 그 이론이 미국 사람에게만 타당하기 때문이 아니라 그 사상이 특히 미국에서 정치(精緻)하게 전개되었고, 미국적 생활 양상을 잘 반영한다고 보기 때문일 것이고, 또 정언적 명령에 의한 의무에 따르는 행위만을 도덕적 행위라고 평가하는 철학 체계를 '칸트적', 또는 '프러시아적', 또는 '독일적'이라고 한다면, 이런 도덕철학이 칸트 자신에게만, 또는 18세기 후반 독일 사람에게만 유효하기 때문이라기보다는 비교적 프러시아 사람들의 의무 관념을 잘 반영하고 있다고 생각하기 때문일 것이다.

그리고 우리가 '한국 철학'을 이야기하고자 할 때 염두에 두고 있는 것도 이런 의미에서의 '한국적' 철학이다. 독일적인 문제나 미국적인 문제 가운데 단지 특정 지역의 문제에 그치지 않는 것이 많은 것처럼, 한국적인 문제들 가운데는 그것이 다른 지역 사람들에게 각별하게 현안으로 의식되지는 않았을지라도 근본적으로는 인류 공동의 문제인 것이 많이 있다. 이런 문제들에 대한 철학적 통찰은 한국의 철학을 가능하게 할 뿐만 아니라, 동시에 세계 문화와 보편성을 나누면서도 그에 깊이를 더해주어 인류 문화를 진전시키는 일이다.

8. '한국 철학을 하다'의 뜻[32]

이런 의미에서 우리가 '한국 철학'을 말하려 한다면, 그것의 성립은 그 주석의 소재가 800년 전의 고려 불교 사상이냐, 400년 전의 조선 유교 사상이냐, 200년 전의 독일 철학이냐, 현대의 미국 철학이냐에 따라서 좌우된다기보다는 그 문제의식과 탐구 자세 그리고 연구 방법과 연구 결실이 인류 문화의 보편성을 신장하면서도 얼마나 한국적 특수성을 담고 있는가에 달려 있다고 볼 수 있다.

그러니까 원효(元曉)와 율곡(栗谷 李珥)의 전적을 주해·요약·해설하는 일은 '한국 철학을 하는 것'이고, 플라톤과 칸트에 대해서 그렇게 하는 것은 '서양 철학을 하는 일'이라는 식의 이해와 구별은 올바른 것이라 보기 어렵다. 아마도 기껏 전자는 한국 철학사 고전 연구의 일환이고, 후자는 서양 철학사 문헌 연구의 한 가지라고 말하는 정도가 제격일 것이다.

그러나 이 같은 연구가 문헌의 주해를 넘어서 그 문헌에 담겨 있는 인간의 보편적 고뇌를 현실의 지평 위에서 더 깊게 밀고 들어가 현대 사회가 안고 있는 문제 해결이나 해소에 실마리를 제공하여, 한국인들의 많은 공감을 얻거나 한국 사회를 형태 짓는 데에 일조하면 당대의 '한국 철학'이 되는 것이고, 인문학으로서 인간성 함양에 적실함을 보이거나 근본학으로서 학문의 보편적 기초 원리를 새롭게 개시(開示)하여 학문 일반의 진보에 기여한다면 세계 철학의 주류를 형성하게 되는 것이라 하겠다.

32 이하는 백종현, 『철학의 개념과 주요 문제』, 59~75쪽 참조.

학문의 총칭으로서의 옛 철학 개념 대신에, 뭇 학문이 분화된 오늘의 관점에서 근본학으로서의 '철학'을, 이미 규정한 바 있듯이, '자연과 인간 사회 문화 제 영역의 최고 원리와 제 영역의 통일 원리를 탐구하는 학문'이라고 이해한다면, 유추하여 '한국 철학'이란 '한국 사람이 한국에서 통용되는 언어로 자연 및 (한국) 사회 문화 제 영역의 최고 원리와 제 영역의 통일 원리를 반성적으로 탐구하는 지적 활동 또는 그 결실'이라고 포괄적으로 규정해도 무방할 것이다.

한국 태생의 누군가가 외국에서 영어 또는 독일어로 인류 사회 문화의 원리적 문제를 추궁하여 큰 성과를 거둔다 해도, 분명 그것은 한국인이 또는 한국 철학계가 거둔 큰 성과라 할 것이지만, 그렇다고 그런 철학에 굳이 '한국' 국적을 부여할 것까지 있을까 하는 생각이 든다.

예컨대 폴란드 사람 타르스키(Tarski)의 의미론적 진리론은 인식 논리학계의 큰 업적에 속하지만, 굳이 그의 의미론적 진리론을 그것만으로써 '폴란드 철학'이라고 해야 할까 싶다. 그러나 타르스키의 진리론 탐구로 인해 폴란드에 폴란드인들의 학파가 형성되고, 타르스키의 사상이 폴란드 정신문화 형성에 의미 있는 요소가 된다면 그것은 이제 '폴란드 철학'이라고 하지 않을 수 없을 것이다.

다른 문화 영역의 예이기는 하지만, 가령 조수미가 밀라노에서 푸치니를 노래하여 청중의 심금을 울렸고, 조성진이 베를린에서 베토벤을 연주하여 청중의 탄성과 함께 긴 갈채를 받았다 해도, 그들이 그것으로써 '한국 음악'을 세계에 떨쳤다고 말할 수는 없을 것이다. 그러나 조수미나 조성진이 서울에서 또는 통영에서 (한국어로) 연주하여 청중을 감동시키고, 그 감동이 지속성을 얻어 한국인의 미감에 영향을 미쳐 한국인의 정서의 한 가닥이 된다면, 그들의 음악은 현대 '한국 음악'의 한 가지로 보는 것이 마땅하겠다.

재고하여 '한국에서의 철학 활동'이나 '한국 사람이 철학함'을 '한국 철학을 함'으로 이해한다면 또 다른 풀이도 가능하겠으나, '한국 철학'이라는 것이 '무엇인가 한국적인 요소—그것이 문제 상황에 따른 것이든, 주제에서 비롯한 것이든, 아니면 문제 접근 및 수용 방식에 수반하는 것이든—가 있는 철학'을 의미하는 것이라면, 한국 문화의 특성—특히 한국어—을 떠나서 한국 철학을 말할 수는 없을 것이다. 물론 '한국 철학'도 '철학'인 이상 학문적 보편성을 갖는 것임이 틀림없고, 만약 그런 보편성을 가지고 있지 않다면, 철학 축에 끼지도 못할 터이다. 그러나 문화 일반이 보편성을 가지면서도 특수성을 갖듯이, 철학도 보편성을 가지면서도 특수성을 갖기에 우리는 '중국 철학'과 '미국 철학', '독일 철학'과 '인도 철학'을 구분하는 것이고, 같은 수준에서 '한국 철학'을 논할 수 있는 것이다.

어떤 문제 상황에서 어떤 주제를 어떤 방식으로 다루든 한국 사람이 세계 철학계에서 큰 업적을 내고, 또 그것이 계기가 되어 그런 학문적 전통이 한국에서 생기면, 그것 역시 '한국 철학'의 범위에 포함될 것은 분명하다. 그러나 '한국 철학'을 '한국인 철학자의 철학'과는 구별되는 의미로 사용하여, '한국 철학을 한다'라고 말할 때의 주안점은, 누구의, 어떤 철학이 외국에서 각광을 받고 있는지, '세계적'인 영향력을 갖는지 여부와는 상관없이, 그 철학 '설'이 한국어로 전개되어 한국의 정신문화 형성과 학술 발전에 어떤 영향을 미쳤는지일 것이다. 한국어가 묻히면 아마 한국 철학도 묻힐 것이다. "머리는 언어를 바탕으로 형성되고, 사상은 고유어의 빛깔을 지닌다. 이성만은 공통적이나, 정신은 각 언어에 의해 자기의 특별한 형태를 갖는다."[33]

이와 관련하여 요즈음 한국 사람들이 자주 문제 삼고 있는 '서양 철학의 유입과 수용을 통해 한국 철학이 어떻게 변화했는가?'라는 물음 또한 단지 그로 인해 '한국 철학계가 어떻게 달라졌는가?'가 아니라, '그것이 한국 사람들이 자연을 탐구하고 (한국) 사회 문화의 문제를 철학적으로 사고하여 해결하는 데 어떤 영향을 주었는가?'를 묻는 것으로 보아야 한다. 한국의 사회 문화 조성과 무관한 철학은, 제아무리 세계적 영향력이 있다고 해도, '한국' 철학이라 일컬을 수 없을 것이다.

우리는 한국 사회 안에서 세계와 교류하며 살면서 '인간다운' 삶을 꾸려 가는 데 수많은 문제와 부딪치며, 필요한 경우 이에 철학적으로 접근해야 하는 과제를 안고 있다. 이런 문제들이 '한국 철학의 소재'를 이루는 것이고, 그 문제 해결의 노고와 결실이 '한국 철학'의 내용을 이룰 것이다.

하나의 예만 들어보자.

1919년에 '대한민국' 수립이 선포될 때 당연한 국토로 여겨졌던 한반도가 두 나라(서로 다른 헌법을 가진 두 정치 공동체)로 나뉘어 적대하고 있는 데는 국제적·국내적 여러 세력 간의 갈등의 요인도 있지만, 그 갈등의 이면에는 사상적으로 자유와 평등 원칙의 대립 또한 있다. 이런 상황에서 한국 사회의 철학적 문제 가운데 자유와 평등의 화해, 정의와 관용, 평화보다

33 Jean-Jacques Rousseau, *Émile, ou De l'éducation*(Amsterdam 1762), in: Œuvres complètes de J.-J. Rousseau, tome II : La Nouvelle Héloïse. Émile. Lettre à M. de Beaumont(A. Houssiaux, 1852), 452쪽.

더 절실한 것도 없다. 한국인 누군가가 한국어로 이러한 문제에 대한 숙려와 성찰의 결실을 내놓는다면, 그 실마리를 소크라테스에서 찾았든, 예수님 말씀에서 찾았든, 공자님 말씀에서 찾았든, 칸트에서 찾았든, 안중근(安重根) 사상에서 찾았든, 또는 「기미 독립 선언서」에 기초하든, 그것이 이 시대의 '한국 철학'을 이루지 않겠는가. 그리고 이와 같은 분열과 불화의 극복은 인류의 오랜 소망이니, 이에 대한 화해와 평화의 철학은 동시에 인류 보편의 철학이지 않겠는가.

백종현

서울대학교 명예교수. 한국포스트휴먼연구소 소장. 서울대학교 철학과에서 학사·석사 과정 후 독일 프라이부르크대학에서 철학박사학위를 받았다. 인하대·서울대 철학과 교수, 서울대 철학사상연구소 소장, 서울대 인문학연구원 원장, 한국칸트학회 회장, 한국철학회《철학》편집인·철학용어정비위원장·회장 겸 이사장, 한국포스트휴먼학회 회장을 역임하였다.

주요 논문으로는 "Universality and Relativity of Culture"(*Humanitas Asiatica* 1, Seoul 2000), "Kant's Theory of Transcendental Truth as Ontology"(*Kant-Studien* 96, Berlin & New York 2005), "Reality and Knowledge"(*Philosophy and Culture* 3, Seoul 2008) 등이 있고, 주요 저서로는 *Phänomenologische Untersuchung zum Gegenstandsbegriff in Kants "Kritik der reinen Vernunft"*(Frankfurt/M. & New York 1985), 『존재와 진리 — 칸트 〈순수이성비판〉의 근본 문제』(2000/2003/전정판 2008), 『철학의 개념과 주요 문제』(2007), 『시대와의 대화: 칸트와 헤겔의 철학』(2010/개정판 2017), 『이성의 역사』(2017), 『한국 칸트사전』(2019), 『인간은 무엇이어야 하는가 — 포스트휴먼 시대, 인간을 다시 묻다』(2021), 『인간의 조건 — 칸트의 인본주의』(2024) 등이 있으며, 역서로는 『실천이성비판』(칸트, 2002/개정2판 2019), 『윤리형이상학 정초』(칸트, 2005/개정2판 2018), 『순수이성비판』(칸트, 2006), 『판단력비판』(칸트, 2009), 『윤리형이상학』(칸트, 2012), 『유작』(칸트, 2020·2022) 등이 있다.

1부

문명의 개화

공성과 대비의 이중주:
대승불교 보살행의 이념

안성두(전 서울대학교 철학과 교수)

1. 대승불교에서 공성과 대비

대승불교에서 공성(空性, śūnyatā)과 대비(大悲, mahākaruṇā)는 두 가지 목표로서 제시되어 있다. 공성이란 모든 현상적 존재는 어떤 본질도 갖고 있지 않은 상태를 말하며, 따라서 공성의 통찰은 자연스럽게 모든 현상에 대한 집착으로부터 벗어나는 데로 인도할 것이다. 반면 대비는 윤회에서 고통을 겪을 수밖에 없는 모든 중생에 대한 깊은 연민심이며, 따라서 대비의 계발은 윤회 세계에서 고통받는 중생들을 고통으로부터 벗어나게 하려는 관심과 실천으로 이끌 것이다. 양자는 대승 전통에서 자리(自利)와 이타(利他)를 상징하는 것으로서, 수레의 두 바퀴나 새의 두 날개처럼 상호 불가결한 것이거나 또는 보완적인 요소로서 간주되어왔다.

이와 같이 공성의 통찰을 획득한 수행자는 거의 자동으로 일체중생에 대한 대비심을 일으키게 된다는 것은 대승이 그리는 매우 이상적인 그림이지만, 문제는 양자가 다른 지향점을 가진 심리적 작용이라는 점이며,

나아가 대승의 이해에 반하는 설명이 붓다의 정각 체험을 기술한 초기 경전들에서도 보인다는 점이다.

『초전법륜경』(Vin I 4ff; MN I 167)에 따르면 붓다는 성도한 직후에 그가 깨달은 내용은 너무 심원하고 이해되기 어렵기 때문에 범천의 요청에도 불구하고 타인을 위해 가르치기를 주저했다고 한다. 붓다의 이런 망설임은 후대에 확립된 대비의 구현자로서의 붓다의 이미지와 상충됨에도 불구하고, 여러 판본에서도 동일하게 전해지기 때문에 역사적이고 종교적 '사실'을 반영하고 있다고 보인다.

『초전법륜경』은 붓다로 하여금 설법하도록 결심하게 한 결정적인 이유가 바로 중생들에 대한 비민(kāruññata)[1]이라고 말한다. 여기서 두 가지 점에 주목하게 된다. 첫 번째는 슈미트하우젠(Schmithausen, 1997: note 53)이 강조하고 있듯이 적어도 초기 불교에서 중생들에 대한 연민이 깨달음으로부터 저절로 나오는 것으로 간주되지 않았다는 점이다. 이것은 분명 대승불교에서 대비심을 깨달음의 핵심적 구성 요소로 이해하는 방식과는 다르다.

두 번째로 이러한 비심이 바로 사성제 등의 가르침을 설한 이유라는

1 Vin I 6에서 사용된 단어 'kāruñña'는 'karuṇā'의 추상명사로서 동의어이긴 하지만 그 기능은 다르다. Aronson(1980: 22)에 따르면 전자는 "simple compassion"이며, 후자는 "sympathy"이다. Maithrimurthi(1999: 125)는 그의 설명을 수용하면서, 팔리경장에서 karuṇā가 비심의 선정 수행의 맥락에서 사용된 반면에, kāruñña는 승려나 비구의 일상적인 행위에서 자신과 그다지 관련 없는 사람이나 동물이 다친 경우 등에서 동정심이나 연민심을 표현할 때 사용된다고 지적하고 있다.

점이다. 이런 관점에서 볼 때, 중생들의 이익과 안락을 위해 법을 설한다고 하는 유명한 전도 선언과 붓다의 비심을 등치시킬 수 있는 것이다. 나아가 교법을 통해 불교가 비로소 역사상에 등장했다고 본다면, 교법의 근거로서의 비심은 바로 불교의 존재 이유를 가리킨다고 말할 수 있을 정도로 중요하게 간주되었다고 보인다.

그렇지만 문제는 초기와 아비달마 시대에 연민심의 역할은 상대적으로 미약했거나 부차적인 것처럼 보인다는 점이다. 연민심은 초기 불교에서도 매우 중요한 윤리적 원천으로서 강조되었지만, 그 자체는 궁극적인 것의 인식에 직접 관련은 없다고 간주되었다. 왜냐하면 열반과 같은 궁극적인 것의 인식을 위해서는 무아 또는 공성의 증득이 필요한 것이지, 다른 중생들에 대한 연민심은 직접 열반으로 인도하지는 못하기 때문이다.

그렇지만 대승불교 시대에 양자는 이제 궁극적인 불성을 증득하기 위해서는 불가결한 요소로서 강조되었고, 특히 대승의 이상적인 인간상으로서 보살에게 부여된 임무였다. 여기서 슈리니바산(Srinivasan)이 인도 종교의 일반적 특징으로서 명명했던 "구제의 사유화(Heilsprivatisierung)"의 경향 대신에 보편적 구제론의 새로운 이상이 형성되기 시작했다. 여기에 보살 사상의 발생과 발전으로 이끈 여러 측면이 고려되어야 하겠지만, 이는 본고와 같은 짧은 논문에 의해서는 포괄될 수는 없을 것이다. 따라서 2절에서는 먼저 고승전류의 문헌에서 암시된 당시 인도 사회의 영향이나 배경을 간단히 서술함으로써 사회적 영향 관계를 살펴보기로 하겠다.

2. 무착(Asaṅga)과 세친(Vasubandhu)의 전기에 나타난 사회적 배경

붓다가 활동했던 고대 인도 사회에는 크게 두 종류의 수행자 그룹의 존재가 있었다. 하나는 바라문이고 다른 하나는 사문(沙門)이다. 카스트 제도의 첫 번째를 차지하는 사제 계급인 바라문은 베다의 희생 제의를 수행했던 지식인 계층으로서 베다 지식 체계의 전승에 특화되어 있었다.

반면에 사문은 베다 전통에 따른 희생 의례의 준수나 그에 의거한 구제론적 해석을 반대하면서 등장했던 반전통주의자 집단으로서 그들은 가정생활을 영위했던 바라문들과는 달리 출가라는 새로운 삶의 유형을 따랐다. 불교나 자이나교는 사문 전통에 속한 새로운 가르침으로서 불살생과 업, 그리고 해탈의 이상을 공유했다. 불교는 승원 문화를 발전시켜 그곳에서 붓다의 가르침을 배우고, 이후 인가가 드문 외진 곳에서 명상하고 탁발에 의거해서 살아가는 삶의 방식을 택했지만, 그러나 왕가나 상인들의 후원에 의해 교단이 발전하면서 재가자들은 교단의 일부로서 자연스럽게 수용되었다.

불교 교단의 발전에 끼친 가장 중요한 문화적 영향은 문자의 사용에 있었다. 인더스 문명에서 문자가 사용되었지만, 베다 문화는 구전 전승에 의거해 있었기 때문에 문자를 사용하지 않았다. 알렉산더 대왕이 파견한 사절단의 보고에서 나타나듯이 BCE 330년 무렵까지 인도의 상층 문화에서 문자는 사용되지 않았다고 보인다. 따라서 고대 인도 사회에서 문자가 사용되기 시작한 것은 아소카왕(재위 BCE 268~232) 직전이었다고 추정된다.[2]

아소카왕의 후원을 받은 불교 교단은 문자를 적극적으로 사용했다. 불교는 베다가 계시 문학이 아니라 단지 기억에 의한 전승으로 오류 가능성이 있는 텍스트라고 간주했기 때문에 바라문 계층처럼 문자에 대한 거부감이 없었다. 따라서 처음에는 붓다의 가르침을 암송으로 전승했지만, 문자의 도입 이후에는 적극적으로 문자화했다.

문자의 사용은 기본 경전에 대한 상세한 주석 문헌의 등장도 가능케 했기 때문에 불교의 여러 학파는 문헌 편찬에 의해 그들의 기본 텍스트에 대한 그들 자신의 이해를 심화시켜나갈 수 있었다. 이는 당시의 시대사의 행간을 읽기 위한 중요한 단서가 된다고 생각된다. 하나의 예로 세친의 전기를 보자.

기원후 4세기 초에 태어난 무착(Asaṅga)과 세친(Vasubandhu)의 생애는[3] 세 개의 전기에서 전해지고 있다. 가장 최초의 전기는 6세기 중엽 진제가 지은 『바수반두법사전(婆藪槃豆法師傳)』(T2049.50)이며, 다른 두 개는 14세기 학자인 부퇸(Bu ston)과 16~17세기 학자인 타라나타(Tāranātha)의 『인도불교사(Chos' byung)』이다. 이들 전기는 각기 다른 관점에서 무착과 세친의 사건들을 기록했기 때문에 서술의 내용이 다르다.

2 처음으로 사용된 문자는 소위 범자(梵字)로 알려진 브라흐미(Brahmī) 문자였고, 때로 간다라(Gāndhārī) 문자라고도 불리는 카로슈티(Kharoṣṭhī) 문자도 아소카왕 비문에 보인다.

3 티벳 전승에서 무착과 세친은 용수(Nāgārjuna)와 성데바(Āryadeva)와 더불어 대승이라는 큰 수레의 네 바퀴에 비유된다. 용수가 중관 학파의 창시자이며, 성데바는 그의 제자이기 때문에 양자는 중관 학파의 스승이고, 반면 무착과 세친은 형제 사이로서 유식학파의 실질적인 개창자 역할을 했다고 인정되고 있다.

먼저 『바수반두법사전』에 나타난 특징을 보자. 진제는 무엇보다 당시 인도 불교 내에서 가장 큰 문제로 대두된 불교와 상키야학파의 대립과 그로 인한 논쟁에서의 세친의 역할을 주로 다루고 있다. 여기서 세친의 스승이었던 바수미트라(Vasumitra)와 상키야학파의 빈디야바신(Vindhyavāsin) 사이에 논쟁이 일어났고, 여기서 빈디야바신이 승리함으로써 불교 측이 감내해야만 했었을 패배의 굴욕이 기록되어 있다. 당시 외지에 있어 이 논쟁에 참여하지 못한 세친은 이를 복수하고자 다시 도전했지만, 빈디야바신은 이미 죽었고, 이에 세친은 『칠십진실론(七十眞實論)』을 저작해서 상키야학파의 교설을 통렬하게 비판했다는 이야기가 주요하게 다루어지고 있다. 이에 왕이 내린 상금으로 아유사국(阿緰闍國), 즉 아요디아(Ayodhyā)에서 비구니 승원과 유부의 승원, 그리고 대승의 승원을 건립했다고 전한다.

『바수반두법사전』의 스토리는 비록 고승전(hagiography)의 성격을 감안해서 읽는다고 해도 당시 인도 사회에서 일어난 중요한 변화를 보여준다. 그것은 바로 학파들 사이에 논쟁이 CE. 4세기에 본격적으로 시작되었다는 점이다. 이미 150~250년경 용수(Nāgārjuna)의 『회쟁론(廻諍論)』 등에서 니야야학파를 위시한 다른 학파들에 대한 비판과 논변이 본격적으로 나타나고 있었지만, 이는 텍스트 상에서 다른 학설을 비판하는 방식이지, 직접적인 대론의 형태로 진행된 것은 아니었다.

그러나 빈디야바신의 스토리는 상키야학파가 당시 사상계를 주도했던 불교에 대해 도전했음을 보여준다. 그는 『상키야경(Saṅkhyāsūtra)』에 대한 새로운 주석서의 저작을 통해 자신의 학설을 명확히 정리했다. 이는 현대의 독자들에게는 너무나 당연한 이야기이기 때문에 그 의미가 언뜻 다가오지 않겠지만, 당시 인도의 주류 문화에서 텍스트의 전승은 문자에 의거한 것이 아니라 구전이나 암송의 형태로 이루어지고 있었다는 점을 고려한다면, 빈디야바신이 자신의 주석을 문자화된 텍스트로 편찬했다는 사실은 당시의 상키야 전통에서는 매우 혁신적인 시도였을 것이다. 왜냐하면 계시 문헌으로서 베다(Veda)를 따르는 인도의 정통 사상 체계들은 오직 구전과 암송에 의한 전승만이 그 텍스트가 가진 고유한 의미와 정보를 손상시킴 없이 전달해준다고 믿었기 때문에 그때까지 그들의 근본 텍스트를 문자화하지 않았다.

그렇다면 왜 그러한 새로운 시도가 인도 정통 체계에서 일어났는가? 한편으로는 요약된 인용문의 마지막 구절이 보여주듯이 이는 당시 사회적 후원과 왕가의 재정 지원과 직접 관련이 있었을 것이다. 다른 한편으로는 문자의 사용이 사상 체계의 형성과 정교화에 한결 유리하기 때문이었을 것이다. 그리하여 빈디야바신을 비롯한 힌두 전통의 사상가들은 당시 사상계를 주도했던 불교의 방식을 채택하여 그때까지 주로 암송에 의해 전승된 기본 텍스트에 자신의 해석을 더해 이를 문헌으로 편찬하기 시작했고, 이는 이후 불교와 힌두 정통 학파 사이의 논쟁으로 발전했다.

앞에서 언급했듯이 아소카석주에 의해 인도 문화에서 공식적으로 문자의 사용이 확인된 이후 불교 전통은 붓다와 그의 제자들의 가르침을 적극적으로 문자화하기 시작했다. 문자의 사용에 의해 철학적이고 심리학적 주제들에 대한 보다 치밀한 논변들이 가능해졌고, 이는 소위 논장(論藏)의 발전으로 나타났다. 논장의 초기 형태는 '마트리카(mātṛkā)'로서, 이는 어떤 주제에 대한 핵심적인 키워드를 기억하기 쉽게 나열해놓은 일종의 리스트였다.

하지만 문자의 사용으로 인해 수많은 정보를 체계적으로 정리하는 것이 가능해졌고, 이는 남방 불교 전통에서는 방대한 아비담마(Abhidhamma) 문헌의 편찬으로, 그리고 인도 본토에서는 대부분 한역으로만 현존하는 방대한 아비달마(阿毘達磨) 문헌군으로 증명될 것이다. 비록 아비달마의 오래된 요소들은 붓다 시대에까지 소급되겠지만, 가장 오래된 아비달마 문헌의 편찬은 BCE 2~3세기에 일어났다고 현대 학자들은 평가하고 있다. 그렇게 본다면, 그 이후 수백 년 동안 인도 불교는 문자의 사용으로 인해 사상적 발전은 물론 교육적 측면에서도 비약적인 발전을 이루었다고 보인다.

『바수반두법사전』은 이러한 사상적 주도권을 도전받은 불교의 상황을 보여주며, 여기서 세친의 역할을 보여주는 데 초점을 맞추고 있다. 이러한 사상적 대립은 세친의 시대와 그리 떨어지지 않은 시기에 살았던 진제에게 매우 당면한 문제였기 때문에 이 사건을 논사로서의 세친 전기의 주요한 요소로서 다루었을 것이다. 그리고 불교 정법의 선양이라는 점에서 세친 연대의 중요한 사건으로서 진제는 『구사론』의 저작과 이와 관련된 유부의 학승인 중현(Saṅghabhadra)과의 대립을 그리고 있다. 이어 그가 그의 형인 무착의 권유로 대승으로 귀의한 이후에 대승의 여러 경론에 대한 주석서를 저작하는 등 대승 논사로서 활동한 내역을 서술하고 있다. 이러한 진제의 서술은 당시 인도 불교가 직면한 사회적 상황이 어떠했는지에 대한 보다 생생한 그림을 그릴 수 있게 한다.

이에 비해 티베트 저자들에 의해 쓰인 무착과 세친의 전기는 더욱 종교적인 모티브를 많이 포함하고 있는데, 이는 티베트인들의 인도 불교사에 대한 기대와 관심을 반영한 것이다. 예를 들면 무착이 세친을 대승으로 전향시키기 위해 제자들을 보내 먼저 『무진의보살경(Akṣayamatinirdeśa)』을 낭송하게 한 후 다음에 『십지경(Daśabhūmikasūtra)』을 낭송하게 함으로써 대승이 심오한 이치와 광대한 실천행을 갖추고 있음을 세친에게 보여주었다는 일화이다. 이는 『바수반두법사전』에는 나오지 않는 스토리로서, 『무진의보살경』과 『십지경』을 각기 중관의 공성에 대한 심원한 이해와 유식의 광대한 실천행에 배대시킨 당시 티베트 불교의 이해를 반영한 것이다.

티베트의 인도 불교사 서술에 보이는 또 다른 흥미로운 점은 무착과 세친의 활동을 매우 대비적으로 묘사하고 있는 점이다. 무착은 선정에 익숙한 수행자로서 여러 곳을 전법 여행하면서 많은 사람을 불교로 전향시켰다고 말한다. 그의 이런 업적 때문에 당시 인도 불교의 약 6만의 승려 중에서 대승을 믿고 수행하는 승려의 수가 비로소 1만 명을 넘었다고 한다. 이렇게 많은 대승 승려의 숫자는 그의 활동 이전에는 찾아볼 수 없었다. 반면 세친은 철저히 학문적 작업에 종사한 인물로서 전법 여행 대신에 주로 마가다(Maghada) 지역에 머물면서 대승 논서를 저술한 학승으로서 묘사되고 있다. 그렇지만 그의 활동으로 인해 많은 명성을 얻고, 이를 통해 마가다 지역에 수많은 대승 사찰을 건립했다고 말하고 있다.

7세기에 인도를 여행했던 현장은 당시 인도 전역의 불교 승려의 수를 24만이라고 추정하고 있는데, 무착과 세친의 활동에 의해 인도 불교가 사상적인 면에서는 물론 실천적인 면에서 인도 불교 사회에 얼마나 많은 영향을 끼쳤는가를 짐작할 수 있을 것이다. 이러한 무착과 세친의 생애는 당시 불교가 직면한 시대적·사상적 도전 앞에서 불교가 얼마나 창의적으로 시대정신을 주도해나갔으며, 이를 통해 불교의 외연이 얼마나 넓어졌는지를 잘 보여준다.

그런데 대승의 자기 정체성과 관련해 보다 흥미로운 일화가 타라나타의 『인도불교사』에 보이는 다음과 같은 무착(Asaṅga)의 스토리다.

무착은 지금의 간다라 지역의 페샤와르에서 태어났다. 이 도시는 루르샤푸르(Puruṣapur)라고 불렸는데, 간다라 지방의 중심 도시로서 고대 쿠샨(Kushan) 왕국(소월지국)의 수도였다. 카니시카 대왕의 치세가 행해졌던 곳이다. 무착의 어머니는 독실한 불교도였으며 첫 남편에게서 무착을 낳고, 그의 남편이 죽은 후에 재혼해 두 아들을 낳는다. 둘째 아들이 유명한 세친이며, 셋째 아들도 출가하여 소승의 이상적 인간상인 아라한이 되었다고 한다.

무착과 세친은 대승불교 유식학파의 양대 인물이다. 무착은 어려서 출가해서 열심히 소승의 교학을 공부했으며, 마침내 아라한의 경지에 올랐다고 한다. 그런데 그는 우연히 『반야경』을 접하게 되지만, 그 경의 의미를 도저히 이해할 수 없었다. 그것이 구체적으로 어떤 구절인지는 알려지지 않았지만, 대승의 공성 이해를 보여주는 가르침이었을 것이다. 『금강경』의 유명한 사구게(四句偈)처럼 "모든 법은 마치 꿈이나 환화, 물의 포말이나 그림자와 같다[一切法 如夢幻泡影]"는 가르침이었을 것이다. 이 구절이 가르치는 것은 모든 현상적 요소는 어떤 근거나 토대 없이 단지 의식에 나타나는 것에 불과하다는 것이지만, 이것이 이미 아라한의 경지에 도달한 무착에게도 도저히 이해되지 않는 주장이었다고 한다. 그러나 그 문장에 어떤 깊은 의미가 있다고 생각한 그는 그 의미를 알기 위해 미륵보살을 친견하기를 서원하며, 보드가야 남쪽에 위치한 쿠쿠타파다

(Kukkutapada, 雞足)라는 산에 있는 동굴에서 명상에 들어간다.

그는 3년간 그곳에서 열심히 명상했다. 그런데 미륵은 고사하고 그의 발자취도 보지 못했다. 그래서 그는 깊이 좌절하면서, 명상을 그만두려고 했을 때 동굴에 드나드는 박쥐들의 날갯짓에 동굴 위의 바위가 하얗게 닳아 없어진 것을 보았다. 그걸 보고 '내 노력이 부족했다'고 느끼면서 다시 3년을 수행했다. 그렇지만 이번에도 미륵을 보지 못했다. 그만두고 나오려고 했을 때, 그는 동굴 위에서 떨어진 낙숫물에 바위가 파인 것을 보았다. 그래서 다시 3년의 명상을 계속했다. 그러나 아무런 징후도 발견하지 못했고, 그는 깊이 절망하면서 동굴에서 나와 길을 떠났다. 도중에 그는 한 방물장수를 만났다. 그는 무착에게 그가 파는 바늘을 보여주면서, 그는 작은 쇳조각을 면화 솜으로 문질러서 바늘을 만들었다고 말해준다. 이번에도 무착은 자신의 노력이 부족했다고 생각하면서, 다시 동굴로 들어가 3년을 더 수행했다. 합쳐서 12년을 수행했지만, 이번에도 결과는 마찬가지였다.

그래서 그는 깊이 절망하며 동굴을 나와 어느 마을 입구에 도달했다. 거기서 그는 개 한 마리가 허벅지에 깊이 상처를 입고 고통을 받는 것을 보았다. 상처에 들끓는 구더기를 보았을 때 갑자기 무착에게 연민심이 일어났다. 무착은 개를 구하기 위해 마을로 들어가 자신의 옷을 작은 칼로 바꾸어 돌아왔다. 그런데 개를 구하기 위해서는 개의 상처를 깨끗이 씻어주고 약이나 붕대로 감아주어야 하는데, 그럴 경우 상처에 달라붙어 있는 구더기들을 치워야 한다는 것이다. 그러나 문제는 구더기도 살아 있는 중생이라는 사실이다. 이런 딜레마에 빠졌을 때, 불교가 찾는 해결책은 역시 자기희생에 의거한 행동이라고 보인다. 그래서 무착은 칼로 자기 엉덩이 살을 베어서 거기에 구더기를 하나씩 옮겼다고 한다. 그때 이제까지 그가 찾아

마지않던 미륵보살이 그의 눈앞에 나타났다.

이에 무착은 게송으로 묻는다. "제가 그렇게 찾아 노력했을 때에는 나타나지 않더니 왜 절망에 빠져 있을 때 비로소 나타나는 것입니까?" 이에 미륵보살도 역시 게송으로 대답하면서 "나는 네가 동굴에 들어간 첫 순간부터 네 옆에 있었지만, 너의 마음의 장애 때문에 지금까지 나를 보지 못했던 것이다. 그런데 네가 대비심을 일으켰기 때문에 네 마음의 장애가 사라지고 따라서 비로소 나를 볼 수 있게 된 것이다." 그 후에 무착은 미륵보살을 따라 도솔천에 올라가서 법문을 듣고 그 의미를 이해하고 이를 다시 세상에 전한 것이 『유가사지론』 등의 유식 문헌이라고 전한다.

이러한 타라나타의 무착보살의 일화에서 먼저 주목되는 점은 그가 인가에서 멀리 떨어진 동굴에서 수행했다는 배경 설명이다. 대승불교의 기원을 외진 곳에서 수행했던 불교 승려들에 의한 초기 불교의 고행주의적 전통으로의 복귀에서 찾으려는 설명이 근래 서구 학계에서 힘을 얻고 있지만, 무착의 일화는 대승의 실재성 경험을 탐구했던 불교 수행자들이 어떻게 외진 곳에서 수행해나갔는지의 한 실례를 보여준다. 나아가 그가 수행했던 장소인 쿠쿠타파다산의 동굴은 『미륵대성불경(彌勒大成佛經)』(T456.14)에서 석가모니의 제자인 대가섭이 미래불인 미륵에게 석가모니의 법을 전하기 위해 깊은 명상의 상태에서 기다리는 장소라고 간주된 곳이기 때문에 무착은 당시 널리 퍼진 불교도의 종교적 관념에 의거하여 미륵을 친견하기 위해 그곳에서 수행했다고 보인다.

가르침의 전승이라는 동기에 더해 보다 주목되는 아이디어는 여기에 담겨 있는 대승불교의 근본적인 메시지이다. 그것은 공성의 통찰과 동시에 일체중생에 대한 차별 없는 대비심이 대승을 완성시키는 불가결한 두 요소로서, 양자는 이제 대립적이거나 다른 목표를 지향하는 것이 아니라 대승의 궁극적인 실재 체험을 완성시키는 상호 보완적인 요소라는 아이디어이다. 이는 불교 사상사의 맥락에서 대승불교가 무엇이어야만 하는가에 대한 하나의 '새로운' 모델을 보여준 것이다. 이제 이 새로운 모델이 어떻게 대승불교에서 작동하는지를 보자.

3. 공성의 통찰과 2종의 무아/공성

먼저 공성 내지 무아의 통찰이 어떤 의미를 가지는지를 보자. 초기 불교에서 마음의 적정함으로 이끄는 샤마타(śamatha)와 사물의 관찰 행위를 나타내는 비파샤나(vipaśyanā)는 서로 준별되는 수행도로서 간주되었다.[4] 실제로 초기 불교 전통에서 양자가 구별되었다는 것은 푸생(Poussin)의 논문 "Musila et Narada"에서 인용된 SN II 115에서 명백할 것이다. 푸생에 따르면 이 경전에 등장하는 무실라는 분석적 관찰을 통해 아라한의 상태에 도달한 합리주의적 전통을, 그리고 나라다는 몸으로 열반을 체득하려

4 샤마타(śamatha)는 보통 '止'로 한역되듯이 내적인 산란의 그침 내지 중지를 의미하며, 이를 위해 대상에 심을 묶는 삼매와 동일시되었다. 반면 비파샤나(vipaśanā)는 '觀'으로 한역되듯이 대상을 분석적으로 쪼개 관찰하는 것이다. 샤마타를 얻기 위해 선정이나 정려를 가리키는 '定'의 수습이 사용되고, 비파샤나의 성취를 위해서는 판단 작용이나 지적 분석을 행하는 '慧'의 수습이 필요하다는 점에서 '정-혜'라는 한 쌍의 개념으로 표현하기도 한다.

는 신비주의적 전통을 대변한다. 슈미트하우젠(1981)은 관찰에 의거해 궁극적 실재성에 접근하려는 방식을 부정적-지적 전통으로, 반면 샤마타에 의거한 방식을 긍정적-신비적 전통이라고 명명하면서 구분하고 있다.

이런 구분이 이미 최초기의 불전 속에 나타나고 있음을 퀘터(Vetter, 1988)는 『초전법륜경』의 분석을 통해 보여준다. 그에 따르면 여기서 실천적 수행법으로 제시한 팔정도는 정삼매로 정점에 달하는 선정 중심의 수행 체계이며, 이것이 효과를 거두지 못하자 오온의 무상-고-무아를 분석적으로 관찰하는 비파샤나 방식이 도입된 것이다.

비파샤나의 방식이 효과적이었다는 것은 『무아상경』에서 붓다의 첫 번째 제자들인 다섯 비구가 모두 성자의 상태를 얻었다는 설명을 통해 확인할 수 있다. 이 일화가 보여주듯이 샤마타에 비해 비파샤나가 보다 쉽게 유효한 결과를 얻을 수 있다는 장점 때문에 승단 내에서 점차 비파샤나가 샤마타를 압도하는 수행도로서 정립되어갔다고 보인다. 그리고 이런 비파샤나 중심주의의 경향은 아비달마에 이르러 더욱 강화되었다고 보인다.

아비달마의 주류 학파들은 오직 분석적 관찰에 의해서만 완전한 무아의 인식이 가능하고 따라서 열반의 획득도 성취된다고 높이 평가했던 반면에, 선정의 경험은 단지 윤회 과정에서 더 좋은 재생으로 인도할 뿐이라고 평가절하했다.

대승에 있어서도 비파샤나의 중심적 위상은 크게 달라지지 않지만, 앞에서 언급했듯이 궁극적인 실재의 증득을 위해 이제 단지 개아의 공성뿐 아니라 일체 존재 요소의 공성에 대한 인식을 필요로 한다는 점에 차이가 있다. 개아의 공성이란 개아를 오온이라는 심리적·물질적 요소로 환원시킴에 의해 환원되는 개아는 공하지만 환원하는 오온의 요소들은 공하지 않다는 것을 가리킨다.

불교 전통에서 이는 『밀린다왕문경』에서 유명한 마차의 비유를 통해 간명하게 설명될 수 있다. 마차는 그것을 구성하는 부품들로 환원되기 때문에 어떤 내재적 본질도 갖지 않은 공한 것이지만, 마차를 구성하는 부품들은 더이상 환원될 수 없는 최종적 존재 요소로서 실재하는 것이다. 이것이 불교 전통에서 소위 '인무아(人無我)'로 알려진 것이다.

반면 대승의 특징적 교설로서 제시되는 것은 '법무아(法無我)'의 가르침이다. 법무아란 단적으로 위의 마차의 비유로 말하면 최종적인 존재자로 간주된, 마차를 구성하는 부품들도 마찬가지로 어떤 내재적 본질로 갖지 않는다는 주장이다. 다시 말해 마차뿐 아니라 마차의 부품조차도 단지 명칭적 존재에 지나지 않는 것이다. 이 주장은 기원 전후에 편찬된 『반야경』의 핵심 주장으로서, 이후 용수와 무착, 세친에게까지 약간 다르지만 일관되게 유지된 대승의 기본 관점이었다.

'일체가 공하다'는 주장이 보여주려는 것은 우리가 토대 없는 세계에서 살아가고 있다는 사실이다. 왜냐하면 법공이 아비달마가 말하는 법의 존재조차 부정하는 것이라면 이는 모든 것이 언어와 사유 작용에 의해 단지 구성된 것에 지나지 않으며, 그런 구성된 세계에 어떤 실재성도 있을 수 없기 때문이다. 법공의 세계로 들어가는 것은 『경덕전등록』의 어느 선사가 말하는 '백척간두진일보(百尺竿頭進一步)'와 다르지 않을 것이다. 우리의 의미 부여 행위에 의해 구축된 이 세계는 사실 백척간두의 세계와 다름없을 것이다. 그러한 의미 부여된 세계를 우리는 하나의 토대로서 삼고 살아가지만, 그런 능-소의 피안에 있는 그대로의 세계와 만나기 위해서는 이를 넘어서야 한다고 선사는 말하는 것이며, 이는 토대 없는 법공의 세계로 나아가라는 것이다.

그렇지만 이는 어떤 면에서 허무주의의 선언처럼 보이기도 하며, 또 실제로 불교 내외의 실재론자들에 의해 그렇게 비판받기도 했다. 어떤 것이 공하다면 그것은 공하지 않은 어떤 것과 비교해 그렇게 주장될 수 있지만, 만일 모든 것이 공하다면 어떤 기준점도 없기 때문에 이 주장은 단지 허무주의의 선언에 지나지 않는다고 말이다.

하지만 이에 대해 중관학자는 공성이란 사물의 비존재에 대한 메타적 진술이기 때문에 자체적으로 일체에 포함되지 않는다는 의미로 해석함으로써 허무주의를 벗어나고자 했다. 또는 유식학자들은 의식 작용[能]과 의식 대상[所]의 필연적 상관관계에 의거하여 적어도 그런 판단의 근거가 되는 의식 작용 자체는 현상적으로 존재한다고 말함으로써 의식 작용에 하나의 토대 역할을 부여했고, 그럼으로써 이 주장이 가진 허무주의적 함축성으로부터 벗어나려고 했다.

다시 말해 우리가 언어 작용에 의거하여 비실재하는 이 세계를 마치 존재자처럼 구성하고 있을 때, 그런 존재자는 단지 언어적 구성물에 지나지 않는 것으로서 공한 것이지만, 구성하는 의식 작용의 흐름 자체는 존재하는 것으로 보아야 한다는 것이다. 유식학은 궁극적인 것은 의식의 흐름 위에서 구성된 그런 현상적 존재자들이 어떤 내재적 본질도 갖고 있지 않음을 인식하는 어떤 고양된 의식 상태, 보다 정확히 말하면 청정한 심적 상태라고 말함으로써 이를 존재자로서 간주하지도 않지만, 동시에 그것을 단지 비존재로 여기지도 않는다.

우리의 문제의식에서 중요한 것은 이제 그런 토대가 없는 공성의 통찰이 어떻게 현실 세계에서 고통받는 중생의 구제를 위한 앙가주망으로 이어질 수 있는가이다. 폴 윌리엄스(2022: 87)는 당위에서 존재가 도출될 수 있는 흄(Hume)의 철학과는 달리 불교에서는 존재에서 당위가 도출된다고 말하지만, 이는 불교 전통에서 항시 자명한 것은 아니었다.

4. 대비심의 실천과 대승의 정신적 태도

위에서 말했듯이 대승불교는 공성과 대비를 두 축으로 한다. 그리고 대승의 실천자로서의 보살에게 이들 양자는 자리행과 이타행을 구성하는 것으로서, 궁극적인 것의 증득은 이것들과 분리되어 성취될 수 있는 것이 아니다. 이런 설명은 대승의 문화권에 있는 우리에게는 당연한 것처럼 보이지만, 열반의 증득이 번뇌의 제거와 동일시되고, 또 번뇌의 제거는 단지 무아의 인식을 통해서만 완전하게 제거될 수 있다고 주장하는 초기 불교와 아비달마에 있어서는 당연한 설명이 아니다. 그들도 물론 다른 중생들에 대한 연민이나 정서적인 공감 등을 높이 평가했지만, 이러한 높은 윤리적 태도만으로 번뇌를 제거하는 데 한계가 있다고 보았다.

이런 맥락에서 볼 때, 대비를 공성의 이해 못지않게 강조한 대승의 이해는 구제론의 새로운 패러다임일 것이다. 이하에서는 비심이 초기 불전에서 어떻게 이해되고 있으며, 대승 불전에서 어떤 과정을 통해 보살행의 불가결한 요소로서 간주되었는지를 살펴보자.

초기 불전에서 비심(karuṇā)의 역할은 그다지 크지 않았으며, 주로 사무량심의 범위에서 논의되고 있다. 먼저 비심이 어원적으로 어떤 의미를 가지는지를 『청정도론』의 설명을 통해 알아보자. 『청정도론』(VisM IX. 92)에서 'karuṇā'에 세 가지 어원 해석이 주어진다. ① "타인에게 고통이 있을 때, 그것이 선한 사람의 마음을 흔들게 하기 때문에 'karuṇā'라고 불린다." ② "이것은 타인의 고통을 손상시키거나, 또는 다치게 하고 소멸시키기 때문에 'karuṇā'라고 한다." ③ 그것이 불행한 사람들에게 뿌려지기 때문에, 즉 변재성의 힘에 의해 확장되기 때문에 'karuṇā'라고 한다.[5]

①의 설명은 karuṇā를 어근 kṛ와 관련시킨 해석으로서, 타인의 고통을 볼 때의 정서적인 공감이다. 하지만 karuṇā의 이런 측면은 초기 경전의 맥락에서는 부수적인 것이다. ②는 어근 kṝ("to hurt, injure")와 관련시킨 것으로서, 타인의 고통을 제거하거나 감소시키려는 심리적 욕구이다. ③은 어근 kṝ("to pour out, scatter")와 관련시킨 것으로서, 선정의 맥락에서 수습된, 불행에 빠진 존재들을 향하는 정신적 또는 정서적 태도이다.

마이트리무르티(1999: 116)에 따르면 앞의 두 측면이 『청정도론』(IX. 94)에 보이는 karuṇā에 대한 설명과 상응하지만, 적극적이고 실천적인 앙가주망의 측면은 거의 의도된 것이 아니다. 그는 비심의 수습이 의향으로서의 수습의 측면과 실천으로서의 수습의 측면의 두 측면을 함축하고 있다고 지적하면서, karuṇā의 의미는 실천적 맥락에서 중생의 구제라기보다는 전자의 의미에서 자신의 정신적인 완성의 목적으로 수습된 것이라고 생각한다.[6]

이런 해석은 초기 불교에서 비심이 자리(自利, svārtha)에 중점을 두는

5 Ñyāṇamoli 1976: 343f.
6 Maithrimurthi 1999: 116f.; 165ff.

인도 불교의 오랜 전통에 서 있음을 보여준다. 이를 통해 동시에 왜 비심이 초기 불전에서 점차 중요성을 상실했는지의 이유도 알려준다. 만일 자리의 궁극적 지향점이 열반의 획득이고, 또 열반의 증득이 자아에게는 어떤 본질도 없다는 무아의 인식을 통해서만 확실하게 이루어진다면, 타인의 고통에 대한 비심이나 공감이라는 감정의 확대를 통해 번뇌를 극소화시키려는 시도는 궁극적으로 열반의 증득으로 이끌 수 없기 때문이다. 아비달마 시대에 비심이 평가절하된 측면도 바로 번뇌의 제거에 단지 간접적으로 기여할 수밖에 없기 때문이다. 그렇다면 어떤 계기로 대승에서 비심의 역할이 긍정적으로 변화되었는지를 보자.

초기 불교와 아비달마에서 수행의 목적은 윤회 세계로부터 벗어나 열반의 상태를 증득하는 데 있었다. 붓다가 사성제의 교설에서 열반을 고통과 고통의 원인이 소멸된 상태라고 설했을 때 이러한 열반의 증득은 목표의 달성이란 점에서 자리의 성취였고, 여기에 후대 대승에서 보이는 '구제의 사유화'라는 비판의 소지는 없었을 것이다. 하지만 불교 승단이 발전하고 인도에 불교 공동체가 형성되면서 변화가 일어나게 되었다.

그 변화에 직접적으로 영향을 주었던 것은 BCE 3세기 무렵부터 등장한 여러 불전 문학이었고, 그중에서 특히 석가모니 붓다의 전생 이야기를 각색한 『본생담(Jātaka)』의 스토리는 불교 사회에 많은 영향을 주었다고 보인다.[7] 여기서 석가모니는 깨닫기 이전에 무수한 전생에서 '보살

7 이는 BCE 2세기에 건설된 산치(Sañchi)의 대탑에서 자타카(Jātaka)의 여러 스토리가 부조되었다는 점에서도 확인된다. 탑이 당시 인도 불교 문화에서 하나의 중심지로서 역할을 했음을 고려할 때, 거기에 새겨진 부조의 내용은 탑을 방

(Bodhisattva)'로서 적극적으로 이타행을 실천한 자로서 이야기되고 있는데, 이 맥락에서 '보살'은 일반명사라기보다는 전생의 석가모니를 가리키는 별칭이었을 것이다.

우리의 관심에서 보다 중요한 사실은 이를 통해 불교 공동체에서 개인의 구제를 목표로 하는 승원의 아라한의 이상 대신에 적극적인 이타행의 실천에 대한 관심이 높아지고 또 이를 본받으려는 사람들이 점차 많아졌을 것이며 그들에 의해 '새로운' 불교 운동이 시작되었으리라는 점이다.[8] 이러한 새로운 운동은 전통적인 아라한의 이상과 구별되는, 완전한 붓다의 상태의 성취를 이상으로 하고 있었다.

이러한 붓다 되기를 바라는 대승불교도들에게 출발점으로 요구되었던 것이 석가모니 붓다처럼 되려는 마음을 일으키는 발심 또는 발보리심이다. 이러한 발심은 무상정등각의 증득과 일체중생을 구제하려는 의향의 두 축으로 이루어져 있다. 전자는 자리로서 공성의 수습과 연결되고, 후자

문한 불교도를 위한 교육적 목적으로도 기능했을 것이다. 그리고 불교도들에게 그 스토리는 이미 알려진 것이었다고 생각된다.

8 1960년대 이후 대승불교의 기원과 관련하여 이 새로운 불교 운동의 추진자들이 재가자들인지, 아니면 출가자들인지에 대한 많은 논의와 연구들이 발표되었다. 히라카와 아키라(平川彰)가 대승을 탑 신앙을 중심으로 한 재가자 그룹에서 발전되었다는 사실을 방대한 자료에 의거해서 주장한 이후 이에 대한 반론은 특히 서구 불교학자들에 의해 제기되었다. 쇼펜(Schopen)과 해리슨(Harrison) 등은 대승은 오히려 출가자 그룹에서 시작되었고, 탑 신앙보다는 경전 제작 운동과 더 관련이 있다는 사실을 보여주었다. 여기서 이를 다룰 여지는 없지만, 다만 최근의 고고학적 성과는 대승이 전통 승단과 밀접히 관련을 갖고 있었으며, 지역의 불교 공동체와 밀접히 소통하고 있었다는 사실을 밝혔음을 지적하고 싶다.

는 타리로서 대비의 수습과 연결되어 있다. 공성의 수습은 우리를 필히 열반으로 이끌 것이지만, 보살은 열반에 흡수될 위험이 있을 때 윤회 세계에서 고통받는 중생을 떠올리면서 대비심을 일으키고 이러한 대비심에 의해 다시 윤회 세계로 되돌아온다는 것이다.

대승불전에 나오는 이런 구절을 읽을 때마다 내게는 니체의 『짜라투스트라는 이렇게 말했다』에서 초인이란 심연 위에서 외줄을 타는 자라는 구절이 연상되곤 한다. 니체에게 초인이란 근본적인 삶의 무의미라는 심연 앞에서 그럼에도 영웅적인 행위를 수행하는 자이겠지만, 그 영웅적인 행위는 묘하게 보살의 영웅적인 행위와 오버랩되는 면이 많다. 보살은 생사의 무한한 반복이라는 근본적인 무의미에 직면하고 있지만, 그때 그는 이러한 위기를 일체중생을 구제하겠다는 열망을 통해 극복하려고 하는 점에서 니체의 초인과 구별될 것이다. 나아가 나는 보살이 스스로의 성숙과 타인의 성숙을 위해 열반과 윤회 세계라는 두 개의 대립된 극단 사이를 끝없이 왕복하는 자라는 설명이 외줄을 타는 초인의 이미지에 비해 불교적 의미에서의 정신적 성숙도를 더욱 잘 보여준다고 생각한다.

사실 이러한 보살의 행위는 많은 대승 경전에서 무주처열반(無住處涅槃)으로서 최고의 열반으로 간주되어왔으며, 성숙한 보살의 이상으로서 강조되어왔다. 다시 말해, 보살은 중생에 대한 연민 때문에 열반에도 집착하지 않지만 동시에 궁극적인 것에 대한 관심 때문에 생사의 세계에도 함몰하지 않는 그러한 정신적 태도를 갖고 영웅적 행위를 지속해야 한다는 것이다. 대승 불전은 그러한 보살행이 구제받는 자도 없고, 구제하는 자도 없으며, 구제 행위 자체도 없다는 생각으로 수행되었을 때, 비로소 완성된다고 말하지만, 이는 완성된 보살의 경우일 것이고, 초보 보살의 경우 모든 중생을 구제하겠다는 비심에서 보살행이 시작되기 때문에 발심은 비심의 결과일 것이다. 위의 무착의 일화가 보여주고 있듯이 보살행을 위해 비심에 가장 중요한 의미가 부여되고 있는 것이다.

그렇다면 비심과 공성은 어떻게 연관될 수 있는가? 『보살지』는 이를 불교 사상의 발전과 관련시켜 세 단계로 설명하고 있다.[9]

① 첫 번째는 중생을 대상으로 하는 비심이다. 그것은 "행복하거나 불행한 중생 또는 행복하지도 불행하지도 않은 중생들을 대상으로 하는 것"으로서, "비불교도와 공통된 것"이다. 이는 예를 들어 우리가 우크라이나 전쟁에서 무고하게 고통받는 사람들을 보거나 들을 때 생겨나는 연민심이다. 불교는 이것이 일종의 자연적인 감정으로서 고통받는 사람을 볼 때 일어나는 '따라 떨림(anukampā)'으로서 불교도이건 비불교도이건 간에 누구에게나 생겨날 수 있다고 간주한다.

② 두 번째는 법을 대상으로 하는 비심이다. 여기서 법(dharma)은 환원론적 관점에서 중생을 구성하는 가장 근본적인 심리적·물질적 구성 요소를 가리킨다. 이것은 구체적으로 고통받는 중생 대신에 모든 중생에게 공통된 요소들을 관찰 대상으로 했을 때 일어나는 비심이다. 이렇게 관찰하는 이유는 예컨대 고통이 특정한 개인에게 나타나는 현상이 아니라 심리적·물질적 구성 요소로 이루어진 중생 모두에게 일어나는 보편적인 공통 성질이라는 사실을 인식하기 위함으로, 이러한 유형의 비심은 개아의

9 『보살지』 T30: 535c7-537b8 = BoBh 241,18ff(번역은 『보살지』 2015: 274ff를 보라).

비존재성을 이해한 아라한이나 독각의 그것으로 규정되고 있다. 불교 철학에 익숙하지 않은 독자에게는 왜 이러한 비인격적 요소로 환원시키는 불교의 무아론이 중생에게 향한 비심보다 더 높은 평가를 받는지 조금 이해하기 어렵겠지만, 파핏(Parfit)이 개아를 심리-물리적 요소들의 인과적 흐름으로 환원하는 입장이 우리를 타인에 대해 보다 열려 있고 관심을 갖는 태도로 인도할 것이라고 주장하면서 이를 옹호하는 것을 본다면, 이러한 개아의 무아론이 가진 비에고적 함축성을 더 쉽게 이해할 수 있을 것이다.[10]

③ 세 번째는 어떤 대상도 갖지 않는 비심이다. 이것은 보살에게 고유한 비심으로서 "보살이 어떤 요소도 분별하지 않고 비심을 수습하는 것"[11]으로 설명된다. 비심이 어떤 대상도 갖지 않는다는 것은 의식의 상태가 어떤 것에도 향하지 않는다는 것을 가리킨다. 이는 적어도 '노에시스-노에마의 필연적 상관관계'에 따르는 한 의식 일반에게 불가능할 것이지만, 불교는 처음부터 이러한 상관관계를 일상 의식의 특징으로 한정하고 있었다. 심이 대상에 집중된 상태를 의미하는 삼매 체험은 기본적으로 이러한 능-소의 대립을 넘어선 고양된 의식의 상태를 의미한다. 여기서 "어떤 요소도 분별하지 않고"란 바로 아비달마의 맥락에서 일차적 존재자로 간주된 요소들을 그러한 것으로서 인식하지 않으면서도 그럼에도 비심의 작용은 여전히 진행되고 있음을 나타낸다. 이러한 비심이 더이상 능-소의 구별의 맥락에서 파악될 수 없다는 것은 자명하겠지만, 대승은 이런 심적 상태가 발전된 단계의 보살에게 가능하며, 이 청정한 의식의 상태에서 비로

10 파핏의 환원주의의 입장은 시더리츠(Siderits, 2007: 69)에서 인용한 것이다.

11 『보살지』 T30: 535c15f = BoBh 242,3ff(번역은 『보살지』 2015: 274ff를 보라).

소 "구제받는 자도 없고, 구제하는 자도 없으며, 구제 행위 자체도 없다"는 최고의 윤리적 행위가 완성된다고 주장한다.

후대에 샨티데바(Śāntideva)는 이러한 보살 윤리가 자타의 평등성과 자타의 교환이라는 두 가지 윤리적 원칙 위에 서 있다고 말한다. 자타의 평등성은 자신과 타인이 모두 행복을 구하고 고통을 피하고자 하는 점에서는 동일하다는 황금률에 입각해서 자신만을 위한 행복, 에고 의식에 의거한 행복은 가능하지 않음을 깊이 자각하는 것이다. 황금률은 이미 붓다에 의해서도 불살생과 관련하여 요청되었다. 『숫타니파타』의 다음과 같은 게송은 불교의 황금률을 잘 보여준다.

> 내가 그렇듯이 그들도 그렇다. 그들이 그렇듯이 나도 그러하다. 그 자신을 비교하여 그는 살생하거나 살생하도록 시켜서는 안 된다. (Suttanipāta 705)

이 원칙은 공감에 의거한 것이지만, 초기 불교에서는 열반으로 인도하지는 못하는 것으로 간주되었다. 하지만 샨티데바는 자타의 완전한 평등성의 인식이 심층적인 에고 의식을 제거할 수 있으며, 그럼으로써 무아의 통찰과 비슷한 효과를 초래할 수 있다고 봄으로써 이 원칙의 구제론적 성격을 강조한다.

그러나 샨티데바는 자타의 평등성 인식만으로는 부족하며, 더 나아가 이타행의 적극적 실천을 요구한다. 그것이 두 번째 자타의 교환이다. 이는 자신의 행복을 타인의 고통과 적극적으로 그리고 자발적으로 바꾸라는 것이다. 이는 티베트 불교에서 보통 통렌(stong len) 수행이라고 설해지는

데, 즉 자신의 행복은 버리고(stong) 타인들의 고통을 취한다(len)는 의미이다. 자신의 행복을 버릴 때 역설적으로 가장 행복해진다는 이 원리를 샨티데바는 행복해지기 위한 최고의 비밀이라고까지 선언하고 있다.

이러한 설명을 통해 우리는 어떻게 대승에서 비심 또는 대비심이[12] 궁극적인 것의 증득을 위해 필수적인 심적 상태로서 자리하게 되었는지를 이해할 수 있다. 그것은 이제 궁극적인 법무아의 증득을 위한 일체중생의 평등성의 인식으로, 그리고 여기서 한 걸음 더 나아가 일체의 에고 의식의 소멸에 의한 적극적인 이타의 실천으로 나타나고 있다. 그리고 바로 이 점에서 윌리엄스가 말했듯 불교에서 궁극적인 존재론적 상태가 자연스럽게 윤리적 실천으로 이끈다는 의미가 드러난다고 보인다.

5. 나가는 말

이상에서 나는 대승불교의 가장 큰 특징으로서 언급되고 있는 공성과 대비, 또는 지혜와 방편의 두 개의 요소가 과연 이론적으로 타당하며 또 불교 사상사에서 어떻게 정당화될 수 있는지를 살펴보았다. 양자는 대승에서와는 달리 초기 불교에서와 아비달마 불교에서 각기 다른 기능을 하는 것으로 간주되었지만, 이는 초기와 아비달마 시대에 이상적 인간상이

12 이 글에서는 복잡한 설명을 피하기 위해 비심과 대비심을 구별하지 않았다. 하지만 양자는 불교 전통에서 구별된다. 구별되는 점에 대해서는 『보살지』 T30: 537a7-15 = BoBh 247,19ff 참조(번역은 『보살지』 2015: 279f를 보라).

아라한인 데 비해 대승에서는 석가모니와 같은 붓다라는 점에 차이가 있다는 점에서 시작했다. 그리고 무착과 세친이라는 대승 유식학파의 창시자의 전기에 함축되어 있는 당시 인도의 사회적 배경과 대승의 종교적 배경을 살펴보았다.

이어 불교에서 공성 내지 무아의 의미가 무엇이며, 그것이 대승에서 어떻게 발전되었는지를 논의했다. 마지막으로 대승에서 강조된 대비심 내지 연민심의 이상이 『본생담』의 영향을 받아 보살의 새로운 이상으로 발전되었으며, 비심에도 불교 사상에 나타난 무아의 관점을 반영하는 세 가지 종류가 구별되고 있음을 보았다. 이를 통해 이제 비심은 단지 고통받는 중생에 대한 '따라 떨림'을 넘어 차례로 두 종류의 무아설에 대응하는 방식으로 체계화되고 있다고 주장했다.

그리고 마지막으로 이러한 보살행이 어떤 실천적인 보살 윤리로 변화될 수 있는지를 자타의 평등성과 자타의 교환이라는 샨티데바의 두 가지 보살행의 토대를 통해 살펴보았다. 나는 샨티데바가 주장했던 두 가지 윤리적 토대를 생각할 때마다 마이클 샌들의 『정의란 무엇인가』의 앞부분에서 예시된 여러 사고 실험이 연상되곤 한다. 그가 생각하는 정의의 맥락에서는 불교 윤리학에서 보듯이 자기희생을 통한 딜레마의 해결은 나타나지 않는다. 이는 자기희생이 이미 정의나 윤리의 범위를 넘어선 성스러움의 영역이라고 여겨진 탓이겠지만, 과연 먹고 먹히는 이 세계에서 자기희생 없이 윤리적 딜레마가 해결될 길은 과연 있기나 한 것인가 하는 잔념(殘念)은 떨쳐버리기 어렵다.

안성두

전 서울대학교 철학과 교수, 한국외국어대학 독어교육과를 졸업하고 한국학대학원에서 한국 불교 철학으로 석사, 이후 독일 함부르크대학 인도학연구소에서 인도 유식 사상을 전공하여 석사와 박사학위를 취득했다. 인도 불교가 보여주는 의식의 본성에 대한 논의에 관심을 갖고 있으며, 현재 산스크리트에서 인도 유식 문헌의 번역에 몰두하고 있다.

『주역』과 유네스코 세계유산의 평화론적 독해

엄연석(한림대학교 태동고전연구소 교수)

1. 『주역』과 유네스코 세계유산의 평화 지향

이 글에서는 『주역』에 반영되어 있는 실용적 의미와 평화에 관한 논의를 유네스코의 세계유산이 지니고 있는 상징적 목표로서 국제 협력과 평화를 지향하는 의미를 이야기하고자 한다. 다시 말하자면 『주역』이 지향하는 인문적 목표와 유네스코가 지향하는 평화와 협력이라는 목표가 같은 방향으로 향하고 있다고 전제하면서 『주역』이 지니는 보편적 의미를 유네스코 세계유산의 특수한 사례에 적용하는 것에 대하여 이야기하고자 한다. 구체적으로는 『주역』이 내포하고 있는 실용적·인문적·평화론적 내용을 분석하고 나서, 유네스코가 지향하는 협력과 평화, 그리고 탁월한 보편적 가치, 문화유산 지정의 인문적 의미 해명, 문화유산 지정의 생명적·생태적 의미 등을 되돌아보려고 한다.

먼저 유네스코의 기본적인 이념은 다음과 같이 요약할 수 있다. 무엇보다도 유네스코는 헌장과 세계유산협약 제정을 통하여 '탁월한 보편적 가치'와 '문화적 다양성'의 이념을 기초로 문화의 광범위한 보급, 정의·자유·평화를 위한 교육, 인류의 지적·도덕적 연대와 같은 인문적 가치를 지향한다. 나아가 인류 공동의 복리, 국제 안보, 정치적 갈등의 회복과 같은 사회과학적 실용성을 강조하며, 자연유산을 중심으로 하는 생태적 가치의 중요성을 강조하고 있다. 이러한 인문적 가치와 실용적 가치, 그리고 생태학적 가치를 강조하는 것은 유네스코 세계유산협약에서 규정하고 있는 세계유산 선정 10개 기준에서도 찾아볼 수 있다.

『주역』은 후대에 새로운 관점에서 그 형성 발전사가 연구되었지만, 사마천(司馬遷)의 『사기(史記)』의 기록에 따라 복희(伏羲)로부터 문왕(文王), 주공(周公)까지 『역경(易經)』을, 공자(孔子)가 『역전(易傳)』으로 「십익(十翼)」을 지음으로써 완성된 것으로 이해되어왔다.

『주역』에도 유네스코 세계유산과 마찬가지로 천지(天地)의 작용을 중심으로 하여 평화 지향적인 의미가 담겨 있다. 이는 자연 세계가 건괘(乾卦)로부터 최초의 시원을 이루고 곤괘(困卦)가 상징하는 땅의 생성 작용을 통하여 만물이 조화롭게 자신의 본성을 실현하는 것에서 평화의 상징성을 찾는 것이다. 그러면 이러한 가치를 지향하고 있는 유네스코 유산이 지니는 의미가 『주역』의 실용주의적 세계관과 평화 지향의 이론과 어떻게 연속성을 가지는지를 구체적 사례를 통하여 이야기해보고자 한다.

이 글에서의 논의 순서는 유네스코가 세계유산을 제정하게 된 동기와 현황을 검토하고 나서 유네스코 창설 이념과 이에 따른 세계유산협약의 이념을 살펴보고자 한다. 이어서 『주역』의 실용적 의미가 유네스코 유산에는 어떻게 반영되고 있는가를 이야기해보겠다. 다음으로 『주역』의 평화론과 유네스코 문화유산의 인문적 목표를 구체적인 사례를 들어 살펴볼 예정이다.

2. 유네스코 세계유산의 제정 동기와 현황

1) 유네스코 창설 이념과 세계유산협약

이 절에서는 세계유산을 지정하는 국제기구로서 유네스코가 어떤 목적과 과정을 통하여 설립되었는가를 이야기하고, 나아가 세계유산을 지정한다는 것이 어떤 의미를 갖는가를 살펴보려고 한다. 먼저 세계 평화를 위해 설립된 국제기구로서 '유네스코(UNESCO, United Nations Educational Scientific and Cultural Organization)'가 탄생하게 된 배경과 설립 목적과 과정, 그리고 주요 사업과 현황에 대하여 살펴보겠다.

유네스코가 설립된 배경에는 20세기 전반기를 강타한 두 차례의 세계대전의 상처가 자리 잡고 있다. 인류는 1945년 제2차 세계대전을 종식시켰으나 또 다른 전쟁이 발생할지도 모른다는 불안감을 떨치지 못했다. 이러한 상황에서 인류가 다시는 전쟁을 겪어서는 안 된다는 생각으로 전 인류의 평화 공존과 협력을 위하여 국제기구를 설립하려는 움직임이 나타났다. 2차 세계대전이 진행 중이던 1941년에 영국의 처칠(Churchill) 수상과 미국의 루스벨트(Roosevelt) 대통령은 전쟁 후의 세계 질서에 대한 기본 방침을 밝힌 8개 조의 선언을 담은 헌장을 발표하였는데, 이것이 '대서양 헌장(Atlantic Charter)'이다. 미국과 영국, 소련을 위시한 33개국이 이 헌장을 승인함으로써, 이것은 제2차 세계대전이 끝난 후에 세워진 유엔헌장의 기초가 되었다.[1]

제2차 세계 대전이 끝난 후에 1945년 영국과 프랑스 공동 주최로 44명의 대표들이 교육 및 문화 기구 설립을 위한 유엔 회의를 런던에서 개최했다. 대표단은 진정한 '평화의 문화'를 구현할 조직으로 '유네스코'를 만들기로 합의했다. 1945년 11월 영국과 프랑스의 공동 주최로 런던에서 열린 '유네스코 창설 준비 위원회'에서 44개국 정부 대표들이 모여 회의를 한 결과, 37개국 대표가 유네스코 헌장을 채택했다. 이어 1946년 11월 4일, 20개 서명 국가들이 헌장 비준서를 영국 정부에 기탁함으로써 최초의 국제연합 전문 기구로 '유네스코'를 창설하게 되었다.[2]

유네스코의 창립을 이해하는 데 첫 번째 키워드가 '전쟁'이었다면 두 번째 열쇠말은 '협력'이었다. 다시 말하면 유네스코는 인류가 '전쟁'으로부터 '협력'으로 나아가야 한다는 이념을 명분으로 앞세웠다. 세계 평화를 위한 국제기구로서 '유네스코'는 각국의 문화와 전통에 대한 존중과 수용을 바탕으로 시작해야 하며, 그 접근 방법은 보편적이어야 했다. 따라서 초기 유네스코는 국제 협력을 통한 평화, 사회 정의, 인권 및 국제 안보를 증진하겠다고 선언했다. 하지만 여기에서 유네스코 헌장이 오늘날 우리가 주목하고 있는 '세계유산'으로부터 시작되지 않았다는 점에 유의해야 한다. 유네스코 세계유산 사업을 이끄는 '세계유산협약'은 1972년에 이르러서 비로소 이루어졌다.[3]

유네스코가 '세계유산협약'을 제정하게 된 것은 1959년 이집트 정부가 나일강의 범람을 조절하고 농업을 발전시키기 위하여 '아스완 하이 댐

1 조민재, 『유네스코 세계유산 이야기』(통독원, 2021), 84쪽.

2 위의 책, 86쪽. 우리나라는 1950년 6월 14일에 유네스코에 가입하였는데, 바로 그달 6월 25일에 동족상잔의 비극인 한국전쟁이 발발하였다(위의 책, 87쪽).

3 위의 책, 89쪽.

(Aswan High Dam)'을 건설하겠다는 발표를 한 것이 계기가 되었다. 홍수의 범람을 막고 안정된 관개용수를 확보하고자 하는 댐 건설이 어떻게 세계유산협약을 제정하게 된 계기가 되었을까? 댐 건설로 인하여 나일강 상류 지역에 거대한 호수가 생기면서 이집트 고대의 왕조의 걸출한 누비아(Nubia)의 모든 유적[4]이 물에 잠기게 될 상황에 처했기 때문이다.

누비아 유적이 물에 잠길 위험에 처하자 유네스코는 이 유적을 구하기 위한 프로젝트를 진행했다. 1960년 초 이집트 정부가 댐 건설을 시작하자 유네스코는 11월에 제11차 유네스코 총회에서 누비아 유적 보존을 위한 국제적 캠페인인 누비아 캠페인(International Campaign to Save the Monuments of Nubia)[5]을 승인했다. 캠페인은 시작한 지 20년이 지난 1980년 3월에 누비아 유적지가 이전되어 보존되는 것으로 끝이 났다. 유네스코가 주관한 이 프로젝트는 엄청난 성공을 거두었다.

더 넓은 차원에서 이 프로젝트는 1972년 1월 6일 파리에서 열린 제17차 정기총회에서 '세계유산협약'을 채택함으로써 유네스코 헌장을 실현하는 데 결정적 역할을 했다. 이 협약이 바로 현재 유네스코 세계유산 등재 사업을 위한 성문법적 기준으로서 '세계 문화 및 자연유산 보호 협약(Convention Concerning the Protection of the World Cultural and National Heritage)'이다.

4 누비아 유적은 19세기 초에 발굴된 유적으로 당시에는 사막의 모래 위로 머리 부분만 솟아 있었다. 이 유적은 이집트 역사상 두 번째로 오랫동안 재위했던 람세스 2세(Ramses II) 때의 건축물이었다.

5 누비아 캠페인은 3.74헥타르(약 113만 평)에 이르는 누비아 유적지를 이전하는 대규모 프로젝트였다. 특히 그 가운데는 아부심벨 신전이 포함되어 진행되었다.

2) 세계유산협약의 이념

인류가 이루어온 역사 문화, 종교 예술, 민속 등의 유산들에 대하여 유네스코는 일정한 기준을 가지고 세계유산으로 등재하기 위한 선정 절차를 두고 있다. 유네스코는 세계유산으로 보존할 가치가 있는 유산과 유물을 선정하고 등재하는 기본 방침을 세계유산협약으로 정해놓았고, 구체적인 세부 선정 기준을 제정해 두고 있다. 유네스코의 세계유산협약은 어떤 유산이나 유물을 세계유산으로 등재할 만한가, 그렇지 않은가의 기본적인 기준을 '탁월한 보편적 가치' 여부에 두고 있다. 먼저 세계유산협약 중 일부 조항에서는 '탁월한 보편적 가치'와 관련한 방침을 다음과 같이 제시하고 있다.

> 문화유산이나 자연유산 가운데 일부는 매우 탁월한 가치를 지니고 있는 것이기 때문에 인류 전체가 세계유산의 일부로 함께 지키고 보존해야 할 필요가 있음을 고려해야 한다.
>
> 탁월한 보편적 가치를 가진 문화유산과 자연유산의 공동 보호 체제 확립을 위해 효과적인 협약들을 새로운 조항들로 채택하는 것이 필수적임을 고려해야 한다.[6]

6 위의 책, 99쪽.

위의 협약 조항은 세계에 산재해 있는 유산들 가운데 탁월한 보편적 가치를 가지는 문화유산과 자연유산은 인류가 함께 지키고 보호해야 한다고 규정하고 있다. 이러한 탁월한 보편적 가치를 갖는 유산들에 대해서는 객관적으로 규정된 조항을 두어 인류가 공동으로 보호할 수 있는 규범적 체계를 구축해야 한다고 한 것이다. 유산협약은 여기에서 탁월한 보편적 가치를 갖는 유산에 대해서 보편성을 갖는 만큼 인류 전체가 공동으로 보존해야 하며, 이것을 임의적이 아닌 객관적 규범적 조항으로 만들어 공동으로 보호하는 것을 의무로 해야 한다고 강조하고 있다.

유네스코는 이러한 협약을 기준으로 하면서도 한 걸음 나아가 유산을 실제로 선정할 때, 그 선정을 위한 열 가지 세부 기준을 제정해놓았다. 열 가지 선정 기준에서 제시하고 있는 '탁월한 보편적 가치'를 기준으로 정신적·생물학적 차원에서 유산 보존의 필요성을 언급하고 있다. 이 가운데는 인문적인 전통이나 사상, 종교 신앙과 예술 등에서 탁월한 보편적 가치를 갖는 것들을 선정해야 한다고 강조한다.

곧 "탁월한 보편적 중요성이 있는 사건이나 살아 있는 전통, 사상이나 신앙, 예술 및 문학 작품과 직접 또는 유형적으로 연관된 것"을 기준으로 삼는다. 생생하게 현존하는 전통과 사상, 신앙, 예술과 문학 작품 등이 보편적 가치를 가지는 것들을 선정할 수 있다는 것이다. 이러한 관점은 인류가 각각의 고유한 문화 속에서 이루어 온 다양한 문화적 특성들에 대하여 그 자체의 상대적 고유성을 보편적인 것으로 인정하는 태도를 가지는 것을 의미한다.

그뿐만 아니라 이들 기준 가운데는 과학과 보존의 관점에서 탁월한 보편적 가치가 있는 생물들에 대해서도 유산으로 선정해야 한다고 규정한다. "현재 멸종 위기에 처한 종 등 생물학적 다양성의 현장 보존을 위하여 중요하고 의미가 큰 자연 서식지를 포괄하는 사례에 해당할 것"[7]이라고 강조하고 있다. 이런 기준은 인류의 삶에 유용할 수 있어서 과학적으로 활용될 수 있는 점에서 탁월한 보편성을 갖는 생물 종에 대하여 필수적으로 선정을 해야 한다는 것이라 하겠다. 최근 유네스코로부터 자연유산으로 선정된 우리나라 서남해의 '갯벌'의 경우가 이 조항에 해당한다. 요컨대, 유산으로 선정되는 탁월한 보편적 가치는 문화적 가치도 있고 실용적 가치도 있다.

여기에서 유네스코가 유산으로 선정하는 기본적인 기준으로서 '탁월한 보편적 가치'라는 말이 지니는 의미를 생각해볼 필요가 있다. 유네스코는 2008년에 개정한 세계유산협약에서 제시한 '탁월한 보편적 가치' 개념을 다음과 같이 설명했다.

> 탁월한 보편적 가치를 가진 유산은 국경을 초월할 만큼 문화적·자연적인 중요성이 뛰어나며, 현재와 미래의 모든 세대에게 공통적으로 중요한 유산이 된다. 따라서 국제 사회 전체는 탁월한 보편적 가치를 가진 유산을 영구적으로 보호해야 한다.[8]

협약은 문화적·자연적으로 뛰어나 공시적으로 국경을 초월하고 통시적으로 역사를 초월하여 모든 인류의 공통 유산으로 보호할 만한 가치가

7 위의 책, 116쪽.
8 위의 책, 122쪽.

있는 것을 '탁월한 보편적 가치'라고 규정하고 있다. '탁월한 가치는' 다른 것과 대체 불가하고 가능한 특별하고 뛰어난 가치를 말하며, '보편적 가치'는 인간과 인간 환경에 보편적으로 존재하는 가치이다.[9]

유네스코는 탁월한 보편적 가치 개념을 세워 문화 및 자연유산을 보호하는 일을 통해 인류 공동의 자산을 함께 지키자는 다짐을 이끌 수 있도록 하였고, 국제 사회를 하나로 묶는 데 활용했다. 그런데 탁월한 보편적 가치에는 보편주의와 함께 예외주의, 인권 및 문화적 다양성에 관한 생각과 개념들이 들어 있다. 다시 말하면 탁월한 보편적 가치라는 말 속에는 누구에게나 통용되는 보편성이라는 의미 외에도 예외적인 독창성, 다양성 등의 의미가 포함되어 있다는 것이다.

탁월한 보편적 가치 안에서 예외주의, 인권 개념과 연결되는 것은 '문화적 다양성'이다. 문화적 다양성은 다른 문화에 대한 수용과 존중의 정신을 말한다. 곧 문화적 다양성은 서로 다른 부분을 수용하고 긍정적으로 바라보는 개념이다. 탁월한 보편적 가치라는 개념은 '문화적 다양성'과 맞물려 있다. 특정한 문화의 진정성 있고, 창의적인 다양한 표현은 세계의 자랑이자 자산으로 받아들여야 하는 것이고, 차별의 대상이 아니다. 세계유산협약은 인류의 공동 유산들이 폭넓은 시공간에 걸쳐 다양한 형태를 취하고 있음을 선언함으로써 '문화적 다양성'이라는 개념을 구체화했다.[10]

9 위의 책, 122쪽.
10 위의 책, 125쪽.

3. 『주역』의 실용적 의미와 유네스코 유산

이 절에서는 『주역』이 지향하고 있는 의미 중에 인간 삶의 실용적 의미를 설명해주는 관점과 함께 평화 지향적 의미를 살펴보겠다. 이러한 『주역』의 이론적 내용은 유네스코 세계유산이 담고 있는 실용적·이념적 측면과 부합하는 의미를 갖는다. 그러면 구체적으로 『주역』에서 인간 삶의 실용적 영역을 어떻게 설명하고 있는가를 「괘효사(卦爻辭)」와 「상전」, 「계사전(繫辭傳)」 등의 구절들을 통하여 이야기해보려 한다.

먼저 『서경(書經)』 「대우모(大禹謨)」에는 인간의 실용적 삶과 도덕적 삶을 함께 언급하는 구절이 나온다. 여기에서는 자연 현상을 이루는 요소들로서 오행(伍行)의 순환을 순조롭게 하고 곡식을 잘 길러서 농정(農政)을 이상적으로 행해야 할 것을 다음과 같이 강조하였다.

> 우가 말씀하셨다. "아, 황제께서는 유념하소서! 덕은 오직 정사를 선하게 하고, 정사는 백성을 기르는 데 있습니다. 수화목금토와 곡식이 잘 다스리고, 덕을 바르게 하고[正德], 재용을 이롭게 하며[利用], 삶을 윤택하게 하는[厚生] 것을 오직 조화롭게 하소서. 아홉 가지 공이 펼쳐져서 아홉 가지 펴진 것을 노래하면 경계하여 아름다움을 쓰고, 독려하여 위엄을 쓰며 구가(九歌)로써 권면하되 무너지지 않게 하십시오."[11]

11 『書經』 「大禹謨」, "禹曰, 於, 帝念哉. 德惟善政, 政在養民, 水火金木土穀惟修, 正德利用厚生惟和. 九功惟敍, 九敍惟歌. 戒之用休, 董之用威, 勸之以九歌, 俾勿壞."

위의 내용은 우(禹)가 순임금에게 백성을 다스리는 도리를 말하는 대목으로, 제왕이 백성들에게 덕을 펼치는 요체는 백성을 잘 길러 주는 데 있으며, 이를 통하여 정사를 선하게 할 수 있다고 강조하고 있다. 구체적으로 백성들의 삶을 잘 길러주는 요체에 대하여 우는 다시 수화금목토(水火金木土)의 오행(伍行)을 순조롭게 다스려 풍년이 들도록 하는 것에서 출발하여 덕을 바로잡고, 이를 통하여 백성들의 삶을 두텁게 하는 이용후생(利用厚生)을 실천해야 한다고 아뢰었다. 우는 이어서 경제적 삶의 안정을 도모해 준 다음에 백성들을 화합시키는 문화적 장치로서 음악을 권장할 것을 강조했다. 이처럼 통치자가 백성들을 위하여 행해야 하는 급선무는 도덕적 교화에 앞서 경제적 삶을 안정시키는 것이다. 유학에서 도덕적 교화는 궁극적인 목적이지만, 이를 실현하기 위해서 먼저 백성들이 경제적 삶을 안정되게 영위하여 인륜을 실천할 수 있는 여건을 마련해주는 것이 중요하다.

『주역』「계사전(繫辭傳)」에서는 64괘 중의 몇몇 괘의 의미를 원시인들이 실용적 삶의 여러 요소를 해결하고자 하는 관점에서 설명하고 있다. 『주역』에서 '리괘(離卦)'는 기본적으로 부착(附着), 짝이 됨, 합함, 걸려 있음, 연결됨, 연속함 등의 상징적 의미를 가지고 있다. 따라서 이 '리괘'는 노끈을 얼기설기 엮고 이어서 만든 그물을 통하여 물고기를 낚아 올리는 인간의 의식주의 삶을 상징하고 있다. 이에 「계사전」은 '리괘(離卦)'에 대하여 사냥하고 고기 잡는 상징을 다음과 같이 설명하였다. 곧 "노끈을 꼬아 이를 맺어서 그물을 만들고 이것으로 사냥하고 고기를 잡았으니, 리(離)에서 괘를 취했을 것이다."[12] 이것은 바로 의식주 가운데 식(食)의 문제를 해결하는 방법을 '리괘(離卦)' 괘상으로부터 도출한 것이다.

계속하여 「계사전」은 호미와 쟁기 같은 농사를 짓는 도구를 제작하고 물물교환의 상업 활동을 하는 내용을 '익괘(益卦)', '서합괘(噬嗑卦)'의 괘상으로부터 이끌어내는 내용을 다음과 같이 언급하고 있다.

> 포희씨가 죽자 신롱씨가 일어났다. 그는 나무를 깎아 보습을 만들고 나무를 휘어 쟁기를 만들었다. 쟁기와 호미로 세상 사람들에게 김매는 것의 이로움을 가르쳤다. 이것은 '익괘'에서 취한 것이다. 태양이 중천에 있을 때, 시장을 열었다. 세상 사람들을 그곳으로 모으고 또 세상의 상품들을 모았다. 그들은 각자가 가지고 온 물건들을 서로 바꾸어 집으로 돌아갔다. 각각 사물들이 제자리를 얻었다. 이것은 '서합괘'에서 취한 것이다.[13]

여기에서는 복희씨가 세상을 다스리던 시기인 수렵 어로의 시대에서 신농씨의 농경 시대로 접어들었음을 말해주고 있는데, 이러한 시대적 변화를 초래한 결정적인 요인으로 보습과 쟁기의 출현을 이야기하고 있다. '익괘'는 위의 실(實)을 덜어서 아래의 허(虛)에 더해주는 것을 상징적으로 보여준다. 이는 위에서 통치자들이 실제적인 재용을 통하여 아래 백성들이 경제 활동으로 하도록 하는 것을 뜻한다. 곧 땅을 효율적으로 일구는 기구를 만들어 농산물의 풍성한 수확을 가능하게 하여[14] 사람들의 생물학적 삶을 이롭게 하는 역할을 '익괘'의 괘상으로부터 이끌어낸다.

12 『周易』「繫辭」下-2, "作結繩而爲網罟, 以佃以語, 蓋取諸離."

13 위의 책, 같은 곳, "包犧氏沒, 神農氏作, 斲木爲耜, 揉木爲耒, 耒耨之利, 以敎天下, 蓋取諸益. 日中爲市, 致天下之民, 聚天下之貨, 交易而退, 各得其所, 蓋取諸噬嗑"

14 곽신환, 『주역의 지혜』(서광사, 2017), 1,000쪽.

또한, 농경 시대에는 자급자족에만 머물지 않고 물물교환이 이루어졌고, 시장이 열린 사실을 이야기하고 있다. 이러한 식품을 포함하여 물건을 교환하는 시장과 유통 활동을 '서합괘(噬嗑卦)'의 괘상을 통하여 설명하고 있다.[15]

또 '규괘(睽卦)'로부터는 사냥하는 도구인 활과 화살이라는 상징을 이끌어낸다. 「계사전」에 따르면 "나무를 휘어서 활을 만들고 나무를 깎아서 화살을 만들었다. 활과 화살의 사용으로 얻은 이로움으로 세상에 권위를 행사하였다. 이것은 '규괘'에서 취한 것이다"[16]라고 했다. 이 구절은 두 가지 방면에서 해석할 수 있다. 먼저 사냥과 수렵을 위한 활동을 하는 데 필요한 도구로서 활과 화살이 쓰이는 경우와 군사적 활동에 이용되는 경우이다. '규괘'는 사물이 가지런하게 모이는 것이 아니라, 어지럽게 흩어지는 것을 상징하는 것으로 일차적으로 생민(生民)들의 신변의 안전을 확보하는 의미를 가지는 것이라고 볼 수 있다.

이처럼 『주역』에는 일반 백성들이 삶을 영위하는 데 필요한 여러 도구를 여러 괘의 상으로부터 이끌어내는 사례가 발견된다. 그러면 이와 같이 일상적인 삶을 영위하는 데 필요한 수단들을 구비하는 것과 연관된 괘들로부터 『주역』이 실용적인 의미로 해석되는 부분이 있음을 알 수 있다. 그러면 유네스코 유산 가운데 실용적인 목적을 충족시켜주는 의미에서 유

15 곽신환은 「서합괘」는 불의 리(離)와 우레의 진(震)으로 이루어진 괘로 진은 큰 길의 의미가 있고, 호체 감은 흐르는 물의 의미가 있다. 간은 작은 오솔길을 뜻한다. '서합(噬嗑)'이라는 말이 음식과 상품을 뜻하므로 이를 통해 시장을 떠올릴 수 있다(위의 책, 101쪽)고 해석하였다.

16 『周易』「繫辭」下-2, "弦木爲弧, 剡木爲矢, 弧矢之利, 以威天下, 蓋取諸睽."

산으로 등재된 경우는 어떤 사례가 있는지를 간략하게 살펴보기로 하겠다.

울산 반구대 암각화는 현재 유네스코 문화유산에 정식으로 등재된 유산은 아니지만, 우선 등재 유산 목록에 올라 있는 문화유산이다. 반구대 암각화를 통해 당시 원시인들이 실용적 삶을 영위했던 여러 사례를 살펴볼 수 있다. 반구대 암각화에 그려진 그림은 거의 대부분이 선사 시대 원시인들이 자연과 조화를 이루면서 삶을 영위한 모든 체험이 녹아 있는 상징물이라고 할 수 있다. 바위에 표현되어 있는 그림들에는 실용적 활동을 위한 도구상, 인물상, 고래상, 동식물상, 추상적 그림 등이 다양하게 그려져 있다. 이들 중에는 음악을 연주하는 기구를 통하여 종교 행위를 했을 것으로 추론하고, 죽은 고래의 배에 그려진 가로세로 선들을 통하여 잡은 고래를 공정하게 분배하던 관습을 이해하며, 바다거북 그림을 통하여 수륙 양면을 활동하는 신화적인 기술을 엿볼 수 있다.[17]

이처럼 반구대 암각화가 표현하고 있는 실용적 의미는 그림 도처에서 상징적으로 드러나 있다. 특히 원시 문화의 새벽 시기에 암각화에 표현된 것으로 도구를 제작하고 물고기를 잡는 실용적인 행동에 대한 사례는 바로 『주역』에서 물상을 취하는 것과 비교될 수 있다. 암각화에서의 상징적 표현과 『주역』에서의 실용적·문화적 삶을 영위하는 데 필요한 도구를 제작하는 관점과 연속된다는 것을 알 수 있다.

또한, 이처럼 특수한 부족의 일상적인 삶의 양식을 보여주는 유산으

17 울산대, 『울산 반구대 암각화』(울산대학교박물관, 울산광역시, 2000).

로는 유네스코 세계문화유산으로 지정되어 있는 캐나다 바이킹족 정착지인 '란세오메도스 국립 역사 지구'를 예로 들 수 있다. 이 역사 지구 안에 소재하는 바이킹족 유적은 주택 8채, 대장간 1채, 작업장 4채로 구성되어 있으며, 이곳에서 생활한 사람들의 정착 방식, 도구, 생활 방식 등에 대한 세세한 정보를 유적 안내를 통하여 알 수 있다.[18] 유적의 구성 요소들을 통하여 바이킹족이 청동기나 철기를 이용하여 사냥하는 삶의 형태를 엿볼 수 있고, 여러 종류의 집들을 통하여 이들의 실용적 삶의 방식을 상상할 수 있다.

4.『주역』의 평화론과 유네스코 문화유산의 인문적 목표

이 절에서는『주역(周易)』에 기록되어 있는 내용 가운데 평화론을 논한 부분을 검토하고, 이를 유네스코 문화유산이 가지고 있는 이념적 함의와 비교함으로써 유네스코 유산의 의미를 생각해보고자 한다. 또한, 유네스코가 등재 유산으로 선정한 유산에도 여러 유형이 있는데, 여기에는 이념적인 계기가 숨어 있다는 것을 살펴보고 이를『주역』의 관점에서 해석해보려고 한다.

『주역』에서 평화를 논의한 부분은「건괘」「단전(彖傳)」에 가장 먼저 나온다.「건괘」「단전」에서는 '건괘'가 만물을 낳는 최초의 시원이 되어 온

18 조민재, 앞의 책, 172쪽.

천하를 편안하게 다스려지는 경지를 다음과 같이 말하고 있다.

> 단전에 말하였다. 위대하구나, 으뜸의 건이여! 만물이 이를 바탕으로 시작하니, 이에 하늘을 통어한다. 구름이 일고 비가 내려서 만물이 형성된다. 처음과 끝을 크게 밝게 드러내어 여섯 자리가 때에 맞게 이루어진다. 대에 맞게 여섯 용을 타서 하늘을 통어한다. 건의 도(道)가 변화하여 각각 자신의 본성을 이루어, 지극한 조화에 합하여 바름을 이롭게 한다. 만물에 앞서 나오니 만국이 모두 편안하다.[19]

여기에서는 '건괘'가 만물을 형성시키는 시초이자 근원이 되는 것으로서 그 위대한 작용에 대하여 감탄하고 있다. 그러고 나서 하늘은 만물이 자랄 수 있는 조건을 비와 구름으로 마련해준다. 이 과정에서 하늘의 도리는 다시 여섯 단계를 거치면서 만물을 다스리므로 만물들이 모두 지극한 조화에 참여하여 온 세상이 화평하다고 언급하였다. 여기에서 지극한 평화의 세계는 '건괘'가 만물을 낳고 생장하는 전체 과정을 규율함으로써 이루어진다고 보았다.

또 「건괘」 「문언(文言)」에서는 만물을 이롭게 한다는 의미를 가지는 '리(利)'를 "의리가 조화를 이룬 것을 리(利)라고 한다"[20]고 해석하고 있다.

19 「乾卦」「彖傳」, "彖曰大哉. 乾元, 萬物資始, 乃統天. 雲行雨施, 品物流形, 大明始終. 六位時成, 時乘六龍, 以御天. 乾道變化. 各正性命. 保合大和, 乃利貞, 首出庶物, 萬國咸寧."

20 「乾卦」「文言」, "文言曰 利者義之和也. […] 利物足以和義."

이는 건(乾)이 만물을 이롭게 하는 것은, 바로 만물이 각각의 본성을 바르게 실현하는 것을 의(義)라고 본다면 이들이 서로 충돌하지 않고 자연스럽게 자신의 마땅한 본성을 실현하여 전체적인 조화를 이루는 것을 이(利)로 보는 것이다. 여기에서 건(乾)이 만물을 이롭게 하는 것은 결국 만물들이 자신의 마땅한 본성을 바르게 실현하여 전체적인 조화를 실현하여 평화를 이루는 것을 의미한다.

「동인괘(同人卦)」「단전」에서는 소성괘 '건괘(乾卦)'와 '리괘(離卦)'가 결합하여 화합을 이루는 모습을 상징으로 드러내고 있다. '동인괘'는 부드러운 음(陰)이 제자리를 얻고 중(中)을 얻으면서 건(乾)에 호응한다. 그래서 들판에서 다른 사람과 의견이 합하여 형통하고 큰 강을 건너는 것이 이롭다고 했다. "건(乾)이 운행되어 씩씩하게 문채가 밝고 중정으로 호응하니, 군자의 올바름이다. 오직 군자만이 천하의 뜻에 감통할 수 있다"고[21] 했다. 이처럼 하늘의 씩씩한 덕으로 실천력을 가지고 불의 밝음으로 사태를 올바르게 인식하는 것에서 보편적이고 객관적으로 다른 사람들과 동화하고 화평을 이룬다고 하였다. 이 점에서 「동인괘」「단전」은 화평하게 타인들과 공정하게 소통하고 화합하는 의미를 제시하고 있다. 「함괘」는 소성괘(小成卦) 상괘(上卦)의 연못과 하괘(下卦)의 산을 상으로 하여 사물이 서로 교감하는 것을 의미하는 괘이다. 이 괘 「단전」에서 '건괘', '동인괘'와 마찬가지 유사한 의미로 감응과 소통을 통한 평화의 경지를 언급하고 있다.

21 「同人卦」, "彖曰同人, 柔得位, 得中而應乎乾, 曰同人. 同人于野, 亨, 利涉大川, 乾行也. 文明以建, 中正以應, 君子正也. 唯君子, 爲能通天下之志."

함은 감응하는 것이다. 부드러운 것이 위에 있고 강한 것이 아래 있다. 두 기(氣)가 감응하여 서로 함께 더불어서, 멈추어 기뻐한다. 남자가 여자 아래에 있으니, 그래서 형통하고 이롭다. 곧음으로 여자를 취하는 것이니 길하다. 천지가 감응하여 만물이 변화 생성되니 천하가 화평하다. 그 감응하는 것을 보면 천지 만물의 본모습을 볼 수 있다.[22]

'함괘'는 외유내강으로 여섯 효 모두가 음양으로 호응하여 서로 감응하는 괘이다. 여기에 안으로는 멈추어 있으면서 밖으로 기뻐한다. 나아가 강한 남자가 여자에게 낮추어서 여자가 위에서 부드럽게 대하는 형상이므로 가정에서 화평이 이루어지는 모습이다. 이런 모습은 천지의 관점에서는 만물이 교감하면서 원활하게 변화 생성되어 화평을 이루는 결과를 맺는다.

평화를 상징하는 괘는 이 밖에도 「쾌괘(夬卦)」 「단전(彖傳)」에서 "강한 것이 부드러운 것을 결단하는 것이다. 강건하면서 기뻐하니, 결단하면서도 화락하다. 왕궁 정원에서 드날리니 부드러운 것이 다섯 효의 강함을 타고 있기 때문이다"[23]라고 말하는 것에서 그 의미를 찾을 수 있다. '쾌괘'는 양효(陽爻)가 초효(初爻)부터 오효(伍爻)까지 다섯 개가 있고, 상효에 음효가 있어서 조정에 소인(小人)을 몰아내는 의미를 가진 괘이다. 여기에서

22 「咸卦」, "彖曰 咸, 感也. 柔上而剛下, 二氣感應以相與, 止而說, 男下女, 是以亨利, 貞取女吉也, 天地感, 而萬物化生, 聖人感人心, 而天下和平. 觀其所感, 而天地萬物之情, 可見矣."

23 「夬卦」, "彖曰夬 決也 剛決柔也 健而說 決而和 揚于王庭 柔乘伍剛也."

괘의 상징적 의미는 부드러움으로 왕정(王政)이 바르게 실행되는 상황으로 나아가는 모습을 보여주고 있다. 이 괘는 그동안의 불안한 정국을 쇄신하여 화평함으로 나아가는 모습을 보여주는 괘로 해석할 수 있다.

그러면 유네스코 유산협약이나 등재된 세계유산들은 많은 사례가 '평화'를 포함하여 인문적 의미를 드러내는 내용으로 채워져 있다고 할 수 있다. 구체적으로 평화를 지향하는 상징성을 갖는 세계유산의 사례로 어떤 것이 있을까? 먼저 유네스코 복합유산의 사례로 그리스의 아토스산을 들 수 있다. 아토스산은 1054년 이래로 그리스 정교회(Orthodox)의 정신적 중심지로 비잔틴 시대부터 자치권을 행사해왔다. 여성과 아이들을 출입 금지하던 '신성한 산'은 예술적 유적으로 그 가치를 인정받고 있다. 아름다운 밤나무와 다양한 지중해성 산림으로 둘러싸인 아토스산에는 20개의 특별한 수도원과 그 부속 시설 들이 있고, 3만 3,000헥타르가 조금 넘는 면적으로 이루어져 있다.

이곳에는 작은 수도처와 농장, 수도사들의 공동 생활 공간이 되는 수도처들이 함께 있다. 1,400여 명의 수도사들이 거주하는 수도원이 배치된 구조는 멀리 러시아에, 회화는 그리스 정교회 예술에 영향을 미쳤다. 현재 희귀한 식물 종이 서식하고 전통적인 수도원 농업 관습을 보이고 있다.[24]

아토스산은 산 자체에 서식하는 다양한 생물 종들의 희귀성 등으로 자연유산인 동시에 수도원 공간의 문화적 공간으로 하여 문화유산이기도

24 조민재, 앞의 책, 153쪽.

하여 1988년에 복합유산으로 등재되었다. 이 아토스산은 수도원에서 수행하는 수도사들이 우선 평화를 상징하는 것으로 이해할 수 있다. 아토스산은 1054년부터 그리스 정교회의 영적인 사실이었고, 1453년 콘스탄티노플이 망한 뒤에도 그 역할을 지속적으로 유지했다. 이런 점에서 아토스산은 종교적 신앙의 중심지로서 평화를 추구하는 대표적인 공간이라 할 수 있다.

세네갈의 고레섬(Island of Gorée)의 경우는 또 다른 의미로 1978년 세계문화유산으로 등재되었다. 고레섬은 세네갈의 다카르 해안에서 3.5km 떨어진 곳에 28헥타르에 지나지 않는 섬입니다. 고레섬의 보편적 가치를 반영하는 중요한 요소는 성(Castle)이다. 이곳은 요새로 뒤덮인 바위가 많은 고원에 있고 예전에 프랑스 총독 레스파동(Relais de I'Espadon)의 거처로 이용되었다. 고레섬은 이제는 아프리카 디아스포라를 위한 순례지, 서구와 아프리카의 만남을 위한 접점인 동시에 화해와 용서의 이상적인 대립을 통한 문화 간 교류와 대화를 위한 공간이기도 하였다.[25]

고레섬은 다시 말하면 대항해와 근대 서양의 팽창주의 시대에 노예무역의 근거지로 이용되던 섬으로 슬픈 역사를 간직한 섬이라 할 수 있다. 이러한 섬을 서구와 아프리카가 과거를 넘어 미래의 화해와 평화적 번영으로 나아가는 전초 기지로 삼고자 하는 취지에서 유네스코가 세계유산으로 등재했다는 점에서 유네스코의 미래 지향적 이상을 잘 보여주는 유산이라 할 수 있다.

25 조민재, 앞의 책, 194쪽.

5. 인류의 평화를 위한 이념과 정책 방안

이 글은 『주역』의 실용적 의미와 평화론에 대한 이해를 유네스코의 세계유산에 적용하여 그 문화론적 의미를 성찰하고자 하는 목적으로 쓰였다. 이 글에서는 『주역』에는 실용적·인문적 평화론인 내용이 담겨 있다는 사실을 이야기하고 나서 유네스코가 지향하는 협력과 평화, 그리고 탁월한 보편적 가치, 문화유산 지정의 인문적 의미 해명, 문화유산 지정의 생명적·생태적 의미 등을 성찰해보았다.

유네스코는 탁월한 보편적 가치와 문화적 다양성의 실현을 유산 등재의 최고 기준으로 삼고 있다. 이 범위 안에서 일부의 특정 유산은 예외적으로 가치가 있기 때문에 모든 사람은 그 유산을 특별히 예외적으로 평가하고 보호해야 한다는 '예외주의'와 함께 인권 개념을 연결하여 '문화적 다양성'을 포용한다. 여기에서 문화적 다양성은 다른 문화에 대한 수용과 존중의 정신을 말한다. 문화적 다양성은 서로 다른 부분을 수용하고 긍정적으로 바라보는 개념이다. 탁월한 보편적 가치라는 개념은 '문화적 다양성'과 맞물려 있다. 특정한 문화의 진정성 있고 창의적인 다양한 표현은 세계의 자랑이자 자산으로 받아들여야 하고, 차별의 대상이 아니다. 세계유산협약은 인류의 공동 유산들이 폭넓은 시공간에 걸쳐 다양한 형태를 취하고 있음을 선언함으로써 '문화적 다양성'이라는 개념을 구체화하였다.

『주역』은 「건괘」, 「동인괘」, 「함괘」, 「쾌괘」 등에서 괘효의 상징적 의미를 통하여 평화의 의미를 연역해낸니다. 예컨대, '함괘'는 외유내강(外柔內剛)으로 여섯 효 모두가 음양으로 호응하여 서로 감응하는 괘이다. 여기에 안으로는 멈추어 있으면서 밖으로 기뻐한다. 나아가 강한 남자가 여자에게 낮추어서 여자가 위에서 부드럽게 대하는 형상이므로 가정에서 화평이 이루어지는 모습이다. 이런 모습은 천지(天地)의 관점에서는 만물이 교감하면서 원활하게 변화 생성되어 화평을 이루는 결과를 맺는다.

『주역』이 내포하고 있는 실용적 논의와 평화론은 그대로 유네스코 헌장과 유산협약의 상징적 의미를 구성하는 요소이다. 다시 한번 유네스코의 이념을 요약하면 유네스코 헌장의 내용과 세계유산협약의 '탁월한 보편적 가치'에 내포되어 있는 이념은 문화의 광범위한 보급, 정의·자유·평화를 위한 교육, 인류의 지적·도덕적 연대와 같은 인문적 가치를 지향하고, 인류 공동의 복리, 국제 안보, 정치적 갈등의 회복과 같은 사회과학적 실용성을 강조하며, 자연유산을 중심으로 하는 생태적 가치의 중요성을 강조하고 있다. 이런 점에서 『주역』과 유네스코의 이상은 유기적으로 연결된다고 할 수 있다. 이러한 이념적 연속성을 참조하여 『주역』과 유네스코의 이념이 인류 사회에 실현될 수 있도록 여러 정책 방안과 교육적 노력을 기울일 필요가 있다.

엄연석

서울대학교에서 철학박사학위를 취득하고(1999), 한림대학교 태동고전연구소 교수로 재직하고 있다. 한국인문사회연구소협의회 수석부회장으로 활동하고 있다. 저서는 『조선전기경학사상총론』(2022), 『조선경학의 문화다원론적 이념과 실천』(2022)(공저), 『조선전기역철학사』(2013)가 있다. 논문은 「황윤석(黃胤錫)의 『이수신편』(理藪新編)에 나타난 이수역학의 문화다원론적 독해」(2023), 「여헌 역학사상의 경위설과 분합론의 도덕실천적 의미」(2021) 등 다수가 있다.

'도'를 살다:
노자 실천론의 두 측면[1]

박원재(율곡연구원 원장)

1. 『노자』는 누구를 위해 쓰인 책인가

제자백가의 관심은 기본적으로 '정치적'이다. 그들의 학설은 일차적으로 당시의 통치 계층을 유세 대상으로 상정하고 입론된 것이다. 사마천은 일찍이 제자백가 사상의 이러한 특징을 "제자백가(음양가, 유가, 묵가, 명가, 법가, 도가)는 모두 좋은 정치의 구현에 힘을 기울인 사람들이다. 다만 추구하는 주장들이 방향이 달라 잘 살핀 것도 있고 그렇지 못한 것도 있을 뿐이다"(『사기』「태사공자서」)라고 갈파하였다. 그러므로 제자백가의 사상을 그대로 인간 일반에 대한 보편적인 담론으로 해석하는 태도는 상당한 주의를 요한다.

노자 철학 역시 예외가 아니다. 특히 이와 관련하여 우리는 『노자』가

1 이 글은 《중국철학》 제12집(중국철학회, 2004)에 실린 「성인과 백성 — 노자 수양론의 두 측면」을 기반으로 하였다.

시적 형식을 빌린 간결한 정치적 잠언집이라고 해도 무방할 정도로 정치적 메시지로 가득 차 있는 텍스트라는 점을 항상 기억해야 한다. 『노자』의 '성인(聖人)'은 직접적으로 당시의 통치자인 '후왕(侯王)'을 가리키는 기표라는 사실이 이 점을 무엇보다 잘 보여준다.

정치적 측면에 초점을 맞추어 노자 철학의 정체성을 규정하는 시각은 중국 사상사에서 별로 낯선 것이 아니다. 그것은 노자 철학의 핵심을 '제왕의 통치술[君人南面之術]'이라고 규정했던 한대(漢代) 이후부터 줄곧 붙어 다니던 꼬리표 가운데 하나이다. 따라서 이런 시각을 받아들인다면, 노자 철학에서 인간 일반에 적용되는 모종의 가르침이나 의미를 도출해내는 일은 일종의 '논점 일탈의 오류(Ignoratio Elenchi)'를 범하는 작업이 될 혐의가 있다.

그렇다면 노자 철학, 특히 그 가운데에서도 삶의 일상성과 직결되는 실천론을 모든 사람에게 적용되는 담론으로 일반화시키는 것은 원천적으로 불가능한가? 『노자』식으로 표현하면 '성인'이 아니라 '백성'의 입장에서 그 철학의 의미를 읽어 들어가는 작업은 무의미하기만 할까? 이 문제는 '보편과 특수'라는 틀 속에서 매듭을 풀어나가는 것이 적절할 듯하다. 세상에 특수를 함유하지 않은 보편은 없고, 보편과 소통되지 않는 특수도 없다. 따라서 '통치자'라는 특수한 계층을 대상으로 한 이야기일지라도 그 속에는 '인간' 일반에 대한 보편적인 시각이 일정 부분 필연적으로 내장되어 있을 수밖에 없다. '통치자' 또한 '인간'이라는 보편적인 지평의 한 부분이기 때문이다. 다만 필요한 것은 그 가운데 어떤 요소가 특수에 해당하고 어디까지가 보편으로 일반화될 수 있는 성분인가에 대한 혜안이다.

2. '도' 관념의 출현은 어떤 배경을 지니는가

노자 철학의 중심 관념은 두말한 것도 없이 '도(道)'이다. 이 점은 무엇보다 『노자』의 별칭이 '도덕경(道德經)', 즉 '도와 덕에 대한 바이블'이고, 노자와 그 후학들을 '도가(道家)'라고 집단화시켜 부르는 데에서 잘 드러난다. 노자가 말하는 '도'가 무엇인가에 대해서는 여전히 논란적이다. 하지만 그것이 정확히 의미하는 바와는 별개로, 도가에서 '도'는 이 세계를 관통하는 근본적인 범주라는 점 그리고 그것은 일차적으로 자연의 운동 방식에 대한 통찰의 결과로 얻어진 것이라는 점에 대해서는 다른 의견이 없다. 따라서 노자의 도를 이해하기 위해서는 먼저 그것이 어떤 사상사적 혹은 시대적 배경에서 나온 것인지를 살펴보는 것이 중요하다.

전체적으로 볼 때, 중국 고대 철학사에서 자연관은 크게 세 단계를 거치며 면모를 갖추어왔다. 중국 철학 전공자들 사이에서 쓰이는 용어로 말하면 그것은 곧 주재천(主宰天), 의리천(義理天), 자연천(自然天)의 단계이다. 가장 먼저 등장하는 주재천 관념은 대부분의 고대 문화에서 공통적으로 발견되는 인격신적인 자연관이다. 이 자연관은 상(商)나라 때부터 나타난다. 이와 관련하여 주목을 끄는 것은 상나라 지배층의 조상신 관념이다. 조상신 관념은 모든 부족의 조상은 사후에 하늘로 올라가 신이 된다는 생각에 토대를 두고 있다. 그런데 상나라 지배층의 조상신 관념의 특징은 자신들의 조상신이 다른 부족의 조상신보다 우월적인 지위에 있다고 보아 '제(帝)'라는 최고신 개념을 성립시킨 데 있다.

'제' 개념의 성립 배경은 정치적이다. 일종의 부족 연맹체 형태를 띠고 있던 당시의 정치 환경에서 천하의 맹주로서 다른 부족들을 효과적으로 통치하기 위해서는 자신들의 선민성을 강조해야 했기 때문이다. 이로부터 상나라의 지배층은 자신들의 통치권은 하늘의 최고 신인 자기 부족의 조상신으로부터 부여된 것이므로 절대적이라는 이데올로기를 성립시킨다. 이것이 동아시아 정치사에서 통치권의 정당성을 설명하는 대표적인 이론인 천명론(天命論)의 최초 모습이다. 이 점에서 상나라 시대의 자연관은 기본적으로 종교신학적이라고 정리할 수 있다. 그것은 지상의 일들을 감독하고 주재하는 절대적인 인격적 존재, 다시 말해서 '주재천'으로서의 '하늘'을 상정하고 있기 때문이다.

상나라의 이러한 주재천 관념은 이어진 주(周)나라로 넘어오면서 중대한 변화를 맞는다. 핵심적인 계기는 상나라로부터 주나라로의 통치권의 이동이었다. 상나라의 조상신 관념에 따르면 하늘로부터 상나라 지배층에 주어진 통치권은 절대적이며 배타적이다. 따라서 이에 의거한다면 주나라 지배층의 천하 통일은 하늘의 의지를 거스른 행위가 되고 만다. 기존의 주재천 관념에 의거할 때, 그것은 '천명'을 거역한 행동이 되는 것이다. 이 때문에 주나라 지배층은 자신들의 '역성혁명(易姓革命)'을 정당화할 수 있는 새로운 천관의 구상이라는 과제에 직면하였다.

이와 같은 문제의식에서 등장하는 것이 천명은 고정된 것이 아니라는 이른바 '천명미상론(天命靡常論)'이다. '천명미상'은 말 그대로 천명이란 한 번 부여되면 영원히 보장되는 것이 아니라 정치의 잘잘못에 따라 회수될 수도 있다는 주장이다. 그렇다면 하늘이 지상의 정치의 잘잘못을 판단하는 기준은 무엇인가? 주나라 지배층은 그것을 '민심'이라고 말한다. 하늘은 현실 정치의 잘잘못을 백성들의 눈을 통해 보고 백성들의 귀를 통해 듣는다는 것이다. 주나라 지배층은 이처럼 새로운 논리의 천명론을 고안함으로써 자신들의 통치권을 정당화하였다. 자신들이 상나라를 무너뜨리고 패권을 잡을 수 있던 것은 폭정으로 말미암아 상나라에 주어졌던 천명이 회수되어 자신들에게 새롭게 주어진 결과이고, 같은 맥락에서 그것은 하늘의 뜻을 거스른 행위가 아니라 오히려 하늘이 선택이라는 주장이다.

주나라 건국 세력은 이와 같은 논리를 창안함으로써 자신들의 집권을 정당화시키는 데 성공하였다. 하지만 이것은 부메랑이 될 수 있는 정당화였다. 왜냐하면 그것은 묵시적으로 자신들에게 주어진 천명 역시 영원불변한 것이 아니라 경우에 따라서 다시 회수될 수 있다는 점을 인정하는 것이 되기 때문이다. 이것을 간파한 주나라 지배층은 그 위험성이 현실화되는 것을 방지하기 위한 후속적인 작업에 착수하였다. 그것은 '하늘'이 아니라 지상의 '백성'으로의 관심의 방향 전환이다. '하늘'이 지상의 정치의 잘잘못을 판단하는 통로가 '백성'으로 상정된 이상 이 방향 전환은 이미 예정된 것이었다.

주나라 초기에 등장하는 이와 같은 방향 전환은 '하늘'에 대한 생각에도 자연스럽게 변화를 가져왔다. 가장 큰 변화는 '하늘'이 여전히 인격적 요소는 지녔으되, 특수적인 존재에서 보편적 존재로 탈바꿈했다는 점이다. 비록 민심을 통하기는 하지만, 지상의 정치 상황에 대해 호불호의 정서적인 표현을 한다는 점에서 주나라의 '하늘' 역시 인격적 존재인 것은 마찬가지이다. 하지만 특정한 부족만을 편애하는 것이 아니라 자격을 갖추었다면 어느 부족이든 천명을 부여한다는 점에서 이 천관념은 보편성이 더 강했다.

이렇게 확립된 보편적 천관념은 인지가 발달함에 따라 후대로 갈수록 인격적 요소마저 점차로 탈색되는 경향을 보인다. 그 결과 '하늘'의 인격성은 도덕적 합목적성이라는 측면으로 이동한다. 지상의 정치의 잘잘못에 따라 천명이 회수될 수 있다는 생각은 자연을 모종의 도덕적 합목적성이 구현되는 세계로 보게 만든 것이다. 이러한 흐름에 따라 자연은 인격적인 존재가 아니라 의미의 담지체로 새롭게 자리매김하기에 이른다. 이것이 중국 고대 사상사에 등장하는 또 하나의 자연관인 '의리천' 관념의 출현 배경이다. 이것은 곧 자연을 '의미의 담지체'로서 파악하는 자연관이다.

이와 같은 자연관은 자연은 가치 중립적인 존재가 아니라 모종의 가치를 끊임없이 구현해가는 존재라는 것을 전제로 한다. 따라서 여기서는 그런 가치가 구현되고 있다는 믿음의 형성 여부가 이 자연관의 유효성 여부를 결정한다. 요컨대, 현실을 도덕적 가치의 구현장으로 이끄는 동력인 자연의 합목적성이 그 현실에서 더이상 확인되지 않을 때 이 자연관은 종말을 고할 수밖에 없게 되는 것이다. 중국 고대 사상사에서 세 번째 자연관이 등장하는 맥락은 바로 이것과 연관되어 있다.

기원전 771년 견융(犬戎)의 침입으로 주나라가 수도를 서쪽의 호경(鎬京, 현재의 西安 인근)에서 동쪽 낙읍(洛邑, 현재의 洛陽)으로 옮긴 이후를 가리키는 동주(東周) 시대는 거듭된 실정과 외적의 침입으로 정권의 통치력이 급격히 흔들리던 혼란기이다. 이에 따라 민심은 갈수록 피폐해져 거의 되돌릴 수 없는 상황으로 빠져들었다. 그런데 기존의 천명론에 따른다면, 정치에 실패한 주나라의 통치권은 마땅히 회수되어야 한다. 하지만 그런 일은 현실에서 일어나지 않았다. 의리천에 대한 믿음의 붕괴는 여기에서 싹트기 시작하였다. 중국 고대의 시가를 모아놓은 『시경』에서 이 시기에 지어진 시가들 가운데 무도한 정치에도 불구하고 아무런 반응이 없는 '하늘'을 원망하는 내용이 상당수 발견되는 것이 당시의 그런 정황을 잘 보여준다.

이런 상황에서는 '하늘'의 본성에 대한 생각은 또다시 새로운 출로를 열 수밖에 없다. '하늘'은 인간세의 흥망성쇠와는 무관하게 언제나 제 갈 길만을 가는 가치 중립적인 존재라는 생각이 그것이다. 다시 말해서, 하늘은 지상의 정치적 성패에 대한 최후의 도덕적 심판자이기를 바라는 인간의 희망과는 관계없이 자체의 고유한 질서 원리에 입각하여 운행되는 물리적 존재일 뿐이라는 것이다. 이로부터 중국 고대 사상사에서 마지막으로 등장하는 자연관이 등장한다. 바로 자연을 물리적이며 가치 중립적인 존재로 보는 '자연천' 관념이다.

자연을 가치 중립적 존재로 보는 자연천 관념은 중국 고대 사상사에서 춘추 중기부터 본격적으로 움트기 시작하여 전국시대로 오면 하나의 대세를 이룬다. 이런 점에서 자연천 관념의 등장은 주나라의 의미론적 자연관에 의해 유지되던 천하 질서가 붕괴됨으로써 야기된 시대적 위기를 여전히 동일한 자연관을 통하여 돌파해보려 한 기획들, 즉 유가와 묵가로 대표되는 그러한 기획들에 대한 반작용이다. 이 반작용은 이들의 이론이 지니고 있는 맹점들, 가령 자연이 진실로 도덕적 의지로 가득 찬 세계라면 왜 그 안에서 전개되는 인간들의 사회는 여전히 문제투성이인 채로 남아 있는가 하는 모순점에 대한 물음에서 비롯되었다.

노자 철학의 자연관은 바로 이 같은 사상사적 흐름의 중심에 서 있다. 노자 철학의 핵심 용어인 '도'는 기본적으로 자연에 대한 이와 같은 문제의식이 응축된 사유의 결정이다. 그것은 그렇게 물리적이며 가치 중립적인, 그러면서 다른 한편으로 또 쉼 없이 자기 완결적인 질서를 연출하는 자연이 걸어가는 '길'에 대한 메타포이다. 『노자』에서 이것이 압축적으로 표현되고 있는 것이 "천지는 어질지 않나니, 만물을 짚으로 만든 개로 여긴다. 성인은 어질지 않나니, 백성을 짚으로 만든 개로 여긴다[天地不仁, 以萬物爲芻狗; 聖人不仁, 以百姓爲芻狗]"(5장)라고 한 저 유명한 구절이다. 자연은 만물에 대한 어떠한 인간주의적 감정도 없는 비인격적 존재이다. 그 속에서 만물을 자신의 본성대로 자족적으로 살다가 갈 뿐이다. 정치 또한 그러해야 한다. 모름지기 정치란 백성들의 삶에 개입하지 않음으로써 그들 역시 타고나 본성대로 자족적으로 생을 영위해갈 수 있게 해야 한다. 노자 철학의 실천론은 기본적으로 이러한 정치가 가능하기 위한 조건에 대한 통찰이다.

3. 노자 실천론의 기본 얼개

노자 철학의 문제의식은 이처럼 인간 사회의 흥망성쇠와 무관하게 고유의 방식으로 변화해가는 자연의 운동 패턴을 통찰해내고 그것을 인간 사회의 규범적 모델로 삼는 것이다. 이것은 무엇보다도 『노자』에 짙게 스며 있는 '상(常)', 즉 '항상성'에 대한 관심에서 도드라진다.

『노자』에서 '상'이 하나의 개념으로 쓰이는 예는 장(章)을 기준으로 할 경우 16장과 52장, 55장 세 곳에 지나지 않을 정도로 그 등장 빈도수가 많지는 않다. 그러나 '늘' 또는 '영원한' 등의 시간적 지속성을 나타내는 부사나 형용사로 쓰이는 경우까지 포함하면 그 빈도수는 모두 19개 장에 이를 정도로 많아진다. 특히 이 가운데 형용사적 용법으로 쓰이는 몇몇 사례의 경우, '상도(常道)·상명(常名)'(『노자』 1장. 이하 『노자』의 인용은 장만 표시)과 '상덕(常德)'(28장)의 사례에서 보듯이 노자의 사유를 이해하는 데 명사적 용법 못지않게 중요한 길잡이 역할을 한다. '상'에 대한 노자의 이 같은 관심은 "장구할 수 있다[可以長久]"(44·59장)라든가 "죽을 때까지 위태롭지 않다[沒身不殆]"(16·52장) 혹은 "뿌리를 깊게 하고 바탕을 굳건히 하며, 오래가고 멀리 내다보는 도[深根固柢, 長生久視之道]"(59장) 등, 의미상 모종의 항상적 질서를 명시적으로 선호하는 표현들까지 포괄하면 그 비중은 더욱 확대된다.

그런데 이처럼 '항상성'에 대한 추구를 노자 철학의 출발점으로 상정할 때 유념해야 할 사항이 하나 있다. 그것은 『노자』에서 '항상성'은 일체의 변화와 단절된 고정적인 불변성을 의미하지는 않는다는 점이다. 우리는 이 점을 무엇보다도 만물이 엮어내는 '유(有)' 계열과 '무(無)' 계열의 쌍방향성 운동의 변증적인 통일로 '도'를 설명하는 『노자』 1장의 내용으로부터 확인할 수 있다. 1장에서 각각 '유명(有名)-유욕(有欲)'과 '무명(無名)-무욕(無欲)'으로 표상되는 '유' 계열과 '무' 계열은 세계의 존재 형식과 그에 대한 인간의 인식이라는, 세계와 인간에 관한 근원적인 두 가지 주제를 탁월한 언어적 경제성으로 설명하고 있는 부분이다.

여기서 '유' 계열이 자신을 존재의 지평으로 밀어 올리는 만물의 고유한 힘이 펼쳐지는 과정['有欲']과 그 과정을 언어를 통하여 개념화함으로써 나름의 세계상을 구성하는 인간 인식 활동의 능동적 측면['有名']을 가리킨다면, 반대로 '무' 계열은 그 힘이 역방향으로 전개됨으로써 만물이 존재의 지평에서 퇴거하는 과정['無欲']과 또 그 과정은 개념적 인식의 범위를 넘어선다는 인간 인식 활동의 수동적 측면['無名']을 대표한다. 노자가 말하는 '상'은 바로 이처럼 '유/무' 두 계열이 시시각각으로 상호 교직되면서 연출해내는 질서로서의 항상성이다. 다시 말해서, 그것은 통상 '만물'로 표현되는 세계 내의 모든 사태가 자족적으로 운동하며 연출해내는 변화들이 결과적으로 연출해내는 항상성인 것이다.

『노자』에서 '도'는 이런 항상적인 질서를 메타적 관점에서 표상하고 있는 은유적 기표이다. 그리고 『노자』에 대거 등장하는 이른바 '상반상성(相反相成)'의 변증적 요소들은 바로 '도'로 표상되는 그러한 세계의 항상적 질서가 역동적으로 구축되는 방식을 다양한 경험적 사례들을 통하여 형이하학적으로 부연하는 장치들이다. 그것은 세계를 관통하는 항상적 질서가 개별적 사태들이 펼치는 다방향적 운동이 상반상성의 방식으로 끊임없이 형평을 잡아가는 과정을 통하여 드러나는 질서임을 보여주는 기표인 것이다. 이 때문에 '도'는 일차적으로 만물에 대해 초월적이거나 규제적이라기보다는 내재적이며 방임적인 측면이 더 강하다. 이것이 바로 노자의 사유 체계에서 '자연(自然)'이 도의 상위에 자리 잡는 이유이다.

"도는 (만물의) 스스로 그러한 운동원리를 본받는다[道法自然]"(25장)는 명제로 개괄되는 '자연'과 '도'의 그러한 상호 관계는 노자의 실천 철학을 이해하는 데 중요한 모티브를 제공한다. 왜냐하면 그것은 세계가 항상적 질서를 유지할 수 있는 근본적인 이유를 노자가 어떻게 보고 있으며, 또 그로부터 어떤 규범적 원리를 도출해내는가를 엿볼 수 있게 해주기 때문이다.

잘 알려진 대로, 『노자』에서 '자연'은 '스스로(혹은 저절로) 그러하다'는 뜻의 술어로서, 만물의 운동 변화가 지니고 있는 자발적이며 자족적인 성격을 나타내는 용어이다. 따라서 이 '자연'을 '도'의 상위에 둔다는 것은 곧 세계가 보여주는 항상적인 질서는 일차적으로 만물의 그런 자발적이며 자족적인 운동인(運動因)이 아무런 장애 없이 펼쳐질 수 있을 때만 비로소 가능하다는 시각을 함축한다. 다시 말해서, 그것은 한 사태가 외부적 강제 없이 자신의 내재적 경향성을 주된 동인으로 삼아 전개되는 모든 유형의 운동을 총칭하는 용어인 것이다. 노자는 이처럼 외적인 강제 없이 이루어지는, 즉 '자연'이라는 방식으로 이루어지는 모든 행위를 '무위(無爲)'라고 부른다. '외부에서 주입된 목적의식에 의해 수행되지 않는 행위'라는 뜻이다.

노자 철학의 모든 실천론이 차지하고 있는 좌표도 바로 이 지점이다. 그것은 무위의 실천을 통하여 유위적 삶을 극복하고, 자신의 내재적 경향성을 자기 행위의 근본적인 지도 원리로 다시 되살리려는, 즉 '자연'을 회복하기 위한 관심의 산물인 것이다. '통치자'라는 특수한 계층에만 적용되는 담론으로 보든, 아니면 인간 일반에 적용되는 보편적인 담론으로 보든, 노자의 실천론이 실질적인 의미를 지니는 것은 이 구도 속에서이다.

4. 이상적인 제왕의 조건

노자 철학의 주 대상이 일차적으로 일반인이 아니라 통치자라는 점은 무엇보다도 노자 실천론의 중심적인 방법론인 '무위'의 주체가 누구인가 하는 것을 통해서도 확인된다. 『노자』에서 '무위'가 언급되고 있는 장은 전부 10개인데(2·3·10·37·38·43·48·57·63·64장), 모두 직간접적으로 성인 혹은 그 성인이 수행하는 이상적인 통치 방식이라는 주제와 맞물려 있다. 이에 따르면, '무위'는 이상적인 정치를 담보해주는 통치 방식이며, 나아가 '천하'를 장악할 수 있게 해주는 등의 실효적인 이익을 가져다주는 행위 원칙이다. 권력의 작동 방식 면에서 정치적 불간섭주의로 불릴 수 있는 이 '무위'에 근거한 통치는 실제로는 성인의 통치력에 힘입어 이상적인 정치가 구현되더라도 백성들 모두는 "나 스스로 그렇게 한 것이다[百姓皆謂我自然]"(17장)라고 하면서 스스로의 삶에 대해 자족적인 포만감을 느끼도록 해주는 정치이다.

노자 철학에서 '무위'가 차지하고 있는 그런 정치적 위상을 가장 잘 보여주는 장이 바로 37장이다.

> 도는 항상 아무런 작위가 없으면서도 이루지 못함이 없다[道常無爲而無不爲]. / 후왕이 만약 이 이치를 지킨다면 만물은 저절로 교화될 것이다. / 만물이 저절로 교화되어가는데도 거기에 어떤 작위를 개입시키려는 자가 있다면 나는 그를 이름 없는 통나무로 눌러버릴 것이다. / 이름 없는 통나무는 또한 아무런 작위적인 욕망 없이 그 일을 해나갈 터이니, 작위적인 욕망을 발동시키지 않고 고요함을 지켜나간다면 천하는 저절로 안정될 것이다.[2]

이 장은 모두 네 개의 단락으로 이루어져 있다. 첫 번째 단락은 '무위'의 우주론적 맥락에 대한 언급이다. 이에 따르면 '무위'는 '도'로 표상되는

2 37장, "道常無爲而無不爲. / 侯王若能守之, 萬物將自化. / 化而欲作, 吾將鎭之以無名之樸. / 無名之樸, 夫亦將無欲. 不欲以靜, 天下將自定."

세계의 항상적 질서가 스스로를 구현시켜나가는 운동 방식이다. 세계 내의 개별적 사태들에 대해 비규제적이면서도 결과적으로 완정한 질서를 구축시켜나가는 것이 '도'의 가장 큰 특징인데, 여기에서 '무위'는 '도'의 그런 비규제적 측면을 대표한다.

둘째 단락은 이런 우주적 질서의 지평으로부터 정치적 원리를 도출해내는 부분이다. 여기에서 '무위'는 통치자가 '만물의 교화'라는 정치의 궁극적인 목표를 실현해나가는 데 의거해야만 되는 중심적인 통치 방식으로 자리매김된다.

셋째 단락은 '무위'에 반하는 정치적 시도들에 대한 대응책을 제시하는 부분이다. 여기서 노자는 '이름 없는 통나무', 즉 '도'의 운동 방식에 입각하여 그런 일들에 대처해 나가라고 권고한다. '도'의 운동 방식에 입각한다는 것은 곧 '무위'라는 원칙을 준수하라는 것과 같은 뜻이다. 이것은 "도는 항상 아무런 작위가 없다"고 한 첫 번째 단락의 내용으로부터 자연스럽게 도출되는 결론이다.[3] 통치의 궁극적인 목표인 천하의 안정은 이처럼 '무위'를 통치의 제일 원리로 받아들일 때 비로소 가능하다. 이것이 마지막 네 번째 단락의 요지이다.

우리는 여기에서 '무위'가 노자 철학에서 존재와 당위의 두 영역을 아우르는 중심적인 방법론으로 확고하게 정립되고 있음을 다시 한번 확인

3 도를 벗어나는 사태에 대처하는 방법 역시 철저히 무위에 입각하여야 한다는 생각은 『노자』 74장에 잘 표현되어 있다. 이런 사고방식이 현실의 장에서 부딪치는 딜레마에 대해서는 박원재, 「노자철학의 양면성에 대하여」, 《동양철학》 9집(한국동양철학회, 1998), 118~119쪽을 참조하라.

할 수 있다. '무위'는 우주와 인간 사회가 '자연'에 근거한 질서, 즉 자발적이며 자족적인 질서를 구축해가는 데 중심적인 역할을 수행하는 방법론이다. 이로부터 이상적인 통치자인 '성인'이 갖추어야 할 두 가지 조건이 자연스럽게 도출된다. 그것은 그런 우주적 질서의 제반 특성을 통찰해내는 능력과 그것을 실천하기 위해 자신을 개조시키는 노력이다. 이 가운데 두 번째 조건은 성격상 인식론적인 작업에 해당한다. 따라서 여기서 요구되는 것은 무엇보다도 객관을 있는 그대로 담아낼 수 있는 인식 주관의 명징성을 확보하는 것이다. 이로부터 잘 알려진 노자의 '허정(虛靜)'의 인식론이 등장한다.

빔의 상태에 도달하는 것을 궁극까지 밀고 나가고, 고요함을 견지하는 일을 돈독히 해나가라. 만물은 함께 자라나니, 나는 그로부터 돌아감의 이치를 본다. 온갖 사물은 풀처럼 무성히 자라지만 모두는 자신의 뿌리로 돌아갈 뿐이다. 뿌리로 돌아가는 것을 고요함이라고 하니, 이는 필연의 질서로 돌아감을 가리킨다. 필연의 질서로 돌아가는 것을 항상됨이라고 하고, 이 항상됨의 이치를 아는 것을 밝은 지혜라고 한다. 항상됨의 이치를 알지 못하면 망령되이 흉한 일들을 만들게 된다. 항상됨의 이치를 알면 일체를 담아낼 수 있고, 일체를 담아내게 되면 모든 일에 사사로움을 배제시킬 수 있으며, 모든 일에 사사로움을 배제시키면 천하의 왕 노릇을 할 수 있다. 천하의 왕 노릇을 할 수 있게 되면 하늘의 운행에 부합하고, 하늘의 운행에 부합하면 세계의 항상적인 질서인 도와 하나가 된다. 도와 하나가 되면 오래갈 수 있으니, 몸이 다할 때까지 위태롭지 않을 것이다.[4]

고유의 궤적에 따라 다방향으로 전개되는 만물의 생성 변화가 결국 모종의 복귀 운동의 반복임을 지적하고, 이를 명확하게 인식할 수 있는 인식론적 태도로서 '빔과 고요함', 즉 '허정'을 강조하는 데에서부터 논의가 시작되고 있다. 노자는 여기서 그 돌아감의 이치를 '필연의 질서[命]'라고 규정한다. 그리고 이어서 자기가 이야기하는 '항상성'은 바로 이 필연의 질서로 복귀하는 것임을 분명히 하고는, 이 이치를 통찰해낼 수 있는 실천적 지혜[明]를 요청한다. 노자가 볼 때 진정한 통치자의 자격은 이 실천적 지혜의 획득 여부에 달려 있다. 만약에 그것을 이룬다면 '도'와 합일될 수 있고, 또 그에 따라 정치적으로 안정적이며 지속적인 질서의 유지가 가능하다. 이처럼 노자 철학의 목표인 안정적이며 지속적인 정치적 질서의 유지는 무엇보다도 시시각각으로 생성 변화하는 만물의 전개 과정에 모종의 필연적 질서가 관통되어 있음을 명확히 인식하는 데에서부터 시작된다.

노자가 만물이 그 뿌리로 돌아가는 것을 '필연의 질서'라고 규정하는 이유는 발생론적으로 보았을 때 도가 비록 만물이 자기 원인적인 운동들이 창출해내는 전체성의 질서이기는 하지만, 역으로 보면 그것은 만물의 운동을 하나의 틀로 수렴하는 우주적 형식이기도 하기 때문이다. 결국 노자 철학에서 도와 만물 관계는 중층적인 셈이다. 만물에 초점을 맞추면 도는 그 만물의 자기 원인적인 운동들의 결과로서 드러나는 후행적인 궤적이지만, 도에 초점을 맞추면 그것은 다방향으로 전개되는 만물의 운동에

4 16장, "致虛極, 守靜篤. 萬物竝作, 吳以觀復. 夫物芸芸, 各復歸其根. 歸根曰靜, 是謂復命. 復命曰常, 知常曰明. 不知常, 妄作凶. 知常容, 容乃公, 公乃王. 王乃天, 天乃道, 道乃久, 沒身不殆."

제일성(齊一性, uniformity)을 부여하는 선행적인 형식이 되는 것이다.

'도는 항상 아무런 작위가 없으면서도 이루지 못함이 없다'는 역설은 바로 여기에서 발생한다. 마치 물은 오직 자기의 본성대로 흘러가지만 결국은 바다로 귀결되는 것과 마찬가지로(66장), 개별적 사태들 역시 자기 원인적으로 운동하지만, 의식하든 의식하지 못하든 결국은 '도'라는 우주적 질서 속으로 수렴될 수밖에 없는 것이다. 이 점에서 '도'는 개개의 우발성들이 창출해내는 필연성이라고 정의할 수도 있다. '허정'은 바로 이런 필연의 질서를 통관하기 위한 인식론적 조건이다.

5. '무사(無私)'의 실천론 — 역설의 통치술

우주의 필연적 질서에 대한 인식이 이루어지면 이어서 요청되는 것은 그 질서가 구축되는 방식을 통찰함으로써 그로부터 구체적인 통치 행위에 적용 가능한 하나의 규범적 원리를 도출해내는 일이다. 그리고 지금까지 살펴본 대로 이로부터 도출되는 원리가 곧 '무위'이다. 따라서 노자의 실천론은 결국 세계의 항상적 질서를 명확하게 통찰해낼 수 있는 명징한 인식 능력의 배양과 그 통찰의 결과로서 확립된 '무위'라는 규범적 원리를 효과적으로 구현할 수 있는 안팎의 제반 조건들에 대한 진단과 실현으로 집약된다.

이렇게 본다면 노자 철학에서 '도'의 인식을 가늠하는 성패는 결국 '도'에 비하여 제한적이며 국지적인 성격을 지니는 인식 주관의 '자기중심적 경향성[私]'을 어떻게 성공적으로 배제시키느냐에 달려 있다고 할 수 있다. 이 자기중심적 경향성이 개입하면 인식 주관은 거울과 같은 명징한 상태를 견지할 수 없게 되고, 그렇게 되면 자연히 전관적인 인식 또한 불가능해지는 것이다. 이 점에서 이 자기중심적 경향성의 배제는 노자 철학에서 '허정'의 인식론과 '무위'의 실천론을 연결시켜주는 매개 역할을 한다. 왜냐하면 '무위' 역시 적어도 표면적으로는 타자에게 주체를 강요하는 행위가 아니라 타자를 주체 속에 받아들일 것을 요구하는 행위이기 때문이다. 따라서 '무위'의 실천 역시 다음에서 보듯이 기본적으로 '비움[損]'의 형식으로 나타난다.

> 배움을 행하는 일은 날마다 무언가를 보태고, 도를 실천하는 일은 날마다 무언가를 덜어낸다. 덜어내고 또 덜어내면 아무런 작위적 행위도 없는 상태에 도달한다. (그런 상태에 도달하면) 작위적으로 행하는 것이 없지만 결과적으로 이루어지지 않는 것이 없게 된다.[5]

'무위'를 실천하기 위한 전제 조건으로 무엇보다도 '자기 비움'이 강조되는 이유는 노자가 '무위'를 방해하는 핵심적인 요소인 '자기중심적 경향성'을 후천적인 학습의 결과라고 보기 때문이다. 노자가 볼 때 그것은, 예를 들면 유가적인 도그마에 의해 조장된 문화적 욕망이다. 그것은 '자연'에 반하며, 또 그런 점에서 일탈적이다. '덜어낸다'는 것은 그렇게 문화적 가치에 의해 훈습된 일탈적인 자기중심적 경향성을 통치자 스스로 끊

5 48장, "爲學日益, 爲道日損. 損之又損, 以至於無爲, 無爲而無不爲."

임없이 배제시켜나가야 한다는 의미로 읽힌다. 만약 그렇지 않다면 표면적으로 '아무런 행위를 하지 않으면서 모든 것을 할 수 있다'는 역설을 논리적으로 충족시킬 방법이 없다. 그것은 자기중심적 경향성을 배제시키면 시킬수록 타자가 주체 속에 깃들 확률이 높아지고, 그에 따라 주체는 그 타자들의 은폐된 주인이 될 수 있다는 논리인 것이다.

이 경우의 주체를 '은폐된 주인'이라고 규정하는 이유는 그것이 궁극적으로 겨냥하는 것은 자기중심적 경향성의 억제를 통한 자기중심성의 완성이라는, 즉 '무사(無私)를 통한 사(私)의 완성'이라는 형식으로 『노자』에서 나타나기 때문이다.[6] 흔히 '스스로(의도적으로) x하지 않는다[不自x]'는 형식으로 일탈적인 자기중심적 경향성을 시종 경계시키는 『노자』의 발언들은 이런 각도에서 접근되어야 그 맥락이 온전히 드러난다.

한편, 문화적 가치에 의해 후천적으로 훈습된 일탈적인 자기중심적 경향성을 벗어난다는 것은 다른 측면에서 말하면 타고난 원초적인 자연성을 지킨다는 말과 같다. 따라서 '덜어냄'의 수양론은 곧 선천적인 자연성을 소모하지 않는 '절제[嗇]'라는 덕목으로 다시 연결된다(59장). 『노자』에서 말하는 '절제'는 정치적 혹은 경제적인 맥락이 아니라 생리학적인 의미에 가까운 용어이다. 왜냐하면 사상사적인 측면에서 보았을 때, 그것은 우주적 기(氣)의 에센스인 '정기(精氣)'를 허투루 소모하지 않고 아껴 보존하는 일과 관계가 있기 때문이다. 후천적으로 주어진 일체의 문화적 가치에 대한 관심을 끊임없이 제거시켜나갈 것을 요구하는 '자기 비움'이 소극

6 전형적인 것이 7장이다. "天長地久. 天地所以能長且久者, 以其不自生, 故能長生. 是以聖人後其身而身先, 外其身而身存. 非以其無私邪? 故能成其私."

적이며 부정적인 방향의 수양론이라면, 이 '절제'는 적극적이며 긍정적인 방향의 수양론에 해당한다. 통치자의 입장에서 볼 때, '절제'는 개인의 자연성을 훼손시키지 않고 온전히 견지함으로써 자신을 포함한 만물의 자연성이 창출해내는 우주적인 질서와 소통하고자 하는 몸짓이다.

그러면 이와 같은 것들을 실천했을 때 궁극적으로 조형되는 이상적 통치자의 가장 큰 특성은 무엇일까? 그것은 '유약함[柔弱]'이다. 이 유약함은 '자연'이라는 노자 철학의 최고 가치로부터 자연스럽게 연역되는 덕목이기도 하다. 그것은 만물과 '도' 사이에 존재하는 비규제적 관계를 상징하기 때문이다. '도'는 만물의 자기 원인적인 운동을 있는 그대로 수렴하는 데에서 성립한다. 따라서 그것은 자기를 제거하고 타자를 받아들이는 행위의 전범이다. 도는 그렇게 함으로써 비로소 모든 것을 아우르는 실질적인 주인이 된다. '도법자연'이라는 말을 통하여 그 의미 연관이 함축적으로 드러나는 도의 이런 측면은 무위를 실천함으로써 천하를 수렴하고자 하는 통치자의 입장에서 무엇보다 갖추어야 하는 자질이 되는 것이다.

'유약함'으로 묘사되는 이 비규제성의 특성을 개괄하고 이를 통치의 원리로 차용하려는 관심은 '덕'이 우주적 지평으로 확장된 '현덕(玄德)' 개념을 통해 특히 잘 드러난다. 일반적으로 노자 철학에서 '덕'은 추상적인 도가 만물 각각에 내재함으로써 만물의 생성 변화를 추동시키는 근원적인 힘으로 상정될 때 성립하는 개념이다. 따라서 '현덕' 역시 만물에 대해서는 규제적이라기보다는 방임적이다. 그것은 본질적으로 만물을 "낳아주면서도 소유하지 않고, 이루어주면서도 의지하지 않으며, 키워주면서도 지배하지 않는"[7] 비규제적인 우주적 힘이기 때문이다. 그런데 이런 우주적인 힘이 통치의 영역으로 차용되어 들어오면 그것은 통치의 효용성을 극대화시키기 위한 전략으로 새롭게 탈바꿈된다. 백성들의 자연성을 조장시켜줌으로써 궁극적으로 무위의 통치가 작동할 수 있는 바탕을 마련하는 통치자의 구체적인 자질로 자리 잡는 것이다.[8]

그러므로 수양론적 측면에서 통치자는 궁극적으로 '현덕'을 체화할 수 있어야 한다. 이와 관련하여 과정에서 통치자에 대한 은유로 등장하는 기표가 '물'(8장)과 '갓난아이[嬰兒]'이다(10·28·55장). 이 가운데 특히 '갓난아이'는 덕을 체득한 이상적 인격의 상징으로 묘사된다는 점에서 노자의 '현덕'이 지니고 있는 정치적 성격을 보다 분명히 보여준다. 『노자』에서 '갓난아이'로 은유되고 있는 이상적 제통치자의 가장 큰 인격적 특성은 한마디로 '유약함'으로 묘사된다. 하지만 이 '유약함'은 그냥 한갓진 유약함이 아니다. 내용상으로 볼 때, 그것은 '정기'로 표현되는 우주적인 기운의 정수를 잃지 않음으로써, 그리하여 그 기운들이 연출하는 우주적인 조화의 질서에 삶의 리듬을 일치시킴으로써 무위적으로 배어 나오는 그런 유약함이다. 이상적 인격에서 발견되는 유약함이라는 특성은 '덕'이 가지고 있는 힘으로부터 오는 필연적인 특성이라는 뜻이다.

노자가 유약함을 상실한 강함은 '도'에 부합되지 않는다고 말하는 것은 바로 이런 맥락이다(55장). 그것은 곧 '도'로 표상되는 우주적인 질서에 내재한 힘, 즉 '(현)덕'에 근원을 둔 강함이 아니기 때문이다. 또 그런 까닭

7 51장, "生而不有, 爲而不恃, 長而不宰, 是謂玄德."
8 65장, "古之善爲道者, 非以明民, 將以愚之. 民之難治, 以其智多, 故以智治國, 國之賊; 不以智治國, 國之福, 知此兩者, 亦稽式. 常知稽式, 是謂玄德. 玄德, 深矣, 遠矣. 與物反矣, 然後乃至大順."

에 그와 같은 사태는 일찍 소멸된다. 문맥상 '일찍 소멸된다'는 말이 함축하고 있는 메시지는 '정치적'이다. '뿌리를 깊게 하고 바탕을 굳건히 하며, 오래 살고 멀리 내다보는 도'를 추구하는 노자의 이념에 정확히 배치되는 현상이라는 점에서 더욱 그렇다. 그것은 노자 철학 제일의 가치인 '항상성'의 반대가 되는 사태인 것이다. 그러므로 노자는 여기에서 그 우주적인 조화의 이치를 깨닫고 그런 조화가 연출하는 우주적 항상성의 이치를 통찰해내는 것이 진정한 지혜라고 강조한다. 필연성의 질서로 복귀하는 것이 항상된 것이고 또 그런 이치를 통찰하는 것이 진정한 지혜라고 한, 앞서 살펴본 16장의 내용과 맥을 같이하는 발언이다.

정리하면, 노자 철학에서 천하를 수렴하는 무위의 정치를 구현하기 위해 통치자가 갖추어야 하는 조건은 크게 네 가지 요소로 구성된다고 할 수 있다. 세계의 항상적 질서를 올바르게 통찰해내기 위한 '허정'의 인식론적 태도와 그 질서에 부응하기 위해 후천적으로 학습된 문화적 요소들을 제거해나가는 '비움'의 과정, 그런 '자기 비움'과 상보적인 관계에 있는 '절제'의 노력 그리고 마지막으로 이 모든 과정을 거쳐 획득되는 인격적 특성으로서의 '유약함'이 바로 그것이다. 이 '유약함'은 타자를 받아들임으로써 거꾸로 그 타자를 실효적으로 지배하려는 정치적 의도의 결과라는 점에서 실제로는 강함을 지향하는 역설의 유약함이다.[9] 이런 점에서 노

9 67장, "天下皆謂我道大, 似不肖. 夫唯大, 故似不肖. 若肖, 久矣其細也夫. 我有三寶, 持而保之. 一曰慈, 二曰儉, 三曰不敢爲天下先. 慈, 故能勇; 儉, 故能廣; 不敢爲天下先, 故能成器長. 今舍慈且勇, 舍儉且廣, 舍後且先, 死矣! 夫慈, 以戰則勝, 以守則固, 天將救之, 以慈衛之."

자 정치학의 핵심적 방법론인 '무위'는 곧 '사(私)의 완성을 겨냥한 사의 부정', 즉 전략적인 '무사(無私)의 실천론'이다. 노자가 상정하는 이상적인 통치자인 '성인(聖人)'은 이처럼 자신을 비우고 절제시켜 갓난아이처럼 유연하게 만드는 과정을 통하여 모든 것이 귀일하는 바탕이 되는 우주적 질서의 이치를 체득하고[10] 그것을 다시 정치적인 측면에서 몸소 실천하는 통치자이다. 그렇게 함으로써 그는 가장 소극적인 통치['爲無爲']를 통하여 역설적으로 가장 적극적인 통치 효과['無不治']를 이루어낸다.

6. '백성'의 삶에서 '체도(體道)'는 어떤 의미인가

지금까지 우리는 노자의 수양론을 '통치자'라는 수양의 주체 면에 초점을 맞추어 그 얼개를 정리해보았다. 그러면 노자의 실천론은 과연 정치적 맥락에서만 의미를 지니는 걸까? 거기에서 인간 일반을 대상으로 한 보편적인 의미를 추출해내는 것은 불가능할까? 더 구체적으로 말하면, '성인'이 아니라 '백성'이 일탈적인 자기중심적 경향성을 최대한 억제시킴으로써 삶의 궤적을 세계의 항상적 질서와 합치시키려고 노력하는 것은 무의미할까?

이 물음은 통치자가 아닌 일반인이 노자 철학을 '실천'했을 때 얻어

10 34장, "大道氾兮, 其可左右. 萬物恃之而生而不辭, 功成不名有, 衣養萬物而不爲主. 常無欲, 可名於小; 萬物歸焉而不爲主, 可名爲大. 以其終不自爲大, 故能成其大."

지는 실효적인 효과가 과연 무엇이냐에 따라 그 대답이 달라질 수 있다. 만약 그것이 통치술의 차원을 넘어 일상적인 삶을 고양시키는 측면이 있다면 노자의 실천론은 보편적인 담론으로 새롭게 재조명될 수 있다. 그렇다면 노자가 통치술의 차원에서 요청되는 덕목들을 실천했을 때 일상적 삶에 어떤 실효적인 효과를 가져올 수 있을까?

앞에서 살펴본 노자의 여러 덕목을 일상적인 삶의 영역에 적용시켜 하나의 실천적 강령으로 재구성한다면 그것은 아마 이렇게 될 것이다.

> 인식 주관을 비워 고요하게 함으로써 '도'로 표상되는 세계의 항상적 질서를 통찰해내고, 그런 통찰에 근거하여 비본질적 가치의 상징인 후천적으로 습득된 문화적 요소들을 꾸준히 제거해나가며, 또 그렇게 하여 우주적인 힘과 소통할 수 있는 자신의 내적인 생명력의 정수를 온전히 축적해나감으로써 최종적으로 모든 행동이 자신이 타고난 내재적인 경향성을 중심적인 동인으로 삼아 수행되는 삶이 되도록 하라.

만약 평범한 사람이 노자의 가르침을 따라 이와 같은 상태에 도달하였다면 존재론적 의미에서든 가치론적인 의미에서든, 그 이전의 삶과 비교하여 그는 어떤 적극적인 효과를 얻을 수 있을까? 일반적으로 말하듯이, 이른바 '외물(外物)'에 끌려다니지 않는 내적인 평정심을 획득하게 되는 것일까? 그러나 이것이 지니는 의미 맥락은 그런 교과서적인 평가의 차원을 넘어서는 듯하다.

노자가 말하는 '무위'의 진정한 가치는 정치의 영역에서뿐만 아니라 일상적인 삶의 영역에서도 개개의 행위들을 실효적으로 지도하는 적극적인 규범적 원리가 될 수 있다. 이 점을 이해하기 위해서는 먼저 세계에 대한 노자 철학의 기본적인 전제를 우리가 받아들여야 한다. 그 기본적인 전제란 다방향적으로 전개되는 개별적 사태들의 자기 원인적인 운동에도 불구하고 전체 세계는 언제나 뚜렷한 하나의 경향성, 그러니까 앞에서 우리가 시종일관 '항상성[常]'이라고 표현했던 모종의 필연적 질서를 보여준다는 것이다. 앞에서 우리는 이것을 '우발성들이 창출해내는 필연성'이라고 정의한 바 있다.

'우발성들이 창출해내는 필연성'이란 자기 원인적으로 전개되는 개별적 사태들의 운동을 개체적 차원에서 보면 우발적이지만 '만물'이라는 전체성의 차원에서 보면 그 개개의 우발성들이 모여 모종의 필연성을 창출한다는 의미이다. 따라서 개체의 차원에서 보면 우주 속에서 전개되는 모든 운동은 자기 원인적이지만 전체의 차원에서 보면 그 운동들은 그것들 스스로 창출해내는 어떤 필연적 질서, 즉 '도'로 수렴된다.

개체와 전체의 관계에 대한 노자의 이런 시각이 맞다면 이로부터 중요한 삶의 규범 원리 하나가 연역될 수 있다. 그것은 아마 이런 식으로 정식화될 수 있을 것이다. 세계는 그것을 구성하는 개체들의 자기 원인적인 운동이 창출해내는 필연성이다. 따라서 개체와 전체 사이에는 중층적인 관계가 성립한다. 전체성의 질서는 개체들에 의해 만들어지지만 그렇게 만들어진 전체성의 질서가 다시 개체를 수렴한다. 이에 따라 다음과 같은 결론이 도출된다. 개체의 경우 최선의 삶은 그 전체성의 질서를 통관하고 자신의 행위를 끊임없이 거기에 맞추어나가는 것이다. 이것이 최선의 삶인 이유는 개체의 입장에서 본다면 그 전체성의 질서는 그가 의식하든 의식하지 못하든 결과적으로 거부할 수 없는 하나의 필연이기 때문이다.

만약 이와 같은 결론에 동의한다면 최선의 삶은 자신 속에 있는 비본래적이며 따라서 일탈적인 요소들을 최대한 제거하고, 자신의 삶을 오직 그 전체성의 질서와 조응하는 타고난 내적 필연성에만 의거하여 전개시키는 것이 된다. 이로부터 최선의 삶을 위한 하나의 규범이 공식화된다. 그것은 자신의 삶이 속해 있는 전체성의 질서를 통관하는 능력을 끊임없이 배양하고 아울러 자신의 행위가 언제나 그 질서와 자연스럽게 조응할 수 있게 꾸준히 노력해나가는 것이다. 영국 출신의 저명한 중국 고전학자 그레이엄(Graham)의 시각을 빌려 이 원리를 다시 하나의 당위 명제로 정식화시켜보자.

a) 어떤 문제를 해결하기 위한 행위를 선택하는 과정에서 그와 연관된 모든 요소를 모두 통찰하고 있다면 나는 자연스럽게 X로 기울어짐을 안다. 하지만 이 모든 연관된 것들을 간과할 때, 나는 Y로 기울어짐을 발견한다. 그렇다면 나는 나 자신을 어느 쪽으로 기울어지게 하는 것이 바람직할까?
b) 그 문제와 연관된 모든 요소를 완벽하게 숙지하라.
c) 그렇게 함으로써 결과적으로 너 자신이 X로 자연스럽게 기울어지도록 하라.[11]

11 이는 '자연주의적 오류'를 극복하는 대안으로 그레이엄이 중국적인 사유 방식으로부터 힌트를 얻어 제시하고 있는 이른바 '유사 삼단 논법적 공식'(quasi-syllogistic formula)을 부분적으로 변형한 것이다. A.C. Graham, *Reason and Spontaneity*(London: Curzon, 1985), 7쪽 참조.

우리는 살아가면서 무수한 문제에 부닥치고, 그것을 해결하기 위해 또 그만큼의 선택과 결단을 한다.

그런데 문제 해결을 위한 특정한 행동을 의식적으로 선택하기 이전에 우리의 의지와 무관하게 우리는 우주적인 경향성에 의해 이미 하나의 특정한 방향으로 기울어져 가고 있는 것이 사실이라면 그때 우리가 해야 하는 최선의 행동은 무엇일까? 우리의 의지와 무관하게 흘러가는 그 필연적 경향성에 무지함으로써 그에 거슬리는 행동을 선택하는 것이 현명할까, 아니면 그 경향성을 구성하는 모든 요소를 완벽하게 숙지함으로써 우리의 선택이 '자연스럽게', 다시 말해서 '필연적으로' 그 방향으로 향하도록 하는 것이 현명할까?

노자의 입장에서 본다면 이 문제에 대한 대답은 명확하다. 그런 필연적 경향성을 구성하는 모든 요소를 숙지할 수 있는 능력을 최대한 키우고 그로부터 얻어지는 통찰에 자신의 선택을 맡기라는 것이다. 왜냐하면 세계 내의 모든 개별적 사태들은 자신들이 우발적으로 구축하는 그런 필연성의 질서에 언제나 수렴되는 존재이기 때문이다. 이것이 바로 노자가 자신이 주장하는 대부분의 당위 명제를 '~이런 까닭에[是以]'라는 접속사를 매개로 그에 선행하는 존재론적 언술들로부터 언제나 도출해내는 이유이다. 거기에는 기본적으로 스스로를 '선택'의 갈등에 노출시키기를 거부하는, 본성적인 삶에 대한 믿음이 가로 놓여 있는 것이다.

이것이 아마 노자의 실천론이 지니고 있는 적극적이며 보편적인 의미일 것이다. 노자의 권고를 받아들일 때, 통치자는 이상적인 통치를 위해 '도'를 '인위적으로' 체득함으로써 '천하'를 수렴하고자 하지만 일상적 개인은 '도' 그 자체를 살아감으로써 자신의 삶의 궤적이 우주적 필연성에 자동적으로 일치되는 꿈을 꾼다. 그리고 그 꿈이 진실한 것이었는가에 대해서는 오직 그 길을 몸소 걸어 본 사람만이 대답할 수 있을 것이다.

박원재

고려대학교 철학과를 졸업하고 같은 학교 대학원에서 「도가(道家)의 이상적 인간상에 대한 연구」라는 제목으로 철학박사학위를 취득하였다. 한국국학진흥원 수석연구위원을 거쳐 현재 율곡연구원 원장으로 재직 중이다. 노장 철학의 현대적 재해석과 중국 선진 시대 제자백가 철학의 사상사적 맥락을 조감하는 데에 관심이 많다. 주요 논저로는 『유학은 현실과 어떻게 만났는가: 선진 유학과 한대 경학』과 『한국 문화전통과 배려의 윤리』, 『500년 공동체를 움직인 유교의 힘』, 『조선 유학의 이단 비판: 『이학집변』을 중심으로』, 『장자중독1: 소요유』 등의 단행본과 「도(道)와 차연(Différance)」, 「존재의 변화 혹은 삶의 변용: 노장철학의 문맥에서 본 장자 실천론의 특징」, 「『장자』 '나비 꿈[胡蝶夢]' 우화의 의미에 대한 비판적 검토: '물화(物化)'에 대한 근래의 논의들을 중심으로」 등의 논문이 있다.

맹자와 순자가 공자를 계승하는 길 찾기

신정근(성균관대학교 유학대학 교수)

1. 생각을 여는 글

진 제국은 분서갱유와 협서율로 강력하고 깊고 넓게 반전통 또는 반인문 운동을 전개했다. 이로 인해 한 제국은 초기에 반전통 또는 반인문 운동으로 사라진 문헌을 대거 수집하였다. 이 덕분에 민간에서 숨겨놓은 수많은 문헌이 대거 빛을 보게 되었다. 그렇지 않았으면 선진 이전의 문헌이 땅속에서 썩어서 우리가 오늘날 그 내용을 보지 못했을 수도 있다. 황실 도서관에서는 도서를 수집해놓고 마구잡이로 쌓아둘 수가 없으므로 분류의 필요성이 강하게 제기되었다. 이 분류가 바로 사마천의 『사기』 「태사공자서」에 실린 「논육가요지」와 반고의 『한서』 「예문지」에 실린 「칠략」에 소개되어 있다.[1]

1 余慶蓉 · 王晉卿(남태우 · 송일기 옮김), 『중국목록학사상사』(태일사, 2009), 1~68쪽 참조.

사실 '학파' 개념과 그에 따른 분류는 공자가 활약한 춘추 시대나 그 이후의 전국 시대에도 존재하지 않았다. 공자만이 아니라 맹자·순자·묵자·노자·장자 등도 각각 자신이 유가·묵가·도가 등으로 분류되는 관행을 목격한다면, 깜짝 놀라며 어리둥절할지 모른다. 그들에게 학파 개념과 그것에 따른 분류는 그만큼 낯설기 때문이다. 반면 한 제국 이후에 학파 개념이 널리 수용되면서 공자는 유가의 학파를 창립한 인물로 분류되고 평가되었다. 이 분류와 평가 때문에 우리는 흔히 공자를 유가를 창립한 인물로 알고 있다. 즉 공자는 '유가'에 갇히게 되었다.

학파가 일종의 '프레임(frame)'으로 작용하고 있다. 프레임을 달리하면 공자에 대한 평가가 달라질 수 있다. '세계'나 '동아시아'가 프레임이 되면 공자는 세계 또는 동아시아 사상 문화를 정초한 인물이 되고, '중국'이 프레임이 되면 공자는 중국의 사상 문화를 정초한 인물이 된다. 이처럼 후대의 프레임으로 공자를 규정하여 공자의 목소리를 대변할 수 있다. 하지만 그 대변은 공자가 스스로 생각하지 않은 프레임일 수 있다.

공자는 춘추 시대에 활동하면서 자신의 사회적 역할을 무엇으로 생각했을까? 『논어』를 보면 공자는 고대 성왕(聖王)의 문헌을 학습하여 그것이 상실되지 않도록 다음 세대에 전달하고자 했다. 공자는 "전달하지 창작하지 않는다"라고 말했다.[2] 요즘 말로 하면 성왕(전통)의 계승(전승)이라고 할 수 있다. 사실 공자는 자신의 역할을 '술이부작'에 제한했지만, 성왕의 문헌을 춘추 시대의 언어로 옮겨서 스스로 학습하고 당시 제자들을 가르

2 『논어』「술이」: "子曰, 述而不作, 信而好古, 竊比於我老彭."

쳤다. 공자는 성왕의 문헌에 담긴 의미를 변화시키지 않고 재서술하고 번역하는 역할을 수행하고 있다. 따라서 '술(述)'은 앞 세대로부터 건네받아서 다음 세대에 그대로 넘겨준다는 소극적 계승(전승)이 아니라 앞에서 건네받는 것을 춘추 시대에 맞게 각색하고 자기 시대의 언어로 옮겨서 다음 세대에게 넘겨주는 적극적 계승(전승)이라고 볼 수 있다.

공자는 조국 노나라만이 아니라 이웃 나라에서 자신이 재서술하고 번역한 성왕 문헌의 의미 세계를 현실 정치에 실현하고자 노력했다. 공자는 노력에도 불구하고 그런 기회를 얻을 수 없었다. 공자 사후에 제자들이 정치와 학문 세계에 종사하면서 공자와 그의 언설은 '학문적 권위'를 가지게 되었다. 이러한 권위는 공자가 세습한 것이 아니라 평생 노력하여 스스로 일구어낸 성과이다. 또 이 권위는 성왕의 종교-정치적 권위와 달리 이전에 존재한 적이 없고 공자로 인해 새롭게 생겨난 평가이다.

공자는 『서경』과 『시경』 등을 인용하여 자기주장의 근원과 정당성을 밝혔다.[3] 공자 제자나 공자 이후의 사상가, 예컨대 맹자와 순자도 『서경』과 『시경』을 인용한 점에서 공자와 똑같다. 하지만 특히 공자 제자인 맹자와 순자는 공자의 언설을 인용하며 자기주장의 근원과 정당성을 밝혔다. 이로써 공자는 처음으로 『서경』과 『시경』 등과 비슷한 지위를 가지게 되었다. 이는 공자가 의도하여 생겨난 현상이 아니라 제자와 후학들이 공자에게 학문적 권위를 부여하면서 생겨난 현상이다.

3 예(禮)는 책 이름이 없지만, 내용이 다수 거론되고 있고, 『주역』은 책 이름만 거론되고 내용이 인용되지 않고, 『춘추』는 관중과 제환공을 평가하고 있지만, 책 이름도 거론되지 않고 내용도 인용되지 않는다.

이처럼 공자가 학문적 권위를 가진 인물로 공인이 되면서 그 권위를 '활용'하려는 시도가 다양하게 나타나기 시작했다. 이제 공자가 '공론'의 대상이 된 셈이다. 이때 활용의 양상에 따라 공자의 위상과 활용 소유는 다양한 양상으로 나타났다. 묵자는 공자를 거론하고 그의 언설을 소개하지만, 자신의 주장과 대비시키며 한계를 비판하고 있다. 장자는 자신의 텍스트에 공자를 등장시켜서 대리인 역할을 하게 하거나 논쟁에서 무기력한 패배자의 역할을 맡게 한다. 여기서 묵자와 장자는 '공자'를 활용하여 자신들이 공자보다 더 훌륭한 이론을 펼치고 있다. 공자는 묵자와 장자의 글쓰기 전략에 활용되는 소재이면서 '비판'의 대상이다.[4]

맹자와 순자는 묵자나 장자와 분명히 다른 맥락에서 공자를 활용한다. 맹자와 순자는 공자의 학문적 권위를 인정할 뿐만 아니라 공자를 자기 학문의 근원으로 간주한다. 즉 두 사람은 공자와 마찬가지로 '술이부작'의 태도를 드러낸다. 하지만 공자도 성왕을 자신의 시대 언어로 소환했듯이 맹자와 순자도 공자를 자신의 시대 개념과 언어로 소환하고 있다. 바로 여기서 맹자와 순자가 공자를 계승하면서 어떤 차이를 보이고 있는지 살펴보고자 한다.

4 묵자는 「비유(非儒)」에서 공자의 언행을 거론하며 비판하고 있고, 장자는 「인간세」와 「덕충부」 등 곳곳에서 공자만이 아니라 제자 안연 등을 끌어들여서 공자 입으로 장자의 핵심 사상을 펼치게 한다.

2. 맹자와 순자, '성인 공자'의 입증과 계승의 차이

공자는 자신을 성인으로 보는 당시 평가를 받아들이지 않았다. 맹자와 순자는 둘 다 '성인 공자'의 관점을 받아들이지만, 자신과 공자의 관계를 설정하는 방식에서 차이를 보인다. 이러한 차이가 맹자와 순자가 활약하던 시대 현실에 대한 인식과 어떻게 관련이 있는지 살펴보고자 한다. 이를 위해 먼저 『맹자』와 『순자』가 형식과 내용에서 『논어』와 어떤 유사성을 지니는지 밝히고자 한다. 이를 통해 맹자와 순자가 공자에 대해 명확한 계승의 의지를 어떻게 표명하는지 살펴보고자 한다.

1) 텍스트의 형식

텍스트의 문체, 첫 장과 마지막 장의 구성에 주목해서 『논어』 및 『맹자』와 『순자』의 동이를 살펴보기로 하자. 세 가지는 모두 산문이라는 공통성을 갖지만, 문체에서 차이가 난다. 『맹자』는 전반부가 대화체 위주로 되어 있고 후반부로 갈수록 대화체보다 어록체가 많아진다. 『순자』는 특정 주제를 한 편의 제목으로 설정해놓고 그것에 대한 주장을 논리적으로 전개하는 논설체라고 할 수 있다. 『순자』 32편도 문체가 균질하지 않고 편에 따라 구성이 조금씩 다르다. 예컨대 형식은 논설체이지만 대화로 구성되거나 논쟁을 벌이는 편도 있고 운문으로 구성된 편도 있다.[5]

5 「유효」에서 순자와 진소왕(秦昭王)이, 「강국」에서 손자와 공손자(公孫子)가 대화하고, 「의병」에서 조효성왕(趙孝成王) 앞에서 순자와 임구군(臨武君)이 논쟁

문체의 측면에서 『순자』보다 『맹자』가 『논어』와 많은 유사성을 갖는다고 할 수 있다. 플라톤의 대화편, 불교의 『아함경』 등 철학사의 초기 문헌이 대화체로 되어 있는 점과 상통한다. 『순자』는 춘추전국 시대의 후기에 나타난 문헌으로 『묵자』 이후에 나타난 논설체의 경향을 잇고 있다. 『묵자』와 『순자』는 유달리 개념과 논리를 강조하는 공통점을 보인다. 이들이 논설체가 당시 사람을 설득하는 데 큰 많은 효과가 있다고 생각한 듯하다.

이어서 『맹자』의 첫 장 편명과 첫 글자 그리고 마지막 장의 편명과 주제가 『논어』의 그것과 얼마나 유사한지 살펴보기로 하자. 『논어』는 첫 편과 첫 문장이 "子曰, 學而時習之, 不亦說乎?"로 시작된다. '자왈'은 『논어』의 많은 문장에서 상투적으로 반복되어 변별력이 없으므로 이 두 글자를 제외하고 「학이」를 첫 번째 편명으로 삼았다. 『맹자』는 첫 편과 첫 문장이 "孟子見梁惠王"으로 시작하고 이어서 양혜왕의 질문과 맹자의 대답이 나온다.[6] '맹자'도 반복적으로 변별력이 없으므로 '맹자견'을 제외하고 「양혜왕」 세 글자를 첫 번째 편명으로 삼았다.

『논어』와 『맹자』는 첫 번째 편만이 아니라 이후에 편명을 서두의 두세 글자로 정하는 점에서 공통점을 보여준다. 이때 「학이」와 「양혜왕」의 첫 편명과 다른 편명의 경우도 한 편의 전체 내용을 개괄하지는 않는다. 그

하고 있다. 또 「성상」과 「부」는 독특하게 운문으로 되어 있다. 『순자』는 논설체로 위주로 되어 있지만 다양한 문체가 혼재되어 있다고 할 수 있다.

6 『맹자』 첫 편은 대화로 되어 있는데, 특이하게도 맹자가 아니라 양혜왕이 오프닝 멘트를 하고 있다. 『맹자』는 책의 구성에서 상당히 파격적인 특성을 보여주고 있다.

것은 그냥 제일 먼저 나온 글자로 다른 편과 글의 시작이 다르다는 점을 보여줄 뿐이다. 즉 분류의 기능을 나타내므로 「학이」를 제1편으로, 「양혜왕」을 제1편 상으로 부를 수도 있다.[7]

『순자』는 첫 편과 첫 문장이 "君子曰, 學不可以已. 青取之於藍, 而青於藍. 氷水爲之, 而寒於水"로 시작한다. 『논어』와 『맹자』의 방식이라면 『순자』의 첫 편명은 '학불(學不)'이 될 듯하다.[8] 하지만 『순자』는 논설체로 첫째 편명이 「권학(勸學)」으로 주제가 설정되어 있다. 「권학」은 실제로 첫째 편의 전체 내용을 개괄하고 있어서 적절한 주제 설정이다. 아울러 첫 문장은 후천적 학습의 지속성과 효과를 밝히고 있고, 이후는 이 내용을 예증과 설명으로 해명하고 있다. 이로써 「권학」은 두괄식의 특징을 보여준다.

이제 첫째 편의 첫 글자에서 『맹자』와 『순자』를 『논어』에 비교해보면 다음의 특징을 끌어낼 수 있다. 세 가지 책은 공자 및 맹자와 순자가 생전에 직접 편집하지 않고 사후 제자들에 의해 편집되었다. 제자들은 『논어』 및 『맹자』와 『순자』의 전체 구성과 첫 글자를 어떻게 할지 많이 고민했을 듯하다. 특히 첫 부분은 텍스트의 상징성을 담고 있으므로 아주 면밀한 논

7 『논어』는 전체가 20편으로, 『맹자』는 전체가 7편인데, 한 편마다 상하로 구성되어 있다.

8 『순자』의 편명에도 「중니」, 「성상」, 「대략」, 「애공」, 「요문」 등은 단순히 시작하는 구절과 관련이 있다. 또 「천론」, 「예론」, 「악론」 등도 시작하는 구절과 관련이 있지만 편명이 전체 내용을 개괄하므로 『논어』나 『맹자』의 편명과 다르다. 「유좌」, 「자도」, 「법행」, 「애공」 등 4편은 『순자』보다 『논어』에 어울릴 정도로 공자가 화자로 등장하고 있다.

의 끝에 정해졌으리라 본다.

앞의 인용문에 보이듯 『논어』는 많고 많은 용어와 덕목 중에서 '자왈'을 제외하면 '학' 자로 시작된다. 학, 즉 후천적 학습은 공자의 사상에서 아주 중요한 의의를 갖는다.[9] 공자는 사람의 인격적 변화, 즉 소인에서 군자로, 다시 군자에서 성인으로 탈바꿈을 기획했다. 이를 위해 학이 필수적이다. 인(仁)·신(信)·용(勇) 등의 덕목이 학과 연계되지 않으면 도덕적 문제를 일으킬 수 있다고 본 공자는 덕목과 학의 결합을 강조했다. 예컨대 용기가 학과 연결되지 않으면 질서의 파괴로 이어지는 위험이 있다고 말한다.[10]

공자는 학문적 성취로 인해 당시에 이미 '성인(聖人)', '다능(多能)', '다학(多學)' 등으로 평가되었지만 '다능'을 제외하고 하나같이 이를 거부했다. 젊은 시절 먹고살기 위해 '다능'하게 되었지만, 군자가 꼭 다능할 필요가 없다고 보았다(『논어』「자한」). 대신 '호학(好學)'은 공자 스스로 자신에 어울린다고 자처하고 제자들에게도 갖출 덕목으로 강조했다.[11]

이처럼 공자와 학 또는 호학은 서로 떼려야 뗄 수 없는 관계에 있다고 할 수 있다. 이처럼 호학 또는 학은 사람이 일시적으로 종사하는 것이 아니라 평생 끊임없이 추구하고 또 그 추구를 통해 자신을 변화시키고 발전시

9 학(學)으로 시작하는 특성에 대해 신정근, 『공자의 인생강의』(휴머니스트, 2016) 참조.

10 『논어』「양화」: "子曰, 由也! 女聞六言六蔽矣乎? 對曰, 未也. 居! 吾語女. 好仁不好學, 其蔽也愚, 好知不好學, 其蔽也蕩, 好信不好學, 其蔽也賊, 好直不好學, 其蔽也絞, 好勇不好學, 其蔽也亂, 好剛不好學, 其蔽也狂."

11 『논어』「공야장」: "子曰, 十室之邑, 必有忠信如丘者焉, 不如丘之好學也."

킬 수 있는 원동력이다. 「학이」의 첫 문장에서 학이 기쁨의 '열(說)'을 낳는다고 밝히고 있기 때문이다. 이렇게 보면 「학이」의 '학'은 공자 사상의 핵심을 대변하면서 『논어』 전체의 내용을 함축한다고 할 수 있다.

『맹자』 첫째 편명과 첫 문장은 『논어』와 같은 상징성을 갖지 않는다. 첫 번째 「양혜왕」이 맹자와 양혜왕의 만남으로 시작되었다는 정보를 전달하고 있을 뿐이다. 좀 범위를 넓혀 첫째 편의 첫 구를 살펴보자. 양혜왕은 맹자를 만나 '리오국(利吳國)', 즉 부국강병에 대한 질문을 던지고 있다. 이에 대해 맹자는 "하필왈리(何必曰利)?"로 반문하고서 인의(仁義)를 그 대안으로 제시하고 있다. 맹자는 「양혜왕」 첫 구에서 부국강병의 리와 인의를 병치시킨다는 점에서 이후 내용의 얼개를 제시하고 있다.

『맹자』는 첫 편의 첫 글자라는 구성과 편집에서 『논어』의 '학'과 같은 특징을 보이지 않는다. 다만 「양혜왕」의 첫 구가 공자가 추구했던 핵심 덕목, 즉 인(仁)이나 의(義)와 일치하고 있다는 점에서 『논어』와 유사성을 보여준다. 이렇게 보면 『맹자』는 「양혜왕」의 첫 글자에서 『논어』의 그것과 형식적 유사성을 보이지 않지만 「양혜왕」의 첫 구절에서 공자가 추구하고자 했던 핵심 덕목의 의의를 강조한다는 점에서 내용적 유사성을 보여준다고 할 수 있다.

『순자』는 첫째 편명이 후천적 학습을 권장하는 「권학」이고 또 첫 글자가 '군자왈'을 제외하면 '학' 자로 시작한다. 또 첫 문장에서 결과(염료, 얼음)가 재료(쪽, 물)보다 더 질적으로 뛰어나다는 예시를 통해 사람이 후천적 학습을 통해 더 나은 존재가 될 수 있다는 점을 밝히고 있다. 이는 공자가 말하고자 하는 학의 의의와 정확하게 일치한다고 할 수 있다. 『순자』의 첫 편명과 첫 글자 그리고 내용은 학과 긴밀한 연관성을 갖는다. 이런 점에 보면 『논어』와 『순자』는 형식과 내용의 두 측면에서 놀랄 만치 유사성을 보인다. 『순자』의 편집자가 의도적으로 『논어』의 체제를 모방했다고까지 말할 수 있을 듯하다.[12]

이제 『맹자』와 『순자』의 마지막 편명과 주제를 『논어』의 그것과 비교해보자. 『논어』 마지막 편명은 「요왈(堯曰)」이다. 마지막 편이 '자왈'이 아니라 '요왈'로 시작하기 때문이다. 『맹자』 마지막 편명은 「진심(盡心)」이다. '진심'은 '맹자왈(孟子曰)'을 제외하고 가장 앞에서 나오는 '진기심자(盡其心者)'를 압축한 말이다. 『순자』 마지막 편명이 「요문(堯問)」이다. '요문'은 '요문어순(堯問於舜)'의 앞 글자에서 비롯됐다.

마지막 편명을 조어하는 방식을 보면 세 가지 텍스트는 처음 시작하는 부분과 관련된다는 점에서 모두 일치한다. 편명 자체에 주목하면 『논어』와 『순자』는 놀랄 만치 유사성을 보인다. 『논어』에서 요가 순에게 말하고, 『순자』에서 요가 순에게 묻는 점이 다르지만 요와 순이 등장하는 점에서 똑같기 때문이다.

내용을 보면 『논어』에서 요가 순에게 정치(통치) 핵심을 전달하고 있다. '윤집기중(允執其中)'은 '집중(執中)'으로 줄일 수 있는데 중용과 밀접한 관련을 갖는다. 『맹자』에서 '진심'은 마지막 편만이 아니라 전체적으로 중요한 개념으로 쓰이고 있을 뿐만 아니라 사람이 본성을 만나고 천을 만

12 오늘날 『논어』는 전한(BC 208~AD 7) 초기 안창후(安昌侯) 장우(張禹)가 『노논어』, 『제논어』, 『고논어』 세 판본을 종합하여 편집한 판본으로 알려져 있다. 그런데 『순자』가 첫 편과 첫 문장에서 『논어』와 놀라운 유사성을 가지고 있다면, 순자가 활약하던 시절에 이미 장우 판본의 『논어』와 비슷한 체제의 판본이 있었다는 걸 알 수 있다. 이점은 경학사에서 좀 더 면밀하게 검토해볼 주제이다.

나는 출발점이다.[13] 『순자』에서 요가 순에게 세상 사람의 지지를 끌어내는 정치(통치) 핵심을 묻자 순이 요에게 대답하고 있으므로 『논어』와 비교하면 메시지를 전달하는 주어가 바뀌고 있다. 『순자』에서 순은 요에게 '집일무실(執一無失)', 즉 집일(執一)의 중요성을 역설하고 있다.

『논어』의 '집중'과 『순자』의 '집일'은 『서경』「대우모」에 나오는 '심법(心法) 16자'[14]와 모두 밀접하게 관련을 맺고 있다. 이렇게 보면 『논어』와 『순자』는 마지막 편 첫 구에서 모두 성왕을 등장시켜서 심(心) 문제를 주제화시키고 있다. 『맹자』에서는 성왕의 말을 인용하지 않고 자신이 새롭게 조어한 개념을 제시하고 있다. 맹자도 형식에서 『논어』나 『순자』와 다르지만 심의 문제를 거론한다는 점에서 내용상으로 두 텍스트와 유사하다고 할 수 있다.

요약하면 형식의 측면에서 『논어』와 『순자』는 놀랄 만한 유사성을 보여준다. 후자의 전자에 대한 의도적인 모방이 의심된다고 할 정도이지만 『맹자』는 두 텍스트와 다른 별도의 특성을 보여준다. 내용의 측면에서 보면 『맹자』와 『순자』는 『논어』에서 강조하고 다루는 내용과 일치하는 특성을 보여준다.

13 『맹자』「진심」상1: "孟子曰, 盡其心者, 知其性也. 知其性, 則知天矣."
14 『서경』「대우모」: "人心惟危, 道心惟微, 惟精惟一, 允執厥中."

2) '성인 공자'의 긍정과 계보화

공자가 학문적 성취를 이룩하자 당시에 공자를 성인으로 보는 주장이 제기되었다. 이에 대한 평가는 둘로 나뉘었다. 앞에서 보았듯이 공자의 제자, 예컨대 자공은 공자가 성인이라는 걸 사실로 받아들였다(『논어』「자한」). 나아가 자공은 누군가 공자를 비난하면 오히려 자신의 한계를 드러내는 꼴이 된다고 보았다. 즉 공자는 해와 달처럼 비난을 넘어선 존재로 보기도 했다(『논어』「자장」). 공자 본인은 이런 평가에 대해 감당할 수 없다며 거절의 뜻을 분명히 했다.[15]

반면 공자는 황하 중하류의 문화를 일구어낸 요·순·우를 성인으로 극찬했다. 예컨대 백성이 요가 일군 업적과 문명을 언어로 표현하려고 해도 그럴 수가 없어서 그냥 "크다"라고 말할 수밖에 없었다(『논어』「태백」). 물론 이들은 사람으로 할 수 있는 최대치를 일구어냈지만, 불가능을 가능으로 바꾸는 신적 존재가 아니므로 '박시제중(博施濟衆)'처럼 세상의 모든 문제를 해결하는 데에 한계를 보인다(『논어』「옹야」).

이렇게 보면 '공자 = 성인'의 여부는 공자가 생존할 때 찬반양론이 있었다고 할 수 있다. 맹자와 순자는 '공자 = 성인'에 대해 어떠한 생각을 가졌을까? 그들은 공자의 뜻에 따라 '성인이 아니다'라고 보았을까, 아니면 자공의 뜻에 따라 '성인이다'라고 보았을까?

『맹자』와 『순자』에서 "공자가 성인이다"라는 주장이 공통으로 나타

15 『논어』「술이」: "子曰, 若聖與仁, 則吳豈敢? 抑爲之不厭, 誨人不倦, 則可謂云爾已矣. 公西華曰, 正唯弟子不能學也."

난다. 맹자와 순자가 공자를 성인으로 간주하는 맥락을 살펴보자. 맹자는 공자와 마찬가지로 요·순·우를 성왕으로 간주하면서 동시에 출사(出仕)의 맥락에서 새로운 성인 사례를 발굴했다. 백이는 이상적 기준에 일치하면 출사하고, 이윤은 어떠한 경우에도 출사하고, 공자는 상황에 적절하게 출사했다(『맹자』「공손추」상2).

맹자는 셋 중에 공자를 가장 높이 평가하면서 공자 제자의 주장을 소개했다. 재아는 "공자가 요·순보다 뛰어나다"라고 주장했고, 자공과 유약은 "인류가 생긴 이래로 공자만 한 사람이 없었다"라고 주장했다(『맹자』「공손추」상2). 또 맹자는 공자의 위대성을 '집대성(集大成)'으로 꼽기도 했다(『맹자』「만장」하1). 이렇게 보면 맹자도 공자 제자들의 '공자 성인론'을 수용하여 같은 주장을 펼치고 있다.

맹자는 '공자 성인론'을 수용하고서 성인의 모델 중에 자신이 "바라는 것이 공자를 배운 것이다"라고 공공연하게 주장했다(『맹자』「공손추」상2). 맹자는 공자 사후 100년 뒤에 태어났기 때문에 공자의 문도가 될 수 없었다. 맹자는 다른 사람을 통해 공자를 배우게 되었다. 이를 맹자는 '사숙(私淑)'으로 표현했다(『맹자』「이루」하22). 즉 맹자는 공자의 학생으로 자처하면서 동시에 공자를 계승하겠다는 뜻을 명확하게 나타냈다고 할 수 있다.

맹자가 공자를 계승하겠다고 선언할 때 그 의미가 간단하지 않다. 이는 자신을 공자의 후계자로 자처하는 것이고, 나아가 공자가 가진 자산과 상징을 공유하게 된다. 맹자는 이러한 사고를 『맹자』의 제일 마지막 구절에서 실로 대담한 구상을 펼치고 있다.

맹자는 성왕이 500년 주기설로 등장한다는 주장과 함께 '요·순 →

우·고요 → 탕 → 이윤·내주 → 문왕 → 태공망·산의생 → 공자'로 이어지는 성인의 계보를 작성하고 있다. 이어서 공자를 잇는 '금'의 존재가 있어야 하지 않느냐고 의문을 던지면서 자신이 적임자라는 점을 암시하고 있다(『맹자』「진심」하38). 이렇게 되면 위의 계보는 '요·순 → 우·고요 → 탕 → 이윤·내주 → 문왕 → 태공망·산의생 → 공자 → 금(맹자)'이 된다.

이러한 계보는 처음이 아니다. 『서경』에는 발화의 주인공이 '요 → 순 → 우 → 탕 → 문·무·주공'의 순서로 기술되고 있다. 『논어』「요왈」에는 '공자'가 빠진 채 '요 → 순 → 우'로 이어지는 성왕의 계보를 약식으로 제시하고 있다. 맹자는 이러한 기술과 계보를 참조하면서 먼저 '공자 성인'설을 수용하고 다음으로 자신을 공자 학생이자 후계자로 자처하고 마지막으로 그 계보에 공자와 함께 자신을 집어넣고 있다.

물론 맹자가 처음부터 성인으로 자처하지 않았다. 맹자가 스스로 부동심(不動心)과 지언(知言)에 이르렀다고 말하자 제자 공손추는 이를 바탕으로 "맹자가 성인이다"라고 주장했다. 이에 대해 맹자는 공자도 성인으로 자처하지 않았다는 사실을 거론하며 자신이 성인이라는 말을 더이상 거론하지 못하게 했다(『맹자』「공손추」상2).

맹자는 성인으로 자처하지 않던 공자를 성인으로 인정하고, 또 자신도 성인이기를 사양하다가 공자의 후계자로 자처하면서 성인의 계보에 집어넣게 되었을까? 이는 맹자가 공자의 역할을 재발견했을 뿐만 아니라 자신도 시대의 역할을 자각했기 때문이다.

요의 시대에 홍수 피해가 생기자 우가 치수 사업으로 해결했다. 요와 순 이후에 성인의 도가 쇠퇴하고 폭군이 잇달아 나타나 백성의 삶은 도탄에 빠지고 사설폭행(邪說暴行)이 일어났다. 이때 주공이 무왕을 도와 은의 폭군 주를 제거하며 혼란을 수습했다. 이후에 다시 사설폭행이 일어나면서 신하가 임금을 죽이고 자식이 아비를 죽이는 춘추전국 시대가 되었다.

공자는 현실의 왕이 아니었지만 무도한 시대에 『춘추』를 정리해서[作春秋] 난신적자를 두려움에 떨게 했다. 공자 이후에 묵적과 양주가 가부장과 군주제를 부정하여 인류를 동물의 세계로 이끌어가고 있었다. 이에 맹자는 묵적과 양주의 영향력을 제거하여 공자의 도를 회복하는 역할을 맡게 되었던 것이다(『맹자』「등문공」하9).

우와 주공은 왕이 아니면서 홍수를 해결하고 무왕과 성왕을 도와서, 세상의 위기를 해결하여 성인으로 추앙되듯이 공자도 『춘추』를 정리하고 맹자 자신도 묵적과 양주의 영향력을 제거하면 주공과 같은 성인의 반열에 들 수 있다는 것이다. 즉 공자와 맹자 자신의 역할이 우와 주공의 역할과 같다는 말이다. 맹자는 바로 이 자각을 통해 '「공손추」상2에서 「진심」하38로 전환', 즉 공자도 성인이고 맹자 자신도 성인이라는 성인 계보를 작성하게 되었다고 할 수 있다.

이제 순자가 공자를 성인으로 간주하는 맥락을 살펴보자. 사실 '성왕(聖王)'의 용례처럼 성(聖)은 왕에게 어울리는 덕성이자 품위이다. '성인(聖人)'이라고 해도 '성왕'과 같은 뜻이다. 맹자는 시대의 역할론에 따라 우(禹)와 주공(周公) 그리고 공자와 자신을 성인으로 간주하고 있는데, 이는 새로운 용례이자 조어라고 할 수 있다. 이에 대해 맹자는 특별한 설명을 하지 않는다. 순자는 맹자가 그냥 사용하는 '공자 = 성인'을 논증하는 데에서 출발한다.

먼저 순자는 "성인지득세자(聖人之得勢者)"와 "성인지부득세자(聖人之不得勢者)", 즉 왕위에 있는 성인과 왕위에 있지 않은 성인으로 구분한다. 전자는 순과 우이고, 후자는 공자와 자궁(子弓)이다(『순자』「비십이자」). 이 분류에 따르면 성인은 꼭 득세자여야 하지 않고 어떤 역할(기준)을 충족시키면 된다. 그 기준이란 "세상을 통일하고 만물을 풍성하게 하고 백성을 잘 돌보고 모든 사람을 이롭게 하여 모든 사람이 복종하는 것이다"로 제시한다(『순자』「비십이자」).

맹자가 공자의 '작춘추(作春秋)' 또는 '성춘추(成春秋)'에 주목했다면 순자는 공자의 '립의(立義)' 또는 '호예의(呼禮義)'에 주목한다. 국정을 '립의'로 운영하면 진정한 왕자가 될 수 있는데, 공자는 의지에서 의로 일관하고 몸으로 의를 실천하며 언어로 뚜렷하게 하여 세상에 숨을 수 없을 뿐만 아니라 명성이 후세에 전해지게 되었다(『순자』「왕패」).[16]

순자는 「왕패」에서 공자의 어떤 활동과 특징이 '립의' 또는 '호예의'에 어울리는지 설명하지 않는다(맹자의 '작춘추(作春秋)'와 같은 맥락으로 볼 수 있을 듯하다). 「해폐」를 보면 순자는 인지(仁知)와 불폐(不蔽)의 인물이 시대의 문제를 해결하고 행복한 삶을 살았다고 주장했다. 구체적으로 말하면 포숙이 관중을 돕고, 소공과 여상이 주공을 도운 일을 가리킨다. 전자가 후자를 불신하지 않고 후자에 경쟁하지 않고 나라의 운명을 중시했기 때문이다

당시 묵자처럼 도의 일부분에 집착하여 전체를 돌아보지 않던 시대에 공자는 인지(仁知)와 불폐(不蔽)의 학술을 일구어냈다. 이러한 특징은 덕망에서 주공과 같고 명성에서 삼왕(우·탕·문무)과 나란히 설 만하니 선왕

16 『순자』「왕패」: "仲尼無置錐之地, 誠義乎志意, 加義乎身行, 著之言語, 濟之日, 不隱乎天下, 名垂乎後世."

(先王)의 역할을 할 만하다(『순자』「해폐」).

이처럼 순자는 왕이 아닌 공자가 과거 성왕에 비견할 만한 인물이라는 점을 강조하면서 앞서 "성인지부득세자(聖人之不得勢者)" 또는 "족이위선왕자(足以爲先王者)"라는 평가를 한 적이 있다. 이런 평가는 맹자가 공자를 "성인이다"라고 단정적으로 규정하는 것과 다르다. 순자는「정론」「정명」에서 언어의 운용과 가짜뉴스의 검증에 민감했던 만큼 언어 사용과 평가에서 신중할 수밖에 없다.

순자는 혼란한 세상에 시비의 기준을 제시한 인물[立義]이자 편견에 사로잡히지 않고 보편적인 관점을 가지고 있는 인물[不蔽], 즉 왕자가 아니면서 왕자와 같은 역할을 할 인물을 지칭할 개념에 골몰했다. 순자는 고민 끝에 위의 평가와 설명을 바로 '성신(聖臣)'으로 압축했다

순자는 신도를 태신(態臣), 찬신(簒臣), 공신(功臣), 성신(聖臣)으로 구분하고서, 성신을 위로 군주를 존중하고 아래로 백성을 사랑하며 정령의 교화가 아랫사람을 그림자처럼 따르게 하고 돌발 상황의 대응이 메아리 울리듯 신속하다고 풀이했다. 임금은 성신을 등용하면 진정한 왕자가 될 수 있다. 이런 성신의 실례는 바로 은의 이윤, 주의 태공이다. '성신(聖臣)'과 함께 하는 진정한 왕자도 '성군(聖君)'으로 불릴 만하다(『순자』「신도」).

이렇게 보면 공자는 왕이 아니지만 왕자에 걸맞는다는 점에서 "성인지부득세자(聖人之不得勢者)" 또는 "족이위선왕자(足以爲先王者)"라고 할 수 있고, 또 신하로서 왕을 진정한 왕자나 성군으로 만들 수 있다는 점에서 성신이라고 할 수 있다. 전자에 따르면 '순 → 우 → 탕 → 문·무 → 공자'의 계보가 만들어지고, 후자에 따르면 '이윤 → 주공·여상 → 공자'의 계보가 만들어질 수 있다.

이렇게 순자는 공자를 선왕과 비슷하거나 성신(聖臣)의 개념으로 규정하면서 자신과 연계에 대해 명확한 주장을 하지 않는다. 순자는 자신이 공자의 학생이라거나 후계자라는 점을 공공연하게 밝히지 않는다. 이는 앞에서 보았듯이 맹자가 사숙을 통해 공자의 학생이면서 후계자라는 점을 명확하게 선언하는 점과 크게 다르다고 할 수 있다.

그렇다면 『순자』와 『논어』가 형식적 유사성을 보인다는 점을 제외하면 순자는 공자와 연계를 주장하지 않는 걸까? 이와 관련해서 순자가 자신의 시대적 역할을 자각하며 내놓은 '대유(大儒)' 개념을 통해 살펴보고자 한다. 「유효」를 보면 순자는 부국강병의 변법을 실시하여 전국시대 주도권을 장악한 진(秦)을 방문했다.

이때 진 소왕은 순자에게 대뜸 "유자는 나라의 운영에 무익한 존재이지요?"라고 물었다. 순자가 이 질문에 제대로 대응하여 소왕을 설득하지 못하면 자신의 존재 근거가 사라진다. '유자 = 무익한 존재'가 일종의 낙인이나 프레임으로 작용하면 순자가 무슨 내용을 말한다고 하더라도 설득력을 얻기가 쉽지 않다.

순자는 유자를 '유익 대 무익'이 아니라 '의(義) 대 리(利)' 또는 '공(公) 대 사(私)'의 기준에서 주장하고 있다. 이때 소공의 '유익 대 무익'의 프레임에 걸려들면 '의(義)의 유익'과 '공(公)의 유익'을 말해야 한다. 즉 '의가 리한가?'라는 점을 설득해야 한다.

순자는 진 소왕의 프레임에 걸려들지 않고 '대유지효(大儒之效)', 줄여서 '유효(儒效)'에서 논의를 시작한다. 이때 효는 자칫 유무익의 익(益)과 같은 뜻으로 오해할 수 있다. 효는 목적으로 삼는 이익과 유익의 뜻이 아니라 의와 공, 즉 예의(禮義)에 따라 국정을 운영하면서 질서를 수립할 수 있고 또 그 질서가 확립되면서 생겨나는 부수적인 효과라는 맥락이다.

순자는 '대유지효'가 있다는 점을 밝히기 위해 주공과 공자를 실례로 제시하고 있다. 주공이 주나라의 은나라 정벌과 주나라 건국 초기의 힘겨운 상황에서 권력에 욕심내지 않고 국정 안정을 최우선 과제로 삼아 질서를 확립시켰다(『순자』「유효」). 또 공자는 노나라 사구가 되자 양의 무게를 속이지 않고 음란한 짓을 하지 않고 사치를 일삼지 않고 소와 말의 값을 속이지 않게 되었다. 또 젊은이가 사냥을 하고서 부모 모시는 사람에게 수확물을 더 많이 갖게 했다. 이는 공자가 사구에 재임하면서 일어난 일이다(『순자』「유효」).

이처럼 주공과 공자가 예의에 따라 국정을 운영하면서 나타난 결과이다. 이것이 대유지효, 즉 유효라고 할 수 있다. 이렇게 보면 '대유'는 바로 성인의 다른 이름이다. 맹자라고 한다면 공자 다음에 순자가 자신이 수행할 역할을 적시했을 수 있다. 순자는 주공과 공자를 유효의 예증으로 제시하면서 논의를 그치고 있다. 이는 "주공과 공자가 유효를 입증했으므로", "나에게 기회를 준다면 그와 같은 유효를 거둘 수 있을 것이다"라는 말을 생략한 것이 아닐까?

『순자』의 제일 마지막 편 「요문」의 마지막을 보면 흥미로운 내용이 나온다. 서두에 "순자가 공자에게 미치지 못한다"라는 주장이 제기되자 그것을 반박하고 있다. 순자는 일찍이 성인이 되려는 포부를 가졌고 순자가 남긴 유언(遺言)과 여교(餘教)는 세상의 기준이 되기에 충분하다고 주장하고 있다. 여기서 한 걸음 더 나아가 "순자가 공자보다 못하지 않다"라고 주장했다.

하지만 세상은 "순자가 성인이 아니다"라고 주장하고 그 가치를 제대로 인정하지 않는다. 이에 대해 순자의 시대가 공자의 시대와 비교할 수 없을 정도로 혼란하여 "지자도 길을 생각할 수 없고 능자도 다스릴 수 없고 현자도 벼슬할 수 없었다"라는 이유를 제시하고 있다(『순자』「요문」).

이렇게 보면 순자는 공자가 왕이 아니지만, 왕자와 같은 역할을 할 수 있을 뿐만 아니라 실제로 예의를 확립하여 정치적·사회적 질서를 세우는 유자의 사회적 역할 또는 존재 의의를 밝혔다. 이런 과정에서 순자는 자신이 공자를 계승한 후계자라는 점을 명시적으로 밝히지 않지만, 공자와 같은 대유라는 점을 암시한다고 할 수 있다.

3. 맹자와 순자, 공자 '심신론'의 전개 양상

맹자와 순자는 공자의 사상을 계승하기도 했지만, 또 동시에 공자의 사상을 발전시키기도 했다. 맹자와 순자가 공자의 심신론을 명확하게 규정하고 세밀하게 논의하는 맥락을 살펴보고자 한다. 이를 통해 맹자와 순자가 공자를 계승하면서 발전하는 특징이 드러날 것이다.

1) 맹자의 심사(心思)와 불인(不忍) 대 순자의 심군(心君)과 심지(心知)

공자는 심신의 관계에 대한 독특한 주장을 펼쳤다. 공자는 사람의 생각에서 행동으로 이어지는 과정을 '심(내) → 색 → 행(언행)'의 도식으로 파악한다. 이 도식은 두 가지 방식으로 구체화된다. 하나가 투명한 전개이고 다른 하나는 불투명한 전개이다.

투명한 전개는 심에서 색을 거쳐 언행으로 드러나는 과정에 가감과 왜곡 그리고 은폐가 전혀 발생하지 않는 특징을 가리킨다. 예컨대 무엇이 좋다는 생각이 들면 그 생각이 표정과 몸에 그대로 나타나고 이어서 언행으로 공표된다. 이와 달리 불투명한 전개는 심에서 색을 거쳐 언행으로 드러나는 과정에 가감과 왜곡 그리고 은폐가 발생하여 앞과 뒤가 달라지는 특징을 가리킨다. 예컨대 무엇이 좋다는 생각이 들면 그 생각을 표정과 몸에 숨기거나 반대로 나타내고 이어서 언행에서도 다르게 공표된다.[17]

이 중 전자는 군자의 흰 마음이라면 후자는 소인의 검은 마음이라고 할 수 있다. 흰 마음은 '심(내) = 색 = 행(언행)'의 특성을 보이고, 검은 마음은 '심(내) ≠ 색 ≠ 행(언행)'의 특성을 보인다. 여기서 공자는 군자의 흰 마음을 긍정적으로 보고 소인의 검은 마음을 부정적으로 본다. 이런 점에서 『논어』의 심신론, 즉 군자의 흰 마음은 심과 신이 분리되지 않고 주종의 관계에 있지 않다는 점에서 '심신동원론(心身同源論)'이라고 부를 수 있다.

공자가 심신동원론을 제기했지만 이후에 이와 다른 방식으로 전개된다. 공자 이후에 이목지관(耳目之官) 또는 이목구비, 즉 감관이 독자적인 욕망을 추구하는 문제가 생기면서 이에 대한 적절한 통제가 주요한 의제로 등장했다. 예컨대 눈은 아름다운 대상을 보면 추구할 만한지 시비와 어느 만큼 추구할 수 있는지 정도를 전혀 고려하지 않았다. 다른 감관의 경우도 마찬가지이다.

맹자는 이런 감관의 질주를 폐(蔽)와 인(引)으로 파악했다. 즉 감관은

17 자세한 논의는 신정근, 「공자의 '마음' 논의: 흰 마음과 검은 마음」, 《동양철학연구》 72, 2012 참조.

물(대상)에 의해 가려지고[蔽] 또 물(대상)에게 끌려간다[引]. 감관은 왜 이런 현상에 놓이기만 할 뿐 스스로 조절하거나 제지할 수 없을까? 이 문제에 대해 맹자는 심지관(대체)과 이목지관(소체)의 특성을 사(思)와 불사(不思)로 구분하고 있다. 소체는 불사(不思)이기 때문에 대상의 힘에 끌려가서 조절과 제지를 할 수 없지만, 대체는 사(思)를 할 수 있으므로 조절과 제지를 할 수 있다.[18]

이에 따르면 사람은 대체의 사(思) 기능을 발휘하여 소체를 조절과 제지할 수 있게 된다. 이때 사는 할지 말지 또는 계속할지 그만둘지를 생각하거나 따져본다는 의미에 한정되지 않는다. 이 의미는 감관에 대한 심의 통제라는 점에서 타당하다. 하지만 심의 또 하나의 측면을 고려하면 사는 또 다른 의미를 갖는다.

맹자는 사람이 이해관계에 따라 움직이지만 이해를 초월하는 경우를 발견했다. 아이가 앞에 우물이 있는 줄도 모르고 그 앞으로 기어갈 경우, 이 상황을 본 사람이라면 이해득실을 고려하지 않고 아이를 구할 것이라고 보았다. 이때 사람은 위험에 처한 아이를 차마 그대로 내버려 두지 못하는 마음, 즉 불인인지심(不忍人之心), 줄여서 불인(不忍)에 따라 구하게 되었다. 맹자는 이러한 마음을 4가지의 단서(四端), 즉 측은·수오·사양·시비의 마음으로 보았다.

이에 따르면 우리는 사단의 마음을 느낄 때 그것에 집중(주의)해서 그에 따라 행동하게 된다. 이때 마음은 감관에 대한 통제를 하는 것이 아니라

18 『맹자』「고자」상15: "耳目之官, 不思, 而蔽於物. 物交物, 則引之而已矣. 心之官, 則思. 思則得之, 不思則不得也."

이해에 따라 판단하려는 욕망에 대비된다고 할 수 있다. 이런 측면에서 사(思)는 사단의 마음에 집중하고 이해득실에 관심을 두지 않는다는 뜻을 가지고 있다. 이러한 마음에 집중한다는 것은 그 마음에 민감하게 반응하고 그 마음이 이끄는 대로 움직인다는 뜻이다.

이렇게 보면 맹자는 공자의 심신론을 먼저 감관과 심의 관계로 전환해서 사(思)라는 심의 특징을 발견하고 또 사단(四端)과 이해득실의 관계로 전환해서 불인(不忍)이라는 심의 특징을 발견하고 있다. 이 발견은 이후 심론이 전개되는 기본적인 얼개로 작용할 정도로 큰 영향력을 끼쳤다.

순자도 맹자가 제기한 심론의 영향을 받는다. 순자는 심신 또는 심형 관계에서 심 위주의 관계를 확립했다. 이를 "심이 형의 군주이다"라는 테제로 표현했다. 이에 의하면 심은 형에 대해 명령을 내릴 뿐 다른 어떤 것의 명령을 받지 않는다. 이 명령은 못 하게 하는 금지, 하게 시키는 부과, 거두어들이는 회수, 내 것으로 하는 소유, 움직이게 하는 시행, 그만두는 중지 등으로 나타난다.[19]

이로써 순자는 심과 형의 관계를 정확하게 구분하면서 형에 대한 심의 우위를 확보한다. 달리 말하면 심은 근원이고 심과 형은 주종 관계에 놓이게 된다. 이러한 규정도 이후의 심론에서 심의 지위를 확고하게 자리매김하는 주장으로 후대에 큰 영향을 끼쳤다.

순자는 맹자처럼 마음에 이해관계를 초월하는 사단이 존재한다는 점을 인정하지 않는다. 「성악」에 나타나듯이 사람은 태어날 때부터 이해관

19 『순자』「해폐」: "心者, 形之君也, 而神明之主也. 出令而無所受令. 自禁也, 自使也, 自奪也, 自取也, 自行也, 自止也."

계에 따라 경쟁과 갈등을 일삼고 대립과 투쟁을 한다는 점에 주목한다. 만인에 대한 만인의 투쟁 상태에 놓이게 된다.

여기서 순자는 맹자식 오류를 바로잡으려면 개념에 대한 명확한 규정이 필요하다고 본다. 성은 태어나면서부터 갖는 경향성이고, 선악은 심리적 사실이 아니라 사후에 평가를 내리는 결과 개념이라는 것이다. 이러한 정의에 따르면 맹자의 성선은 처음부터 성립될 수 있는 주장이다.

순자가 성악설의 주창자로 알려져 있다. 사실 '순자 = 성악설'은 순자 사상에서 과잉 대표의 특성을 갖는다. 성악설은 사람을 자연 상태로 방치할 수 없으므로 외부의 개입과 후천적 학습을 요청하는 이론적 출발점일 뿐이다.

이런 상태에서 사람은 마음의 자연 상태에 따르지 않고 모든 사안을 이해관계로 환원하지 않고 예의의 관점에서 행위의 대안을 비교 검토하여 최선의 결과를 도출해야 한다. 여기서 심은 형에 대한 근원의 자리와 우월적 지위에 이어 비교와 판단 작용을 수행하는 특성을 갖는다. 이를 순자는 심의 지려 작용이라고 본다.

2) 맹자의 존심양성(存心養性)과 인의 대 순자의 화성기위(化性起僞)와 예의

맹자와 순자가 각각 심을 다른 방식으로 접근하고 다른 측면에 집중하는 만큼 사람의 도덕적 삶을 위해서 다른 주문을 한다. 맹자는 사람이 생업에서 이해를 기준으로 행동하더라도 사단으로 인해 이해를 초월하여 행위할 수 있는 근거를 찾았다. 이러한 사단은 불인(不忍)에 바탕을 두고 있다. 따라서 사람은 불인에 주목하고 그것에 집중하여 그대로 행위로 이어지도록 하는 과제를 갖게 된다.

이 불인의 과제는 사람에게 주목하지 않을 수 없고 그대로 실천하지 않을 수 없는 강력한 힘을 지니고 있지 않다. 이런 측면에서 보면 불인의 과제는 일회적으로 그치거나 우연히 실천하지 않고 지속적으로 존중하는 데에 있다.

맹자는 이러한 상황을 설득하기 위해 방심(放心)과 구방심(求放心)의 용어를 병치시킨다. 사람은 자신이 키우던 닭과 개가 우리를 뛰쳐나가면 집 밖을 부지런히 돌아다니며 찾으려고 한다. 닭과 개가 나의 것이기 때문이다. 이는 사람이 그만큼 이해에 따라 움직인다는 점을 보여준다.

이제 닭과 개 대신에 심이 자신의 자리를 뛰쳐나가면 사람은 마음이 외출한지도 모를 수 있다. 마음이 외출할 줄 모르니 찾으려고 하지 않는다. 이것이 방심(放心)이다. 여기서 맹자는 우리를 나간 닭과 개를 찾듯이 제 자리를 떠난 마음을 찾아야 한다고 주장한다. 이것이 구방심(求放心)이다(『맹자』「고자」상11).

이는 사람이 사단을 사지의 존재처럼 자연적 사실로 주어져 있다고 하더라도 그 사실 자체를 늘 의식하고 있기 쉽지 않다는 반증이다. 이 때문에 맹자는 군자와 일반 사람을 구분하면서 존심(存心)의 문제를 말하고 있다(『맹자』「이루」하28). 사단이 마음에 자리하여 고유한 상황에서 작동하고 있다는 사실을 의식하고 있어야 한다. 사람이 마음에 자리하고 있는 사단을 의식할 때 그에 따른 행동이 가능해지기 때문이다.

아울러 맹자는 사람이 존심의 사실을 확인할 수 있다면 사단에 따른 행위가 일어나게 된다고 했다. 이러한 작용이 지속되면 사단에 따른 행위는 두 번째가 처음보다 자연스럽고 세 번째가 두 번째보다 더 자연스러워진다. 자연스러움이 늘어나게 되면 사람은 그 상황에 놓이면 사단의 작용이 마음의 제도가 된다. 존심이 존심을 의식하는 상황에 그치지 않고 확실히 마음의 제도를 자리하기 위해 양성의 강화가 지속적으로 이루어져 한다.[20]

이러한 지속성은 존심과 양성의 결합으로 마음의 제도화가 일어나는 근원이다. 사람이 지속성을 확보하면 마음의 제도화로 이어지는 자체 동력을 확보하게 된다. 이러한 회로가 쉬지 않고 돌게 되면 사람은 심에 존심을 작동하도록 한 또 다른 근원을 만나게 된다. 그것이 바로 사천이다.

순자는 심성이 갈등과 대립으로 이어지는 자연적 사실을 그대로 반영하고 있다. 이 때문에 순자는 심성 자체가 아니라 사람이 그러한 방식으로 작동하는 기제를 객관적으로 살필 수 있는 장치를 설정했다. 심(心)은 통제가 없으면 갈등과 대립으로 성정의 계열만이 아니라 지금 하고자 하는 욕망과 그 욕망대로 하고 난 이후의 결과를 비교하고 검토하는 심지의 계열로 분화된다.

순자는 먼저 심성 계열의 방임이 아니라 그 계열의 변화 필요성을 주장했다. 이것이 화성(化性)이다. 맹자의 양성과 방향이 다르다고 할 수 있다. 이어서 순자는 성이 악을 낳지 않고 선을 낳도록 하기 위해 후천적인 활동이 필요하다고 본다. 이것이 기위(起僞)이다.[21]

화성과 기위가 방향이라면 순자는 이것이 실제로 일어나게 하는 기

20 『맹자』「진심」상1: "孟子曰, 盡其心者, 知其性也. 知其性, 則知天矣. 存其心, 養其性, 所以事天也."

21 『순자』「성악」: "人之性惡, 其善者僞也."

제를 어떻게 설명할까? 먼저 기위는 마음의 작동 방식을 바뀌는 것이다. 이때 변심역려(變心易慮)라고 한다. 예컨대 주공이 은주 교체기와 주나라 건국 시기에 활약할 때 사람들은 주공에게 반기를 들지 않고 협조했다.

이는 주공이 개인의 욕망에 일을 추진하거나 사람에게 피해를 주지 않고 상황마다 공통의 원흉을 처벌하려고 한다는 점에 공감하자 주공이 추진하는 방향으로 변심역려를 하게 되었다. 그렇게 하지 않았으면 주공이 하고자 한 사업이 결실하기 어려웠다(『순자』「유효」).

순자는 변심역려에 시작하여 화성기위가 현실화되려면 사람이 상황마다 편중되지 않는 공정한 선택을 해야 한다고 보았다. 사람이 빠질 수 있는 문제는 한쪽으로 치우쳐서 일을 그르치는 데에 있다. 예컨대 하고 싶은 걸 보면 싫어할 가능성을 따져보지 않는다. 이익이 될 만한 걸 보면 손해를 볼 가능성을 고려하지 않는다. 이렇기 때문에 사람이 뭔가를 하느라 움직이면 반드시 실패하고 또 치욕을 당하게 된다.

이처럼 치우쳐서 그르치는 문제(偏傷之患)를 당하지 않으려면 어떻게 해야 할까? 앞의 경우와 반대로 해야 한다. 바라는 일이 있으면 싫어할 가능성을 고려하고, 이익이 기대되면 손해날 가능성을 검토하는 것이다. 이것이 욕오(欲惡)와 취사(取舍)의 저울질, 선택의 문제이다. 이 최선을 선택하려면 양쪽을 저울질하는 겸권(兼權)과 하나하나 깊이 있게 따져보는 숙계(孰計, 熟計)의 과정을 거쳐야 한다(『순자』「불구」).

여기서 순자는 심성에서 사람을 맹자와 달리 부정적으로 보는데, 심지에서는 사람을 맹자 이상으로 긍정적으로 조망한다. 순자는 『논어』의 극기복례를 사욕과 공도의 관계로 재해석하여 사람은 후자로 나아가리라 낙관적으로 고려하기 때문이다(『순자』「강국」).

4. 맺음말

성리학이 동아시아 학술사에서 지배적인 학문으로 등장한 뒤에 '공자 → 맹자'로 이어지는 전승 이외에 다른 전승을 고려하지 않았다. 하지만 시점을 춘추전국 시대로 옮기게 되면 '공자 → 맹자' 이외에 '공자 → 순자'의 가능성도 있었다. 이러한 가능성은 학술적으로 "누가 누구를 계승했느냐?"라는 물음으로 바뀔 수 있다.

하지만 공자, 맹자, 순자는 "이 세상의 문제를 어떻게 해결할 것인가?"라는 같은 질문을 던지고 비슷하기도 하고 다르기도 한 해법을 제시하고 있다. 같은 지점은 현실과 접목이 되지 않는 고원한 담론보다 시대의 문제 핵심을 파악하여 유효한 해결 방안을 찾는 데에 있다. 또 이 임무를 할 수 있는 사람이 성인이다.

공자는 서주 시대의 규범이 무너지는 상황에서 모두가 지키고 존중할 수 있는 규범을 마련하는 데 초점을 두었다. 공자는 호학을 통해 끊임없이 문제 해결의 지혜를 키운다고 생각했다. 하지만 후대 사람들은 공자가 걸어갔던 길을 보면서 '공자 = 성인'이라는 생각을 공유하게 되었다.

맹자는 세상에서 희망을 더이상 찾을 수 없다고 생각할 때에도 마음 저 깊은 곳에서 경쟁이 아니라 연대할 수 있고, 갈등이 아니라 공감할 수 있는 길을 찾고자 했다. 희망을 제시할 때 그 시대 사람들에게 "어디로 가자!"라고 말할 수 있기 때문이다.

순자는 당시 누구보다도 시대를 비관적으로 보았다. 순자는 비관적이고 암울한 상황에서 사람이 합의할 수 있는 바탕이 무엇일지 고민했다. 합의가 가능하다면 그곳에서 차근차근 하나씩 변화의 가능성을 쌓아 올릴 수 있다고 생각했기 때문이다.

이렇게 세 사람이 시대와 현실을 두고 고민한 지점에서 삼자의 관계를 고려한다면 기존의 도통론이나 인성론에 의해 가려진 많은 측면을 들여다볼 수 있다.

신정근

성균관대학교 유학대학 교수. 서울대학교 철학과를 마치고 동 대학원에서 석사와 박사(동양철학 전공) 학위를 취득했다. 인문예술학회 회장을 역임하고 한국동양철학회 수석부회장을 맡고 있다. 성균관대학교 유학대학 학장, 유학대학원 원장, 유교문화연구소 소장을 역임했고 인문예술연구소 이사장을 맡고 있다. 동양철학과 미학을 내재적 맥락에서 발전 과정을 추적하고 현대 철학의 맥락에서 재구성하는 데 많은 관심을 두고 있다. 주요 저서로 『사람다움의 발견』, 『동중서: 중화주의의 개막』, 『철학사의 전환』, 『중용이란 무엇인가?』, 『동아시아 예술과 미학의 여정』, 『인권유학』 외 다수가 있고, 주요 역서로 『중국미학사』(공역), 『중국현대미학사』(공역), 『공자씨의 유쾌한 논어』, 『백호통의』, 『신원인』 외 다수가 있다.

탐구의 드라마 — 소크라테스와 케팔로스의 대화: 드라마와 철학과 삶 — 플라톤의 『국가』 1권을 중심으로

김혜경(인제대학교 문화콘텐츠학과 교수)

1. 소크라테스의 나들이 — 근본으로 가까이

그날, 웬만해선 아테네를 벗어나지 않는[1] 소크라테스가 일상의 도시를 떠나 페이라이에우스항으로 내려왔던 까닭은 사람들이 그곳에 처음 들여온 축제를 어떻게 꾸리는지 궁금해서였다고 한다. 그런데 목적했던 구경을 마치고 아테네로 되돌아가던 소크라테스의 발길을 붙잡아 세웠던 사람들이 있었다. 폴레마르코스 일행이다. 마침 글라우콘 한 명만을 동행했던 소크라테스를 향해, 이들은 자신들의 수가 소크라테스보다 많음을 앞세워 그의 귀경을 늦추려 했다. 그러나 다수의 위력이라는 무기는 대화와 설득을 우선하는 소크라테스에게는 이렇다 할 힘을 발휘하지 못했다. 정작 소크라테스를 이 외곽 동네에 붙들어놓은 것은 심야에 벌어질 마상(馬

1 아테네 붙박이라는 소크라테스의 면모는 『국가』 1권 328c6~d6 외에도 『크리톤』 52b3~8, 『파이드로스』 230d1~5 등 플라톤의 저술 여러 곳에 등장한다.

上) 횃불 행렬 소식이었다. 그렇게 해서 『국가』의 대화는 대개의 플라톤 저술들처럼 아테네 시내의 어느 곳에서 펼쳐진 것이 아니라, 외항에 자리 잡고 사는 살림 넉넉한 외지인의 집에서, 그것도 심야 축제를 보기 위해 귀경을 미루기로 마음먹은 소크라테스의 지체 덕분에 일어날 수 있었다. 『국가』 속의 '나', 소크라테스의 보고가 그러하다.

신기한 볼거리일 것이 분명한 야간 행렬을 구경할 겸 그곳에 모여들 젊은이들과의 대화도 기대하며 발길을 돌려 그곳에 좀 더 머물기로 했으니, 『국가』를 처음으로 펼치는 독자들은 소크라테스가 여러 젊은이를 만나거나 축젯날에 어울릴 만한 화제로 대화를 하며 밤이 오길 기다리는 식으로 이어지는 전개를 예상할지 모른다. 그러나 소크라테스가 폴레마르코스에 이끌려 그의 집으로 들어섰을 때 소크라테스를 특별히 맞아들인 사람은 연로한 케팔로스, 폴레마르코스의 아버지였다.

이 계획하지는 않았으나 서로에게 반가운 조우는 조금 전의 길 위에서는 예상하지 못한, 그러나 이 새로운 상황에 맞춘 듯한 대화 주제를 부상시켰다.

> 케팔로스 님, 저는 연세 많은 분들과 이야기 나누는 것이 즐겁답니다. 우리 역시 마찬가지로 가야 할 길을 앞서간 분들이라 할 수 있으니 그 길이 어떠한지, 험하고 힘든지 쉽고 평탄한지 그분들에게서 배워야 한다고 생각하니까요. (…) 인생에서 노년은 힘든 시기입니까, 아니면 뭐라 말씀하시겠습니까?[2]

2 『국가』 1권 328d8~e7.

소크라테스는 케팔로스를 선생 삼아, 그의 경험을 길잡이 삼아 소크라테스 자신을 포함해 많은 이들 앞에 놓이게 될 길인 노년의 실체, 노년의 삶이 인간에게 어떤 무게인지를 미리 듣고 배워보고 싶었다. 그렇지 않아도 노령인 탓에 아테네로 올라가는 일이 드물어, 소크라테스 보기가 쉽지 않은 것이 못내 아쉽던 차에 때마침 아테네를 떠나 이곳까지 내려온 소크라테스를 마주하는 드물고도 소중한 기회를 만났다며 기뻐하는 케팔로스였다. 더군다나 나이가 들수록 몸의 기력은 줄지만, 대화에 대한 욕구는 커지고 대화의 즐거움도 제대로 누릴 줄 알게 되었다고 케팔로스가 먼저 토로한 터였으니, 함께 대화를 나누며 삶의 지혜를 배우기에는 케팔로스 만한 선생이 따로 없을 듯하다.

케팔로스의 진단[3]은 이러했다. 적잖은 노인들이 전에 누리던 온갖 떠들썩한 일들이 그들에게서 멀어지고 그것들에 따라 나오는 즐거움도 더는 맛볼 수 없음을 불평하면서, 지금은 살아도 사는 게 아니라고 생각한다. 이 상실과 괴로움의 원인이 노년 때문이라며 모든 탓을 노령으로 돌리곤 하는데 그러나 이것은 잘못 세운 과녁이다. 노년을 상실의 시간이라고 할 수도 있겠으나, 그것이 누구에게는 놓치고 싶지 않은 쾌락을 잃어버리는 비통한 시대처럼 느껴져도 케팔로스 자신을 포함한 다른 누구에게 노년은 포악한 욕구들에 놓여나는 시간, 못된 주인에게서 벗어나는 기쁜 때가 될 수도 있기 때문이다. 모든 노인이 노인의 삶을 고약하다 또는 비참하다 한탄하지 않는다면, 그래서 모두가 노령을 원망하지 않는다면 저들처럼 그

3 『국가』 329a1~d6.

저 나이를 탓할 일이 아니다. 노년의 길(ὁδός)이 어떠한지를 물었던 소크라테스에게 케팔로스가 내놓은 대답은 중요한 단서를 담고 있다. **누군가의 삶이 어떠한지는 그 사람의 성격, 삶의 방식이 어떠한지에 달린 것이다.**[4]

알려진 대로 플라톤의 저술은 모두 드라마적 구성을 하고 있다. 당연한 말인 듯하지만, 작가가 고안한 드라마 안의 장치들은 무대의 구성 요소, 배경으로만 기능하지 않는다. 작가가 설계한 특정한 무대, 어떤 장치는 드라마의 중심 현장으로 관객을 또는 독자를 흥미롭게 안내하고 나아가 주제의 깊이나 그 이면을 가늠하게 하기도 한다. 작품 안에 배치된 넓은 의미의 장치들에 주의를 기울일 때 우리는 조금 더 치밀하게 또는 새롭게 작품을 대할 수 있다. 그러므로 『국가』의 경우에서도 플라톤이 꾸리는 드라마의 무대, 인물들이 등장하거나 퇴장하는 방식 또는 그들의 현재가 어떻게 묘사되는지에 주목한다면 통상적인 독해를 넘어서는 이야기를 발견할 수 있을지 모른다.

『국가』에서 펼쳐지는 대화와 탐구의 길은 소크라테스가 자신의 일상적인 활동 터전, 탐구의 현장인 아테네를 벗어남으로써 시작되었다. 그에 더해 연로한 케팔로스를 '우연히' 만나게 됨으로써 소크라테스는 노년의 실상을 질문하게 되었다. 그러나 소크라테스의 시작은 그러했을지라도 이 질문은 노년의 여러 현상을 이야기하는 것만으로 답변을 완성할 수 있는 물음이 아니다. 소크라테스에게 답하는 케팔로스의 이야기에서부터 엿볼 수 있는 생각이다.

4 『국가』 329d3~5.

2. 어느 하루의 드라마 — 잘 삶과 나이, 부(富) 또는 성격

"어제 나는 페이라이에우스로 내려갔었다네"로 시작하는 플라톤의 『국가』는 그날 밤 열린다는 심야 축제와 또 그곳에 모여들 젊은이들과의 새로운 대화 기회를 기다리기로 한 소크라테스가 멋진 행렬의 밤이 오기까지 폴레마르코스의 집에서 머물며 나눈 이야기, 그 하루에 여러 사람과 나누었던 대화를 바로 그다음 날 소크라테스 자신이 누군가에게 다시 들려준다는 틀을 가지고 있다. '우연히' 일어난 일, 아니 우연히 이루어진 대화인 것처럼 보여주기 위해, 그러면서도 전체를 이끌고 갈 괜찮은 도입부를 만들어내기 위해, 플라톤은 『국가』 1권에 몇 겹의 이야기 무대를 공들여 배치하고 있다.

폴레마르코스 일행의 하나였던 아데이만토스가 슬쩍 꺼낸 심야 축제 구경이라는 새로운 유인이 없었다면[5] 또 거기에 축제 현장에서 자신들과 합류할 젊은이들이 있고 그들과 대화도 나누련다는 폴레마르코스의 덧붙임이 없었다면[6] 아테네로 다시 올라가려던 소크라테스가 이곳에 자신을 붙잡아 두는 일이 없었을 것이고, 다음날 이 작품 속에서 소크라테스의 회상을 듣고 있는 익명의 누군가도 없었을 것이며 그리고 현재의 우리도 『국가』 안의 대화와 논의들을 알지 못했을 것이다.

젊은이들과의 대화를 기대하던 소크라테스가 실제로 만난 사람, 만나서 대화를 나누기 시작한 사람이 나이 든 케팔로스였다는 구성도 예사

5 『국가』 328a1~2.
6 『국가』 328a6~b1.

롭지 않다. 폴레마르코스 일행에 이끌려 그의 집으로 갔을 때 소크라테스를 맞이한 사람이 혹 케팔로스가 아니었다면, 대화의 방향과 내용 등이 현재의 『국가』와는 다르게 잡혔을지 모른다. 물론 『국가』가 다루고 있는 이야기들은 케팔로스를 만나고 그에게 노년의 진상을 질문하고 경험에서 나오는 지혜를 구하는 그런 소크라테스를 등장시키지 않고서도 이야기될 수 있는 것들이긴 하다. 그러나 플라톤은 마치 일종의 반전처럼, 소크라테스에게 청년이 아니라 노인을 만나게 했다. 그런데 그 케팔로스가 나이의 많고 적음이 아니라 그 사람의 성격이 어떤지, 어떤 방식으로 살고 있는지가 중요하며 한 삶을 평가하는 기준은 나이도, 재산도 아니며, 삶의 방식이 되어야 한다고 발언함으로써 소크라테스를 충분히 자극했고 플라톤은 노인 케팔로스와 소크라테스의 대화를 『국가』의 전체 이야기를 풀어내는 실마리로 삼았다.

케팔로스의 한마디는 제대로 살고자 하는 자라면 누구라도 대면해야 하는 가장 근본적인 문제인 '어떻게 살 것인가?'라는 물음을 그 나름대로 던진 셈이다. 그러므로 플라톤의 『국가』에서는 케팔로스가 철학적인 탐구의 본격적인 시작점이라고 할 수 있다.[7]

소크라테스는 '성격론', '삶의 방식론'이라고 표제화할 수 있을 케팔로스의 대답을 이어받아 다른 이들이 제기할 반론을 예상해서 케팔로스에게 들려줌으로써 그와의 대화를 계속해나갔다. 그러나 삶의 방식을 제대로 택해서 산다면 노년도 살 만한 삶이 될 수 있지만 그렇지 못하다면 노년

7 『국가』 329d3~6.

만이 아니라 젊음 역시도 견디기 힘든 것이라는 케팔로스의 생각을 많은 이들이 수용하려 들지 않을 것이다. 그들은 노년을 수월하게 지탱해나가는지 못하는지는, 성격이 아니라 가진 재산에 좌우되는 문제라고 생각하기 때문이다. 케팔로스의 생각, 위와 같은 대답도 케팔로스 자신이 부유한 노인이었기에 가능한 대답이라는 반론을 예상한 것이다.

케팔로스는 아테네 시민이 아니라 근방의 도시 페이라이에우스에 사는 부유한 외지인이다. 그는 이런 반론을 재반박할 그 나름의 답변을 어렵지 않게 내놓는다.[8] 물론 제대로 된 사람이라도 가난하다면 노년을 지내기 쉽지 않겠지만, 못난 사람은 비록 부유하더라도 만족하며 잘 지낼 수 없다고 응수한다. 케팔로스가 돌려준 이런 대답에서도 짐작되듯, 소크라테스가 생각하기에 이 노인은 재산, 돈에 집착하는 사람은 아니다. 직접 자기 재산을 일군 사람들에게 돈은 그 자신의 작품과 같은 것일 텐데, 따라서 시인이 자신이 지은 시를 사랑하듯 그리고 아버지가 자기 아들을 사랑하듯 그들은 돈을 사랑할 수밖에 없을 텐데, 케팔로스는 돈 외에 다른 건 칭찬하려 들지 않는 부자들, 자기 재산을 스스로 일군 부자들과는 달라 보인다는 것이다.

8 『국가』 329e6~330a6. 케팔로스는 기원전 5세기 초·중반 아테네의 유명 인사 테미스토클레스의 사례를 활용해 재반론했다. 이 일화는 헤로도토스의 『역사』 8권에도 소개돼있다. 작은 섬 세리포스 출신의 어떤 사람이 테미스토클레스를 향해 그의 유명세는 그 자신이 뛰어나서가 아니라 테미스토클레스의 나라 아테네가 유명한 나라이기 때문이라고 비난했다고 한다. 그에 대해 테미스토클레스가 돌려준 말은 물론 자신이 세리포스에서 태어났다면 명망가가 되지 못했겠지만, 저 세리포스인은 설령 아테네에서 태어났다고 해도 유명해지지 않았을 거라는 대꾸이다.

성격의 중요성을 강조한 케팔로스였지만 여전히 그의 대답, 성격이 괜찮은 사람이라도 그에게 가난이 함께 한다면 노년은 견뎌내기 쉽지 않다는 대답을 함께 고려한다면, 결국 케팔로스의 '성격론', '성격우위론'은 재산의 동반을 실현 조건으로 하는 것이다. 케팔로스의 답변은 훌륭한 성격과 재산이 함께할 때야 노년의 삶이 수월하다는 논의로 종합되는 셈이니 소크라테스로서는 여기에서 멈추지 않고 더 물어야 할 것, 확인해야 할 것이 생겼다고도 할 수 있다.[9]

재산 보유의 장점, 돈의 가장 큰 유용함은 어디에 무엇인가? 이 물음에 답하는 케팔로스는 돈의 쓸모에 대해 적극적으로 할 말이 있지만, 재산의 유용함을 해명하는 일에 곧바로 돌입하지는 않았다. 노년의 삶, 노년의 짐에 대한 자신의 소회를 밝히며 대화의 중심어로 그 자신이 먼저 꺼내 들었고 이후 『국가』의 전체 논의에서도 중요한 역할을 하는 핵심어, '사람의 성격'에 대한 그 나름의 부언을 하고서 케팔로스식의 돈 이야기를 이어간다.

『국가』를 포함해 플라톤의 저술에는 중요한 이야기를 해야 할 때 그에 앞서, 또는 무언가 입증하기 어렵거나 상대방을 쉽게 설득하기 어려운 주장이라고 생각해서 선뜻 말하지 못하고 주저하는 소크라테스가 묘사되는 경우들이 있다. 이런 경우 대개는 소크라테스의 대화 상대자들이 그에

9 아테네 시민 소크라테스의 가난 또한 널리 알려진 이야기이다. 『소크라테스의 변명』 31b1~c3에서 자신의 가난함을 증거로 들어 자신이 아테네인들에게 주어진 신의 선물임을, 자신의 일들은 돌보지 않고 그 어떤 보수도 없이 덕을 돌보라는 권유와 설득을 내내 해온 것이, 아테네인들을 위한 일이었음을 역설하는 소크라테스를 만날 수 있다.

게 망설이지 말고 이야기해달라고 요청한다. 그러면 한 호흡을 쉬었던 대화가 대화 상대의 응원에 힘입어 이어진다. 소크라테스는 마음에 담고 있던 생각이나 과감한 주장을 조심스럽게 또는 비유를 사용해 말하는 방식으로 계속 펼친다. 플라톤이 사용하는 이런 구성, 소크라테스의 망설임이란 장치는 작품 속 소크라테스의 대화 상대만이 아니라, 이야기 바깥의 독자들에게 소크라테스의 발언이 무엇일지 무엇을 의도하고 있는지 주의를 기울이게 하는 효과를 거둔다.

여기 『국가』 1권에서는 오히려 소크라테스와 대화하던 케팔로스가 그와 비슷한 머뭇거림으로써[10] 돈의 유용함에 대한 답변의 서두를 열었다. 그러나 이때는 그를 마주하고 있는 소크라테스의 격려나 재촉 없이, 케팔로스 자신이 노년의 두려움과 돈의 유용함을 연결하여 이야기한다. 케팔로스가 알려주는 '노년의 지혜'이다.[11] 다음과 같이 요약할 수 있다.

> 사람은 자기 죽음이 멀지 않았다고 느끼면, 전에는 아무렇지도 않게 여겼던 일이나 무시하고 넘겼던 이야기들이 혹시 진실은 아닐지 의심과 두려움을 갖게 된다. 부정을 저지른 자는 하데스에서 그 대가를 치러야 한다는 이야기 같은 것이 그것이다. 이때가 되면 두려움에 차서 자신이 누군가에게 정의

10 다른 곳에서의 소크라테스가 그러듯, 케팔로스 역시 자신이 하는 말을 사람들 대부분이 믿으려 들지 않을 것이라 미리 언급한다. 그러나 소크라테스를 향해 자신이 지금부터 알려줄 재산 소유의 장점을 잘 알아두라며 확신에 차서 당부하듯 소크라테스의 질문에 대답한다는 점은 다른 곳에서의 소크라테스와 다르다.

11 『국가』 330d4~331b7.

롭지 않게 행동한 적은 없는지 살펴보게 된다. 그런 경우들이 떠오른다면 편히 잠들지 못하고 깨어서도 불길함에 사로잡혀 지낸다.

부유하다고 해서 모두가 다 그렇게 살지는 않겠지만, 적어도 제대로 된 사람에게 재산은 그런 두려움에 둘러싸여 하데스로 가는 일이 없게 하는 데에 쓸모가 있다. 돈의 쓸모는 여러 곳에 있지만, 사려 있는 사람들에게 돈이 가장 큰 쓸모는 누구를 속이거나 거짓말을 하는 일이 없게 해주고 신에게든 다른 인간에게든 빚진 채 죽는 일이 없도록 해준다는 데에 있다.

케팔로스는 돈의 유용함을 설명하면서 성격 이야기만을 연결한 것이 아니다. 말하자면 그가 새로운 주제를 끄집어냈다. 소크라테스가 짚어낸 대로 정의(正義)의 문제를 케팔로스가 건드려준 셈이다. 케팔로스에 따르면, 제대로 된 사람이 재산을 가지고 있다면 그는 부당한 짓을 하지 않고 정의롭게 사는 데에 가진 재산을 사용할 것이다. 돈의 가장 큰 쓸모는 이것이다. 정의롭게 사는 데에 재산이 기여할 수 있다.

3. 케팔로스의 정의, 케팔로스의 이탈

축제 구경을 위한 지체에서 우연히 조우한 노인과의 대화로, 노년의 실체를 탐구하는 것에서 사람의 성격, 삶의 방식의 중요성을 강조하는 대화로, 또 재산 소유의 중요성에 관한 대화에서 정의(正義)에 대한 정의(定義)로 소크라테스와 케팔로스의 대화는 이런 방향과 주제로 이행한다. 이곳에서 플라톤이 대화의 방식을 빌려 자신의 성숙한 정의론을 논의하고 있다는 것은 철학사의 기초 상식이고 플라톤의 이 저술, 주로『국가(Politeia)』라는 제목으로 통용되는 이 작품의 또 다른 제목이『정의에 관하여(Peri Dikaion)』이기도 하다. 지금까지 케팔로스에게 질문하고 그의 유려한 대답에 탄복해가며 듣는 일에 주력하는 것처럼 보이던 소크라테스는 케팔로스가 정의라는 논제를 대화에 도입했음을 명시하고, 이제 케팔로스와 함께 그의 대답을 검토해보려고 한다.

> 그런데 케팔로스 님, 정의란 단적으로 진실을 말하는 것이라고, 그리고 누구에게서 무엇을 빌렸건 빌린 것을 돌려주는 것이라고 말하면 됩니까?[12]

소크라테스는 우선 케팔로스의 것으로 정리할 수 있는 위와 같은 정의관에 문제점, 결함이 없는지 살펴보았고, 발견했다.[13] 소크라테스의 반론을 들은 케팔로스도 그의 지적에 동의한다. 그렇다면 '진실을 말하는 것과 빌린 것을 돌려주는 것'은 정의에 대한 정의라고 할 수 없다. 이것이 케팔로스에게 제시하는 소크라테스의 논변이다. 소크라테스를 보자마자 그동안 목말랐던 소크라테스와의 대화를 즐거이 하겠노라며 기뻐했던 케팔

12 『국가』 331c1~3.

13 『국가』 331c5~8. 케팔로스의 정의 규정을 검토하면서 소크라테스가 사용한 예가 '친구에게 빌린 무기 돌려주기'의 반례이다. 친구에게 무기를 빌렸는데 그 친구가 후에 미치게 되었다. 정신이 온전치 못하게 된 친구가 전에 그에게서 빌려 간 무기를 돌려달라고 요구한다면, 이 미친 친구에게 무기를 돌려주는 건 정의롭지 않다. 이 점에 대해선 모두 동의할 것이다. 그러므로 '빌린 것을 돌려주는 것'은 정의에 대한 성공적인 정의가 아니다.

로스, 소크라테스의 질문들에 대답하는 일이 전혀 힘들지 않았던 케팔로스, 노련하게 임하며 대화를 주도하기까지 하던 케팔로스가 소크라테스의 이 반론에 대해서는 직접 대답하지 않는다. 케팔로스의 정의, '진실을 말하는 것 그리고 빌린 것을 돌려주는 것'은 정의에 대한 정의일 수 없다는 소크라테스의 검토를 받아들고 그에 대해 대답한 것은 케팔로스가 아니라 폴레마르코스였다.

> 아닙니다. 소크라테스 님, 우리가 시모니데스[14]의 말을 신뢰한다면 그것이 정의입니다.[15]

케팔로스는 자기 아들이 마침 자신을 대신해, 혹은 자신에 앞서서 대답을 내놓자 소크라테스와 해오던 대화를 서둘러 아들에게 물려주고 소크라테스가 오기 전에 주관하던 일, 제사를 마무리해야 한다며 대화에서 일탈한다. 제대로 된 사람은 부당한 짓을 하지 않고 가진 재산도 정의로운 행동을 하는 데에 유용하게 쓴다면서 빌린 것을 '돌려주는' 것이 정의라며 대화를 이어가던 케팔로스, 나이가 들수록 대화를 향한 욕구가 커지고 대화의 즐거움을 제대로 알게 되었다던 케팔로스는 그토록 즐거운 대화, 이

14 시인 시모니데스의 해당 시구가 정확히 어떤 것인지는 단언할 수 없지만, 그리스인들이 격언처럼 여기는 시모니데스의 언명은 '빚진 것을 갚는 것'이 정의라는 내용과 비슷할 듯하다. 소크라테스 자신도 시모니데스의 정의 규정이 분명치 않은 방식으로, 혹은 시인다운 방식으로 표현되었기 때문에 여러 해석을 시도하게 한다고 말하기도 했다.

15 『국가』 332d4~5.

제 정의에 관한 본격적인 탐구에 들어선 대화를 아들에게 '물려주는' 피상속인으로 황급히 자리바꿈을 해버린 것이다.

플라톤은 케팔로스와 소크라테스의 대화를 서둘러 종료할 것이 아니라, 소크라테스가 그와 함께 노년의 길과 삶의 방식에 대해 조금 더 오래 또는 더 치밀하게 이야기하도록 『국가』 1권을 구성할 수도 있었을 것이다. 그런데 『국가』는 노년에 관한 대화를 중심으로 꾸려가는 드라마는 아니다. 그럼에도 불구하고 우리는 여전히 물을 수 있다. 케팔로스는 왜 이 모처럼의 대화 기회를 이리 쉽게 양보했을까? 왜 플라톤은 이렇게 말하고는, 즉 대화의 즐거움에 대해 열렬히 발언하고는 저렇게 행동하는, 즉 대화에서 쉽게 물러나는 케팔로스를 등장시켰을까? 우리는 이런 케팔로스로부터 무엇을 읽어낼 수 있을까?

감당하기엔 다소 벅찬 질문이 시작되어 제대로 대답하기 힘들던 차에 폴레마르코스가 소크라테스에게 대꾸하며 끼어들자, 상속, 즉 '물려주는' 모양새를 취하면서 대화 상대라는 역할을 어물쩍 '넘겨버린' 것인가? 드리던 제사를 마저 돌보아야 한다는 이유를 들며 대화 무대에서 아예 벗어나 버렸으니, 소크라테스를 맞아들이며 했던 말과 달리 케팔로스는 대화의 즐거움이나 검토의 중요성을 제대로 알지 못하는 자인가?

이런 케팔로스의 등장과 퇴장 속에 플라톤이 숨겨놓은 특별한 의미가 과연 있을지, 혹 있다면 무엇일지 확인할 수는 없다. 플라톤의 이런 구성이 어떻게 해석될 수 있는지는 독자의 추정과 추론의 영역에 속한다고 할 것이다. 소크라테스가 그에게 물었던 것은 노년의 실체였는데 이미 드라마 속 대화는 정의 탐구로 이행했고, 중요한 것은 나이의 많고 적음이 아니라 삶의 방식이라고 대답했던 케팔로스는 막상 정의 탐구를 주제로 계속될 대화에 함께하지 않는다. 만일 정의를 정의하는 대화가 삶의 방식을 탐구하는 일로 나아갈 것이라면, 케팔로스의 이런 행태로부터 또 우리는 노년의 어떤 실상을 전망하게 되는가?

4. 축제 구경과 탐구 — 횃불 또는 말

정의가 무엇인지를 탐구하는 『국가』에서 소크라테스와 마주하는 대화 상대는 케팔로스에서 폴레마크로스로, 다시 폴레마르코스에서 트라쉬마코스로 옮겨간다. 아버지에게 대화 상대의 자리를 상속받아 소크라테스와 함께 정의에 관한 대화를 이어갔던 폴레마르코스는 자신 있게 그리고 기꺼이, 이어지는 소크라테스의 여러 질문에 그 나름의 대답으로 돌려주며 대화를 계속했다. 소위 전형적인 소크라테스식 대화라고 할 수 있는 논의가 이어졌다고 하겠다.

폴레마르코스가 내놓는 대답들은 검토와 반박, 수정을 거쳤고 그 과정에서 그가 마지막에 내놓은 정의 규정은[16] 역시 공동의 검토를 통해 제대로 된 정의가 아님이 드러났다. 그리고 폴레마르코스는 자신의 대답을 철회하는 것에 동의한다. 케팔로스로부터 대화를 물려받아 대화를 계속해오다 자신의 대답을 철회한 폴레마르코스가 그럼 이제 정의를 무엇이라고 정의하면 좋겠는지를 다시 묻는 소크라테스에게 새로운 대답을 내놓기도

16 '친구에게는 이로움을, 적에게는 해를 돌려주는 것'이 정의라는 정도로 요약할 수 있는 답변이었다.

전, 폴레마르코스의 자리를 거의 폭력적으로 차지해 버린 자가 트라쉬마코스이다. 이때부터 『국가』 1권이 끝날 때까지의 정의 탐구는 트라쉬마코스와 소크라테스 두 사람 사이의 긴장을 놓을 수 없는 대화를 위주로 진행된다.

아버지에게서 대화를 물려받은 모양새를 취한 폴레마르코스와 달리, 힘을 써서 강탈하듯 소크라테스의 대화 상대가 된 트라쉬마코스는 소크라테스에게 불만이 가득하다. 그가 보기에 소크라테스는 대답은 숨긴 채 질문만 퍼붓는 자이고, 언제나 그런 식으로 상대를 곤경에 빠트리는 인물이기 때문이다. 길에서 맞닥뜨린 폴레마르코스 일행이 "우리의 수가 당신네보다 이렇게나 많으니 우리를 이기든가, 아니면 페이라이에우스에 머물러야 한다"며 다수의 힘을 내세워 갈 길을 막아섰을 때는 별로 동요하지 않은 소크라테스였다. 그렇지만 트라쉬마코스의 위력은 감당하기 힘들었다고 소크라테스는 회고한다.[17] 그런 트라쉬마코스가 소크라테스에게 보란 듯이 내놓은 대답은 정의는 '강자의 이익'이라는 것이다.

상당한 논쟁과 대화 중단의 위기, 소크라테스의 달래기와 설득, 마지못해 이뤄지는 동의를 포함하는 곡절 많은 탐구 끝에 소크라테스는 정의는 강자의 이익에 지나지 않는다는 트라쉬마코스의 주장, 또 정의는 손해이고 부정의가 이익이라는 그의 대담한 도발을 반박해내는 데에 성공한다. 그러나 소크라테스도 인정했다시피, 트라쉬마코스의 주장을 반박했다는 것이지 그렇다고 해서 알고 싶었던 문제, 정의가 무엇인지에 대한 만족

17 『국가』 336d5~e1

스러운 답을 소크라테스가 찾은 것은 아니다. 열심히 검토하고 대화했지만, 정의 탐구의 중심에 도달하지 못했으므로, 제대로 해내려면 이 탐구는 아직 갈 길이 멀지도 모른다.

아테네로 돌아가는 대신 밤이 오길 기다려 함께 구경하기로 한 축제는 말 위에서 벌이는 횃불 릴레이였다.[18] 그러나 『국가』의 대화가 모두 끝나도록 말에 올라탄 사람들이 벌이는 횃불 릴레이 장면은 등장하지 않는다. 그날 밤 그곳에서의 횃불 행렬이 얼마나 대단했는지, 소크라테스가 과연 그 구경을 했는지에 대해서 소크라테스의 '어제' 행적을 '오늘' 그에게서 듣고 있는 이름을 알 수 없는 사람도, 훗날의 우리와 같은 『국가』 독자들도 확인할 길이 없다. 어쩌면 소크라테스를 머물게 했던 심야 축제는 이미 『국가』 속 인물들의 관심에서 벗어나 버렸는지도 모른다.

대신 소크라테스를 비롯해 그곳의 사람들에게 일어난 사건, 그들이 한 일, 그래서 우리가 확인할 수 있는 것은 케팔로스에서 시작하여 아데이만토스 등으로까지 이어지는 말로 하는 축제, 논의의 릴레이다. 그들이 기다렸던 볼거리는 아마도 달리는 말 위에서 말에 올라탄 사람들이 정해진 어느 한 방향으로 횃불을 연속해서 넘기는 경주였을 것이다.

폴레마르코스의 집에서는 마주한 대화자들이 말을 주고받았다. 『국가』는 논의를 넘겨주고 넘겨받는다는 구성적 특징을 갖고 있지만, 앞사람으로부터 건네받은 횃불을 받은 그대로 다음 사람에게로 넘겨 전달하는 릴레이와는 다르다. 『국가』에서 진행된 정의 탐구, 나아가 모든 철학적 탐

18 『국가』 328a1~b3

구는 한 방향으로 일어나는 릴레이나 이미 나 있는 길 위를 따라가는 행렬이 아니다. 케팔로스와 폴레마르코스의 대화 부분에서는 일단 실패한 정의 규정으로 정리되었지만, 『국가』의 탐구는 여전히 '빚진 것을 갚는', '갚아야 할 것으로 갚는' 과정과 관련되어 있다. 이 탐구는 무엇을 질문해야 하는지, 그리고 어떻게 대답해야 하는지, 빚진 것이 무엇인지, 무엇으로 갚는 것이 적합한지 찾아나가는 과정이기도 하기 때문이다.

달리 표현하자면 서로에게 돌려주어야 할 것을 돌려주는 과정이라고 할 수 있다. 돌려주어야 할 것이 무엇인지를 제대로 판단하려면 무엇을 빚졌는지, 그것에게 무엇이 적합한 것인지를 알아야 한다. 『국가』를 본격적으로 시작시킨 문제인 정의가 되었든, 인간의 성격이 되었든 또는 영혼이 되었든 그것이 무엇인지 따져보고 검토하는 일은 그 각자에게 적합하게 돌려주기 위해서도 우선해야 할 탐구이고 그 탐구가 『국가』의 탐구이고 대화이다.

5. 떠난 케팔로스, 남은 소크라테스 — 어쩌면 또 하나의 의미

『국가』의 탐구는 대화 당사자들 외에 그 자리에 있던 적지 않은 사람들이 주의를 기울였던 대화였던 것이 틀림없다. 우선, 폴레마르코스가 기다렸다는 듯이 아버지의 자리를 상속받으려고 했다는 점에서도 그렇고[19] 폴레마르코스와의 대화가 일단락되었을 때 폴레마르코스의 자리를 낚아채듯 차지한 트라쉬마코스 역시 대화의 틈을 줄곧 노리고 있었다고 묘사되었다.[20] 또 트라쉬마코스는 자신이 하고 싶었던 말만 하고 가버리려 했지만, 그는 결국 동석자들과 소크라테스의 만류로 머물렀고 계속 대화해 갔다.[21] 하고 싶은 말을 했으니 또는 소크라테스에게 받은 질문에 대답했으니 가버리면 그만인 것이 아니라, 이제부터는 내어놓은 주장을 직접 설명해야 하고 그 설명에 대한 검토에도 함께할 필요가 있다고 생각해서 트라쉬마코스를 주저앉힌 동석자들 역시 진행되는 대화를 흘려듣고 있던 것이 전혀 아니다.

비록 정의가 무엇인지는 여전히 모르는 상태이긴 하나 그래도 소크라테스는 정의가 아니라 부정의가 이득이 된다는 트라쉬마코스의 주장을 반박했고 트라쉬마코스는 냉소적인 대꾸로나마 자신의 고집스러운 주장을 거둬들였다.[22] 전혀 쉽지 않았던 트라쉬마코스와의 대화를 그렇게 일단락지었으니, 소크라테스 자신이 논의로부터 놓여날 줄 알았다. 그러나 기대와는 달리 그는 저 대화의 자리에서 물러날 수 없었다. 소크라테스를 향해 진지한 요구를 제기하는 이들이 있었고 이들이 차례로 또는 번갈아 계속 대화할 것이기 때문이다.[23]

트라쉬마코스는 대화하기를 그만두고 물러섰지만, 다른 동석자 글라

19 331d8~10

20 336b1~d4

21 344d1~5. 마주하고 대화하던 소크라테스와 여러 동석자가 힘을 써 트라쉬마코스를 주저앉혔다.

22 『국가』 354a8~11

23 2권부터 마지막까지의 『국가』 논의는 글라우콘과 아데이만토스의 거듭된 요청으로 재개된 것이다.

우콘과 아데이만토스가 소크라테스의 물러남을, 대화의 중단을 허용하지 않았기 때문이다. 이들은 소크라테스 자신이 이야기를 마쳤다고 생각했을 무렵에 아직 더 들어야 할 이야기가 남았다며 앞으로 나선다. 소크라테스와의 대화를 통해 정의가 부정의보다 모든 점에서 낫다는 소크라테스의 생각에 진정으로 설득되고 싶었던 이들이 소크라테스를 붙잡고 놓아주지 않았다.

『국가』의 소크라테스가 들려주는 보고와 회고에 의하면, 그리고 앞에서 살펴보았듯이, 폴레마르코스의 집에서 이루어진 대화 모임에 함께한 사람 중 세 사람이 대화를 마치려 했다.

첫 번째가 케팔로스이다. 집안에서 제사를 주관하던 중 예정에 없이 들어선 소크라테스를 맞아들였던 케팔로스는 중요한 말머리를 틔웠고 그의 이런 반응 덕에 독자는 소크라테스가 그에게 물었던 노년에 대해서만이 아니라, 삶의 방식에 대한 총체적인 성찰을 소크라테스와 나눌 것 같다는 기대를 하게 된다. 그러나 진실을 말하고 빚진 것을 돌려주는 것이 정의라고 대답한 케팔로스는 이어지는 소크라테스의 질문을 받고서 그 질문에 대한 대답을 소크라테스에게 돌려주지 않았다. 만일 케팔로스의 정의 규정을 그대로 케팔로스에게 적용한다면, 케팔로스는 부당하다.

트라쉬마코스는 어떤가? 여러 번 폴레마르코스와 소크라테스의 대화에 끼어들려고 했지만 두 사람의 대화를 끝까지 듣길 원하는 다른 이들의 제지로 끼어들기에 성공하지 못했던[24] 트라쉬마코스가 자신이 하고 싶

24 『국가』 336b1~6.

은 말을 실컷 퍼붓고 마치 할 일을 다 했다는 듯이 떠나려 했다는 것도 트라쉬마코스다운 방식이라고 할 수 있다. 소크라테스의 대화 방법이 영 마음에 들지 않던 트라쉬마코스는 불평과 함께이긴 하나, 결국 탐구에 동참했고 계속되는 소크라테스의 질문에 자신의 대답을 돌려주었다. 트라쉬마코스의 주장이 검토 끝에 반박된 이후에 진행된 대화에서 트라쉬마코스 자신은 더 발언하지 않았던 것으로 보인다. 트라쉬마코스의 마지막 대꾸는 자신의 주장, 부정의가 정의보다 이익이 된다는 주장은 소크라테스가 즐길 잔칫상으로 삼으라는 말이었다.[25] 그 이후 그가 그곳을 떠났는지, 아니면 자리를 지켰을지는 명시적인 보고가 없으니, 모를 일이다.

케팔로스는 실제로 대화의 무대에서 물러났다. 그것도 너무 빨리 그리고 너무 쉽게 떠났다. 그의 발언과는 달리 대화의 진정한 즐거움을 모르기 때문에 가볍게 떠났을지도 모른다. 또는 소크라테스의 연이은 질문과 검토를 감당하기가 벅차 제사를 핑계 삼아 그 자리를 피했을지도 모른다. 물론 이 모두가 이유일 수도 있고 그 어느 것도 케팔로스의 떠남에 해당하지 않을 수도 있다. 정의를 되돌려주는 것으로 잡았던 노령의 케팔로스는 자신이 돌려주어야 할 답변, 자신의 대화를 폴레마르코스에게 물려주었다는 것에 주목해보았다. 케팔로스의 빚은 그의 상속자 폴레마르코스가 갚을 것이다. 대화를 상속한 자가 이야기를 계속 이어갈 것이기에 케팔로스 자신은 말하지 않는다. 상속자는 상속분에 대한 권리 또는 의무를 이행하고 그에 더해 상속자 자신의 대답, 자기 몫의 논의도 펼치고 검토하게 될

25 『국가』 354a10-11.

것이다. 케팔로스가 이야기 무대에 남아 있지 않아도, 그가 직접 말하지 않아도 케팔로스가 제공한 드라마의 실마리들, 말하자면 그의 유산은 무대를 꾸려가는 이들에 의해서 보완되거나 다른 방향을 찾아 새롭게 풀리기도 할 것이다.

트라쉬마코스는 케팔로스처럼 자신의 논의를 정상적으로 상속한 것은 아니다. 그렇지만 공격적일 대로 공격적이던 트라쉬마코스가 소크라테스에게 저 말을 끝으로 그곳을 벗어났더라도 상관없다. 그가 그곳에 계속 있든 아니든 이와 상관없이, 글라우콘과 아데이만토스가 요청했다. 이곳의 트라쉬마코스는 그 정도로 포기했을지 몰라도, 어딘가에 있을 수 있는 더 강한 트라쉬마코스를 향해 정의의 진정한 가치를 제대로 변호할 강력한 논의를 소크라테스에게서 듣고 싶다. 자신의 주장을 잔치하듯 마음껏 다루라는 트라쉬마코스의 냉소적인 발언을 허락 아닌 허락으로 삼아, 이쯤 해서 대화를 마치고 물러나고 싶었던 소크라테스에게 더 머물라고, 아니 함께 더 나아가 달라는 요구가 소크라테스를 붙잡은 것이다. 소크라테스는 떠날 수 없었고 처음에 생각했던 것보다 훨씬 더 크고 어려운 논의의 바다에 본격적으로 들어서게 된다. 『국가』라는 플라톤의 드라마는 그렇게 계속된다.

김혜경

서울대학교 철학과에서 서양 고대 철학을 공부했고 플라톤 철학을 주제로 철학박사학위를 받았다. 박사후 과정은 브라운대학교에서 마쳤으며 브라운대학교와 하버드대학교에서 visiting scholar, visiting faculty로 지내기도 했다. 인제대학교 인간환경미래연구원과 KCI 등재 학술지《인간·환경·미래》의 창립 일원으로 참여했고, 현재 연구원장과 발행인의 일을 하고 있다. 인제대학교 문화콘텐츠학과와 인문문화학부의 교수로 학생들을 가르치고 있다. 세 명의 동료와 수년간 진행해온 플라톤의『국가』번역이 마무리되어 '정암고전총서 플라톤전집'으로 출간될 것이다. 고대 철학, 특히 플라톤 대화편을 중심으로 하는 공부에서 호메로스 서사와 그리스 비극으로 연구의 관심을 넓혔다. 삶을 전체적으로 이해하려는 관심, 인간의 자기 이해라는 끝나지 않은 탐구를 근원에 두고 있는 철학, 철학자는 분과 학문들의 중재자, 사회적·문화적 소통의 통로 역할도 감당해야 한다고 생각한다.

진리의 가치

이종권(전 중앙대학교 철학과 교수)

1. 진리가 지닌 지적 가치와 실용적 가치

고대 유대 지방에서 예수가 사역할 당시 유대 총독 빌라도(Pilate)는 반역 혐의를 받고 법정에 끌려온 예수를 신문(訊問)하는 자리에서 진리를 증언하기 위해 왔다는 예수의 말에 대해 "진리란 무엇인가?"라고 반문했다.[1] 플라톤(Plato)은 "X란 무엇인가?"라는 형식의 물음은 어떤 것이 그것을 갖추지 못했다면 X가 될 수 없는 것으로서 X의 본질을 묻는 물음으로 생각했다. 따라서 위의 물음을 플라톤이 제기했다면 그것은 진리의 본질을 따지는 것으로 생각할 수 있다. 그렇지만 싸움 기계로 정평이 난 로마의 군인으로서 승리나 출세만이 가치가 있다고 생각하고 살아왔을 빌라도가 진리의 본질 따위를 알고 싶어 했을 것으로 생각할 수 없다. 빌라도의 의문

1 「요한복음」 18:37-8.

은 '전쟁에서의 승리나 출세, 금은보화도 아닌 진리라는 것이 도대체 무슨 가치가 있기에 내 앞에 있는 이 초라한 인간이 진리 따위를 전파하다가 죽음마저도 감수하겠다는 것인가' 하는 것이었다고 생각된다. 한마디로 그가 알고자 했던 것은 진리의 본질이 아니라 진리의 가치였던 것이다.

"진리란 무엇인가?"라는 형식의 물음이 진리의 본질을 묻는 물음이라면 진리의 가치를 묻는 물음은 "우리는 왜 진리를 추구해야 하는가?"와 같은 형식을 지닐 것이다. 예수는 복음을 전파하다가 죽음을 맞았으며, 『논어』도 공자(孔子)가 그가 도(道)라고 부른 "진실을 아침에 들었다면 그날 저녁에 숨을 거둔다고 해도 아쉬울 것이 없다[朝聞道夕死可矣]"고 말한 것으로 전하고 있다. 이들에 의하면 진리가 목숨보다 가치가 있다는 것인데 그렇다면 위의 물음은 쓸데없는 물음이 될 것이다. 이처럼 진리에 대해 절대적인 가치를 부여한 철학자, 사상가들은 하나둘이 아니지만, 이들이 생각한 진리의 가치가 모두 동일한 것은 아니었다. 이 말은 진리를 추구했던 사람들이 모두 동일한 동기에서 진리를 추구했던 것은 아니었음을 의미한다.

진리를 추구한 첫 번째 부류의 사람들의 동기는 지적 호기심의 충족이었다. 인간은 누구나 자신을 둘러싸고 있는 세계의 진상에 관해 알고자 하는 호기심을 지니고 있다. 그러한 호기심을 특히 남다르게 지니고 있는 사람들은 자신들의 호기심을 충족시키는 진리를 강렬하게 추구하는 한편으로 그러한 진리가 지닌 가치, 지적인 가치에 최고의 의미를 부여했다.

서양에서 성서 다음으로 많이 읽혔다는 『기하학 원론(Elements)』의 저자로 유명한 기원전 3세기의 알렉산드리아 수학자인 유클리드(Euclid)에 관해, 진실 여부가 확인되지 않은 두 가지 일화가 후세에 전해지고 있다.

하나는 기원후 5세기 그리스의 철학자인 프로클루스(Proclus)가 전하는 이야기로서 그에 의하면 프톨레마이오스 왕국의 왕의 초청을 받아 기하학을 강의하게 된 유클리드가, 강의가 너무 어렵다고 생각하여 보다 쉽게 배울 수 있는 길을 묻는 프톨레마이오스 1세 왕에게 "기하학에는 왕도(王道)가 없습니다"라고 답변했다는 것이다. 이러한 답변에 대해 프톨레마이오스 1세는 즉각적으로 '그렇다면 그처럼 어려운 기하학의 진리를 왜 알려고 노력해야 하는가' 하는 의문을 품었을 것으로 짐작되는데 그러한 의문을 프톨레마이오스 1세가 아닌 유클리드의 다른 제자가 실제로 제기했음을 말해주는 유클리드와 관련된 또 다른 일화가 있다. 그 일화에 의하면 그 제자가 "도대체 그 어려운 기하학을 배워서 얻을 수 있는 게 무엇이냐"고 선생에게 묻자 유클리드는 노예를 불러 "저 녀석은 배운 것으로부터 꼭 이득이나 챙겨야 하는 인간이니 동전 세 닢이나 던져주어서 보내라"라고 불친절하게 말했다는 것이다.

위의 일화는 진리의 가치에 대한 유클리드와 그의 제자의 견해 간의 차이를 분명하게 보여준다. 제자의 입장은 진리이건 아니건 현실적인 이익을 가져다주는 것만이 가치가 있으며 그러한 실용적 가치를 지니지 않는 한 기하학의 진리를 포함하여 모든 진리는 무가치하다는 것이다. 그러나 유클리드의 입장은 그러한 실용적 가치보다는 인간의 지적 호기심을 충족시키는 것들이 지니는 가치, 지적인 가치가 우월하며 기하학의 진리는 지적 가치를 지니기 때문에 배워야 한다는 것이다. 서양의 지적 전통에서 학문과 지적 가치에 관해 유클리드의 『기하학 원론』이 끼친 영향은 막대하다는 말로는 부족하다. 현대 논리학의 창시자이자 수학자인 러셀(Russell)이나 상대성 이론의 주인공인 아인슈타인(Einstein)과 같은 천재들은 그들이 소싯적에 읽은 그 책이 그들의 인생에 얼마나 큰 영향을 끼쳤는지를 증언하고 있다. 그러나 그 영향은 그들처럼 천재적 능력과 보통 사람을 넘는 지적 열정(熱情), 학문적 호기심을 지니고 태어난 선택된 사람들에 국한된다.

아리스토텔레스(Aristotle)는 "처음이나 오늘날이나 사람들의 철학의 출발은 궁금증(wonder) 때문"[2]이라면서 그러한 지적 호기심을 충족시키기 위한 삶을 가장 고상한 삶으로 규정했다. 페르마의 최후의 정리(Fermat's Last Theorem)[3]가 참인가 아닌가 하는 문제와 빛을 포함하여 근처의 모든 물질을 빨아들이는 블랙홀(Black-hole)이 우주에 존재하는가 하는 문제는 우리의 지적 호기심을 자극한다. 그러한 문제를 추구하는 것은 러셀이나 아인슈타인과 같은 강렬한 지적 호기심과 더불어 높은 지적 능력을 지닌 천재에 국한될 수밖에 없다. 아리스토텔레스가 권장한 고상한 삶이 보통 사람에게는 그림의 떡일 수밖에 없는 중요한 이유는 또 있다. 그러한 삶을 위해서는 먹고사는 일에 휩쓸리지 않고 진리의 대상을 관조할 여유(leisure)[4]가 필요한데 인류 역사에서 최근에 이르기까지 그러한 여유가 허용된 인간은 드물었다. 태어나면서부터 죽을 때까지 자연적·인위적 재앙

2 "For it is owing to their worder that men both now begin and at first began to philosophize." W. D Ross 번역, Aristotle, *Metaphysics*, Book 1 Part 2.

3 페르마의 최후의 정리란 "어떤 자연수 x, y, z도 2보다 큰 n에 대해서는 $x^n+y^n=z^n$을 만족하지 못한다"는 수학의 정수론에서의 명제를 말한다.

4 여유를 의미하는 그리스 낱말이 scholé인데 라틴어의 scola와 영어의 school은 그로부터 파생된 말이다. 어원에 비추어 볼 때 학교는 얼마만큼 생존의 부담에서 벗어나 삶의 여유를 가진 사람들을 교육하는 기관이라고 할 수 있다.

으로 인한 고통에 짓눌려 살았던 대부분의 사람들은 기하학 같은 지적 진리를 탐구할 호기심과 능력은 고사하고 그러한 탐구에 필요한 여유가 처음부터 주어지지 않았다. 유클리드와 아리스토텔레스가 말하는 것과 같은 고상한 삶은 그들에게는 사치였으며 진정으로 급한 일은 그들을 평생 짓누르는 고통을 야기한 재앙에서 구원을 받는 것이었다.

2. 구원의 방주로서의 진리

빌라도에게 심문을 받는 자리에서 예수는 우리가 왜 진리를 추구해야 하는지에 대해 명시적으로 답변하지 않았다. 그렇지만 「요한복음」의 다른 곳에서 그에 대한 답변이 될 듯한 예수의 말을 발견할 수 있는데 그에 의하면 예수는 "너희가 내 말에 거하면 참 내 제자가 되고 진리를 알지니 진리가 너희를 자유케 하리라"[5]라고 말했다는 것이다. 예수의 말은 '너희'가 현재 억압의 상태에 있으며 그의 진리는 자유를 상실한 나머지 해방을 갈구하는 '너희'를 구원할 힘을 지니고 있다는 뜻이다. 구원의 힘을 지니는 예수의 복음과 같은 진리를 구원의 진리라고 한다면 그 진리가 가지는 가치는 유클리드가 평가한 지적 가치와는 또 다른 종류의 가치라고 해야 할 것이다. 그리고 근대에 이르기까지 대다수의 인간이 구원의 진리를 갈구했다는 사실은 그들의 어깨를 짓누르는 갖가지 자연적·사회적 재앙으로

5 「요한복음」8:32.

인해 지적 호기심을 충족시킬 여유는커녕 현실에서 이익을 도모할 여유도 갖지 못했다는 것을 반영한다.

예수가 본 유대 민족의 근본 문제가 다른 민족의 압제로부터 이스라엘 민족의 해방이었다면 그것은 그를 구세주로 보는 기독교 교리의 확립자인 사도(使徒) 바울(St. Paul)의 생각과는 달랐다고 할 수 있다. 베냐민 지파의 이스라엘인으로서 바리새파에 속했던[6] 바울은 인간의 근본 문제를 공동체와 무관한 개인의 문제로 보았다. 바울은 자신이 한편으로는 신의 율법을 따르기를 원하면서도 율법을 거스를 수밖에 없는 비참한 존재라는 사실에 번민했는데,[7] 오랜 번민 끝에 바울은 자신을 비롯하여 모든 인간이 처음부터 그처럼 죄를 저지르지 않을 수 없는 존재로 태어났다는[8] 실존적 상황이 자신과 유대인만이 아닌 모든 인간이 보편적으로 처해 있는 근본 상황이며(원죄설, 原罪說), 그 상황에서 벗어나는 것이 인간의 근본 문제(fundamental problem)라는 결론에 도달했다. 한 민족에 국한되지 않은, 인류 보편의 근본 문제를 들고나옴으로써 바울은 기독교를 민족 종교인 유대교와 분리해 보편적인 종교로 만드는 데 성공했다. 그의 원죄설은 이후 2,000여 년 동안이나 서구인을 포함해 그 교리를 받아들인 사람들을 태어나면서부터 벗어나기 어려운 죄의식에 짓눌려 살도록 했으며 또한 어떻게 하면 원죄에서 구원받을 수 있을지 평생 전전긍긍하며 살도록 만들었다.

6 「빌립보서」

7 「로마서」 14:21-24.

8 "내가 죄악 중에서 출생하였음이여 어머니가 죄 중에서 나를 잉태하셨나이다(Surely I was sinful at birth, sinful from the time my mother conceived me)."(「시편」 51:5)

바울은 전통적인 유대교에서와 다른 근본 문제를 제시함과 동시에 그 해결책도 율법을 준수하는 것으로부터 예수의 복음을 믿는 것으로 바꾸었다. 구세주인 예수가 우리의 죄를 대신 갚기 위해 십자가 처형을 당하고 부활하는 방식으로 우리의 죄를 대신 갚으려 했던 것인 만큼(대속론, 代贖論), 그 사실을 믿을 경우 또 오직 그 경우에만 개개의 인간은 죄 사함을, 구원을 받게 된다는 것이다.

바울은 삶의 근본 문제와 그 해결은 공동체가 아닌 개인 차원의 문제로 보았는데 그 점에 있어서는 부처도 마찬가지였다. 기원전 624년 슈도다나(Shuddhodana) 왕의 아들로 태어나 싯다르타(Siddhartha)란 이름을 부여받은 부처는 부왕이 다스리던 왕국의 수도에서 민정을 살피던 중 인간이 처해 있는 근본적인 문제를 발견하고 그 해결에 그의 전 인생을 걸기로 결심한 것으로 전해진다. 부처가 발견한 삶의 근본 문제란 인간이 태어나서 늙고 병들어 결국에 가서는 죽음을 맞이하는 괴로운 생로병사(生老病死)의 과정을 밟을 수밖에 없다는 것이었다. 생로병사의 자연적 과정과 그에 동반된 괴로움은 왕궁 밖의 사람들만이 아니라 싯다르타가 살고 있던 왕궁 안의 사람들을 포함하여 모든 사람, 아니 거의 모든 동물도 겪는 보편적인 현상인데 그것을 발견하기 위해 굳이 왕궁을 벗어나야 했었다는 이야기는 이상하게 들린다. 하여간 부처와 그를 숭배하는 불교도는 인간이 겪는 괴로움, 고(苦)가 동물의 경우와도 다른 특별한 것이라고 생각한 것 같다. 싯다르타는 인간의 보편적인 고(苦)에서 인간을 구원하고 영속적인 행복에 도달할 수 있는 길을 찾기 위해 안락한 왕실의 생활을 버리고 수도의 길을 나선 끝에 고(苦)의 궁극적인 원인을 밝혀냄으로써 문제 해결의 실마리가 될 수 있는 진리, 구원의 진리를 찾았다고 생각했다. 불교는 우리가 각자 싯다르타가 찾아낸 진리를 깨우침으로써 고(苦)로부터의 해방이라는 구원을 얻을 수 있다고 가르친다. 바울의 기독교에서는 구세주에 대한 믿음이 구원의 방주이지만 불교에 있어 그것은 믿음이 아닌 각자의 깨달음인데 어떤 경우에도 구원의 열쇠는 개인적인 차원의 것으로서 공동체와는 무관하다.

삶의 근본 문제와 그 해결을 개인적인 차원의 것으로 본 바울과 부처와는 달리 대부분의 사상가, 종교인은 그것을 공동체와 떼어서 생각할 수 없는 것으로 보았다. 예수와 그가 속했던 유대인들은 자신들의 공동체에 닥친 재앙, 타민족에 의한 압제를 민족의 근본 문제로 생각했지만, 플라톤과 공자, 마르크스(Marx)를 비롯한 대부분의 철학자, 사상가는 재앙의 원인을 외부적인 요인보다는 공동선(Common Good)을 지향하는 공동체의 내적 불완전, 내적 모순에서 찾았다. 그들은 한결같이 내적 모순이 완전히 제거된 이상적인 공동체를 실현하기까지는 사회적 동물로서 인간은 그 모순에서 비롯되는 재앙에 시달릴 수밖에 없다고 보았다.

『예기(禮記)』의 「단궁하편(檀弓下篇)」에 의하면 어느 날 공자가 제자들과 태산(泰山) 기슭을 지나가고 있을 때 한 부인의 애절한 울음소리를 듣고 제자인 자로(子路)에게 그 사연을 물어보도록 했다. 시아버님과 남편, 그리고 이어서 이번에 자식까지 호랑이한테 잡아먹히는 호환(虎患)을 당했기 때문이라는 부인의 답변에 공자는 그런데도 "왜 그곳을 떠나지 않는가"라고 재차 물었다. 여인이 "이곳에는 가혹한 정치가 없기[無苛政] 때문"이라고 답변하자 공자는 "가혹한 정치는 호랑이보다 더 무섭다[苛政猛於虎]"는 사실을 제자들에게 강조했다는 것이다. 싯다르타의 부왕이 다스리던 왕국도 완벽하지 않은 이상 공자가 말한 것과 같은 가혹한 정치, 가정(苛政)은 있었을 것이며 그러한 가정에 짓눌리며 신음하는 백성들도 있었을 것이다. 그렇지만 백성들의 그러한 고통은 싯다르타의 주의를 끌지 못한 것 같다. 싯다르타가 말한, 그리고 전통적으로 불교에서 말하는 고(苦)는 가정(苛政)과는 거리가 있으며 공동체와는 관련이 없는 것이기에 개인적 차원에서 극복해야 하는 '재앙'이라고 할 수 있지만, 공자의 재앙은 공동체의 내적 모순에서 비롯된 것이다.

공동체의 재앙을 어떻게 극복할 것이며 모순이 제거된 이상적인 공동체가 어떤 모습일까 하는 것은 사상가마다 달랐다. 기독교에서 구원된 인간들이 속할 공동체를 예수는 '하나님의 왕국(Kingdom of God)' 내지는 '천국(Kingdom of Heaven)'으로 불렀는데 예수는 체포되어 신문을 받는 자리에서 천국이 어떤 나라인지를 알고 싶어 하는 모든 사람에게 말하듯 "내 나라는 이 세상에 속한 것이 아니다(My kingdom is not of this world)"고 선언했다.[9] 그러니까 기독교에서 완전한 공동체로서의 천국은 당장은 물론 미래에도 이 지상에서는 실현될 수 없는 유토피아(Utopia)[10]라는 의미이다.

예수 말고도 구원의 진리를 전하는 모든 사람이 말하는 이상적인 공동체는 현세를 넘는 세계에 속하거나 아주 먼 미래에나 실현될 수 있는 유토피아라는 점에서 일치했다. 정의가 완전하게 실현된 이상 사회로서 플라톤이 그린 '아름다운 나라(Kallipolis)'도 그가 좋아하던 이데아로서 기하학의 삼각형과 마찬가지로 완벽하기는 했지만 현실에서 실현할 수 있는

9 「요한복음」 18:36.

10 'utopia'라는 낱말은 부정을 의미하는 그리스어 u(οὐ)와 장소를 의미하는 topos(τόπος)의 합성어로서 이 지상에 없는 장소 no-place를 의미한다.

공동체가 아니었다. 유학자들이 꿈꾸는 일체의 가정(苛政)이 사라진 평천하, 그리고 인간에 의한 인간의 착취가 모두 옛일이 되어 버린 마르크스의 계급 없는 사회도 인류의 역사 안에서는 실현하기가 불가능하거나 먼 미래에나 실현될 유토피아라고 해야 할 것이다. 그러나 이상한 일이기는 하지만 실현이 불가능한 유토피아일수록 인간의 열정을 자극했으며 그 열정은 실현 가능성에는 눈을 감고 유토피아를 실현하는 일로 사람들을 내몰았다.

3. 선천적인 의무와 자유

근대에 이르기까지 인류의 역사에서 등장한 거의 모든 공동체는 수많은 모순을 안고 있었으며 그 모순에서 비롯된 재앙은 사람들을 고통으로 몰아넣었다. 현실의 모순에 절망하고 구원을 애타게 갈망하는 사람들이 지적 호기심을 충족시키는 진리나 당장의 효용을 지니는 진리를 외면하고 구원의 진리를 찾았던 것은 이상한 일이 아니었다. 생물학적 존재로서 인간에게 가장 긴급한 것은 빵이다. 그런데 예수는 "사람은 떡만으로는 살 것이 아니라"고 말했다.[11] 이 말을 받아 러시아의 작가 도스토옙스키(Dostoevsky)는 그의 한 소설에서 인간이 존재할 수 있는 비밀은 그저 사는 것뿐만 아니라, 무엇을 위해서 살아야 하는지를 아는 데 있다면서 삶의 목

11 「마태복음」 4:4.

적(the purpose of living)에 대한 확고한 의식(firm conviction)이 없다면, 주위에 떡이 산더미같이 있더라도 인간은 살겠다고 하지 않을 것이며, 이 지상에 남아 있느니 차라리 자살하는 길을 택할 것이라고 말하고 있다.[12] 구원의 진리들은 한결같이 인간을 구원하는 장치의 하나로서 삶의 목적을 제시하고 있으며, 그러므로 구원의 진리가 없다면 우리는 목적 없는, 허무한 삶을 살게 될 것이다.

구원의 진리에 의해 우리는 의미 있는 삶을 산 끝에 구원되겠지만, 그러나 그것은 거저 얻어질 수 있는 것이 아니었다. 구원의 진리를 이루는 도덕 원칙, 정의의 원칙은 구원의 대가로 가혹한 도덕적 의무를 부과했다. 유대교의 야훼 신은 이민족의 압제로부터 이스라엘 민족을 구원하고 그들을 모래알만큼이나 번성하게 할 것을 약속했지만 그 대가로 자신의 명령을 절대적인 도덕적 계명으로 삼아 엄격하게 지킬 것을 요구했다. 바울은 그 계명을 온전히 지키기가 불가능하다는 사실에 절망했지만, 『구약성경』에 의하면 이스라엘인들도 거듭해서 율법을 위배했으며 그때마다 신으로부터 가혹한 응징의 대상이 되어야 했다. 예수도 자신의 진리가 그 진리를 따르는 사람을 자유케 할 것이라고 선언했지만 율법을 대신한 다른 도덕적 가르침으로 가득한 예수의 복음은 그의 추종자들을 율법보다도 덜 힘들다고 볼 수도 없는 도덕적 의무로 구속하고 있다.

이처럼 구원의 진리, 예를 들어 유가의 진리를 자진해서 받아들인다고 해도 삼강오륜(三綱伍倫)에 의해 행동을 규제받을 수밖에 없다는 의미

12 Dostoevsky, F.(Ignat Avsey 영역), *The Karamazov Brothers*(Oxford University Press, 1994), 319쪽.

에서 그 진리에 구속되는 것은 마찬가지이다. 삼강오륜 덕분에 우리의 조상들은 효도가 아닌 행위를 하지 못하도록 '구속'된 것이며 성경에서 말하는 십계명(十誡命)으로 인해 유대인들은 야훼 신 이외에 다른 신을 믿을 '자유'를 박탈당한 셈이다. 만일 삼강오륜과 십계명과 같은 도덕 원칙이 없었더라면 그 원칙에서 규정한 도덕적 의무에 구속되지도 않았을 것이며 그 원칙이 금하는 것을 행할 자유도 박탈당하지 않았을 것이다. 구원의 진리가 부과하는 인간을 구속하는 도덕적 의무의 가혹함을 더하는 것은 그 의무가 태어나면서부터 짊어져야 할 선천적인 것이라는 사실이었다.

구원의 진리를 옹호하는 사람들은 보통 그 진리의 기원으로서 현실의 세계를 넘는 '배후 세계(Hinterwelt)'와 그 세계에 속하는 초경험적이고도 불변적인 존재로서 신(神)이나 리(理), 이데아와 같은 존재를 상정한다. 고대 그리스의 소피스트(Sophist)와 로마인들은 모든 법은 인간이 제정함으로써 탄생하며 또한 인간에 의해 폐지됨으로써 사라진다고 생각했다. 그렇지만 인간이 아닌 리(理)나 이데아와 같은 생성·소멸하지 않는 존재에서 기원하는 구원의 진리로서 도덕 법칙이나 정의의 원칙이라면 특정한 시기에서 생겨나거나 사라지지 않고 시대와 장소를 가리지 않고 영속적으로 인간을 지배할 것이다. 이 말은 또한 인간은 태어나면서부터 그 법칙 내지는 원칙의 지배를 받는다는 것을, 혹은 그 법칙과 원칙이 부과하는 각종 의무에 엄격히 구속된다는 것을 의미한다. 조선 시대 우리 조상은 삼강오륜을 따를 선천적 의무를 안고 태어난 것이며 유대인들도 평생토록 그들을 옥죄는 신의 계율에 얽매인 채 태어난 셈이다.

시공간의 제약을 받지 않는 어떤 보편적인 도덕 법칙과 정의의 원칙 같은 구원의 진리가 존재하며 모든 인간은 그 원칙들이 부과하는 각종의 선천적인 도덕적 의무 혹은 책임을 안고 세상에 태어난다는 생각은 서양 근대에 이르기까지 대부분의 고등한 인류 문명 사회를 지배했다. 그렇지만 오랜 짓눌림 끝에 서구인은 구원의 진리가 부과하는 선천적인 도덕적 구속에서 해방되기를 바라게 되었다. 예수가 아무리 당신의 진리가 우리를 자유케 하리라고 외쳤어도 근대인에 있어 구원의 진리는 자유가 아닌 속박의 원천으로 인식되었으며, 따라서 선천적이고 보편적이고 불변적인 도덕 원칙과 같은 구원의 진리의 존재를 인정하는 한 그러한 속박에서 벗어나 자유로운 존재가 될 길은 없다고 생각되었다. 그에 따라 선천적이고 불변적인 존재에서 비롯된 도덕 원칙과 같은 구원의 진리를 폐기하려는 움직임이 근대 서구인들에 의해 시작되었다.

구원의 진리를 버리는 첩경은 그 진리의 근원인 배후 세계와 배후 세계에 있는 신(神), 이데아, 리(理)와 같은 형이상학적 존재를 제거하는 것이었다. 기독교들인 서구인들에 있어서는 절대적으로 신앙하고 있던 야훼 신을 죽이지 않는 한 그때까지 그들을 지배하고 있던 기독교의 계율과 같은 구원의 진리를 거부할 수 없었다. 신을 죽일 수만 있다면 그로부터 비롯되는 선천적인 도덕적 계명은 의미를 잃게 될 것이며 인간은 태어나면서부터의 선천적인 도덕적 의무에 구속되는 대신에 자유를 누리게 될 것이었다.

러시아의 작가 도스토옙프스키는 언젠가 "만일 신이 존재하지 않는다면 모든 것이 허용된다(If God does not exist, everything is permissible)"고 말한 것으로 알려져 있다.[13] 조선인들에 있어 성리학에서 말하는 리(理)가 존재하지 않는다면 삼강오륜과 같은 리(理)에 기원하는 도덕 원칙들도 무의미한 것이 될 것이다. 따라서 어떤 행위에 대해서도 해야 한다(ought to be done)거나 혹은 해서는 안 된다는 말이 성립하지 않을 것인데 그렇다면 도스토옙스키의 말대로 어떤 행위를 하는 것도 허용될 것이다. 그렇지만 삼강오륜을 버리고 자유를 얻는 대가도 생각하지 않을 수 없다. 그것은 구원의 방주를 버리는 것인데 구원은 내세나 먼 미래에서 이루어지는 일이기는 하지만 그러한 목표를 버리는 것은 도스토옙스키가 말한 '삶의 목적'을 잃어버리는 일이다. 유가의 도덕 원칙이 부과하는 도덕 원칙을 거부하는 삶은 아무리 자유로운 삶이라고 하더라도 삶의 목적을 잃어버린, 예수가 말하듯 빵만으로 사는 짐승의 삶이 될 수밖에 없다. 진정한 인간이 되는 데 최고의 가치를 부여한 유학자들로서는 그러한 자유로운 삶은 의미를 상실한 허무한 삶으로 생각하지 않을 수 없었다.

'자유'를 얻기 위해 '삶의 목적'을 잃어버리고 허무한 삶을 살기를 바랄 수 없었던 도스토옙스키와 같은 사람들은 따라서 도저히 신을 죽일 수 없었다. 그러나 다른 사람들은 삶의 의미는 나중에 찾더라도 우선은 구원의 진리가 씌운 도덕의 굴레에서 벗어나고 싶어 했다. 그리하여 그들은 과감하게 오랫동안 인류의 의식을 지배해 왔던 배후 세계와 배후 세계를 이루는 초월적 존재를 제거하는 일에 나서게 되었다. 철학적으로 그러한 작업은 영국의 경험주의 철학자 버클리(Berkeley)가 확립한 "존재하는 것은 지각되는 것이다(esse est percipi)"라는 원칙을 이용하면 쉽게 수행될 수 있

13 도스토옙스키의 소설 *The Karamazov Brothers*에는 한 작중 인물이 "영혼의 불멸이 없다면 덕도 없는 것이며, 따라서 모든 것이 허용된다(Immortality of the soul does not exist, therefore there is no virtue, therefore everything is permitted)"고 말한 대목이 등장한다. Dostoevsky(Ignat Avsey 영역), *The Karamazov Brothers*(Oxford University Press, 1994), 103쪽 참조.

었다. 배후 세계는 현상적인 현실 세계를 넘는 것으로서 그 세계에 속하는 이데아나 리(理)는 명백히 지각이 불가능하다. 그렇다면 이데아나 리(理)를 정말로 존재하는 것으로 생각해서는 안 될 것이며 그것에서 비롯되었다고 하는 도덕 법칙이나 정의의 원칙도 진정한 법칙이나 원칙으로 인정해서도 안 될 것이다.[14]

리(理)나 이데아와 그것들에서 기원하는 도덕 법칙 같은 것이 존재하지 않는다면, 인간은 태어나면서부터 그를 속박하는 어떤 의무도 지니지 않은 채 세계에 내던져졌다는 이야기가 될 것이다. 프랑스의 작가 사르트르(Sartre)는 바로 그렇다고 답했는데 그의 한 에세이 「실존주의는 휴머니즘이다」에서 그는 신은 존재하지 않기 때문에 인간에게 미리 주어진 가치나 명령 따위는 존재하지 않는다면서 "찬란하게 빛나는 가치의 왕국에서 뒤를 보건 앞을 보건 우리의 행동을 정당화할 수 있는 어떤 수단도 변명거리도 찾을 수 없는 것이다. 우리는 아무 변명할 거리도 없이 혼자 내팽개쳐진 것이다"[15]라고 비장하게 말하고 있다. 미리 주어진 가치나 명령 따위가 없는 세계에 그저 내던져졌기 때문에 인간은 자유이기는 하지만 가치의 왕국에서 스스로 삶의 가치, 삶의 의미를 찾는(discover) 대신에 만드는(invent) 힘든 작업을 감수해야 하므로 사르트르는 신을 죽임으로써 얻은 자유를 축복이 아닌 징벌로 표현했다.

14 그러나 주교였던 버클리는 자신의 공식을 신을 죽이는 데까지 이용할 수는 없었다.

15 Jean-Paul Sartre, "Existentialism and Humanism", Stephen Priest가 편집한 *Jean~Paul Sartre: Basic Writings*(Routledge, 2001), 26~57쪽, 32쪽.

자유로운 존재가 된 뒤 삶의 의미를 '만들어내지' 못할 경우 인간의 삶은 허무하게 될 것인데 도스토옙스키는 인간으로서는 자유를 얻는 대가로 감당해야 할 그와 같은 부담이 신을 받아들임으로써 짊어져야 할 부담, 십자가를 지고 예수의 진리, 구원의 진리를 따라야 할 부담에 비해 훨씬 힘겹다고 보았다. 그러한 이유로 그는 아무래도 신을 죽이는 쪽을 선택할 수가 없었지만, 니체(Nietzsche)는 종래의 기독교의 신에 관한 진리를 따르는 인간의 삶은 진정으로 의미 있는 삶이 될 수 없다는 생각에서 배후 세계를 제거하고 신을 죽이는 쪽을 선택했다. 신을 죽인 니체는 신에 기원한 도덕 대신에 그가 인간의 본질이라고 본 힘에의 의지(Wille zur der Macht)에 어울리는 도덕을 확립하고 싶어 했는데 니체의 경우에는 신을 죽이고 그에 기원하는 도덕 원칙을 파괴하는 일보다는 새로운 도덕을 건설하는 일이 어려워 보인다.

서구인들은 과거에는 인간이 신이 준 도덕 법칙에 의해 처음부터 구속된 상태로 태어났다고 생각했으나 이제는 자유를 지니고, 그것도 모든 사람이 평등한 권리로 지니고 태어난 것으로 생각했다. 1776년에 선포된 미국의 「독립 선언서(Declaration of Independence)」는 첫머리에 "모든 사람은 조물주로부터 어떤 양도할 수 없는 권리를 부여받았으며, 그 가운데는 생명과 자유와 행복의 추구에 대한 권리가 있다"고 못 박고 있다. 근대 서구인들은 인간이 처음부터 어떤 도덕 원칙과 그에 따른 도덕적 의무가 부과된 채 태어났다는 주장은 미신이며 자신들은 그러한 미신에서 벗어남으로써 계몽되었다고 자부했다. 그러나 인간에게 선천적인 도덕적 의무가 있다는 주장이 미신이라면 인간이 처음부터 자유와 권리를 지니고 태어났으며, 따라서 선천적인 자유에의 권리가 있다는 근대인들의 주장 또한 논리적으로는 미신이기는 마찬가지라고 해야 할 것이다. 여하간 근대 이전의 인간들이 전자의 주장을 증명 없이 믿은 것과 마찬가지로 근대 이후의 인간들은 후자의 주장을 회의를 용납하지 않는 제일 원리 내지는 공리와 같은 것으로 받아들였다. 그에 따라 현실에서 거부된 어떤 조그마한 선천적인 자유와 권리를 되찾기 위한 싸움도 근대 이후 종교적 믿음을 사수하기 위한 중세의 성전처럼 그에 대해 가타부타 토를 달 수 없는 성스러운 것이 되었다.

4. 행복과 실용적 진리

근대의 인간관에 의하면 인간은 도덕 원칙과 그것을 따름으로써 실현되는 삶의 목표, 가치 등을 제시해주는 어떤 구원의 진리도 없는 상태에서 평등하게 자유로운 존재로 세계에 내던져졌다. 그렇지만 영국의 경험주의자들은 세계에 내던져진 존재로서 인간이 자유로울 뿐 아니라 각종의 쾌락과 고통을 느끼는 존재라는 사실에 주목했다. 쾌락과 고통을 느끼는 것은 다른 동물도 마찬가지인데 쾌락과 고통을 느낀다는 것은 쾌락 혹은 보다 고상한 용어로 행복을 극대화하고 고통을 가급적 회피하려는 성향, 욕망을 지닌다는 것을 의미한다. 욕망이 충족됨으로써 인간은 쾌락을 느끼고 좌절될 때 고통과 불행을 느낀다. 배가 고프면 빵에 대한 욕망이 생기는데 그 욕망이 충족되면 행복을, 완전히 좌절되면 극심한 고통을 느낄 수밖에 없다. 그런데 삶의 목적을 제시하는 도덕 원칙 등이 이미 주어져 있거나 혹은 어떤 식으로든지 인간 스스로 만들어낼 수 있다면 인간은 그 목적을 위해 쾌락을 억제하고 고통을 감내해야 할 것이며 또한 할 수도 있을 것이다. 그러나 그렇지 못하다면 인간은 예수가 말한 대로 오로지 빵만으로 살 수밖에 없으며 행복을 극대화하고 고통을 극소화하는 일이 삶의 최고의 목적이 될 수밖에 없을 것이다.

인간이 도덕 원칙을 만들어낸다고 해도 그 원칙이 쾌락과 고통에 의거한다면 인간은 빵만으로 살아야 한다는 이야기가 여전히 성립할 것이다. 맹자는 아마도 측은지심(惻隱之心) 등과 같은, 동물에게는 없고 인간만이 고유하게 지니는 심적인 성향에 기초하는 대신에 동물과도 공유하는, 욕망이 충족되거나 좌절될 때 느낄 수 있는 쾌락과 고통에 의거하여 도덕 원칙을 수립할 수 있고 삶의 진정한 의미와 가치를 확립할 수 있다는 이야기를 들었더라면 기절할 듯이 놀랐을 것이다. 욕망을 통제해야 할 가치나 목적이 사전에 주어져 있지 않은 채 제반 욕망을 지닌 자유로운 존재로 태어났다면 죽기 전까지 타고난 욕망을 최대한으로 충족시킴으로써 가능한 한 많은 쾌락을 누리는 것 이외에 의미 있는 삶은 있을 수 없을 것이다. 맹자는 그러한 삶은 짐승의 삶에 불과하며 의미 있는 인간의 삶은 될 수 없다고 주장했지만, 벤담(Bentham)을 비롯한 영국의 경험주의자들은 인간에게도 그것이 의미 있는 삶이 될 수 있다고 주장했다.

벤담은 『도덕과 입법의 원리 서론』이라는 제목의 저술 첫머리에서 정식화한 '공리의 원리(Principle of Utility)'에서 다음과 같이 새로운 인간관을 과감하게 제시하고 있다.

> 자연은 인간을 두 주인의 지배하에 두었다. 고통과 쾌락이 그것이다. 그 둘만이 우리가 무엇을 할 것인가를 결정할 뿐만 아니라 우리가 무엇을 해야 하

는가 하는 것도 정해준다. 한편으로는 옳고 그름의 기준이, 다른 한편으로는 원인과 결과의 연쇄가 그 두 주인이 차지하고 있는 왕좌에 매달려 있다. 고통과 쾌락은 우리의 모든 행동과 말, 그리고 생각을 지배한다.[16]

이제 인간의 근본 문제는 재앙에서의 구원으로부터 어떻게 하면 쾌락을 극대화하고 고통을 피할 수 있는가 하는 것이 되었다. 구원이 근본적으로 중요하다면 구원의 진리인 도덕 법칙에 따라 어떤 행위를 해야 할지를 결정하는 것이 인간의 주인이 되어야 할 것인데 플라톤이나 칸트(Kant)와 합리주의 철학자들은 그러한 역할을 하는 것은 욕망이 아닌 이성이라고 주장했다. 그러한 이성주의적 관점에서 욕망의 방향은 반드시 이성이 지시하는 방향과 일치하지 않으므로 욕망은 이성이 설정한 목적을 달성하기 위해서는 필요한 만큼 제어되어야 할 것이지 인간의 주인이 될 수 없다. 그러나 영국의 경험주의자들은 욕망과 이성의 지위를 역전시켜 욕망을 인간 주인의 위치에 올려놓겠다고 나선 것이다.

욕망은 현재에는 존재하지 않는, 예를 들어 어떤 명품을 소유하는 상태나 현재 앓고 있는 질병으로부터의 회복된 상태 등을 지향한다. 그와 같은 욕망이 생기면 욕망의 주체는 욕망이 지향하는 상태를 현실에서 실현하고자 하는 것을 목표로 설정하게 되는데 욕망이 목표한 그 상태가 실현되면 쾌락을 얻을 것이고 그렇지 못할 경우 고통을 느끼게 될 것이다. 현재에는 존재하지 않는 어떤 상태를 실현하고자 하는 욕망이 발동하지 않는

16 Bentham, *An Introduction to the Principles of Morals and Legislation*(Oxford: The Clarendon Press, 1823), 1쪽.

한 어떤 행동의 목표도 설정될 수 없을 것이므로, 따라서 영국의 경험주의자들은 인간이 욕망이 없이 이성만을 갖추고 태어났다면 무엇을 해야 할지를 몰랐을 것이라고 주장했다. 벤담이 그 한 사람인데, 그러한 의미에서 인간의 주인은 욕망이라는 것이다. 그렇다면 욕구에 의해 주인의 자리에서 쫓겨난 이성의 위상은 어떻게 되는가? 그에 대해 같은 영국의 경험주의 철학자인 흄(Hume)은 그의 주저에서 다음과 같이 말하고 있다.

> 이성은 단순히 감정(passion)의 노예이며 노예가 되어야 마땅하다. 봉사하고 복종하는 것 이외에 노예에게 다른 할 일이 있는 것처럼 할 수도 없다.[17]

욕망에 의해 목표가 정해졌다면 이제 정해진 목표를 달성하기 위한 최적의 방법, 가장 효율적인 수단을 찾는 것이 문제가 될 것인데 흄은 이성의 역할이 요구되는 것은 이 단계에서라고 말하고 있는 것이다. 이성의 역할은 일단 욕망에 의해, 감정에 의해 목표가 설정된 뒤 그 목표를 가장 효과적으로 달성하는 수단을 캐내는 데 그치므로 욕망이나 감정에 의해 목표가 설정되기 전까지는 이성이 할 수 있는 역할은 없다. 그러므로 이성은 감정을 포함하는 욕망의 노예에 불과하다. 그처럼 최적의 수단을 찾아내는 역할을 하는 데 그치는 이성을 도구적 이성이라고 부를 수 있을 것인데 그러한 이성은 우리가 따라야 할 도덕 원칙을 마련해주는 칸트의 실천이성 같은 것과는 구분해야 한다. 그렇다면 최적의 수단이란 어떤 수단인가?

17　Hume *A Treatise of Human Nature*(L. A. Selby-Bigge에 의한 편집본, Oxford: The Clarendon Press, 1888), 2권 3부 3절.

M이 어떤 목적 E를 달성할 수 있는 수단으로서 적절하다는 것은 M의 선택이 E를 성취하기에 충분하다는 뜻이다. M이 E의 충분조건이 되는 대표적인 경우가 M이 E의 원인인 경우이다. M이 E의 원인이라는 것은 양자 사이에 인과 관계가 성립한다, 내지는 M과 E를 포섭하는 인과 법칙이 존재한다는 뜻이다. 그러므로 목적 E를 성취할 수 있는 적절한 수단을 찾아내기 위해서는 E와 관련된 인과 관계 혹은 인과 법칙을 파악하는 것이 중요하다. 예를 들어 어떤 여인의 사랑을 얻는 것을 목표로 설정했을 때 그 목표와 관련된 인과 법칙은 여인의 심리에 관한 것이 될 것이다. 여인의 심리에 관한 인과 법칙을 탐구한 결과로 명품 핸드백을 선물하거나 매일 그녀의 창밖에서 그녀가 좋아하는 세레나데를 불러주면 인과적 결과로 여인의 사랑을 얻을 수 있음을 알게 된다. 그러므로 이 경우 명품 핸드백 선물과 세레나데를 불러주는 것이 목적을 위한 적절한 수단임을 알게 된다. 이 두 수단 가운데 비용의 측면에서 가장 적은 비용을 요구하는 수단, 예를 들어 세레나데를 불러주는 것이 가장 효율적인 혹은 최적의 수단이 될 것이다.

위의 예는 최적의 수단을 알기 위해 필요한 것은 목적과 관련된 인과 관계 내지는 인과 법칙의 진리, 그리고 수단이 요구하는 비용과 관련된 진리에 관한 지식임을 보여준다. 그런데 목적과 관련하여 성립하는 인과 법칙이 어떠한 것인가 그리고 수단이 요구하는 비용이 어느 정도인가 등에 관한 진리는 지적 호기심의 충족과는 관련 없는, 욕망의 충족과 관련된 진리로서 실용적 진리라고 부름직하다.

근대 이후 욕망을 주인으로 삼아 최대한의 쾌락을 추구하는 삶에 최고의 가치를 부여한 인간에 있어 지적 호기심을 충족한다든가 현세에서는 불가능하거나 먼 미래에나 가능한 구원을 바라는 것은 의미 없는 일이 되었다. 그러므로 욕망을 충족하는 일과는 무관한 구원의 진리라든가 지적 진리는 무가치한 것으로 취급되고 욕망을 달성할 수 있는 수단을 찾아내는 데 유용한 과학의 진리와 같은 실용적 진리가 이제 의미 있는 진리로 대접받게 되었다.

인간의 욕망은 다양하다. 다양한 욕망의 대상과 관련된, 자연에 존재하는 인과 관계 내지는 인과 법칙의 진리에 관해 폭넓은 지식을 얻으면 얻을수록 다양한 욕망을 충족할 힘을 갖게 될 것이다. 고대 유클리드는 기하학의 진리에서 인간의 지적 호기심을 만족시키는 가치밖에는 발견하지 못했는데 근대 서구인들은 기하학을 비롯한 제반 과학의 진리가 그의 제자가 생각했던 것보다는 훨씬 넓은 범위에서 우리의 욕망을 충족시키는 효과적인 수단, 힘을 제공함을 발견했다. 배후 세계나 내세를 버리고 현세에서의 행복만을 추구하기 시작한 베이컨(Bacon) 이후의 인류는 과학적 진리에서 앞서 말한 힘의 원천을 확인하고 종전에 자신들을 구원할 것으로 믿은 신을 숭배한 것보다도 더 열렬하게 자신들에게 자연을 지배할 힘을 제공할 과학을 숭배하고 찬양하게 되었다. 이제 과학과 기술의 탐구로의 전력 질주를 시작한 서구인들은 그 결과로 인류 역사상 가장 큰 힘을, 주체할 수 없을 정도의 막강한 힘을 얻게 되자마자 곧장 자신들의 욕망을 채울 수 있는 대상을 찾아 지구의 여타 지역을 정복하기 위한 쟁탈전에 경쟁적으로 나서게 되었다. 그 쟁탈전은 지구상에 수많은 희생자를 낳았는데 조선과 조선인들도 그 가운데 하나였다.

서구의 근대와 더불어 시작된 변화를 근대화라고 한다면 근대화의 핵심에 있는 것은 이성을 대신한 욕망의 부상에 따른 인간의 삶의 근본적인 가치의 변화라고 해야 할 것이다. 이제 가치의 중심은 내세 혹은 미래에서의 구원으로부터 현세에서의 쾌락의 극대화로 바뀌었으며 그에 따라 구원의 진리는 인간의 관심에서 멀어지고 실용적 진리가 중심적인 위치를 차지하게 되었다. 그러나 그 못지않게 혁명적인 변화라고 할 것은 사회와 사회 구성원으로서 개인의 위상에 대한 인식의 변화였다.

과거 인간은 공동체에 던져진 것이며 그러한 의미에서 공동체는 공동체의 구성원으로서 개인에 우선하는 것이었다. 국가와 같은 공동체는 물이나 산처럼 자연에 존재하는 자연적인 것이며 인간은 본질적으로 어떤 공동체에 속할 수밖에 없다. 이것이 아리스토텔레스가 인간을 사회적 동물로 규정한 이유이다. 그렇지만 근대 이후 인간은 어떤 공동체도 미리 마련되어 있지 않은 세계에 자유롭고도 평등한 개인으로 내던져진 것으로 생각되었다. 이상 국가를 비롯한 어떤 공동체도 사전에 선천적으로 주어진 공동체가 없는 세계에 그냥 내던져져 이른바 '자연의 상태(State of Nature)'에 놓이게 된 인간이 그들의 필요에 따라 후천적으로 만들어야 하는 것이 되었다.

그런데 쾌락 혹은 행복의 극대화를 삶의 궁극 목적으로 하는 이기적 개인들에 있어 그러한 필요는 사회를 구성함으로써 자신들의 행복을 한층 증대한다는 것 이외에 다른 것이 될 수 없었다. 그리고 자연의 상태의 인간들은 평등하게 자유로운 존재이므로 그러한 개인들의 집단적 합의 혹은 사회적 계약 이외에 공동체를 수립할 수 있는 다른 방법도 생각할 수 없었다. 그렇지만 평등하고 자유로운 이기적 개인들의 합의만으로 유기적인 공동체가 성립할 수 있는가 하는 문제를 둘러싸고 논란은 이어지고 있다.

5. 한국인에 있어 근대화와 실용적 진리의 수용

서구 근대화를 비롯하여 모든 근대화는 구원의 진리에서 실용적 진리로, 내세의 구원에서 현세에서의 쾌락 혹은 행복의 극대화로, 공동체에서 이기적 개인으로 가치의 중심이 이동되는 현상을 동반했다. 이러한 가치의 전도는 사실 혁명적인 것으로서 그것을 몸으로 경험한 사회는 하나의 문명이 다른 문명으로 대체되는 충격을 느끼지 않을 수 없었다. 그러한 문명의 교체가 왜 일어나는가를 설명하기는 쉽지 않을 것인데 유물론자들은 이른바 사회의 물질적 하부구조의 변화에서 그 원인을 찾겠지만 적어도 한국인의 근대화에 관한 한 그러한 설명은 그다지 설득력이 있어 보이지 않는다.

조선은 정도전(鄭道傳)이 공맹(孔孟)의 구상에 따라 현실을 구원하고자 하는 목표를 가지고 설계된 국가라고 할 수 있다. 공자와 맹자의 유가사상은 그 점에서 조선인들에 있어 구원의 진리로 기능했다고 할 수 있는데, 조선이 수립된 지 200년이 지난 후 임진(壬辰)년과 병자(丙子)년의 두 외침(外侵)은 유가의 진리가 조선과 조선인을 구원하는 데 무력함을 여실히 보여주는 것이었다. 그 말은 또한 구원의 진리로서 유가의 시효가 끝났다는 말과도 같은 것이었으므로 조선의 지식인들은 국가의 이념으로서 유가의 진리를 혁신적으로 수정하거나 버리는 것이 온당했다. 그러나 그것은 조선의 사대부로서는 그동안에 누렸던 사회 지배층의 지위를 상실한다는 것을 의미하는 것이었다. 그러한 선택을 할 수가 없었던 조선의 사대부들은 우월적 사회적 지위를 영속적으로 유지하기 위해 유가의 진리를 버리는 대신에 그것을 가치에 있어 국가보다 위에 놓는 쪽을 선택했다.

조선의 사대부들은 구원의 진리로서는 시효가 끝난 유가의 진리를 국가를 초월하는 가치를 지니는 것으로 격상함과 동시에 스스로를 그 진리의 수호자의 위치에 올려놓았다. 이제 유가의 진리는 국가와 백성을 초월하는 가치를 지니게 되었으므로 그들을 구원하지 못했다고 해서 반드시 유가의 진리가 훼손될 필요가 없었다. 반대로 국가와 백성이 그들과 독립적으로 영속적인 가치를 지닌 유가의 진리를 수호해야 하는 것이 되었다. 유가의 진리는 영원한 것으로서 그 진리에 따라 살던 국가와 백성이 어떤 환란을 겪건, 그것은 그들의 불운일지언정 유가의 진리나 그 진리의 수호자인 사대부들이 책임질 일은 아니게 되었다.

국가는 공동체로서는 최고의 가치를 지니는 것으로 가치에 있어 그것을 능가한다면 그것은 종교이기가 십상이다. 조선의 지배 사대부들은 유가를 종교의 진리로 올려놓은 것이며 자신들은 그 종교를 수호하는 제사장이 된 셈이다. 종교적 교리로 교조화된 유가의 진리, 보다 정확하게는 성리학의 진리의 수호자가 된 조선 사대부들은 종교의 수호자들이 보통 그렇게 하는 것처럼 그 진리가 훼손되는 것을 막기 위해 철저한 쇄국 정책을 통해 조선을 외부와 단절시키고 사대부 독재를 통해 조선의 백성들을 그 진리에 완벽하게 복속시키려 했다. 그러한 노력은 성공했지만 그 대가로 조선의 발전은 정체되었으며 국력은 어떤 사소한 외침에도 자신의 정체성을 지킬 수 없을 정도로 약화되어갔다. 쇠약(衰弱)해질 대로 쇠약해진 조선은 19세기 후반에 이르러 조선까지 동점(東漸)한 서세(西歲)에 의해 정체성을 위협받기 시작했는데 그 서세(西歲)는 과학이라는 실용적 진리에 기초한 문명으로서 조선 사대부들이 문명의 표준으로 생각한 구원의 진리인 유가의 진리에 입각한 문명과는 패러다임을 달리하는 것이었다.

서세의 위협에 맞서 조선의 정체성을 유지할 수 있는 유일한 길은 이웃한 일본이 그렇게 했던 것처럼 실용적 진리를 받아들임으로써 근대화하는 것이었지만 그것은 조선의 지배 사대부로서는 문명의 패러다임을 바꾸어야 하는 불가능한 작업이었다.

당시 일본도 유가를 받아들이고 있었지만, 일본의 사무라이 계급에 있어서는 국가가 유가의 진리보다는 우선하는 가치를 지녔다. 그들은 그들 국가의 정체성을 위협한다고 생각된 서세(西勢)에 효과적으로 대항하기 위해 중앙집권적 체제를 갖추는 것이 필요하다고 생각했으며 그 결과로 메이지 유신(明治維新)을 단행했다. 그 과정에서 그들이 내세운 구호는 천황을 받들고 서세를 배격하자는 존황양이(尊皇攘夷)였는데 여기서 천황은 국가의 우두머리로서 그 구호는 서양 세력으로부터 국가를 수호하자는 의지를 반영하는 것이었다. 따라서 그들은 양이(洋夷)가 실은 자신들의 국가를 수호하는 데 필요한 힘을 제공하는 진리를 지니고 있다는 것을 파악한 순간 그 진리를 수용하는 쪽으로 방향을 선회하기가 어렵지 않았다.

이에 반해 구한말 조선을 지배하고 있던 사대부들이 내세운 구호는 위정척사(衛正斥邪)였는바 여기서 말하는 정(正)은 국가가 아닌 유가의 진리를 의미하는 것이었다. 그러므로 유가의 진리와 패러다임을 달리하는 서양의 실용적 진리, 과학의 진리에 바탕을 둔 과학 문명을 수용하려야 할 수가 없었다. 그들로서는 국가보다 상위의 가치를 지닌 유가의 진리에 기초한 문명을 버리느니 차라리 국가를 포기하는 쪽을 선택하는 것이 옳은 처사였다고 할 수 있다. 조선 말 유가의 진리를 포기하고 과학 문명을 받아들여 국가를 구하고자 하는 독립 개화파와 같은 개혁적인 사대부들도 없지 않았지만 궁극적으로 조선은 유가의 진리를 고수하고자 하던 위정척사

파에 휘둘려 근대화의 기회를 놓치고 국가로서의 정체성을 상실하고 말았다.

조선을 합병한 일본은 조선에 근대적인 통치 체제를 확립할 필요에 따라 근대화를 시도했지만 사실상 국가를 넘기는 것에 동의해준 사대부 계층 위주의 사회 질서를 완전히 붕괴시킬 생각은 없었다. 그러므로 식민지 시절을 넘어 1950년대까지도 유가의 진리는 끈질긴 생명력을 가지고 한국인들의 정신세계를 지배했다. 한반도에서의 본격적인 근대화는 과거 식민지 시절 군사 교육을 받고 해방 후 수립된 대한민국에서 한국전쟁을 통해 성장한 군부 엘리트들에 의한 것이었다.

1960년대 쿠데타로 국가 권력을 장악한 군부 엘리트들은 일본의 근대화를 가져온 메이지 유신을 모델로 한 것으로 보이는 '조국 근대화'의 기치를 내걸고 경제적으로 국가를 성장시키는 일에 나섰다. 그러나 그러한 작업은 조선 건국 이래 부(富)보다는 완전한 인간이 되는 것에 절대적인 삶의 의미를 부여한 한국인들의 유가적 가치 체계를 근본적으로 흔드는 것으로서 쉽게 진행될 수 있는 것이 아니었다. 처음 능력을 의심받았던 군부 엘리트들에 의한 근대화 노력은 그러나 당초의 예상을 뒤엎고 성공하기 시작했으며 그와 함께 한국인들 사회에서 위에서 언급한 것과 같은, 모든 근대화에 동반되는 가치의 변화가 일어나기 시작했다. 이제 한국인에 있어 삶의 최고의 가치는 유가적인 구원으로부터 현세에서의 쾌락 내지는 행복의 극대화로 단시간에 바뀌었다. 이것은 한국 사회에 1950년대까지도 명맥을 유지하던 유가의 진리가 힘없이 몰락하고 인간의 이기심을 충족시킬 수 있는, 베이컨이 말한 '힘'을 제공하는 실용적 진리가 진정으로 가치 있는 진리로 대접을 받는, 믿기 힘든 변화가 시작되었다는 것을 의미하는 것이었다.

조선 건국 이래 한국인에 있어 유가적인 의미의 완전한 인간이 되는 것 말고 의미 있는 삶은 있을 수 없었다. 그러한 목표는 도덕적 수양을 통해 각종의 인간적 욕망을 억제하고 유가의 진리에 기원하는 도덕적 의무를 다함으로써 도달할 수 있는 것이었다. 그렇지만 근대화와 함께 한국인들 사이에서는 벤담이 말한 대로 나 자신의 쾌락 혹은 행복을 극대화하고자 하는 욕망, 이기심이 재빨리 주인의 자리를 차지하기 시작했다.

유가 진리의 몰락과 실용적 진리의 대두는 이처럼 한국인의 인간관, 사회관의 급격한 변화를 초래했다. 과거 한국인은 처음부터 타인과의 관계에 따라 유가적 진리가 부과하는 여러 도덕적 의무를 지고 태어난 존재였지만 이제 평등한 위치에서 각자 자유롭게 이익을 추구할 권리를 지니고 태어난 이기적 개인으로 변모했다. 그러한 개인에 있어 나의 욕망을 충족하고 이익을 얻는 일과 관련이 없는 타인은 나에게 별다른 의미를 지닐 수 없게 되었다. 타인과의 관계에 있어서도 상호의 이익을 얻기 위한 거래 관계 이외에 의미 있는 관계란 이제 있을 수 없는 것으로 생각되었다. 예를 들어 과거 부모와 자식 간의 관계는 구원의 진리인 유가의 진리에서 말하는 선천적인 의무 가운데도 가장 중요한 의무로 생각되는 효도를 주고받는 관계로 인식되었었다. 그러나 과거 선천적인 것으로 간주되었던 효도의 의무도 이제 사르트르가 말하듯이 어디에도 쓰여 있는 것이 아니므로 없는 것으로 간주되고 있다. 그 대신에 이제는 부모, 자식 간의 거래 내지는 그에 관한 계약이 이루어지고 나서야 존재할 수 있는 후천적인 의무로, 그것도 계약에 따른 다른 의무보다 반드시 더 존중해야 할 필요도 없는 의무로 생각되고 있다.

이종권

서울대학교 공과대학을 졸업하고 동 대학교 대학원 철학과에 진학하여 문학 석사와 철학박사를 취득했다. 중앙대학교에서 철학과 교수로 재직하였으며 한국 논리학회, 분석철학회 회장을 역임하였다. 중앙대에서 재직하는 동안 논리학, 과학철학, 정치철학 등을 강의하였으며 주로 논리학과 수리철학 분야의 논문을 발표했다. 『수리철학』을 번역하고 『이 책의 제목은 무엇인가』를 공역한 바 있다.

2부

인간의 고뇌와 모색

플라톤의 두 세계와 좋은 삶

이종환(서울시립대학교 철학과 교수)

1. 좋은 삶을 살고자 했던 철학자 플라톤

철학자는 많은 오해를 받고 사는 듯하다. 특히 현실과 이상이라는 둘로 나누어, 철학자는 복잡한 현실로부터 멀리 떨어져서 학문을 통한 이상만을 추구할지 모르지만, 현실의 고통과 아픔에는 크게 간여하지 않는 고고한 선비 혹은 학자라는 오해가 대표적이다.

현실보다는 이상을 추구하는 철학자의 이미지가 만들어지게 된 원인은 여러 가지가 있겠지만, 그중 하나는 플라톤의 두 세계와 관련한 주장이 아닐까 싶다. 가지계와 가시계의 구분, 혹은 이데아의 세계와 경험이 가능한 세계 사이의 구분이라고 보통 알려진 플라톤의 형이상학에서 제시하는 이원론적인 입장이 바로 그것이다. 플라톤은 우리의 감각 경험에서는 벗어나 있는 변치 않는 곳과 우리가 오감으로 경험하는 곳이라는 두 세계를 전제한다.

그리고 철학자는 이데아에 대한 지식을 사랑하는 사람이므로(철학이란 지혜를 사랑한다는 의미이기 때문에), 감각으로 경험되는 현실 세계에서는 지혜를 찾을 수 없기에 지성으로 추구하는 이상의 세계, 혹은 이데아의 세계인 가지계를 추구한다는 것이 플라톤 철학의 핵심이라고 알려져 있다. 오류로 가득한 감각을 이용하여 살아가는 경험 세계를 등지고 이상을 추구하는 플라톤의 두 세계는 철학에 대한 일반적인 오해에 잘 맞아들어가는 것 같다.

하지만 이 글에서는 플라톤 철학의 두 세계 이론에 대한 일반적인 이해가 플라톤 철학을 정확하게 제시한 것은 아니라고 소개할 것이다. 플라톤은 이상만 추구하고 살기에는 정치적인 변화의 한복판에서 활동했다. 20대 젊은 시절 플라톤은, 펠로폰네소스 전쟁에서 패배한 아테네에서 누가 정치 권력을 획득하는지를 놓고 벌어진 비극적 갈등의 한복판에 있었다. 결국 소크라테스에 대한 부정의한 재판과 사형이라는 비극 때문에 플라톤은 고향인 아테네를 등지고 타국에서 마흔이 넘도록 망명 생활을 했다.

이후 돌아온 아테네의 현실은 여전히 엄혹했다. 페르시아에 맞서던 델로스 동맹의 맹주인 아테네의 영광은 이제 너무나 먼 과거의 이야기처럼 들릴지 모르지만, 다시 나라를 추슬러서 회복하고자 하는 열망은 아테네에 가득했다. 고향으로 돌아온 플라톤은 아카데메이아라는 학교를 세우고 소크라테스가 추구했던 덕(탁월성)을 보편타당하게 정당화함으로 이에 대한 지식을 갖는 것이 철학이고, 이런 철학으로 나라를 운영하는 것이 좋은 사회와 국가를 만드는 방법이라고 가르쳤다.

이에 반해 민주정과 소피스트의 전통을 이어받은 이소크라테스는 수사술을 중심으로 더 많은 사람을 설득할 수 있는 실천 중심적인 교육이 진정한 철학이라고 제시했다. 마치 기원전 5세기 소크라테스와 소피스트가 '우리는 어떻게 살 것인가?'의 문제를 놓고 논쟁을 벌인 것처럼, 이제 아테네의 회복을 이루는 방법이 무엇인지를 놓고 플라톤과 이소크라테스가 경쟁했던 것이다.

플라톤은 좋은 삶에 대한 철학적 연구와 교육만 했던 것이 아니다. 60대에 들어선 플라톤은 자신의 철학이 실제 좋은 국가를 건설할 수 있음을 보이고자 했다. 친구였던 디온이 시칠리아 지방의 시라쿠사이의 참주가 되어 플라톤을 초대하여 이상적인 정치를 실현해보도록 권했다. 플라톤은 노력했으나 시라쿠사이 내부의 여러 정쟁으로 인해 자신의 꿈을 이루지 못했고 6년 만에 아테네로 돌아온다. 이후 80세에 세상을 뜰 때까지 자신이 세운 학교인 아카데미아에서 후학들을 계속 교육하면서도, 좋은 삶을 살고자 하는 자신의 꿈을 실현하기 위해 연구에 정진하여 자신의 철학을 발전시켰다.

만약 플라톤이 이데아의 세계만 지향하는 이상을 추구하는 철학자였다면, 소크라테스의 죽음이라는 비극적인 상황을 겪은 뒤에도 아테네로 돌아왔고, 아테네와 시라쿠사이에서 좋은 나라와 좋은 삶을 구현할 방법을 끊임없이 고민했다는 사실을 설명하기 힘들다. 소크라테스는 아테네를 너무나 사랑했기 때문에 아테네와의 약속을 지키기 위해서 탈옥하지 않았다. 스승의 비극을 목도했던 플라톤이 다른 곳에서 철학을 할 수 있었음에도 불구하고 아테네로 돌아와서 철학을 통해서 아테네의 회복을 꿈꾸었던 것은, 그의 철학은 아테네라는 특정한 공간에서 이루어졌어야만 했기 때문이라고 할 수 있다.

만약 그가 이데아의 세계만 지향했다면, 굳이 아테네에 돌아올 필요는 없었을 것이다. 철학적 관조를 할 수 있는 조용한 곳, 특히 정치적인 갈등으로부터 자유로울 수 있는 곳에서 연구에 몰두할 수 있었던 플라톤은 아테네로 돌아왔다. 자신의 스승이 사랑했고 자신이 태어나고 자란 고향을 좋은 곳으로 만들고 아테네 시민들이 좋은 삶을 살도록 하는 것이 그의 스승인 소크라테스, 그리고 자기 자신의 철학이 최종적으로 지향하는 목표였기 때문이다. 아테네에서의 한계를 극복하고자 시라쿠사이에서 시도한 실험 또한, 그의 이상이 현실화될 수 있는지를 확인하고자 했던 것이다.

사람들은 철학의 유용성을 묻곤 한다. 이 질문은 사실 철학의 시조라고 하는 탈레스부터 받았다. 그리고 철학은 자신의 존재 이유와 유용성을 입증해왔다. 플라톤의 철학은 이데아를 아는 것 자체를 목적으로 하지 않는다. 이데아를 알았으면 그것은 쓰여야 한다. 플라톤은 이데아에 대한 지식이 좋은 사회와 좋은 삶을 살아갈 방법이라고 생각했다. 아는 것으로 끝나지 않고, 아는 것을 현실에 적용해야 한다. 따라서 이상을 지향하지만 결국 최종적인 목적은 현실을 좋게 만드는 것에 있다. 플라톤은 현실을 지향하는 철학자이다.

『파이돈』과 같은 플라톤 대화편에서 영혼과 육체의 구분, 가지계와 가시계의 구분들이 발견되는 것은 분명하지만, 그것은 인식론적인 측면, 즉 철학자가 어떠한 방법으로 지식을 획득하는지와 관련해서 주로 다루어질 문제이고, 존재론적인 구분은 부차적이라는 점을 제시할 것이다. 플라톤의 두 세계는 일반적인 많은 오해와는 달리 완전히 구분되어 서로 넘을 수 없는(혹은 거의 넘기 어려운) 간극에 강조점을 두고 있는 것이라기보다는, 가시계가 창조되고 회복되는 목표와 모델로서의 이데아에 중심을 두고 보아야 한다. 바로 그 이유로 극단적인 이원론적인 세계관으로 플라톤 철학을 이해하는 것은 오해에 가깝다.

이 글은 플라톤 철학에서 두 세계 이론이 본격적으로 제시되는 『파이돈』의 두 세계 이론을 비판적으로 검토한 후, 『국가』와 『필레보스』에서 그의 생각이 어떻게 발전하는지를 보일 것이다. 그래서 결론적으로 플라톤의 철학이 극단적인 이원론이라는 해석은 플라톤 철학의 일면만을 본 것이며, 『필레보스』 등에서 제시되는 좋음의 회복을 통한 좋은 삶의 회복이 그의 철학의 핵심이라는 점을 제시하고자 한다. 두 세계의 구분으로 얻은 보편타당한 이데아에 대한 지식은 결국 현실을 좋게 회복하는 데 사용된다.

2. '플라톤주의'와 플라톤

플라톤은 지성으로 알려지는 이데아의 세계와 경험으로 알려지는 가시계의 엄격한 구분을 제시한 이원론자로 유명하다. 지성으로만 파악되는 이데아의 세계인 가지계에는 '그 자체로 있는 것'들이 존재하며 필연적이고 변화를 겪지 않는 것들인 반면, 경험 세계에 존재하는 것들은 변화하며 생성하고 소멸하는 것들이다. 수학자인 G. H. 하디는 플라톤적인 이원론에 대해 다음과 같이 말했다.

> 수학적인 실재란 우리 밖에 존재하며, 우리가 해야 할 일은 이것을 발견하거나 관찰하여야 하고, 우리의 '창조물'이라고 자랑스럽게 말하는 공리들 또한 관찰의 결과뿐이라고 나는 믿는다. 이런 견해는 플라톤 이후로부터 유

명한 많은 철학자에 의해 지지되어온 것이다. (*A Mathematician's Apology*, 123~124)

하디의 주장에서 볼 수 있듯 일반적으로 알려져 있는 플라톤적인 이원론의 입장에 따르면 추상적인 진리란 저 밖에 존재하고 있으며, 자연과학적 지식의 대상들을 우리가 발견하듯 추상적인 진리도 우리에 의해 발견되어야 할 것으로 여긴다. 그리고 이런 추상적인 대상들은 구체적인 대상들만큼이나 실재적이거나, 혹은 구체적 대상들보다도 더욱 실재인 것이다. 이런 방식의 '플라톤주의'자가 생각하는 수학적 대상들은 우리의 정신적인 관념도 아니며, 우리의 인지 능력의 구조도 아니며, 우리의 상상력이 그려낸 허구의 세계도 아니다. 수학적 대상들은 우리 내면을 들여다보아 발견되는 것이 아니고, 귀납을 통해서 구성된 공리 체계도 아니다. 수학자들이 사용하는 도구는 발견을 위한 것이지 창조를 위한 것이 아니고, 바로 그 이유로 프레게는 "수학자들은 지질학자들과 마찬가지로 어떤 것을 창조해내지 않는다. 수학자는 존재하는 것을 발견하여 거기에 이름을 부여할 뿐"(*Foundations of Arithmetic*, Section 96)이라고 말했다.

일반적으로 이런 형태의 '플라톤주의'는 수학적인 것을 비롯한 여러 추상적인 것들이 존재하는 어떤 세계가 있으며, 거기에는 완전성이 영원히 보장되며, 시간의 흐름의 영향을 받지 않는 추상적이고도 보편적인 숫자나 다른 대상들이 존재하는 곳이 있고 그 세계는 우리의 경험 세계와는 깊은 심연의 차이를 갖고 있다고 주장한다. 이 추상적인 세계는 어떤 의미에서 경험 세계와 평행을 이루지만, 완전성의 정도에 있어서는 넘을 수 없는 큰 격차를 보인다고 여겨진다.

영지주의나 마니교와 같은 극단적인 형태의 이원론적인 입장은 이런 형태의 '플라톤주의'를 더욱 발전시킨 것이라고 할 수 있다. 영적인 것과 물질적인 것의 극단적인 대립, 혹은 지적인 것과 성적인 것, 남성성과 여성성, 인간과 자연 등을 서로 대립적인 구도로 놓고, 한쪽이 좋다면 대립되는 다른 항은 결코 좋을 수 없는, 더 나아가 악할 수밖에 없는 것으로 여기는 태도가 일반적인 형이상학적 이원론에서 주로 나타난다.

'플라톤주의'는 이런 파괴적인 형태의 이원론의 근거라고 생각되기도 한다. 플라톤은 두 세계 이론을 통해서 자신의 철학을 발전시켰기 때문에, 이원론적인 두 세계의 틀은 분명히 플라톤 철학과 관계가 있다. 그러나 극단적 형태의 이원론이 과연 플라톤 철학에 근거를 두고 있는가? 플라톤 저작들이 주제와 내용에 따라 다양하다. 게다가 그의 저작에서 플라톤의 목소리가 직접 드러나는 경우는 없다. 플라톤 자신은 주인공으로 등장한 적이 없고, 소크라테스를 비롯한 많은 소피스트와 정치가, 군인들이 주인공으로 등장하여 대화를 나누는 방식으로 서술된 플라톤의 대화편 어디에도 플라톤 자신이 "이원론은 나의 철학"이라고 말한 적이 없다. 따라서 '플라톤의 철학'이라는 표현을 도식적으로 사용할 수는 없다. 플라톤의 철학이 극단적인 이원론의 근거라고 주장할 때, 어느 대화편에서 논의된 플라톤의 철학을 말하는 것인가? 플라톤의 철학이 '플라톤주의'라고 이해하는 것은 너무 성급할지 모른다.

3. 이원론을 통한 지식 추구 —『파이돈』

소크라테스의 마지막 날을 그리고 있는『파이돈』은 플라톤의 다른 어떤 대화편들보다도 종교적 색채가 강한 작품이다. 소크라테스가 사형 선고를 받은 후, 테세우스를 기념하기 위해 델로스로 떠난 배가 돌아오기 전까지 도시를 정결케 해야 하는 법 때문에 사형 집행은 미루어졌다, 마침내 배의 귀환 소식이 들려오자 소크라테스의 벗들은 그의 사형 집행이 임박함을 알고는 소크라테스와의 마지막 시간을 감옥에서 보낸다. 죽음의 순간 앞에서의 대화로 이루어진 이 대화편에서 다루어지는 주제는 죽음과 관련된 것이다.

소크라테스는, 지혜를 사랑하는 자로서 철학자는 죽음에 대하여 노여워하지 않고 태연히 그것을 맞이할 뿐 아니라, 철학자는 전 생애를 통해 죽음을 열망하고 추구한다고 주장한다. 자신의 죽음을 앞두고 이런 놀라운 주장을 펼치는 소크라테스에게 심미아스와 케베스는 소크라테스의 주장을 입증해 보이도록 요구하고, 소크라테스는 우리 인간들은 일종의 감옥 속에 있다는 비전을 통해 전해지는 이야기를 실마리로 논증을 시작한다(62b).『파이돈』에서 등장하는 이런 주장은 영혼은 영적인 실체이며 살아있는 동안에는 육체와 결합해 있다가 죽음과 함께 그것으로부터 분리되어 영원히 살게 되는 어떠한 존재라는 종교에서의 주장과 밀접하게 관계가 있는 것으로 보인다. 또한, 데카르트의 심신 이원론의 원형으로 보이기도 한다.

『파이돈』에서 제시되는 논변을 따르면, 보통 사람들은 가지계의 이데아에 대한 지식을 소유할 수가 없기 때문에 가시계를 벗어나 사는 것은 불가능하다. 다시 말해 육체라는 감옥을 벗어나서 사는 것은 보통 사람에게 가능한 일이 아니다. 바로 그 이유 때문에 일반 사람들은 몸이라는 감옥에서 영혼을 분리하고 사슬로부터 풀려나 가능한 그 자체로만 살아나기를 (『파이돈』 67c-d) 열망하지 않는다.

반면 철학자의 경우 순수한 사고와 추론을 통한 참된 존재들에 대한 지식을 갈망한다. 그리고 이러한 완전한 지식을 얻은 상태는 영혼이 몸의 영향으로부터 완전히 해방되어 있을 때만 가능하다. 따라서 철학자는 궁극적으로 영혼이 육체로부터 풀려나고 분리되는 것을 원한다. 죽음이라는 것이 몸으로부터의 영혼의 해방을 의미한다면, 참된 존재에 대한 지식을 얻기를 갈망하는 철학자의 경우 평생 죽음의 상태를 추구하고 열망하고 산다고 말할 수 있다. 그리고 바로 그런 이유 때문에 철학자는 죽음을 앞두고 노여워하기보다는 태연히 맞이하게 된다고 주장하는 것이다. 『파이돈』에서 소개된 몸과 영혼의 관계에 대한 설명은 분명 극단적인 이원론의 단초를 제시해주고 있기는 하다. 그러나 과연 플라톤이 주장하는 바가 철학자는 몸으로부터 완전히 벗어나야만 한다는 것일까? 극단적인 이원론의 근거로 자주 인용되는 『파이돈』의 한 부분을 살펴보자.

> 앎을 사랑하는 사람들은 다음과 같은 사실을 알고 있는 걸세. 철학이 자신들의 영혼을 넘겨받을 때, 그 영혼은 몸 안에 말 그대로 꽁꽁 묶인 채 들러붙어 있어서, 있는 것들을 탐구할 때도, 마치 감옥을 통해서인 것처럼, 몸을 통해서 하지 않을 수 없고, 그 자신을 통해서는 그럴 수가 없으며, 전적인 무지 속에서 뒹굴고 있네. (82e, 전헌상 옮김)

이 부분에서 플라톤은 영혼이 몸이라는 감옥 안에 사로잡혀 있는 것으로 묘사하고 있기는 하다. 그리고 이어서 소크라테스는 "이러한 것(눈과 귀나 다른 감각들을 통해 탐구하는 것)은 감각적이고 보이는 것인 반면, 영혼이 보는 것은 가지적이고 비가시적인 것"(83b)이라고 말하면서 두 세계 사이의 극명한 차이를 제시한다. 하지만 이 부분에서도 철학자가 '몸을 통해서'만 있는 것에 대한 탐구가 가능하다는 점을 강조하고 있는 사실을 주목해야 한다.

철학자 자신에게는 감옥을 벗어나는 것이 궁극적으로 행복한 일일 수 있을지도 모르지만 순수 지성만의 활동이란 인간으로 존재하는 한 가능하지 않다. 따라서 사람으로 살아가는 동안 철학을 하기 위해서는, 즉 있는 것에 대한 탐구를 하기 위해서는 몸을 통하지 않고는 할 수가 없다. 몸이라는 감옥을 벗어나 영혼의 순수한 지성적인 작용만을 통해서 얻는 지식이란 가장 완전한 형태일 것임에는 분명하다. 하지만 철학자가 인간인 이상, 그런 상태는 인간으로의 존재가 멈추어버리는 것이다.

따라서 플라톤이 『파이돈』에서 주장하는 것은 참된 존재에 대한 지식을 얻기 위해서 육체를 벗어야 한다는 것이 아니다. 소크라테스의 죽음이 슬픈 일이 아닌 것은 이제 그가 가장 완전한 방법으로 앎을 추구할 수 있게 되었기 때문이다. 하지만 철학자는 철학자인 이상 몸을 통해서 지식을 탐구해야 한다. 죽음을 맞이하는 것은 그에게 좋은 일 중 하나일지도 모르지만, 그것만이 그에게 좋은 일은 아니다.

『파이돈』의 논의의 시작은 존재론적인 두 세계의 지위 차이라기보다는, 인식론적인 측면에 있어서 철학자들이 얻을 수 있는 지식의 종류가 무엇인지와 관련되어서 설명되고 있다는 점에 주목할 필요가 있다. 몸을 감옥에, 그리고 영혼을 육체에 비유하는 것은 존재론적인 차이보다는 두 세계 간의 연결고리를 설명하는 방법으로 해석될 수 있다.

『파이돈』에서 상기의 대상이 되는 것은 이데아이고, 그것은 보통 사람들이 일상적인 방법으로 얻게 되는 지식의 대상은 아니다. 이 대화편에 나오는 상기에 대한 논변(76e-77a)은 이데아의 존재를 증명하기 위한 것인데, 여기에서 소크라테스는 이데아들이 존재한다는 명제는 영혼이 태어나기 전부터 존재한다는 명제와 동일한 필연성을 갖는 것으로 소개한다.

상기란 고도의 철학적 활동으로서, 보통 사람들이 쉽게 행할 수 있는 것이 아니다. 물론 심미아스가 사용하던 뤼라나, 심미아스의 그림을 보고 유사성을 바탕으로 심미아스를 떠올리는 수준의 상기는 모든 사람이 할 수 있는 일이다. 하지만 철학자는 감각 지각의 대상과 초월적 대상 사이의 의식적인 구분을 바탕으로 다른 사람들은 쉽게 사용하지 못하는 지성을 가지고 경험 세계에서 알게 되는 것을 통해 이데아를 상기해낼 수 있다.

그리고 이 의식적인 두 세계의 구분은 한쪽 세계에서만 살아가지 않게 하고, 반대로 두 대상—초월적인 대상과 감각 지각의 대상—을 비교하고 우열을 평가할 수 있도록 해준다. 따라서 철학자는 육체라는 감옥 가운데에서 영혼을 가지고 살아가는 사람이지만, 그리고 육체가 감옥이라는 사실을 인식하고 육체를 통해서 철학을 하면서도 육체의 영향을 가능한 줄이면서 지성의 순수한 작용을 추구하는 사람이지만, 그럼에도 불구하고 그 육체라는 감옥을 통해 얻는 지식과 지성만으로 얻어지는 지식 사이의 관계를 의식적으로 연결할 능력도 가진 중간자로서의 역할을 한다.그러면 두 세계에 대한 지식을 다 가지고 있으면서도 육체라는 감옥을 벗어나는 것이 궁극적인 좋음이 아니라면 철학자는 어떤 삶을 살아야 하는가? 두 세계 간의 중간자로서 역할은 플라톤의 대표적인 대화편인 『국가』에서 더 자세히 논의된다.

4. 플라톤의 두 세계 —『국가』

두 세계 간의 긴밀한 관계와 그 사이에서 두 세계를 모두 인식하는 철학자의 역할은 『국가』의 동굴의 비유에서 더욱 명확하게 드러난다. 그리고 플라톤의 두 세계가 존재론적인 차원에서의 논의보다는 인식론적인 차원에서 시작된 것이라는 점은 『국가』에서도 잘 드러난다. 『국가』는 잘 알려져 있듯 '올바름'이란 과연 무엇인지에 대해 소크라테스와 그의 제자들이 논의하는 내용이다.

1권부터 4권의 논의를 통해 소크라테스는 올바른 국가와 올바른 사람의 유비 관계를 제시하고 조화를 이룬 사람과 국가의 형태가 어떠한 것인지를 고찰하면서 올바름을 발견하고자 한다. 『국가』 5권에서 소크라테스의 제자인 글라우콘과 아데이만토스는 2권부터 시작했던 '올바른 국가'가 과연 현실적으로 있을 수 있는지의 질문을 던지고 이에 대해 소크라테스가 대답하면서 더 깊은 차원으로 탐구가 전개된다.

소크라테스는 올바른 나라를 찾고자 했던 논의가 올바름의 '본(paradeigma)'을 찾기 위한 것이었음을 강조하면서, 훌륭한 나라, 혹은 올바른 나라 자체가 어떠하여야 하는가의 문제와 그것이 어떻게 실현될 수 있는가의 문제에 차이가 있다고 제시한다. 그리고 실현이란 완벽하게 그 '본'을 재현하는 것이라기보다는 가능한 그 본과 가깝게 다스려질 수 있도록 하는 것이라고 설명한다(473b). 한 나라 안에서 나쁜 것들이 사라지게 하기 위해서 가장 현실적으로 좋은 길은 철학자들이 나라의 지도자가 되거나, 최고 권력자나 군왕들이 진실로, 그리고 충분히 지혜를 사랑하게 되는 경우라고 주장한다(473d).

다시 말해서 정치 권력과 지혜에 대한 사랑이 서로 따로 떨어져 다른 방향으로 향하고 있는 현재의 상태가 강제로 저지된다면, 한 나라 안에서 나쁜 것들이 종식될 수 있고, 소크라테스가 제자들과 논의했던 올바른 나라와 가까운 좋은 정치 체제가 형성될 가능성이 있다고 본 것이다.

그런데 소크라테스는 이 제안이 사람들의 웃음거리가 되거나 더 나아가 나쁜 평판을 들을 만한 것이라고 걱정한다. 왜냐하면 그 시대도 지금과 크게 다를 바 없이, 철학자들에 대한 인식은 썩 좋은 것이 아니었기 때문이다. 이런 상황에서 오직 철학자인 통치자만이 한 나라를 가능한 한 좋고 올바른 것을 만들 수 있다고 주장한다면, "결코 만만하게 볼 수 없는 사람들이 (…) 일제히 웃통을 벗어 던지고서는 맨몸으로 저마다 닥치는 대로 무기를 들고서 놀랄 짓들을 저지를 양으로"(474a) 반발할지도 모르는 일이었다. 따라서 소크라테스는 철학자란 어떤 사람인지에 대해 그렇게 반발하는 사람들에게 분명히 정의를 해주어야, 그들의 반발을 무마하고 더 나아가 동의까지도 이끌어낼 수 있다고 주장한다.

올바른 나라를 본에 가장 가깝게 재현할 수 있는 철학자란 어떤 사람인가? 철학자는 그 어원 그대로 지혜를 욕구하는 자인데, 특정한 종류의 지혜만 욕구하는 자가 아니라 모든 종류의 지혜를 욕구하는 자이다. 다시 말해서 모든 배움을 선뜻 맛보려 하고 배우는 일을 반기며 배움에 있어서 만족을 모르는 사람이 바로 지혜를 사랑하는 사람으로서의 철학자이다(475c).

그런데 이렇게 철학자를 정의한다면 한 가지 문제가 생길 수 있다. 이런저런 세상의 볼거리들을 찾아다니면서 구경하는 사람들도 기쁜 마음으로 배우는 사람과 비슷해 보이기 때문이다. 소크라테스는 이러한 지적에 대해 참된 철학자들이 추구하는 배움은 진리에 관한 것이지만, 구경을 좋아하는 사람들의 대상은 그렇지 않다고 말하면서 배움의 대상을 두 종류로 나눈다. 이 배움의 두 가지 대상이 서로 어떻게 다른지에 대해 소크라테스는 다음과 같이 설명한다.

> '올바름'과 '올바르지 못함', '좋음'과 '나쁨'의 경우에도, 그리고 또 그 밖의 모든 형상 (eidos)의 경우에도… 각각이 그 자체는 하나이지만, 여러 행위 및 물체와의 결합(koinonia)에 의해서 그리고 그것들 상호 간의 결합에 의해서 어디에나 나타남으로써, 그 각각이 여럿으로 보이네. (476a, 박종현 옮김)

철학자들은 그 자체로 하나인, '아름다운 것 자체'에 다가가서 그걸 그 자체로서 볼 수 있는 사람들이지만, 구경하는 사람들은 아름다운 것들은 알고 믿지만 아름다움 자체는 믿지 않는 사람들이다. 따라서 철학자들의 앎의 대상은 '순수하게 있는 것(to eilikrinos on)'이 될 것이지만, 일반적인 사람들의 앎의 대상은 '있으면서(einai) 있지 않기도(mē einai)' 하는 그런 상태의 것으로서 철학자들의 앎의 대상과 '어떤 식으로든 있지 않은 것(to medame on)'과의 중간에 있는 어떤 것이다(477a). 있는 것에 대해서 가지게 되는 지적인 상태는 '인식(epistēmē/gnosis)'이고, '어떤 식으로든 있지 않는 것'에 대해서는 '무지'이므로, 중간의 것에 대해서는 무지와 인식의 중간적인 어떤 것으로서 '의견(doxa)'이라고 불린다.

『국가』에서는 좋은 나라를 현실화시키기 위해서 지도자가 되어야 하는 사람은 누구이며, 그 지도자가 될 사람이 가져야 하는 지적인 능력이 어떠한 것인지 소개하기 위해 철학자의 지적인 상태를 설명하는 맥락에서 두 세계의 존재에 대한 논의가 도입된다. 그런데 철학자들이 추구하는 앎이 나라의 경영과 관련되는 모델의 성격을 가지는 것이라면, 이 앎은 필연적으로 실천적일 수밖에 없다. 그리고 그 앎이 실천적이기 위해서는 이데아의 세계에 대한 '인식'에서만 그쳐서는 안 되며 중간의 것과 관련된 일반 사람들이 갖는 '의견'과 어떤 방식으로든 연결이 되어야만 한다.

이 연결 방식에 대한 설명을 위해 『국가』 7권에서 주인공인 소크라테스는 교육과 교육 부족과 관련한 우리의 성향을 비유하기 위해서 유명한 '동굴의 비유'를 소개한다. 동굴 안에 갇혀서 벽에 비친 그림자만 바라보아야 하는 죄수들과 동굴 밖에 나가서 실재하는 대상들, 즉 하늘에 있는 것들과 하늘 자체와 밤의 별과 달, 그리고 해를 그 자체로까지 보는 철학자가 각각 속하는 세계는 가시적인 현상의 세계와 지성에 의해서라야 알 수 있는 실재의 세계를 각각 비유한 것이라고 할 수 있다.

다른 죄수들과 마찬가지로 어두운 동굴 안에만 있던 사람이 풀려나서는 갑자기 일어서서 목을 돌리고 걸어가 동굴 안의 불빛 자체만을 바라볼 뿐 아니라, 험하고 가파른 오르막길을 통해 올라가서 동굴을 벗어나게 되어 실재의 것들을 보고 결과적으로 그를 포함한 동료들이 보았던 모든 것의 궁극적인 원인이 되는 태양을 보게 된다면 그는 다른 죄수들은 불쌍히 여기겠지만 자신에게 온 변화로 인해 자신에 대해서는 행복하다고 생각하게 된다.

하지만 소크라테스는 이 사람이 그 '좋음'을 충분히 보게 되면 그에게 거기에 머물러 있는 특권을 더이상 허용하지 않아야 한다고 말한다. 오히려 그 사람을 죄수들 곁으로 내려가게 하여 다른 사람들과 함께 노고와 명예를 나누어 가져야 한다고 주장한다. 그 사람은 여느 시민보다도 훌륭하고 완벽하게 교육을 받아 좋음의 이데아 자체에 대한 앎과 인식까지도 획득한 사람이지만, 양쪽 생활에 다 더 잘 관여할 수 있도록 동굴 속으로 들어가서 어두운 것들을 보는 데 익숙해져야 한다. 다시 동굴로 돌아가 일단 어두움에 익숙해지고 나면, 두 세계에 대한 앎을 모두 가지고 있기에 동굴 안의 상들도 다른 죄수들보다 월등하게 잘 볼 수 있게 되며, 각각의 상들이 무엇이고 또 어떤 것들의 상들인지를 알게 될 수 있다.

그리고 바로 이러한 사람, 즉 실재에 대한 인식과 동굴 안의 상들에 대한 의견 모두를 다 잘 알고 있는 사람에 의해 동굴 안이 통치되고 경영될 때에 그 나라는 깨어 있는 상태에서 통치될 수 있을 것이고, 그때 본으로서의 좋은 나라에 가장 가까운 상태로 회복될 수 있다.

외부의 강제를 통해 족쇄에서 벗어나 동굴 밖으로 향하여 실재하는 대상들과 이들이 존재할 수 있도록 해주는 태양까지 보고 난 철학자는, 그 세계에서 머무르며 살 수 있는 운명이 아니다. 어렵게 상승(anabasis)의 길을 걸은 철학자는 다시 자신의 동료들에게 돌아오는 하강(katabasis)의 길을 걸어야 한다고 『국가』의 화자인 소크라테스는 말한다.

이데아의 세계에서 사는 것이 아니라, 자신의 공동체로 돌아와서 그들 모두를 행복하게 만들어야 한다고 주장한다. 소크라테스의 대화 상대자인 글라우콘은 과연 그런 삶이 그에게 행복할 수 있겠느냐고 소크라테스에게 묻지만, 철학자는 자신의 양육의 빚, 즉 그런 실재에 대한 지식을 갖게 된 것에 대해 빚진 것을 갚기 위해서 동굴 안 자신의 공동체로 돌아와서 동료들의 질시와 비난, 더 나아가 죽임의 위협까지도 당하면서 그들을 그 동굴 안에서 행복하게 만드는 역할을 감당해야 한다고 소크라테스는 강조한다.

따라서 동굴에서 벗어나 실재를 보는, 그리고 육체라는 감옥에서 벗어나길 갈망하는 영혼을 소유한 철학자는 이 세계에서 다른 세계로 넘어가는 것 자체를 목표로 하는 것이 아니라 존재론적으로 엄청난 간극을 보이는 가지계와 가시계 사이를 이어주는 역할을 해야 한다.

『파이돈』과 마찬가지로 여기에서도 두 세계의 문제는 인식론적인 측면에서 우선 논의되고 있다. 인식의 차원에서 두 세계에 접하는 지적인 능력에서의 수준이 다르다는 점은 강조하지만, 그렇다고 해서 두 세계가 전혀 접점을 갖지 않고 있는 극단적인 이원론의 구조를 갖는 것이라고 제시하는 것은 아니다. 철학자가 가져야 할 인식적인 측면을 강조하기 위해 인식의 대상에 대한 두 세계가 필요하지만, 이 두 세계는 철학자라는 한 사람에 의해 연결되어야 한다.

두 세계 이론의 핵심적인 주장이 등장하는 『국가』에서 플라톤이 제시하는 그림은 극단적으로 이원론적인 세계의 모습이 아니다. 의견의 대상인 중간의 것들로 가득한 경험의 세계를 벗어나는 것이 철학의 궁극적인 목표일 수 없다. 경험 세계를 벗어나 실재의 세계에 대한 앎을 획득하는 일은 필수적이지만, 이것은 그 자체로 목표가 되는 것이 아니다. 실재에 대한 앎은 그것과 닮은 경험 세계의 상들을 제대로 구분하고 그것들을 조화롭게 만들기 위해서 쓰여야 한다.

즉 철학자의 앎은 실천을 궁극적인 목표로 한다. 철학자 개인으로서는 실재의 세계에 사는 것이 어쩌면 가장 좋은 일일지 모르지만『국가』의 소크라테스는 좋음이 공동체 안에서, 즉 온 나라 안에 실현되도록 하는 것이 중요하기 때문에 철학자가 가진 지식을 바탕으로 한 공동체가 바르게 다스려질 때에야 그 구성원 모두가 행복해질 수 있다고 주장한다.

그렇기 때문에 극단적인 이원론자들이 주장하듯 육체의 세계를 떠나 영혼의 세계에서만 살아가는 것은 플라톤이 제시하는 이상적인 삶의 모습이 아니다. 지적인 능력과 정도, 그리고 대상의 차이에 의해 두 세계가 구분되는 것은 사실이지만, 그 두 세계는 양쪽 모두에 대한 앎을 가지고 있는 철학자에 의해서 연결된다. 본이 되는 이데아의 세계에서 얻은 인식을 경험 세계에서 이루어내는 것, 다시 말해서 경험 세계가 가능한 본과 일치하도록 만드는 것은 더 높은 수준의 지적 능력을 가진 철학자가 져야 하는 책임이다. 그리고 한 나라를 본에 가깝게 만들어갈 때만 철학자 또한 가장 좋은 삶을 살 수 있다.

『국가』의 논의에서 결론은 두 세계 모두에 대한 앎을 가지고 있는 철학자에 의해서 경험 세계가 좋은 곳으로 다스려져야 공동체 전체의 좋음이 이루어질 수 있다는 것이다. 하지만『국가』에서 주로 다루어진 내용은 철학자가 어떻게 하면 이데아의 세계에 대한 앎을 가질 수 있는가의 문제였다. 그리고 바로 그 점 때문에 많은 독자는 플라톤이 극단적으로 분리된 두 세계를 여전히 강조하고 있다고 해석하곤 했다. 사실『국가』에서는 철학자가 실재에 대한 앎을 갖기 위한 교육의 문제를 중점적으로 다루지만, 그 앎을 공동체 안에 어떻게 적용하여 좋음을 구현할 것인지에 대해서는 직접적으로 논의하지 않는다. 이 문제는 플라톤 철학의 후기에 가서 다시 중점적으로 다루어진다.

5. 좋음의 회복으로서의 좋은 삶 —『필레보스』

플라톤은『국가』에서의 이데아에 대한 앎과 경험 세계에서의 의견의 차이를 드러내는 것을 넘어 이후 자신의 철학을 계속해서 변화·발전시켰다. 플라톤은 자신의 철학적인 일생 후기에 이르러 자신의 두 세계 이론에 대해 여러 가지 측면에서 다양한 면에 주목해서 검토했던 플라톤은『국가』에서 그렸던 철학자의 삶, 즉 좋음의 이데아에 대한 앎을 획득하고 이를 동굴 안에서 적용하는 방법과 관련한 두 개의 작품을 집필한다. 개인 차원에서 어떻게 좋음을 이룰지의 문제와 관련해서는『필레보스』를, 그리고 사회와 공동체의 차원에서 좋음을 이루는 문제에 대해서는『법률』을 통해서 답을 제시하려 했다.

두 세계 간의 존재론적 지위 차이에도 불구하고 이데아의 세계의 좋음을 경험 세계에 만들어내기 위해 플라톤은 가능한 최선의 삶과 공동체란 어떤 것인지 이 두 대화편을 통해서 그려보려 했다.『국가』의 동굴의 비유에 등장하는 철학자가 양쪽 세계의 지식을 모두 가지고서 이제 동굴 안의 세상을 어떻게 좋은 곳으로 만들 것인지에 대한 대답을 제시하려 한 것이다.

『필레보스』는 여러 가지 면에서 매우 특이한 대화편이다. 초기 대화편에서 주로 다루었던 즐거움의 문제를 논의하면서, 가장 좋은 인간의 삶이란 지식만으로도 안 되고 즐거움만으로도 안 되며, 지식과 즐거움이 적절하게 조화를 이룬 삶이 모든 인간에게 가장 행복하고 좋은 삶이라고 주장한다. 플라톤은『고르기아스』와 같은 대화편에서 극단적인 쾌락주의자들의 입장과 열심히 싸웠던 것을 기억하면,『필레보스』에서 즐거움의 필요를 인정하고 그중 좋은 것들을 골라내야만 한다는 주장은 놀랍기까지 하다.

『필레보스』의 주인공인 소크라테스는 "자연스럽지 못한(para physin) 분리와 해체…는 괴로움이지만, 자연 상태에 따라(kata physin) 다시 회복됨(apodosis)…은 즐거움 … 그리고 … 한도 지어지지 않은 것과 한도로 자연스럽게 이루어진 생명체의 종류인 것이 와해될 때, 그 와해는 괴로움인 반면, 그것들의 원래의 존재(ousia)로 되돌아가는 과정, 즉 모든 것의 이 다시 돌아감은 즐거움"(32b)이라고 정의한다.

경험 세계를 살아가는 인간으로서 변화를 겪는 것은 필연적이다. 그런데 모든 것들은 원래 가장 좋은 상태, 즉 이데아를 본받아 만들어졌음으로(『티마이오스』, 29e-30b) 그 좋은 상태에서 벗어나는 것은 괴로움이지만 그것이 다시 좋은 상태로 회복되는 것은 즐거운 일이다. 따라서 플라톤이 『필레보스』에서 인간의 좋은 삶에 즐거움이 필연적으로 필요하다고 주장한 이유는 다음과 같다고 생각해야 한다.

경험 세계에서 살아가는 인간의 상태가 원래 이데아의 세계를 본으로 삼아 만들어진 좋은 상태에서 어떤 방식으로든 분리와 해체를 겪어 자연스럽지 못한 상태이고, 따라서 인간은 괴로움을 겪게 된다. 하지만 지금의 상태를 자연 상태에 따라서 가장 좋은 본에 따라 회복시킬 때, 즉 다시 원래의 존재로 되돌아가게 되는 과정에서 즐거움을 경험하게 될 수 있다.

『파이돈』의 설명처럼 육체라는 감옥을 떠나는 것은 인간이라는 상태 자체를 벗어나는 것이므로 인간에게는 좋은 것이 아니다. 따라서 인간이 좋은 상태를 최대한으로 구현하는 방법은 인간으로서의 원래의 자연스럽고 좋은 상태로 가능한 한 돌아가도록 노력하는 것이고, 그 과정에서 얻어지는 즐거움은 경험 세계에서 살아가는 동안 좋은 삶을 사는 가운데에 필연적으로 있어야 할 것이다. 단순히 비워진 상태에서 채워짐으로 얻어지는 즐거움이 아니라, 원래의 가장 좋은 상태로 돌아가고 회복하는 과정에서 얻어지는 즐거움은 좋은 삶을 살기를 원하는 인간으로서는 버려야 할 것이 아니라 추구해야 할 것이다.

좋은 삶을 살기 위해서 자연스럽지 못한 분리와 해체 상태에 있는 것들을 자연스럽게 회복시키는 인간의 노력은 세계를 창조한 데미우르고스의 행위와 닮은 점이 있다. 이데아를 본으로 삼아 가능한 가장 좋은 세계를 만들어낸 데미우르고스와 마찬가지로 와해와 고통의 상태에 있는 경험 세계를 원래의 존재에 가능한 가깝게 만들기 위해 노력하는 인간의 이성적인 작용은 경험 세계 내에서 좋음을 회복하려는 일종의 재창조 작업이다. 인간은 데미우르고스처럼 새로운 것을 만들어내지는 못하지만, 이데아에 대한 앎을 바탕으로 좋음을 다시 구현한다. 신의 이성은 세계를 창조하지만, 인간의 이성은 조화로운 세계를 재현한다.

인간이 좋은 세상을 만드는 방법은 무엇인가? 이는 『필레보스』 마지막에 등장하는 좋은 것들의 순위와 관련이 있다. 이 대화편의 주인공인 소크라테스와 프로타르코스는 대화의 마지막 부분에 이르러 인간 삶에서의 좋은 것들을 나열하고 이들의 순위를 매긴다. 인간의 삶에서 가장 좋은 것은 질서를 갖춘 상태를 만들어내는 '적도(to metrion)'이며, 이것을 통해서 만들어지는 균형 잡힌 상태를 통한 아름다움, 완전함, 충분함 등이 두 번째로 중요한 것이고, 지성이나 지식은 세 번째로, 그리고 이들의 작용을 통해 혼 자체에 속하는 앎과 지식, 옳은 의견들은 네 번째로, 그리고 다섯 번째로 괴로움이 포함되지 않은 즐거움들이 모든 인간의 삶에서 좋은 것이라

결론을 맺는다(66a-c).

이 좋은 것들의 순위에는 희랍 사람들이 '좋은 것'이라고 생각했던 것들, 예를 들어 용기, 지혜, 정의, 절제 등 『국가』에서 제시된 네 가지 주요한 덕들이 등장하지 않는다는 점은 흥미롭다. 『필레보스』의 드라마 구조는 이 순위를 마무리 짓지 않으면서 대화를 마무리하고 있기 때문에, 이러한 덕들이 높은 순위의 다른 것들보다 덜 중요하기 때문에 포함되지 않았다고 볼 가능성이 없지는 않지만, 그 경우 덕들 자체보다 덕을 통한 즐거움이 더 중요하고 높은 순위로 여겨야 한다는 문제가 발생한다. 그 경우 즐거움이라는 덕의 결과물이 원인인 덕보다 더 중요하고 좋은 것이라고 보아야 하는데 이것은 불합리한 일이다.

따라서 여기에 등장하는 '좋은 것'들의 순위는 실제 좋은 것들을 나열한 것이라기보다는 사람들이 살아가는 과정에서 어떤 것이 좋은 것인지 나쁜 것인지를 판단하는 기준으로 제시된 것으로 여기는 것이 옳을 것이다. 즉 좋고 행복한 삶을 살기 위해서 욕구하는 좋은 것들의 대상들을 평가하고 판단하는 과정에서 어떤 기준을 어떤 순서로 사용할 것인가의 문제에 대해 플라톤은 『필레보스』의 주인공들을 통해 제시하고 있는 것이다.

예를 들어 어떤 대상이 인간의 삶에 좋은 것인가를 확인하기 위해 가장 첫 번째 물어야 할 것은, 이것이 적도에 일치하는 것인가, 즉 적절한 질서가 잘 잡혀 있는 것인가 하는 질문이다. 만약 그러하다면 그것은 아름답고 완전하고 충분한 것이며 좋은 것이다. 하지만 그 대상이 완전히 균형을 갖추지는 않은 것이라면, 어느 정도는 아름답거나 완전한 것인지 혹은 아름다운 상태에 근접한 것인지를 점검해볼 수 있다. 만약 이 두 가지 조건을 만족하지 못하는 것이라면, 다음으로는 지성이나 지식이라는 기준에 맞는지 살펴보게 된다. 다시 말해 이성적인 원칙들과 얼마나 부합하는지의 여부가 그것이 좋은 것인지를 판단하는 근거가 되며, 그다음으로는 앎이나 의견의 대상이 될 만한 것인지를 살펴보아야 하고, 다음 단계에서는 우리에게 순수한 즐거움이라도 줄 수 있는 것인지 평가해야 한다는 것이다.

플라톤이 이런 식으로 보통 사람들이 살아가면서 어떤 행동이나 결정을 할 때 판단의 근거가 있어야 한다고 생각하여 이에 대한 논의를 진행하는 이유는 무엇인가? 인간은 생명이 있는 한 경험 세계 안에서 살아가야만 한다. 바로 그 이유 때문에 앞 절에서 논의한 동굴의 비유에서 철학자는 자신의 동료들을 동굴 밖으로 끌고 나와서 실재의 세계를 보도록 하지 않는다. 더 나아가 철학자 자신 또한 그 동굴 안으로 돌아가서 그곳 안에서 실재에 대한 지식을 이용해 그 안에서의 삶을 가장 좋은 곳으로 만들어야 한다. 다른 동료 죄수들과 마찬가지로 철학자 또한 그 동굴 안에 머물러야만 하는 운명을 가진 인간인 것이다. 따라서 플라톤이 생각하는 좋은 삶은 모든 육체적인 것들을 버리는 것으로는 가능한 일이 아니다.

문제는 철학자와 동굴 안의 사람들이 갖고 있는 지성의 능력 수준의 차이가 있다는 점이다. 두 세계에 대한 논의가 일차적으로는 인식론적이라는 사실은 사람들마다의 능력 차에 대한 고려를 하게 한다. 철학자는 실재 자체에 대한 지식을 가지고 있는 사람이지만 다른 사람들은 그렇지 않으므로 이들은 오직 의견만을 가질 뿐이다. 하지만 이들이 가지고 지적인 능력을 통해 얻어지는 의견이 단순히 무가치한 것만은 아니다. 의견은 어떤 방식으로든 실재를 닮은 것이고 실재를 본으로 하여서 가지게 된 것이다. 그들의 지적인 능력은 실재를 직접 본 철학자가 갖는 지식만큼은 아닐지 몰라도, 실재에 대한 그림자 정도 수준의 앎은 가지고 있다. 이제 양쪽 세계에 대한 앎을 모두 가지고 있는 철학자가 이들을 바르게 인도해줄 수 있다면 이들이 동굴 안에서도 좋은 삶에 가장 가까운 형태의 삶을 사는 것이 가능하다. 물론 동굴 밖의 실재의 세계와 같을 수는 없겠지만, 그 실재와 가능한 가깝도록 살아가는 것은 철학자의 지식에 따른 인도로 동굴 안의 사람들이 자신의 의견을 최대한 조화롭게 이용할 때 가능할 수 있다.

그러나 철학자는 동굴 안의 사람들이 살아가는 삶의 모든 부분에 다 간여할 수는 없다. 또한, 동굴 안의 사람들은 철학자의 명령에 따라서만 살아가는 사람들이 아니다. 각 사람 하나하나는 자신의 고유한 지식을 가지고 있는 전문가이다. 『국가』 2권에서 소크라테스가 정의를 구현할 수 있는 이상 국가를 만들어가기 위해 처음 시작점으로 제시했던 '최소한도의 국가'는 신발을 만드는 전문가, 집을 짓는 전문가, 그리고 농사를 짓는 전문가와 옷을 만드는 전문가들로 모여서 생겨난 공동체였다(369b-d). 이 공동체가 규모가 커져감에 따라 필요들이 늘어났고 그 필요를 채우기 위한 다른 전문가들이 추가로 그 공동체에 있어야 했다.

이렇듯 플라톤이 그리고 있는 국가는 그것이 좋은 국가이든 '염증 상태의 국가'이든, 국가의 각 구성원은 자신의 전문 지식을 통해 국가에 어떤 방식으로든 이바지를 할 수 있는 사람들이다. 따라서 이들이 철학자와 같이 전체에 대한 전문 지식, 즉 좋음 그 자체에 대한 앎을 가지고 있지는 못한다 하더라도 자신의 전문 분야에 있어서는 엄밀한 의미에서의 지식을 가진 사람들이다. 이들도 충분히 이성적인 사람들이기 때문에 철학자 왕의 지시에 따라서 노예처럼 움직이지 않으며 자신의 이성을 사용하여 삶을 좋게 만들기 위해 애쓰는 자들이다.

철학자가 이들을 인도하여 동굴 안의 삶 전체를 좋게 만드는 방법은 무엇인가? 인생의 각 순간에서 보통 사람들이 올바른 것들을 욕구하고 찾을 수 있도록 하기 위해서 철학자는 자신이 가진 실재에 대한 지식을 가지고 이들을 교육해야 한다. 그 교육의 내용이 바로 『필레보스』에서 제시되는 기준들이다.

다시 말해서 철학자는 다른 사람들에게 삶의 좋은 것들을 하나하나 지시해서 가르쳐주는 것이 아니라, 그들이 가진 이성으로 잘 판단할 수 있도록 기준을 제시해주고 이를 통해 가장 조화로운 삶을 살 수 있도록 돕고 인도하는 역할을 한다. 그리고 보통 사람들이 그 기준에 따라 좋은 것들을 선택하고 원할 때 그들의 삶은 좋음 그 자체에 가까이 갈 수 있으며 이를 통해서 철학자뿐 아니라 전체 공동체가 좋음에 최대한으로 근접할 수 있게 될 수 있다.

이러한 방법으로 한 국가 안에 있는 모든 사람은 자신이 해야만 할 일을 최선을 다해서 하고, 철학자는 그들의 삶에 필요한 결정들을 하게 해주는 준거와 기준을 제공해 준다. 그렇게 할 때 모든 사람은 자신이 가진 이성을 가지고 자신의 삶을 검토할 수 있으며, 이를 바탕으로 좋음을 구현해 갈 수 있다. 바로 이런 삶이 『변론』 38a에서 소크라테스가 말했던 '캐묻는 삶'이다.

자신의 삶에 대해서 반성하고 고민하는 것은 철학자만 하는 일이 아니다. 모든 사람은 자신의 삶을 돌아보고 반성하면서 더 좋은 것으로 만들어야 한다. 하지만 그 반성의 기준은 이데아에 대한 앎에서 비롯하는 것이기에 모든 사람이 바로 이 기준을 알 수 있는 것은 아니다. 오직 철학자만이 이데아의 세계에 대한 지식을 획득하여 모든 사람이 추구해야 할 본이 어떤 것인지를 알 수 있다. 그리고 그는 다른 사람들이 그 본을 삶에 적용할 수 있도록, 실제 있음직한 그럴듯한 이야기나(『티마이오스』, 29c) 더 나아가서 거짓말까지(『국가』, 414b) 사용할지라도 사람들이 추구해야 할 기준들을 제시하고 가르쳐 주어야 한다.

플라톤에 따르면 우리의 경험 세계는 데미우르고스에 의해서 이데아라는 본을 따라 가장 아름답고 좋은 상태로 만들어졌다. 하지만 그 자체의 불완전성 때문에 시간이 지날수록 무너지고 좋은 상태에서 멀어지게 된다. 이 세상에서 철학자의 역할은 경험 세계가 가능한 한 원래 만들어졌던 상태의 모습으로, 즉 다시 가능한 가장 좋은 곳으로 회복시키는 것이다. 그리고 그것이 현실을 넘어서 살 수 없는 많은 인간에게 가장 좋은 삶으로서 제시된다.

6. 좋음 그 자체를 통해 좋은 삶을 지향하는 철학자

플라톤의 일생 특정한 시점에는 극단적인 이원론적 입장으로 보이는 존재론적인 틀을 제시했다. 그런데 그는 다른 철학자들과 마찬가지로 자신의 철학을 계속 발전시켰다. 『파이돈』 혹은 『국가』 일부에서 제시되는 극단적으로 해석될 여지가 있는 이원론적인 세계가 갖는 문제들을 의식하고 있었음은 분명하다. 이데아의 세계가 경험 세계에서의 좋은 삶에 있어서 원인이고 본이라면, 그 두 세계는 완전히 분리되어 있어서는 안 될 것이기 때문이다.

플라톤은 『국가』에서만 해도 추상적인 수학적 대상들에 대한 앎을 얻는 단계로서 자연에 내재하는 수학적인 구조들을 발견하는 것부터 시작하도록 권한다. 그래서 기하학, 입체기하학, 천문학, 그리고 마침내 변증술을 통해서 진리에 도달하도록 차례로 교육을 받아야 한다고 주장한다.

그리고 『파르메니데스』에서 그런 극단적인 이원론적인 방식으로 해석될 수 있는 두 세계의 틀이 가져올 여러 문제를 비판하고 점검하며 자신의 입장을 수정해가는 듯하다. 그래서 『필레보스』 등에서 보이는 수학적인 조화와 균형을 감각 경험의 대상들 안에 이루어 냄으로써 좋음을 구현하고자 하는 시도는 플라톤 자신이 두 세계 간의 간극을 줄이려 노력하면서 자신의 철학을 발전시켰음을 보여준다.

플라톤의 궁극적인 관심은 항상 '좋음'에 있었다. 이는 '좋음 그 자체' 뿐 아니라 '좋은 삶'까지도 포괄한다. 그의 도덕철학, 정치철학, 인식론, 형이상학, 우주론 등은 모두 역사적 소크라테스가 던졌던 질문, 즉 '어떻게 하면 잘 살 것인가?' 혹은 '행복한 삶이란 무엇인가?'에 대한 궁극적인 대답을 제시하는 것이었다. 그리고 이는 소크라테스와 플라톤이 살았던 아테네라는 도시 공동체가 겪었던 역사적 비극과 갈등을 해결하고자 하는 그의 목표를 잘 보여준다.

플라톤의 궁극적인 질문, 즉 어떻게 하면 이 세상에서 좋은 삶을 살 수 있을 것인가는 결국 캐묻는 삶을 삶으로 대답할 수 있다. 이렇게 두 세계는 인간이 이성을 사용해서 자신의 삶을 점검함으로 서로 만나게 된다. 철학자의 두 세계 모두에 대한 앎은, 단지 한쪽 세계의 앎밖에 지니지 못한 사람들까지도 가능한 한 가장 좋은 것에 최대한 근접할 수 있도록 도움을 준다. 두 세계는 극단적으로 떨어져 있을 때는 아무런 의미를 갖지 않는다. 존재론적으로 멀리 떨어진 두 세계가 연결되어서 경험 세계가 가장 좋은 상태로 회복될 때에야 두 세계에 대한 논의는 의미를 가질 수 있다. 따라서

'플라톤주의'의 극단적인 이원론은 오히려 가장 플라톤적이지 않은 존재론이다.

플라톤은 극단적 이원론의 단초를 제시했을지는 모른다. 그러나 플라톤 자신이 두 세계를 도입함으로 목표했던 것은 경험 세계를 가능한 좋은 곳으로 만드는 것이었다. 이에 철학자의 두 세계 모두에 대한 지식은 존재론적으로 큰 격차를 보이는 두 세계가 연결될 가능성을 열어 준다. 그리고 더 나아가 좋음의 상태에서 멀어져 있는 경험 세계를 원래의 본성과 존재로 회복시키는 것까지 목표로 한다.

어떻게 하면 두 세계를 연결할 수 있을지의 문제가 플라톤에게는 가장 큰 과제였다. 특히 소크라테스의 비극을 극복하고 아테네의 회복이라는 역사적인 과업을 철학의 핵심 과제로 상정한 플라톤으로서는 이상적인 지식을 갖는 것만을 목표로 철학할 수는 없었다.

철학적 탐구란 탐구에서 그치는 것이 아니라 좋은 삶을 구현하는 데 사용되어야 한다. 플라톤의 철학이 이원론적으로 분리된 세계를 전제하는 것으로 보이지만, 플라톤은 그 지점에서 만족하지 않는다. 분리된 세계 사이의 연결을 통해 몸과 마음을 가진 우리가 살아가는 바로 이 경험 세계로서의 현실이 좋아지게 만드는 것, 그것이 바로 철학이 최종적으로 지향하는 지점이다.

이종환

서울대학교 철학과 졸업 후 동 대학원에서 서양 고대 철학 전공으로 석사학위를, 미국 에모리대학에서 플라톤 후기 철학 연구로 박사학위를 받았다. 현재 서울시립대학교 철학과 교수로 재직 중이다. 철학적인 삶이란 무엇인지를 고민하면서 철학과 현실의 간극을 줄이는 데 관심을 가지고 교육 및 학술 활동을 하고 있다. 『플라톤 국가 강의』 등을 저술했다.

아리스토텔레스 논리학 연구:
Dictum de omni et nullo와 아리스토텔레스의 '특칭 문장'[1]

이영환(이화여자대학교 철학과 교수)

아리스토텔레스는 논리학의 창시자이다. 물론 아리스토텔레스 이전에도 논리적으로 상대방과 논쟁하고 설득하는 오랜 전통이 있었다. 예를 들어 플라톤의 대화편들에서 우리는 상당히 수준 높은 논증의 공방(攻防)을 목격한다. 하지만 어떤 종류의 논증이 설득력이 있고 어떤 종류의 논증은 설득력이 없는지 그리고 왜 그런지에 대한 반성적이고 체계적인 학문을 세운 것은 아리스토텔레스가 최초이다.

게다가 아리스토텔레스가 최초로 정립한 논리학은 이미 대단한 수준에 올라 있었다. 아리스토텔레스가 논리학을 만든 지 2000년이 지난 후인 18세기에 칸트는 아리스토텔레스의 논리학이 이미 완결된 것이라 아리스토텔레스 이후 수천 년 동안 한 발짝도 전진할 수 없었다고 평가한다.[2] 물

1 이 논문은 2016년에 《서양고전학연구》 55집에 처음 실렸다.

2 『순수이성비판』 Bviii. 물론 이러한 칸트의 평가에 당대 모든 철학자가 동의한 것은 아니었다. 관련된 논의는 Lu-Adler(2016) 참조.

론 프레게와 러셀 이후 현대 논리학은 아리스토텔레스의 소위 정언 논리학을 넘어 한층 더 강력해졌지만 한 철학자가 최초로 내놓은 선구적인 연구 결과가 2000년이 지나서도 그 분야에서 최종적인 업적으로 여겨졌다는 사실은 상당히 인상적이다.

그런데 논리학은 단지 형식적인 면에서 어떤 논증이 타당한지 그렇지 않은지를 판단하는 것을 넘어서 존재론적 함의를 가지기도 한다. 콰인의 유명한 말, "존재한다는 것은 곧 어떤 변항의 값이 된다는 것이다"[3]가 함의하는 것이 바로 이것이다. 그렇기에 이 글에서 논의하는 아리스토텔레스의 정언 논리의 해석에 대한 논쟁은 단지 논리학을 넘어 아리스토텔레스의 존재론/형이상학에 대한 중요한 함의를 가진다.

현대인들은 보통 정말로 존재하는 것은 특수한 사물(a particular object), 즉 특수한 시공간을 점유하는 어떤 물체라는 존재론을 전제한다. 그리고 때때로 이러한 존재론을 서양 철학사에서 처음으로 명확히 형성한 것은 다름 아닌 아리스토텔레스라고 주장되기도 한다.[4] 이 글은 이러한 흥미로운 주장을 정확히 평가하기 위한 밑작업이다.

이 글은 반즈(Barnes)의 저서 *Truth, etc.*에서 전개하는 논의를 출발점으로 삼는다.[5] 먼저 1절에서는 위 책에서 반즈가 논의하는, '전칭 긍정 문장과 전칭 부정 문장에 대한 규정(dictum de omni et nullo)'에 대한 두 해석

3 "To be is to be the value of a variable." Quine (1948), 32.
4 이것이 Mann(2000)의 주장이다.
5 Barnes(2007).

을 살펴본다. 반즈는 이 '규정'에 대한 논의를 바탕으로 아리스토텔레스의 정언 논리학에서 완전한(teleios) 정언 논증(syllogismos)에 대한 아리스토텔레스의 설명이 불충분하다고 지적하고 급기야는 아리스토텔레스가 주장하는 그대로의 완전한 정언 논증은 없다는 결론을 내리는데, 2, 3절에서는 이러한 반즈의 주장에 반대하여 아리스토텔레스를 옹호하고 4절에서는 선행 논의를 바탕으로 아리스토텔레스 『분석론 전서』의 특칭(en merei) 문장을 어떻게 이해할지를 논한다.

1. 『분석론 전서』에서의 'dictum de omni et nullo'와 그에 대한 두 해석

아리스토텔레스는 『분석론 전서』 1권 1장 마지막 단락에서 전칭 문장에 대해 다음과 같이 말한다.

> "A가 B 안에 (부분이) 전체 안에 있듯이 있다"는 말은 "B가 모든 A에 술어가 된다"와 같은 말이다. 그리고 우리가 "B가 모든 A에 술어가 된다"고 말하는 것은 (주어 A에 속하는 것 중에) B가 말해지지 않는 어떤 것도 취할 수 없을 때이다. "B가 어떤 A에도 술어가 되지 않는다"에 대해서도 비슷하게 말한다.[6]

6 24b26-30. 쉬운 이해를 위해 A, B 변항을 넣어 번역했다.

위 인용문에 등장하는 전칭 긍정 문장에 대한 아리스토텔레스의 설명은 전통적으로 'dictum de omni'라고 불려왔는데[7] 반즈는 이에 대한 두 가지 해석을 제시한다. 하나는 그 자신이 채택하는 소위 '정통적(orthodox) 해석'이고 다른 하나는 그가 '비-정통적 (heterodox)'이라고 부르는 해석이다.[8] 이 두 해석의 차이는 '규정'에 등장하는 "B가 말해지지 않는 어떤 것(도)"이라는 표현이 가리키는 것의 존재론적 지위가 무엇인가에 있다. 정통적 해석은 현대 술어 논리가 전제하는 집합론에 의거하여 그것을 개별자로 이해한다. 그 점을 명확히 해서 규정을 다시 형식화하면,

(정통적 해석) A가 모든 B에 대해 술어가 된다. iff A가 그것에 대해 술어가 되지 않으면서 B가 그것에 대해 술어가 되는 개별자 x는 없다.

이 해석은 현대 술어 논리가 전제하는, 문장에 대한 집합론적 해석 모

7 앞에서 서술했듯이 '전칭 긍정 문장에 대한 규정'으로 이해할 수 있겠다. 이와 짝이 되는 전칭 부정 문장에 대한 규정은 'dictum de nullo'라고 불리고 그래서 한꺼번에 'dictum de omni et nullo'라고 합쳐 부르기도 한다. 아래에서는 주로 'dictum de omni'에 대해서 논의하고 하고 혼동이 없는 한 'dictum de omni' 대신에 짧게 '규정'이라고 부르기도 하겠다. 전칭 긍정 문장에 대한 규정에 대한 논의가 전칭 부정 문장에 대한 규정에도 적절히 변용해 적용될 수 있음은 물론이다.

8 Barnes(2007)은 고전 문헌 말고는 현대 문헌에 대한 참고문헌을 전혀 제공하고 있지 않아 반즈가 이 비-전통적 해석의 아이디어를 어디에서 얻었는지 확인할 수는 없다. 아마도 Mignucci(1996)이 비-전통적 해석의 출처 중 하나일 것이다.

델을 따른 것이다. 이 해석에 따르면 "B는 A이다"라는 문장이 표현하는 주-술 관계는 B에 들어가는 명사가 일반명사인지, 아니면 개별자를 가리키는 단칭 명사인지에 따라 두 가지 서로 전혀 다른 관계를 나타낸다. "소크라테스는 하얗다"라는 문장은 소크라테스라는 개별자가 하얀 것들의 집합에 속하는 원소라고(class membership) 주장하는 반면 (Ws), "(모든) 인간은 하얗다"라는 문장은 인간의 집합과 하얀 것들의 집합 사이에 성립하는 관계(class inclusion)를 나타내는 문장이다. (x)(Hx → Wx)

이에 반해 비정통적 해석은 그런 현대 술어 논리 모델을 전제하지 않는다.

(비-정통적 해석) A가 모든 B에 대해 술어가 된다. iff A가 X에 술어가 되지 않으면서 B가 X에 술어가 되는 그런 X는 없다. (B의 부분이면서 A의 부분이 아닌 그런 X는 없다.)

반즈는 정통적 해석을 채택하는 반면에 모리슨(Morison), 말링크(Malink) 등은 비-정통적 해석을 지지한다.[9]

9 Morison(2008), Malink(2008, 2009). 반즈를 따라 정통적 해석을 지지하는 학자로는 Crivelli(2012)가 있다. Gili(2015)는 아리스토텔레스의 경우에는 정통적 해석을, 알렉산드로스의 경우에는 비정통적 해석을 채택한다. Gili는 비정통적 해석에 호의적이지만 아리스토텔레스의 경우에는 비정통적 해석에 대한 반즈의 반론(아래서 논의함)을 받아들인다. 위의 학자들의 논의는 주로 Barnes(2007)의 논의에 의해 촉발된 것이지만 이보다 앞서 Mignucci(1996)는

여기서 잠시 이 두 해석이 서로 어떻게 대립되는지도 두 가지로 이해할 수 있다는 것을 언급해야겠다. 이 두 해석을 서로 배타적인 것으로 이해할 수도 있고 그렇지 않게, 즉 비정통적 해석을 정통적 해석의 가능성까지 포용할 수 있는 더 유연한 해석으로 이해할 수도 있다. 정통적 해석이 x를 개별자라고 명시하는 것처럼 비정통적 해석도 X를 부분집합(sub-class) 등으로 명시하면, 즉 X가 개별자를 값으로 가질 가능성을 봉쇄하면, 정통적 해석과 비정통적 해석은 서로 배타적이 된다.[10] 하지만 꼭 그래야 하는 것은 아니다. 필자는 비정통적 해석을 지지하려 하는데 정통적 해석에 배타적이지 않은 방식으로 비정통적 해석을 유연하게 이해한다. (이에 대해서는 4절에서 더 다루겠다.)

반즈는 정통적 해석을 택하는 이유로 두 가지 근거를 든다. 첫째는, 정통적 해석이 아리스토텔레스의 그리스어 문장을 이해하는 자연스러운 방법이라는 것이다. 둘째는, '규정'이 전칭 긍정 문장에 대한 정의를 제공한다는 전제하에서 비정통적 해석을 채택한다면 그 정의는 순환적이 된다는 것이다.첫 번째 근거는 (모리슨이 지적했듯이) 강력하지 않다. 정통적 해석이 자연스럽게 느껴지는 이유는 그 해석이 오랫동안 (특히 현대 술어 논리

정통적 해석이 전제하고 있는 집합론적 이해를 비판하면서 사실상 이 논문에서 필자가 지지하고 있는 유연한 비정통적 해석을 주창했다.

10 예를 들어, 비정통적 해석에 호의적인 길리(Luca Gili)는 이런 식으로 비정통적 해석을 이해한다(Gili(2014), 1). 반면에 Malink(2008)은 배타적인 방식으로 비정통적 해석을 이해하는 것처럼 보이지만 Malink(2009)는 (필자가 지지하는) 더 유연한 해석을 지지하는 것으로 보인다(Malink(2009), 115).

의 발흥 이후로는 더욱더) 지배적인 해석이었기 때문이다.[11] 특히나 정통적 해석을 배제하지 않는 유연한 방식으로 비정통적 해석을 이해하면 더더욱 그렇다. 하지만 두 번째 근거는 강력하다. 정통적 해석과는 다르게 비정통적 해석에서는 iff의 왼쪽에 등장하는 표현과 오른쪽에 등장하는 표현이 아예 동일하거나 동일한 의미를 지닌다. 그래서 비정통적 해석을 채택하기 위해서는 아리스토텔레스가 '규정'을 전칭 문장에 대한 정의로 제시한 것이 아니라고 해석할 수밖에 없다.

아마도 이런 논의를 염두에 두지 않고 텍스트를 읽으면 가장 자연스러운 독해는 '규정'을 전칭 문장에 대한 정의로 이해하는 것일 것이다. 그런 면에서 정통적 해석을 지지하는 반즈의 근거는 사뭇 강력하다. 하지만 필자는 비정통적 해석이 가지는 철학적인 이점이 상당하다고 생각한다. 그리고 위의 논의를 염두에 두고 텍스트를 읽으면 '규정'을 전칭 문장의 정의를 제시하지 않는 방식으로 얼마든지 읽을 수 있다. '규정'을 전칭 문장에 대한 정의가 아니라고 이해하는 해석의 방향은 모리슨이 이미 제시했다.

아리스토텔레스는 우리가 이미 전칭 문장이 무슨 뜻을 가지는지는 이해한다고 전제하고 있고 그러니 전칭 문장을 정의하려 하지 않는다는 것이다. '규정'은 정의라기보다는 단지 전칭 문장의 특징을 서술해주는 말(characterization)이라는 것이다.[12] 정통적 해석을 옹호하는 반즈의 논증이 (비록 강력하지만) 최소한 결정적이지는 않은 것이다. 결국 이 문제에 대한

11 Morison(2008), 214, cf. Malink(2009), 116.
12 Morison(2008), 214-215.

만족스러운 해답을 얻기 위해서는 반즈의 문제 제기의 배경을 살펴보아야 한다.

2. 아리스토텔레스 정언 논리에서의 완전한 논증

앞에서 논의한 전칭 긍정 문장에 대한 규정에 대한 두 해석이 아리스토텔레스 정언 논리에서 핵심적인 위치를 차지하는 것은 '규정'이 아리스토텔레스 정언 논증의 완전성의 기반이고 이 완전성의 개념이야말로 아리스토텔레스 논리학을 유클리드 기하학과 비슷한 공리 체계로 이해하게 해주는 핵심적인 요소이기 때문이다.

아리스토텔레스는 (자신의 논리학 체계 안에서의) 타당한 정언 논증(sullogismos)을 다시 완전한(teleios) 논증과 그렇지 않은 논증으로 나누고 '완전한 논증'을 '필연적인 것(결론)이 명백해지기 위해 이미 취해진 것(전제)들 외에 아무것도 필요하지 않은 논증'이라고 정의한다.[13] 이에 따르면 완전한 논증이란 아무런 부가적인 증명 절차 없이도 논증의 타당성이 '명백히 드러나는(phanēnai)' 논증이다.

『분석론 전서』 1권 4장에서 아리스토텔레스는 정언 논리에서의 1격 논증들 중 타당한 네 개의 논증(전통적인 이름은 Barbara, Celarent, Darii, Ferio)을 열거하는 데 아리스토텔레스는 이 네 개의 논증이, 그리고 이 네 개의

13 『분석론 전서』 1권 1장, 24b22-26.

논증만이 타당할 뿐 아니라 또한 완전하기까지 한 논증이라고 말한다. 다른 (2, 3격에 속하는) 타당한 정언 논증들은 위 4개의 논증과 마찬가지로 타당하지만, 그 타당성이 '명백하지'는 않으므로 불완전한 논증이고 환위나 귀류법 등의 논리적 장치를 통한 완전한 논증에로의 환원을 통해 그 타당성이 비로소 명백하게 드러나게 된다. 이 과정을 아리스토텔레스는 그 논증들을 '완전하게 하기(epitelein)'라고 부른다.정언 논증의 타당함과 그 타당성의 명백함, 즉 타당성과 완전성의 차이는 상당히 미묘해서 주지하다시피 보에토스, 암모니오스 등 일군의 후대 주석가는 아리스토텔레스에 반대하여 모든 타당한 정언논증이 완전하다고 주장했고 아프디시아스의 알렉산드로스는 이러한 주장에 반대해 충실한 아리스토텔레스 주석가로서 아리스토텔레스의 주장을 옹호하려 노력했다.[14]

반즈도 이 유서 깊은 논쟁에 참여한다. 고대 세계의 여러 논리학 저서를 넘나드는 자세한 논의 끝에 그는 아리스토텔레스의 연역 논증 중 가장 완전한 논증일 가능성이 높은 Barbara마저도 완전하지 않고 그래서 사실 아리스토텔레스 『분석론 전서』의 정언 논증 체계에 등장하는 어떤 정언 논증도 완전하지 않다고 결론 내린다.[15]

그가 그런 결론을 내린 근거의 핵심은 2, 3격의 (타당하지만 불완전한) 논증들로부터 1격의 네 개의 (타당하면서도 완전한) 논증을 의미 있게 구별해주는, '규정'에 대한 만족스러운 해석이 없다는 것이다. 다르게 말하자면 아리스토텔레스가 '규정'을 통해 정언 논증의 완전성을 설명하는 방식

14 Barnes (2007), 373ff.

15 Barnes (2007), 417.

은 다른 2, 3격의 논증들과는 다르게 1격의 논증들만 완전하다는 것을 보이기에 불충분하다는 것이다.

필자는 반즈에 반대해서 아리스토텔레스의 단순 정언 논리에서의 완전한 논증이 왜 네 개이고 왜 네 개밖에 없는지는 아주 명쾌하다고 생각한다. 정언 삼단 논증의 완전성에 대한 아리스토텔레스의 설명은 왜 1격의 논증만 완전하고 2, 3격의 논증은 그렇지 않은지 그 차이를 충분히 보여주고 있다는 것이다. 필자가 아리스토텔레스의 정언 논증의 완정성을 이해하는 방식은 다음과 같다.

아리스토텔레스가 정언 논증 중 완전하다고 하는 네 개의 1격 논증은 다음과 같다.[16]

모든 S는 M이고, 모든 M은 P이다. / 모든 S는 P이다. (Barbara에 해당)
모든 S는 M이고, 모든 M은 P가 아니다. / 모든 S는 P가 아니다. (Celarent에 해당)
어떤 S는 M이고, 모든 M은 P이다. / 어떤 S는 P이다. (Darii에 해당)
어떤 S는 M이고, 모든 M은 P가 아니다. / 어떤 S는 P가 아니다. (Ferio에 해당)

16 여러 정언 문장의 결합이 아니라 아리스토텔레스 자신의 방식을 따라 전제 두 개(의 연언)를 조건문의 전건으로 하고 결론을 조건문의 후건으로 하는 문장으로 이해해도 된다.

불필요한 혼동을 피하기 위해 여기서 필자가 정언 논증을 제시하는 방식이 통상적으로 (혹은 아리스토텔레스 자신이) 정언 논증을 제시하는 방식과 다음의 네 가지 점에서 다르다는 것을 명백히할 필요가 있다.

① 아리스토텔레스 자신은 "모든 S는 M이다" 대신에 "M은 모든 S에 속한다"라고 쓰는데 위에서 필자는 아리스토텔레스의 방식을 따르지 않았다. 아리스토텔레스의 표현 방식은 일종의 고육책인데 그리스어와는 달리 조사를 통해 어떤 단어가 주어이고 어떤 단어가 술어인지가 명확히 드러나는 우리말에서는 굳이 아리스토텔레스의 서술 방식을 따를 필요가 없다.[17]

② 논증의 두 전제를 대전제, 소전제 순으로 열거하는 통상적인 방식과 다르게 위에서 필자는 대전제를 소전제 뒤에 놓았다. 이것은 사실 ①의 자연스러운 귀결인데, "M은 모든 S에 속한다" 대신에 "모든 S는 M이다"로 바꿔 쓴다면 대전제와 소전제의 순서도 따라 바꾸는 것이 옳다. 이렇게 해야만 매개념(아리스토텔레스의 원래 용어는 meson, 즉 중간 (개념)이다)이 '중간'에 오게 된다.[18]

③ 보통 정언 논증에 대한 현대 논의에서는 대전제와 소전제, 결론은

17 관련해서는 Patzig(1968), 10ff; cf. Alexander, 54, 21-29를 참조.

18 이와 관련하여 여기서 이 논문이 다루는 것이 논증의 타당성이 아니라 완전성임을 다시 한번 상기할 필요가 있다. 물론 전제가 어떤 순서로 나타나는지는 논증의 타당성과는 하등의 관계가 없다. 하지만 그 논증이 완전한지, 즉 그 논증의 타당성이 '명백한지'는 전제의 순서(위의 2))와 밀접한 관련이 있고 나머지 세 가지도 아리스토텔레스 1격 논증의 완전성이 더 분명히 드러나도록 한 것이다.

각각 다른 줄에 쓰는 것이 보통인데 (밑에서 명확해질 이유로) 필자는 이 논증을 한 줄에 썼다. 이렇게 논증을 연이어 한 줄에 쓰는 것이 아리스토텔레스 자신의 서술 방식이며 다시 한번 논증의 완전성이 드러나는 데 이 방식이 더 효과적이다.

④ 전칭 부정 문장을 우리말로 나타내는 더 자연스러운 방법인 "어떤 M도 P가 아니다" 대신에 "모든 M은 P가 아니다"를 썼다. 여기서 "모든 M은 P가 아니다"라는 우리말 문장으로 필자가 의도하는 것이 부분 부정("모든 M이 P인 것은 아니다")이 아니라 전체 부정이라는 것은 물론이다. 필자가 채택하는 방식은 자연스러운 우리말 표현을 버리는 대신 전칭 양화사를 '모든'으로 통일해주는 형식적인 이점을 지닌다.

위의 네 논증은 반즈의 주장과는 반대로 완전하며 아리스토텔레스의 완전성에 대한 설명도 반즈가 주장하듯이 불충분하지 않다. 즉, 이 논증들의 타당성은 다른 어떤 증명 과정도 필요 없이 명백하게 드러난다.

왜 이 논증들이 그리고 이 논증들만 완전한지, 즉 이 논증들에서 전제와 결론 간의 어떤 관계가 있길래 이 논증의 타당성이 명백하게 드러나는지를 보려면 위의 논증들에서 중간 단어(meson) M이 등장하는 부분, 즉 첫째 전제의 술어 부분과 둘째 전제의 주어 부분을 다음과 같이 지워버리면 된다.[19]

19 정언 논증의 두 전제와 결론을 각각 다른 줄에 쓰지 않고 한 줄에 쓰면 생기는 (위에서 언급한) 이점이다.

모든 S는 ~~M이고, 모든 M은~~ P이다. / 모든 S는 P이다.

모든 S는 ~~M이고, 모든 M은~~ P가 아니다. / 모든 S는 P가 아니다.

어떤 S는 ~~M이고, 모든 M은~~ P이다. / 어떤 S는 P이다.

어떤 S는 ~~M이고, 모든 M은~~ P가 아니다. / 어떤 S는 P가 아니다.

위의 각각의 논증의 결론은 위에서 보듯이 앞에 나열한 전제 둘에서 중간 개념 부분, 즉 소전제의 술어 부분과 대전제의 주어 부분을 지워버린 결과이다. 이런 특징이 오직 1격 논증들에서만 나타나는 것은 물론이다. 이렇게 지워버리면 어떻게 이 두 전제 간의 관계가 다른 (타당하지만 불완전한) 정언 논증에서의 전제들과는 다른지를 확연히 알 수 있다. 우리가 특별한 논리적 훈련을 받지 않고서도 정언 논증의 1격 논증의 타당성을 '명백히' 받아들이게 되는 이유가 이것이다. 필자는 아리스토텔레스의 정언 논증의 완전성은 아리스토텔레스가 서술하는 방식 그대로 충분히 명확하게 드러난다고 생각한다.

3. 반즈의 문제 제기와 그에 대한 대답

이제 반즈의 반론으로 넘어가자. 앞에서 말했듯이 반즈가 완전한 정언 논증을 부정하는 결론을 내린 이유는 반즈에게는 위의 네 개의 1격 논증이 '명백히' 타당해 보이지 않을 뿐 아니라, 이 논증의 명백한 타당성을 뒷받침해주는, '규정'에 대한 적절한 해석이 없다는 것이었다. 앞 절에서 반즈의 두 비판 중 전자에 대해서는 했으니 이제 후자에 대한 얘기를 해보자.

아리스토텔레스는 『분석론 전서』 1권 4장에서 1격 논증들을 논의하면서 위에서 말한 네 논증이 타당하다는 것을 보이는데 그 과정에서 오직 '규정'에만 의존했다는 것을 강조한다.[20] 반즈는 이에 대해 Barbara, Celarent에 대해서는 아리스토텔레스의 설명을 혹여 받아들일 수 있다 하더라도 Darii, Ferio에 대한 아리스토텔레스의 설명은 아무리 잘 봐줘도 충분치 않다고 주장한다. 반즈는 이와 관련하여 왜 아리스토텔레스는 '규정', 즉 'dictum de omni et nullo'와 마찬가지로 'dictum de aliquo'와 'dictum de alioquo non'을 정식화하지 않는지 묻는다.[21] 'Dictum de omni'가 전칭 긍정 문장의 의미를 설명/특징을 지적하는 것이고 'dictum de nullo'는 전칭 부정 문장의 의미를 설명/특징을 지적하는 것이라면 왜 특칭 문장에 해당하는 'dictum'은 제시되지 않는가? Darii, Ferio의 전제에는 전칭 문장뿐 아니라 특칭 문장도 등장하지 않는가? 그렇다면 어떻게 아리스토텔레스는 'dictum de aliquo (non)' 없이 Darii, Ferio가 완전하다고 주할 수 있는가?

20 Barbara, Darii의 경우에는 'dictum de omni', Celarent, Ferio의 경우에는 'dictum de nullo'가 사용된다. Celarent의 경우에는 'dictum de nullo'가 명시적으로 언급되지 않지만, 내용상 함축되어 있다는 것은 명백하다. 이때 이 논증들의 타당성을 아리스토텔레스가 보이는 방식은 현대적인 용어로 설명하자면 구문론적(syntactic) 증명이 아니라 의미론적(semantic) 증명을 통해서라고 말할 수 있겠다. 아리스토텔레스는 1격에서의 위 네 논증이 완전하다는 것을 뒷받침하기 위해 반복해서 전칭 문장의 의미를 설명하는 두 'dictum'을 끌어들이고 오직 이 'dictum' 외에는 다른 설명이 필요하지 않다는 것을 강조한다.

21 Barnes, 403ff. 'Dictum de aliquo'는 특칭 긍정 문장에 대한 것이고 'dictum de alioquo non'은 특칭 부정 문장에 대한 것이다.

이제 이 질문에 대답하기 위해 아리스토텔레스의 텍스트로 돌아가자. 우리가 볼 것은 Darii, Ferio에 대한 논의를 마무리하는 지점에 등장하는 아리스토텔레스의 언급이다. Darii, Ferio의 완전성에 대한 언급한 후 아리스토텔레스는 뜬금없이 불한정(adioristos) 문장과 특칭 문장을 비교한다.

> 만약 BC 문장이 긍정 문장이기만 하다면 한정되지 않은 문장이어도 마찬가지이다. 왜냐하면 불한정 문장이 취해지든 특칭 문장이 취해지든 상관없이 같은 논증이 있을테니까. (26a28-30)

여기서 BC 문장은 바로 위에서 논의했던 Darii, Ferio의 소전제를 가리킨다. 여기서 아리스토텔레스가 하고 있는 말은 Darii, Ferio에서는 소전제가 특칭 문장이지만 이것을 불한정 문장으로 대체해도 같은 (마찬가지의) 논증이 결과한다는 말이다.

학자들은 아리스토텔레스의 이 언급을 뒤에 7장 29a27 이후에 나오는, 불한정 문장이 논증의 전제로 쓰일 때는 특칭 문장과 같은 효력을 갖는다는 취지의 언급과 묶어 이해하고 별로 주목하지 않는다. 스미스(Smith)와 로스(Ross)는 이에 대해 아무런 주석의 필요성을 못 느끼며 알렉산드로스의 주석도 (그리고 알렉산드로스의 주석에 대한 현대 주석자들도) 뒤의 7장, 29a27을 염두에 둔 주석을 덧붙일 뿐이다.[22] 하지만 이 언급은 필자가 이해하기로는 아리스토텔레스가 정언 논증의 완전성을 필자가 이해하는 방식대로 이해하고 있다는 것을 보여주는 증거이고 또한 전술한 반즈의 질문에 대한 명확한 답변을 제시한다.

위 인용문에서 아리스토텔레스가 Darii, Ferio에서 소전제인 특칭 문장을 불한정 문장으로 바꾸어도 나온다는 같은 논증은 무엇을 뜻할까? 필자는 이 말을 완전한 논증인 Darii, Ferio에서 소전제인 특칭 문장을 불한정 문장으로 바꾸어도 똑같은 '완전한' 논증이 결과한다는 말로 이해할 것을 제안한다. 다르게 말하면 Darii, Ferio에서 소전제의 양은 '완전성'에 영향을 미치지 않는다는 것이다. 사실 Darii, Ferio에서 특칭 문장을 (불한정 문장으로뿐 아니라) 전칭 문장으로 치환해도 완전성에는 영향을 미치지 않으니 (그 치환의 결과는 각각 Barbara, Celarent이다) 결국 그 말은 네 개의 1격 논증들의 완전성의 기반은 소전제의 양과는 상관없다는 것이다. 이제 우리는 왜 아리스토텔레스가 왜 Darri, Ferio의 완전성을 기반하기 위해 'dictum de omni et nullo'가 아닌 다른 'dictum', 즉 특칭 문장에 대응되는 부가적인 'dictum'이 필요하지 않은지 보았다. (위에서 필자가 제시한 도해에서도 같은 내용을 확인할 수 있다.) 따라서 필자는 반즈의 주장에 반대해서 ①아리스토텔레스의 완전한 논증은 정확히 아리스토텔레스가 말하는 방식대로 완전하며, ②'dictum de omni et nullo'는 역시 정확히 아리스토텔레스가 말하는 방식대로 네 개의 1격 정언 논증에 대한 정당한 기반을 제공한다고 장한다.

22 Alexander of Aphrodisias(1883), 61.1-6; Barnes et al(1991), 124와 113, n. 62; Smith(1989), 114. 현대 주석가 중에서는 오직 스트라이커만이 불한정 문장은 때로는 전칭 문장으로 때로는 특칭 문장으로 이해될 수 있으니 전제에 등장할 때 최소한 특칭 문장이 가지는 힘은 가진다고 언급할 뿐이다. Striker(2009), 97-98. 불한정 문장을 일반적으로 특칭 문장과 동치로 보는 (필자가 보기에는 잘못된) 입장에 대해 스트라이커가 올바른 이해를 보여주고 있지만 역시 스트라이커도 이 문장이 Darii, Ferio 논증의 '완전성'에 대해 가지는 함의는 보지 못하고 있다.

4. 아리스토텔레스에 있어서의 특칭 문장

반즈의 문제 제기에서 촉발된 'dictum de omni'에 대한 정통적 해석과 비정통적 해석 간의 논쟁은 아리스토텔레스에 있어서의 특칭 문장을 어떻게 이해해야 하는가 하는 문제와도 관련된다. 'Dictum de omni et nullo'는 물론 특칭 문장이 아니라 전칭 문장과 관련된 것이지만 그에 대한 두 해석—정통적 해석과 비정통적 해석— 간의 차이는 '개별자'라는 개념의 포함 여부였음을 상기하자. 아리스토텔레스에 있어서의 특칭 문장에 대한 이해가 던지는 문제에 대해서 논하기 위해 먼저 반즈가 편집한 영어판 아리스토텔레스 전집, Oxford Translation에 등장하는 번역어에 대한 논의로 시작해보자. 문장의 종류에 대한 논의는 『명제론』 7장과 『분석론 전서』 1권 1장에 공히 등장한다.

『명제론』 7장은 대상(pragmata)을 보편자(katholou)와 개별자(kath'hekaston)로 나누면서 시작한다. 대상이 두 종류이니 이 대상에 대해 무언가 말하는 문장(apophansis)도 따라서 두 종류이다. 거기에 보편자에 대한 문장이 다시 두 가지, 즉 보편자에 대해 보편적으로 서술하는 문장(전칭 문장에 해당)과 보편자에 대해 보편적으로가 아니게 서술하는 문장으로 나뉘는데, 후자의 예로 바로 주어지는 것은 불한정 문장이지만 tis가 들어가는 문장(특칭 문장에 해당)도 이 구분에 속하는 것으로서 나중에 언급된다.

Oxford Translation은 여기서 개별자(혹은 개별적, kath'hekaston)를 'particular'로 번역한다. 반면에 『분석론 전서』은 더 형식적으로, 즉 pas, oudeis, tis 등의 표현이 등장하는가를 기준으로 문장(protasis)을 구분하는데 이에 따라 전칭, 특칭, 불한정 문장으로 구분한다. 여기서 특칭

(particular)으로 번역되는 말은 en merei(또는 kata meros)이다.

물론 이런 부조화는 Oxford Translation에 실린 『명제론』과 『분석론』 번역의 번역자가 다르기 때문에 생겼다. 『명제론』은 아크릴(Ackrill)이, 『분석론』은 젠킨스(Jenkins)가 번역했다. 또한, 이러한 부조화는 최소한의 주의를 기울이기만 해도 혼동으로 이어지지 않는, 단지 살짝 유감스러운 (그리고 그저 유감스럽기만 한) 부조화이다. 아크릴의 'particular statement'라는 번역어는 'singular statement'로 대치하여 (우리말로는 '특칭'이 아니라 '단칭'으로) 이해하면 그뿐이다. 하지만 필자가 보기에 특칭(particular/en merei) 문장에 대한 통상의 이해 방식에는 좀 더 심각한 철학적 문제가 도사리고 있다.

특칭 긍정 명제, 즉 "어떤 A는 B이다"에 대한 아리스토텔레스의 보통의 표현은 "to B tini tōi A hyparchei"이다. 그리스어의 일상적 표현이 지니는 형식으로 바꾸면 "tis to A to B esti"가 될 것이고 "tis anthrōpos leukos esti"가 그 한 예이다. (어떤 사람은 하얗다/A man is white)

우선 여기서 잠시 (모든 한국인은 알고 있는) 세 언어 사이의 차이에 대해 짚고 넘어가자. 주지하다시피 영어에는 정관사, 부정관사가 있어 기본적으로 단수 명사가 등장할 때는 관사와 함께 써야 한다. 반면에 그리스어에는 정관사만 있고 우리나라 말에는 아예 관사가 없다. 그리스어에서는 부정관사의 역할을 부정 대명사 tis가 담당한다.

다시 돌아가서, 위의 "tis anthrōpos leukos esti" 문장을 이해하는 가장 쉽고 자연스러운, 그래서 가장 지배적인 방법은 현대 술어 논리의 모델을 차용하는 것이다. 이 모델에 따르면 위 문장은 (Ex)(Hx & Wx)로 기호화될 수 있다. 즉, 사람의 집합에 원소로 속하는 어떤 개별자가 하얀 것의 집합에도 역시 속한다. 이제 단칭 문장 "Sōkratēs leukos esti"와 비교해보자. 역시 같은 모델을 좇아 이 단칭 문장은 Ws로 기호화될 수 있다. 즉, '소크라테스'라는 단칭 명사에 의해 지칭되는 개별자가 하얀 것의 집합에 원소로 속한다. 필자가 보기에는 '특칭' 또는 'particular'라는 번역어가 벌써 어떤 종류의 집합론적인 아이디어를 전제하는 것으로 보인다.[23]

필자는 en merei를 '특칭' 대신 '부분(部分)칭'으로 번역할 것을 제안한다. (어차피 '전(체)'칭과 대비되려면 '부분'칭이 더 낫지 않은가?) 하지만 필자의 제안이 단지 번역어의 교체에 대한 것만은 아니다. 앞에서 언급했듯이 특칭 문장을 나타내는 아리스토텔레스의 전형적인 표현은 "to B tini tōi A hyparchei"이다. 하지만 아리스토텔레스는 때때로 "to B tini tōn A hyparchei"라는 표현도 사용한다.[24]

필자는 서론에서 필자가 '규정'에 대한 비정통적인 해석을 선호하고 또한 필자가 선호하는 버전은 정통적인 해석을 배제하지 않는, 그런 의미에서 더 유연한 해석이라고 언급했었다. 이제 그 아이디어를 부분칭 문장에 대한 이해에 연결시켜보겠다.

그 전에 잠시 곁길로 나가보자. 피터 기치(Peter Geach)는 그의 "논리학의 타락의 역사(history of the corruptions of logic)"에서 그가 '전통적 논리

23 위의 현대 술어 논리의 이해 방식은 단순하면서도 명쾌한, 그래서 매력적인 이해 방식이지만 필자는 고대 철학을, 특히 아리스토텔레스의 논리학, 형이상학을 이해하면서 현대 술어 논리의 장치를 차용하는 것이 위험하다는 선판단을 가지고 있다. 이 논문의 범위 안에서는 이에 대해서 더 논의할 수는 없다.

24 관사의 3격 단수 형태가 아니라 2격 복수 형태가 나오는 경우와 그 함의에 대한 자세한 논의는 Malink(2008)를 참조할 것.

학(traditional logic)'이라고 부르는 논리학을 비판한다. 이 소위 '전통적 논리학'은 기치가 보기에 아리스토텔레스가 직접적으로 만든 것은 아니더라도 최소한 그에 의해 영감을 받은 것이다. 그는 "아리스토텔레스는 마치 아담이 그랬던 것처럼 시작은 좋았지만 곧 잘못된 길에 빠져들었고 결국 후대를 멸망의 길로 이끌었다"고 평가한다.[25]

아리스토텔레스에 대한 기치의 비판의 요점은 아리스토텔레스가 한때는 이름(name)과 술어(predicate) 사이의 차이를 명확히 인식했었지만 나중에는 양자의 논리적인 역할을 혼동했다는 것이다. 기치는 아리스토텔레스가 『명제론』에서 "이름의 논리적인 역할은 단순히 그 담지자를 지칭하는 것"이라는 것을 명확히 인식했다고 말한다. 하지만 나중에 아리스토텔레스는 이름과 술어의 논리적인 역할에 대한 명확한 구분을 잃어버렸고 "술어를 하나의 단어(horos)를 다른 단어에 부여하는 것으로 취급"하는 실수에 빠졌다는 것이다. 아리스토텔레스가 이 점에서의 이렇게 변심했기 때문에 비로소 한 단어가 주어 자리와 술어 자리를 왔다 갔다 할 수 있게 되었다고 기치는 지적한다.

이러한 사고의 연장선상에서 집합과 구성원의 관계(class membership) (앞에서 언급했던 "소크라테스는 하얗다")와 집합 간의 포함 관계(class inclusion) ("(모든) 인간은 하얗다") 사이의 구분이 불명확하게 되었다는 것이다.[26]

필자는 기치의 판단, 즉 어떤 이유에서든지 『명제론』에서 명확히 인

25 Geach(1972), 44.

26 Geach(1972), 46ff.

식된 것으로 보이는 (현대식 용어를 빌리면) 개별자를 지칭하는 이름과 집합을 지칭하는 술어 사이의 논리적인 역할 면에서의 구분이 『분석론』에서는 사라졌다는 것에 대해서는 동의한다. 하지만 그 사실에 대한 평가에는 동의하지 않는다. 아리스토텔레스가 명확한 개념적 구분을 폐기했다면 폐기할 만한 좋은 철학적 이유를 찾아볼 수도 있다고 생각한다. 즉, 필자는 기치가 전제하고 있는 원소-집합 관계와 집합 간의 포함 관계의 절대적 구분을 전제하지 않을 가능성을 모색하는 것이다.

부분칭 문장의 이해와 관련된 필자의 제안은 부분-전체 개념을 (최소한 논리학의 맥락에서는) 원초적인(primitive) 개념으로 놓되[27] 집합 간의 부분-전체를 얘기할 뿐 아니라 한 집합에 속하는 원소들도 같은 의미에서 그 집합의 부분으로 허용하는 방식으로 부분을 이해하자는 것이다.

앞에서 아리스토텔레스가 부분칭 긍정 문장을 표현하기 위해 (더 통상적인) “to B tini tōi A hyparchei”와 함께 사용하는 “to B tini tōn A hyparchei”라는 표현에 대해 언급했었다. 이 표현을 (앞에서 “to B tini tōi A hyparchei”를 “tis to A to B esti”로 바꿨듯이) esti 계사를 사용해서 바꾸면 “tis tōn A to B esti”이 될 것이다. 직역하면 “A에 속하는 어떤 것은 B이다”가 될 것이다. 물론 이러한 문장은 자연스러운 그리스어의 문장은 아닐 것이다.

예를 들어 “tis tōn anthrōpōn leukos esti”라는 말(“인간들에 속하는 어떤 것은 하얗다”)은 이상하게 들릴 것이다. 하지만 그 의미 이해에 문제가 있는

27 그러면 ‘dictum de omni et nullo’가 전칭 문장에 대한 정의가 되지 않을 수 있다.

것은 아니다. 이 말은 인간들에 속하는 여러 부분 중—그중에는 개별자도 있겠지만 또한 남자, 여자, 미국인, 혹은 알바이노(백피증을 앓는 사람) 등 집합에 해당하는 것도 있을 터인데— 어떤 부분은 하얗다는 것이다. 사실 개별자란 일반명사가 지칭하는 바를 잘게 쪼개다가 더이상 쪼갤 수 없는 제일 작은 부분일 뿐이다. 그러니 인간의 어떤 부분(tis)이라고 할 때 개별자만을 염두에 둘 필요는 없다. 아리스토텔레스에게서 "tis tōn A"라는 표현은 찾아볼 수 없지만 "hekaston tōn A"라는 표현은 찾아볼 수 있고 그 표현을 아리스토텔레스가 명시적으로 개별자와 개별자가 아닌 개별자들의 그룹(종eidos)에 걸쳐서 사용한다는 것도 언급할 만하다.[28]

위와 같이 이해하면 정통적 해석에 대한 비정통적 해석의 배타성이 없어진다는 것도 주목하자. 필자가 보기에는 '규정'의 비정통적 해석을 지지하는 사람들이 아리스토텔레스가 이 '규정'을 더이상 나눠질 수 없는 개별자(kath'hekaston, atomon)[29]에는 원칙적으로 적용될 수 없다고 주장할 이유가 없어 보인다. 그러기 위해 우리가 넘어야 할 장애물은 집합 간에 성립하는 전체-부분 관계와 집합과 그 원소 간에 속하는 전체-부분 관계를 완전히 다른 관계로 노정하는 사고방식이다. 물론 지금까지 문제없이 받아들여지고 잘 정착된 '특칭'이라는 번역어를 바꾸는 것은 그렇게 쉽게 결정할 수 있는 문제는 아닐 것이다. 하지만 만약 번역어를 바꿀 수 없다면 최

28 ἕκαστον γὰρ τῶν ζῴων ἢ εἶδός ἐστιν ἢ ἄτομον. (『변증론』 6.6. 144b2-3). Malink (2008), 533의 지적이다.

29 물론 우리가 감각하는 개별자는 어떤 맥락에서는 individual로 취급해도 되지만 형이상학적으로는 형상과 질료로 더 구분될 수 있는 존재이다.

소한 우리는 아리스토텔레스의 특칭(en merei)[30] 문장을 이해할 때 혹시 우리가 (고대 철학의 입장에서) 불필요한 형이상학적 전제를 끌어들이고 있지는 않은지에 항상 주의를 기울여야 한다.

이영환

이화여자대학교 철학과 교수. 서울대 철학과에서 학사, 석사를 마치고 미국 프린스턴 대학에서 철학박사를 취득했다. 인제대학교 인간환경미래 연구원 연구교수를 거쳐 이화여자대학교 철학과에서 일하고 있다. 「아리스토텔레스에 있어서의 필연성과 소위 아리스토텔레스적 본질주의」, 「소크라테스와 윤리적 이기주의」, 「'에우튀프론 문제'와 권위」 등의 논문을 발표했다.

30 다시 한번 아리스토텔레스의 표현은 "kath' hekaston이 en merei"라는 것을 상기하자.

키케로:
로마의 희랍 철학 수용

양호영(서울대학교 서양고전학과 강사)

1. 들어가며

마르쿠스 툴리우스 키케로(Cicero)는 로마 공화정 말기인 기원전 106년에 태어나 기원전 43년까지 활동했던 연설가이자 정치가이자 철학자이다. 그는 로마 남쪽으로 110km 정도 떨어진 아르피눔 지방의 기사(equites) 가문에서 태어났다. 그의 아버지는 일찍이 아들에게 로마에서 저명 인사들과 교류하고 고등교육을 받을 기회를 주었다. 장성하여 법정 연설가로서 크게 성공한 그는 마침내 로마의 최고 관직인 집정관까지 이르지만, 정치 투쟁에서 패배하고 난 뒤 정계에서 물러난다. 이후 그는 저술 활동에 전념하며 로마 문학에 기념비적인 여러 철학 작품을 탄생시킨다.

키케로 생애의 이러한 주요 단면들은 사실 그가 살았던 시대의 모습을 반영하는 상징성이 있다. 지방의 기사 계급에 속했던 그의 집안은 상업으로 크게 성공하여 부유했음에도 집정관이나 원로원 의원을 한 번도 배출하지 못했다. 계급 간 대립이 극심하던 공화정 말기에 법정 연설가로서의 성공을 바탕으로 귀족 계급이 독점하다시피 하던 공직 사회에 진출하는 쾌거를 이룩했지만, 그는 공직 사회에 진출한 후에도 여전히 귀족 계급의 정치인들로부터 정치 '신인(homo novus)'이라는 취급을 받을 수밖에 없었다. 한편, 로마인들로부터 부여받은 최고의 변호사라는 영예는 실상 그가 일찍부터 배우고 익혔던 희랍의 수사학과 철학 덕분에 가능했다. 또한, 그는 정치가로서의 봉사하는 것이 그가 사랑하는 로마인에 대한 의무라 여기며 살았지만, 어쩔 수 없이 강요된 여가의 시기에 태어난 그의 저술들이 결국 그가 남긴 가장 불멸의 유산이 되었다.

이처럼 키케로가 살았던 로마 공화정 말기에는 지역, 계급, 문화, 사회에 두루 걸친 많은 대립 요소가 혼재되어 있었고, 그는 이런 사회적 갈등들을 극복하고 화해시켜야 하는 과제 속에서 살아갔다.

이 글은 키케로가 자신의 시대적 과제들을 극복하는 과정에서 희랍 철학이 어떤 역할을 했고, 그 속에서 그가 로마인으로서 어떤 정체성을 갖고 살았는지를 알아보고자 한다. 이를 위해 키케로가 성장하고 활동하던 당시 로마의 시대적 상황에 주목해서 그가 철학에 몰두했던 시기의 저작들의 성격을 살펴볼 것이다.

그는 일평생 철학에 관한 관심과 열성을 잃지 않았다고 고백하고 있으며, 철학은 언제나 그렇듯 그의 모든 활동의 근저에 머물고 있었다. 그는 유년 시절부터 끊임없이 철학을 배웠고, 정치적 성공이라는 현실의 목표가 최고의 관심사였던 시기에도 철학 공부와 훈련을 게을리하지 않았다. 하지만 그의 철학적 재능이 비로소 개화한 것은 기원전 54~50년과 46~43년이었는데, 이때는 키케로가 할 수 있는 일은 철학 저술뿐이었을 정도로 정치 활동을 제약받던 상황이었다. 키케로가 희랍 철학을 활용하는 태도에서 로마인의 정체성과 로마 철학의 지향점을 정립한 것도 바로 이 시기이다.

2. 키케로 시대의 로마와 희랍 철학

키케로가 한창 희랍 철학을 공부하던 시절은 헬레니즘 시기가 저물며 로마의 세력이 점차 세계로 뻗어 나가는 시기였다. 로마의 대중들이 처음으로 희랍 철학을 접한 것은 희랍을 대표하는 철학 학파의 수장들이 로마가 아테네에 부과한 벌금을 협상하기 위해 로마를 방문한 기원전 155년으로 알려져 있다. 당시 아테네 사절단에는 스토아학파의 디오게네스, 소요학파의 크리톨라오스, 신아카데미아의 카르네아데스가 포함되었는데, 이들이 로마에 도착했을 때, 각자 수차례 대중 연설의 기회를 얻게 되었다. 락탄티우스가 전해주는 바에 따르면, 로마인들은 카르네아데스의 연설에 큰 충격을 받았다고 한다.

> 그는 당시 최고의 연설가인 갈바와 감찰관 카토의 참관하에 정의에 관해 능숙하게 자신의 주장을 전개했다. 그러나 그는 다음날 자신의 주장을 반대되는 주장으로 뒤집었으며, 전날에 찬양했던 정의를 논박했다. 그는 이를 확고한 생각을 지닌 철학자의 위엄을 갖춰서가 아니라 양편으로 나누어서 하는 변론 연습처럼 했다. (『신학체계』, 5.14.3-5)

이어진 디오게네스의 절제된 연설이 로마인들의 충격을 누그러뜨렸음에도 불구하고, 감찰관 카토는 아테네인들의 출중한 연설 능력이 로마 시민들과 젊은이들을 타락시킬 것을 두려워하여 원로원을 설득해 벌금을 삭감해주고 서둘러 그들을 로마에서 추방하도록 요구했다. 수장들이 자신들의 학파로 돌아가 희랍의 자식들에게 강연토록 하고, 로마의 젊은이들은 과거에 그랬듯이 자신들의 법률과 행정관들에게 귀기울이도록 하려는 조치였다(플루타르코스, 『카토의 생애』, 22). 희랍 문화에 이미 상당한 식견이 있던 카토조차 로마인들의 삶을 규율했던 '조상의 관습(mos maiorum)'이 희랍 철학으로 인해 무너질 수도 있음을 직감한 것이다.

희랍의 세련된 문화에 대한 경계의 눈초리는 이후에도 지속하지만, 이러한 조치가 희랍 철학이 로마로 유입되는 것을 막지는 못했다. 희랍 지역이 로마의 속주가 된 것을 계기로 희랍 포로들, 사절단, 교사들이 로마로 대거 들어오기 시작한 것이다. 한때 로마 원로원이 희랍 연설가나 철학자가 로마에 머무르며 대중 연설을 하는 것을 금지하기도 했으나, 업무 수행원으로 동행하거나 가정 교사로 머무는 것까지 막을 수는 없었다.

로마가 아직 섬세한 사유와 감정들을 표현할 수단을 갖추기 전, 희랍은 이미 문학과 철학 등의 학술 분야에서 고도로 세련된 표현 형식을 발전시켰다. 따라서 희랍 문화를 추종하는 여러 로마 귀족들이 철학자나 문인을 초청하거나 후원하는 사례도 늘기 시작했는데, 스키피오를 중심으로 모인 철학자, 시인, 정치가의 모임인 소위 '스키피오 모임'이 대표적이다. 스토아 철학자인 파나이티오스는 스키피오의 동방 순방길에 수행원으로 참여했고, 로마로 돌아와 스토아철학을 여러 귀족에게 전파했다. 파나이티오스의 성공에 자극받은 아테네의 경쟁 학파들은 점차 로마로 활동 무대를 옮기기 시작했는데, 이러한 인적 교류는 기원전 88년 미트리다테스 전쟁 이후 술라의 박해를 피해 아테네 철학 학파들이 대거 로마로 이주하면서 절정에 달했다.

한편, 희랍과의 교류가 활발해지면서 아테네, 로도스, 알렉산드리아 등의 희랍 문화 중심지를 직접 방문하는 로마인들도 증가했으며, 그곳에서 희랍의 선진 문물을 경험하며 직접 수사학과 철학을 배우기도 했다. 이처럼 희랍을 정치적으로 지배하는 데 성공한 로마인들이 희랍 문화를 존경하는 것을 두고, 호라티우스는 "포로가 된 그리스가 야만적 승자를 포로로 만들었다"라고 노래했다.

하지만 실상 로마의 희랍화가 일방적으로 이루어진 것은 아니다. 로마인은 필요에 따라 희랍 문화를 거침없이 받아들였지만, 지중해 문화의 중심지가 빠르게 로마로 이동하면서 자국의 문화적 역량을 자각하기 시작한 것이다. 가령, 키케로는 로마의 도덕성과 통치술에 대한 자부심을 다음과 같이 표현한다.

> 우리는 관습, 생활 양식, 가내 법도 등을 확실히 희랍인들보다 말끔하고 훌륭하게 이끌어왔으며, 또한 국사에서도 우리 선조들은 그들보다 뛰어난 제도와 법률을 세워 다스려 왔다. (『투스쿨룸 대화』, 1.2)

다른 한편, 헬레니즘 시기의 희랍 철학도 수 세기에 걸쳐 몇몇 중요한 변화들을 맞이한다. 플라톤이 설립한 아카데미아학파와 아리스토텔레스의 소요학파의 영향이 이때 서서히 줄어들면서 이와 경쟁하는 스토아학파와 에피쿠로스학파가 주요 학파로 등장한다. 이는 헬레니즘 시기에 접어들며 도시 중심의 희랍 국가들이 알렉산드로스 대왕의 동방 원정이 이룩한 제국들로 변모되었다는 점과 관련이 있다. 폴리스 기반의 공동체가 약화함에 따라 개인의 행복을 추구하는 윤리학이 점차 전면에 등장하고, 세계시민주의와 만민평등주의를 바탕으로 하는 견유학파나 스토아학파, 만인의 평등한 우정을 근거로 성립된 에피쿠로스 공동체들이 탄생한 것이다.

실로 근대에 접어들어 한때 헬레니즘 시기의 철학을 마치 플라톤과 아리스토텔레스를 배출한 위대한 고전기의 정신이 창조성을 잃고 쇠락한 시기의 것으로 평가했던 적도 있지만, 최근에는 그 가치를 재평가하면서 다양한 문제의식을 지닌 여러 학파가 토론하고 경쟁하면서 새로운 삶의 방식을 만들어나간 생산적인 시기로 재정립하려는 경향이 강하다.

이에 더해, 헬레니즘 후기에 이르러 각 철학 학파들에 변화가 생기기 시작한다. 우선 모든 학파가 자신의 핵심 교설을 지키는 것은 여전히 중요하지만, 경쟁 학파의 교설을 부분적으로 받아들여 자신의 체계를 수정하고 확장하는 경우가 생기기 시작한다. 이는 수 세기를 이어온 학파 간 논쟁 결과로 특정 주제에 대한 이견이 좁혀짐으로써 대립하는 세계관의 결합을 통한 절충주의적 경향이 등장하기 때문이다.

가령, 스토아학파에서는 포세이도니오스가 플라톤의 영혼 삼분설을 받아들여 스토아의 격정(pathos)에 대한 이론을 수정했고, 구 아카데미아 전통이 희랍 철학의 본류라고 주장하면서 소요학파와 스토아학파까지 이 전통의 일부에 포함한 안티오코스가 아카데미아학파에서 등장한 것이다.

헬레니즘 후기의 또 다른 변화는, 앞서 언급한 대로, 희랍 철학이 로마에 정착하는 과정에서 로마인의 필요에 맞는 측면이 선별적으로 조명받고 발전되었다는 점이다. 정치적 영향력과 경제적 부가 증대됨에 따라 로마에서는 권력 투쟁으로 인한 혼란이 심화하고 사회적 갈등이 증폭되었다. 이런 상황에서 더는 유효하지 않아 보이는 로마의 전통 윤리를 대체할 합리적 대안으로 철학을 주목한 인물들이 등장했다.

공화정 말기에 로마인에게 에피쿠로스주의가 큰 호소력을 지녔다. 에피쿠로스주의가 격변의 시기에 로마인에게 매력으로 다가온 데에는 그들이 약속한 평정심(ataraxia)도 한몫했지만, 루크레티우스, 필로데모스, 시돈의 제논과 같은 에피쿠로스주의자들이 로마에서 가장 먼저 라틴어로 된 훌륭한 문체의 작품들을 다수 제공한 점이 주요했으리라 추측된다.

반면, 스토아 철학자 파나이티오스는 로마인들이 현실 윤리의 지침으로 활용할 수 있는 '의무' 개념을 발전시켰다. 스토아 철학은 황제정 시기에 가장 유력한 철학이 되기도 한다. 한편, 소요학파와 아카데미아학파는 로마 공화정에서 정치적 성공을 위해 가장 유용한 도구인 뛰어난 수사학 이론을 제공하면서 로마 청년들을 매료시켰다.

이처럼 헬레니즘 후기의 철학이 변화를 겪은 것은 새로운 시대의 요구에 부응한 측면이 있다. 철학이 태동한 시기의 희랍에서는 세계를 이해하는 개념과 틀을 현실에서 발견하고 체계화하는 것이 주된 요구였다면, 헬레니즘과 로마 시기에는 이미 어느 정도 체계화된 학설을 채택해서 필요에 따라 수용하고 변형하는 일이 철학의 주된 작업이 되었기 때문이다.

3. 키케로의 철학 훈련

이러한 시대적 조건 아래 키케로는 자식의 교육에 관심이 많았던 부유한 아버지 덕분에 어린 시절부터 다양한 경로로 최상의 교육을 받을 수 있었다. 그가 받은 교육의 중요한 부분이 변호사로 성공하고 정치가로 입신양명하는 것을 목표로 삼은 청년에게는 필수였던 수사학이나 법률 교육이었다.

로마 공화정은 기본적으로 대중 연설을 통해 운영되는데, 정치적 결정은 민회를 통해 이루어지고, 시민들의 의견은 표결 전 열리는 집회에서 연설로 좌우된다. 게다가 로마의 형사 재판은 비전문가로 구성된 배심원단 판결에 맡겨지는데, 법정에서 연설이 판결에 결정적이다.

특히 유력 정치인이 관련된 소송의 경우 법정 연설은 정치적 성격까지 띠게 되는데, 특정 정치 사안에 대해 자신의 정치적 성향을 드러내고, 유력 정치인과의 유대를 대중에게 직간접적으로 표명하고, 여타 공직자나 원로가 갖지 못한 지식과 언변을 과시할 중요한 기회이기 때문이다.

이 때문에 공화정 체제의 로마에서는 정치 연설이나 법정 연설을 배우고자 하는 수요가 많았는데, 수사학이나 희랍식 교육 체계가 확립되기 전에는 타고난 재능에 기대거나 연설에 능숙한 경험자의 도제식 교육을 통해서만 연설법이 전수되었다. 하지만 연설법을 기술적으로 가르치는 전문 수사학 교사가 등장하기 시작했고, 희랍 수사학도 본격적으로 도입되면서, 희랍에서 건너온 철학자들까지 가세하여 수사학 강의를 제공했다. 이런 상황에 로마로 간 어린 키케로는 여러 유력 인사들과 교류도 하면서 수사학 교사나 철학자의 강의도 들을 수 있었다. 이때 그는 법학자 스카이볼라에게 법률을, 수사학 교사인 몰론에게 수사학을 배웠고, 신아카데미아 철학자 필론으로부터는 수사학 강의를 들었다.

한편, 키케로는 수사학과 더불어 희랍 철학의 주요 학파인 신아카데미아학파, 스토아학파, 소요학파, 에피쿠로스학파의 가르침도 두루 섭렵

한다. 스토아 철학자 디오도토스는 키케로의 아버지에게 초청을 받아 평생을 그의 집에 머물렀는데, 어린 키케로는 그에게서 스토아 철학을 배우곤 했다. 이후 로마에서는 그는 평생 친구인 아티쿠스와 함께 에피쿠로스주의자 파이드로스의 수업도 들었다.

게다가 기원전 80년 로스키우스 사건에서 독재자 술라의 측근을 기소하여 승리함으로써 변호사로 명망을 얻은 키케로는 한편으로 술라의 보복이 두렵기도 했고 한편으로 못다 한 공부도 하고 싶어 아테네로 유학을 떠난다. 기원전 79~77년 사이에 아테네에서 머무는 동안 그는 안티오코스의 수업을 들었는데, 신아카데미아에서 탈퇴하여 소위 '절충주의'적 경향의 플라톤주의를 설파하던 안티오코스를 만난 일은 이후 그의 철학에서 자주 발견되는 절충주의적 경향을 형성하는 데 큰 영향이 있었던 것으로 보인다. 아울러 이 시기에 그는 소아시아 지방에서 여러 연설가와 만나서 실제 연설을 경험하고, 귀국길에는 로도스에서 스토아 철학자 포세이도니우스 밑에서 수사학과 철학도 공부한다.

이렇듯 변호사가 되기 위한 수단의 일환으로 다양한 철학을 두루 편력했던 키케로였지만, 그가 철학 자체에 본격적으로 심취하게 된 계기는 당시의 정치적 상황이었다.

> 아카데미아의 수장인 필론이 아테네의 귀족들과 더불어 미트리다테스 전쟁으로 인해 아테네에서 도망와서 로마에 있었을 때, 나는 철학에 대한 어떤 놀라운 열정에 이끌려 그의 가르침에 몰두했다. 나는 그 가르침에 매우 충실했는데, 다양하고 중요한 주제들이 나를 아주 즐겁게 사로잡기도 했지만, 한편으로 사법 질서가 영원히 사라진 듯 보였기 때문이기도 했다. (『브루투스』, 306)

이 시절 키케로가 철학에 대해 느꼈을 열정은 단지 성공을 위한 수단이 아니었을 것이다. 당시는 술라의 폭정으로 인해 법정과 광장에서 자유로운 연설이 탄압받던 시기였으므로, 법정 연설가의 꿈이 좌절될 수도 있는 상황에서 오히려 청년의 철학적 열정은 타올랐다. 철학에 대한 그의 이러한 열정은 생애 말년에도 문득문득 엿보인다.

> 철학은 일단 입문하게 되면 그 한계를 두거나 자제할 수 없으며, 차라리 입문 안 하는 것보다 더 힘들고, 지혜에 관한 탐구와 저술의 욕구는 자제할 수 없다. (『아카데미아학파 전서』, 6)

하지만 철학에 대한 열정이 그를 진리 탐구를 위한 관조적 삶으로 이끌지는 않았다. 그의 친구 아티쿠스는 희랍을 너무나 사랑한 나머지 희랍으로 거주지를 옮기고 희랍 문화를 즐기는 에피쿠로스주의자의 삶을 택하지만, 키케로 자신은 속세에서 벗어난 삶을 꿈꾸지 않았다. 그에게 철학은 어떤 의미에서 한 번도 탈정치화된 적이 없다.

키케로는 필론의 가르침을 받은 후 신아카데미아의 회의주의를 평생 자신의 공식 철학적 입장으로 삼았다. 신아카데미아의 가르침에 관해서 그는 다음과 같이 말한다.

> 우리의 논의는 찬성과 반대 양쪽으로 논변함으로써 진리나 혹은 그에 가장 근접한 견해를 끌어내는 것일 뿐이다. 안다고 믿는 자들과 우리는 다른데, 저들은 자신들이 변호하는 견해가 참이라는 것을 의심하지 않지만, 우리는 확증이 불가능하면서도 쉽게 따를 수 있는 많은 개연적 견해들이 있다고 여

긴다. (『아카데미아학파 전서』, 7)

그가 특히 필론의 철학에 끌린 이유는 무엇일까? 무엇보다도, 자신의 주장을 절대적인 진리라고 주장하는 철학자들의 독단성을 거부하는 신아카데미아의 태도가 키케로의 유연하고 개방적인 사고와 잘 맞은 듯하다. 플라톤 사후 교설주의로 경도된 아카데미아를 소크라테스적 탐구의 정신으로 전환시킨 인물은 신아카데미아의 창시자 아르케실라오스였다. 그는 모든 독단적 견해에 대해 '판단 중지(epoche)'를 하는 것이 유일한 합리적 태도라는 것을 몸소 실천하며 여타 학파들과 열렬한 논쟁을 전개한 인물이다.

하지만 신아카데미아의 회의주의를 계승한 필론은 어떤 견해도 확증 불가능하므로 동의하지 말아야 한다는 아르케실라오스의 급진적 회의주의를 완화시키고, 합당한 이유가 있는 견해는 유연하게 받아들일 수 있다는 온건한 입장을 취했다. 따라서 필론의 철학은 자신의 견해가 옳다는 것을 확증하려는 것도 아니고, 어떤 견해도 받아들여서는 안 된다는 급진적 주장하는 것도 아니며, 다만 주어진 견해의 장단점을 파악하여 합당한 견해를 채택하는 방법을 탐구하는 것을 목적으로 한다. 그것은 어떤 견해에 대해 찬성과 반대로 논의해보면서, 그것에 함축된 장단점들을 검토하고, 상황에 맞는 합리적 선택이 이루어지도록 하는 방법이다. 따라서 필론의 가르침은 키케로가 관심을 기울였던 수사학과 상당한 유사성을 갖고 있다. 바로 아리스토텔레스가 제시한 수사학의 가르침이 이와 동일한 목적과 방법을 공유하기 때문이다.

소요학파의 창시자인 아리스토텔레스에 의해서 각 사안에 관해 찬성과 반대 양편에서 말하는 훈련이 확립되었는데, 이는 아르케실라오스처럼 모든 견해에 대해 늘 반대하기 위해서가 아니라, 모든 견해에 대해서 찬성과 반대 양편으로부터 말해질 수 있는 것이 무엇이든지 간에 드러내기 위해서였다. (『최고선악론』, 5.10)

필론과 아리스토텔레스에게서 배운 '찬반 양론(in utramque partem)'의 논의 방식은 키케로의 법정 연설에 크게 유용한 도구를 제공했다. 이처럼 키케로가 필론의 신아카데미아에서 느낀 매력은 온건한 회의주의가 지닌 유연하고 실용적인 태도, 그리고 그가 관심을 가졌던 수사학과 마찬가지로, 상황에 대한 올바른 숙고와 판단을 도와주는 유용한 도구를 얻을 수 있다는 점이었다.

4. 키케로의 정치적 지향점

이제 키케로가 본격적으로 철학에 몰두한 시기를 살펴보자. 이때는 그가 정치에서 물러나 있던 시기와 대부분 일치한다.

키케로의 정치 인생 전반부는 탁월한 언변과 설득력을 갖춘 변호사라는 명성 덕분에 성공의 연속이었다. 이미 로스키우스 사건을 승소한 변호사로서 어느 정도 명성을 얻은 그는 이를 바탕으로 기원전 75년 시킬리아 재무관에 당선되면서 본격적으로 정치 활동을 시작했다. 기원전 70년에 그는 시킬리아 총독이던 부패 정치인 베레스를 기소하여 승소함으로써 로마 정계가 주목하는 최고의 정치 신인으로 떠올랐다. 베레스 소송에서 당대 최고의 변호사 호르텐시우스를 누른 키케로는 로마 최고의 변호사라는 명성을 얻었고, 이에 힘입어 69년에 조영관에 당선되었고, 66년에 법무관을 거쳐, 63년에 마침내 관직의 정점인 집정관으로 선출된다.

키케로는 집정관 선거에서 함께 경쟁했던 카틸리나의 반역 음모를 성공적으로 진압한 공로로 원로원에 의해 '국부(pater patriae)'의 칭호까지 얻게 된다. 하지만 최고의 정치적 업적으로 자부했던 카틸리나 반역 사건은 역설적으로 키케로의 정치적 몰락의 씨앗이 되었다. 기원전 60년에 시작된 카이사르와 폼페이우스와 크라수스의 삼두 정치로 인해 키케로의 정치적 입지가 약화한 상황에서, 그가 카틸리나 사건의 연루자들을 재판 없이 처형했던 일이 빌미가 되어 결국 58년 마케도니아로 망명을 택할 수밖에 없었고, 그의 재산들은 몰수되고 불태워졌다. 이듬해인 57년 8월 4일에 키케로 귀환에 관한 법률이 통과되어 가까스로 귀국할 수 있었지만, 이 일을 계기로 한동안 정계에서 물러나게 된다.

키케로가 기원전 55년 『연설가론』을 집필할 때만 하더라도 그는 정치 재개를 어느 정도 확신하고 있었다. 하지만 시간이 흐를수록 정계로 복귀할 희망이 요원해지자, 그는 본격적으로 저술에 몰두할 결심으로 투스쿨룸에 있는 별장을 작업실로 꾸민다. 『아카데미아학파』의 서문은 당시 그가 정계 복귀를 단념하고 저술에 몰두할 여가(otium)를 보내는 것을 국가에 대한 의무(officium)를 저버리는 것으로 여긴 주변 친구들이 많았음을 보여준다.

희랍 학문을 전혀 좋아하지 않는 이들이 많고, 철학을 좋아하지 않는 이들은 더 많지만, 이를 꺼리지 않는 이들조차 국가의 지도자들이 철학 논의를 하는 것은 그다지 품위 있다고 여기지 않는다.

희랍에서 철학이란 세상의 불필요한 수고로움과 대비되어 한가히 사색할 수 있는 여가(scholē)를 요구하지만, 로마인의 시선에 철학은 의무를 완수한 보답으로 주어진 '품위 있는 여가(otium cum dignitate, 『연설가론』, 1.1)'의 시간에나 정당하게 누릴 수 있는 지적 유희나 문화적 교양으로 간주되었다.

그러나 피치 못하게 공무를 수행할 수 없는 시기가 닥쳐오자, 키케로는 철학을 공적 의무의 한 방편으로 삼는다. 자신은 공무와 여가 모두에서 철학을 부단히 추구함으로써 그것이 베풀 수 있는 이익을 전부 누렸으므로, 모든 로마인이 철학을 통해 같은 이익을 누릴 수 있게 한다면, 그것이야말로 공동체에 대한 의무를 훌륭히 수행하는 것이라는 생각이다. 그는 이전에 로마에서는 생각하기 힘든 긍정적인 의미를 철학에 부여한 것이다. 다시 말해, 그에게서 철학은 의무와 구분되는 여가의 일부가 아니라, 공동체 전체에 최고의 이익을 베풀 공적인 의무로 간주된다.

기원전 55~51년에 저술된 키케로의 작품들에는 플라톤에 대한 존경과 함께 일종의 경쟁 의식을 동시에 드러난다. 키케로주의자라 부를 만한 퀸틸리아누스는 이제는 상징적 표현이 된 'Platonis aemulus'라는 평가를 키케로에게 내렸는데, 이 평가에는 '모방'이라는 의미보다 '경쟁'이라는 의미가 더 강하다(『연설교육론』, 10.123).

아카데미아학파의 후계자를 자임한 키케로가 자신의 철학의 창시자에 해당하는 플라톤에게 '철학자 중 일인자'라거나 '철학자들의 신과 같은 이'라는 최고의 존경을 표하는 것은 어찌 보면 당연한 일이었다. 그렇다고 해서 키케로가 우리에게 플라톤의 교설이라 알려진 이데아론이나 영혼 불멸설과 같은 핵심 이론들을 받아들인 것은 아니다. 신아카데미아는 플라톤을 회의주의자로 이해하려는 경향이 강하기 때문이기도 하지만, 더욱 중요한 것은 키케로가 모방하고 경쟁하려는 것이 철학 자체나 철학자의 모델로서의 플라톤이었기 때문이다. 키케로는 로마인으로서의 정체성을 유지하면서 로마인을 위한 플라톤이 되기를 원했던 것 같다. 키케로가 대부분의 철학적 저작을 대화편 형식으로 구성한 점이나 다수의 작품에서 플라톤 대화편의 배경을 모티브로 삼은 점은 분명 플라톤을 모방하고자 한 것이었다. 반면, 대화자를 당대의 지도적 인사들로 선정한 점이나 그들의 대화 방식이나 내용이 로마의 현실을 충실히 재현하도록 심혈을 기울인 점, 그리고 대화를 장문의 연설로 구성하는 아리스토텔레스적 방식을 채택한 점 등은 플라톤과의 경쟁을 염두에 둔 것으로 보인다.

특히 이 시기의 저술들은 모두 플라톤의 작품을 직접적인 모델로 삼고 있다는 점이 눈에 띈다. 『연설가론』(55년)은 플라톤이 『고르기아스』나 『파이드로스』에서 다룬 수사학과 철학의 대립을 로마의 관점에서 해소하려는 시도이다. 또한, 미완성인 『법률론』(52년)과 불완전하게 전해지는 『국가론』(51년)은 분명 플라톤의 동명의 작품을 염두에 두면서도, 현실의 로마 공화국과 로마의 법률을 모델로 삼아 논의를 전개한다는 점에서 플라톤과는 다르다.

『연설가론』은 키케로가 본격적인 철학서로서는 최초로 저술한 작품이다. 청년기의 수사학 이론서인 『발견론』에 비해 수사학에 대한 원숙한 철학적 성찰을 담고 있으며, 플라톤의 대화편에 필적하거나 능가할 정도로 작품의 구성이 빼어나다.

대화의 배경은 기원전 91년 키케로의 투스쿨룸 별장이고, 당대 저명한 두 연설가인 크라수스와 안토니우스가 주요 대화자로 등장한다. 훌륭한 연설가가 수사학 기술만 습득해도 충분한지, 아니면 철학적 지식도 필요한지 묻는 안토니우스에 대해 키케로의 스승이자 극 중 대변자인 크라수스가 답하면서 대화가 시작된다.

수사학의 철학적 근거를 묻는 이 질문에 대해, 크라수스는 훌륭한 연설가는 여러 보편 교양을 필수적으로 알아야 한다는 견해를 밝힌다. 반면, 안토니우스는 연설가가 수사학, 그것도 법정 연설에 필요한 정도의 수사학 기술만 갖추면 된다는 현실의 연설가를 대변한다. 작가인 키케로는 크라수스의 입장을 지지하지만, 두 견해의 불분명한 점을 최대한 날카롭게 파고들면서 연설가의 이상과 현실의 간극을 쉽게 좁히려 하지 않고, 오히려 극명하게 드러낸다.

크라수스는 당시 로마에서 가르친 수사학이 법정 변론과 같이 실제 상황에 바로 적용될 실용적 기술에만 초점이 맞춰진 것을 비판하는데, 이는 플라톤의 『고르기아스』에서도 제기된 비판과 궤를 같이한다. 하지만 크라수스에게는 경험도 부족하고 달변도 갖추지 못했으면서 이론만을 추구하는 철학자도 훌륭한 연설가가 아니다. 이 점에서 크라수스는 수사학을 '기만술'이나 '아첨술'로 폄하한 플라톤의 『고르기아스』의 견해도 함께 비판한다. 따라서 크라수스는 수사학에 철학의 조력이 필요하다는 플라톤의 『파이드로스』의 노선을 따르면서도, 철학보다는 수사학에 더 큰 방점을 둔다.

결국, 크라수스가 보여주는 이상적 연설가는 '달변(eloquentia)'과 '지혜(prudentia)', 즉 철학과 수사학, 형식과 내용, 재능과 기술을 모두 갖춘 전인적 인물임이 드러난다. 그러면 이러한 연설가를 육성하기 위한 교육은 무엇인가? 연설가는 현장에서 연설을 능숙하게 할 수 있는 구체적인 연설 지식뿐 아니라 대단히 많은 것들에 관한 지식을 획득해야 한다. 이 지식은 윤리학, 정치학, 자연학, 역사학, 법학 등 거의 모든 인문학의 분야가 망라되며, 단순히 보편적인 차원에 그치는 것이 아니라 구체적인 차원에서의 모든 것, 즉 개별적 법규와 시민법, 개개인의 감정 상태, 각각의 유머와 재치, 온갖 종류의 몸짓, 수사학의 요소들(즉, 발견, 배치 표현, 기억, 연기)의 구체적이고 세부적인 사례들을 모두 포함해야 한다. 한마디로 사회에서 인간답게 살아가기 위한 모든 것을 세부까지 모두 알 필요가 있다.

한편, 이 시기 키케로의 저술들은 모두 정치 혹은 정치 공동체를 지향한다. 『연설가론』에서 이상적 연설가는 곧 이상적 정치가이기도 하다. 그는 철학적 지혜를 갖추었을 뿐 아니라, 그 지혜를 수사학을 활용하여 법정과 민회와 원로원에 참여하는 다수를 설득할 수 있는 인물이기 때문이다. 키케로의 이상적 정치가는 진리를 설득할 공동체와 그 구성원, 그리고 그것을 규율할 법률을 전제하는데, 바로 이러한 공동체와 법률이 『국가론』과 『법률론』에서 제시된다.

따라서 이 시기 키케로 저작들의 공유하는 주제는 정치 공동체를 설득할 수 있는 연설가, 공동체가 존립할 수 있는 정치적 공간, 그 공동체를 유지하는 법률이다. 이 점에서 키케로의 기획은 플라톤의 『국가』나 『법률』의 기획과는 차이가 난다. 플라톤의 두 작품은 사실상 한 기획 아래 구성된 작품이다. 다시 말해 『국가』는 현실에서 실현될 수 없는 이상적인 모델을 그려본 것이고, 『법률』은 실현 가능성을 염두에 둔 최상의 법률 모델이지만 여전히 현실의 특정한 법률을 모델로 생각하는 것은 아니다. 아울러 플라톤이 『국가』에서 제시한 이상 국가의 철인 통치자도 정치 공동체를 전제하지 않는다.

반면, 키케로의 이상 국가는 "한 명이 아닌 다수의 재능에 의해, 한 사람의 생애가 아닌 여러 세대와 시대에 확립된 국가"(『국가론』 2.2)로서 현실의 로마 공화정이고, 그의 이상적 법률은 로마 공화정에서 준수되어 온 실제 법률들을 모델로 삼는다. 결국, 키케로는 플라톤의 기획을 로마의 현실로 가져와 로마적 이상과 합리적 이념에 맞게 재구성하고 있다.

한편, 이 시기 키케로의 작품들에는 여러 학설을 유연하게 선택하여 종합하는 일종의 절충주의적 면모가 두드러지게 나타난다. 가령, 『국가론』에서는 이상 국가의 정치 체제를 비례적 평등에 근거해 정무관, 귀족, 인민에 의한 국정 참여가 보장되고 상호 견제와 균형을 통해 조화된 혼합정으로 제시하는데, 이는 아리스토텔레스의 혼합정 이론과 폴뤼비오스의 정체 순환론을 비판적으로 수용하여 로마 공화정을 합리적으로 재구성한 것으로 볼 수 있다.

또한, 『법률론』에서는 특정 국가나 민족을 초월한 보편성을 지향하는 스토아 자연법 사상을 전면적으로 수용하되, 이 자연법을 최대한 구현한 것이 로마 공화정 초기의 법률 체계라고 평가한다. 회의주의와는 거리가 있는 이러한 절충주의적 태도가 안티오코스의 영향일 가능성이 오래전부터 제기되어왔으나, 필론의 온건한 회의주의 입장에서도 얼마든지 설명할 수 있으므로, 이 문제는 좀 더 논의가 필요하다.

5. 정치에서 철학으로

국가의 권력 견제 기능이 살아 있고 정계 복귀의 희망도 남아 있던 기원전 50년대와 달리, 키케로가 46년부터 시작한 일련의 저술 활동 시기의 상황은 이전보다 훨씬 악화한 상태였다. 기원전 51~50년 킬리키아 총독으로 정치 활동을 재개한 그는 49년 카푸아 총독으로 부임했다. 하지만 기원전 49년 카이사르와 폼페이우스 간의 갈등으로 발발한 내전은 다시금 그를 좌절시켰다. 카이사르는 48년 8월 9일 테살리아의 파르살루스에서 폼페이우스의 군대를 격퇴했다. 폼페이우스 편에 서서 카이사르의 회유를 거절했던 그는 카이사르에게 귀국을 허락받았지만, 이후 로마의 정치에서 완전히 밀려났다.

한편, 그의 가정사도 파탄으로 치달았는데, 47/46년 겨울 아내 테렌티아와 결혼 생활을 청산했으며, 이후 푸브릴리아와 재혼했으나 곧 다시 이혼했다. 가장 최악이었던 것은 기원전 45년에 닥친 사랑하는 딸 툴리아의 죽음이었다.

키케로의 『철학의 위안』은 연이어 밀어닥친 정치적 좌절과 가정사의 아픔을 철학을 통해 극복하려는 노력의 일환이었다. 철학이 한 개인의 슬픔과 고통을 어떻게 극복할 수 있는지를 보여준 이 저작은 현재 전해지지 않지만, 얼마후에 저술된 『투스쿨룸 대화』를 통해 그 내용이 미루어 짐작된다. 철학을 통한 인간 조건의 극복을 보여주는 이 작품은 1~4권에 걸쳐 죽음, 고통, 격정에 대한 여러 학파의 주장을 검토한 뒤, 마지막 5권에서 어떤 철학적 입장을 통해서도 "덕을 갖춘 현자가 행복한 삶을 영위한다"라는 결론에 다다를 수 있음을 입증한다. 아마 『철학의 위안』도 키케로 자신의 불행이 이성에 의해 극복될 수 있음을 보여주려 했을 것이다.

이 시기의 저술 활동이 비록 개인적 동기에서 시작되었을지라도, 그는 이 계기를 통해 철학이 베푸는 참된 이로움을 경험하면서 그 이로움을 다른 로마인들과 공유하는 것이 중요한 의무라는 확신을 얻게 된다. 그는 곧바로 『호르텐시우스』라는 작품을 45년에 완성했는데, 이 작품은 키케로의 친구 카툴루스가 철학을 배척하던 호르텐시우스에게 철학 공부를 권유하는 내용을 담았다고 전해진다. 아리스토텔레스의 유실된 작품인 『철학의 권유』가 모델이 되었다고 알려진 이 작품은 아우구스티누스가 방탕한 생활을 청산하고 철학에 몰두하게 된 계기가 된 것으로 유명하다. 그가 이 작품을 동료들에게 회람시키자 뜻밖의 큰 호평이 돌아왔다고 한다. 이에 고무된 키케로는 『아카데미아학파』를 필두로 희랍 철학을 로마인에게 전면적으로 소개하는 일련의 작품을 기획한다.

『예언에 관하여』 2권 서문에는 키케로의 기획 의도와 작품 범위가 제시된다.

> 내가 국가를 위한 봉사를 한시라도 중단하지 않으려고, 가능한 많은 사람에게 도움이 될 방법을 널리 찾아보고 오래 고민했는데, 나의 시민들에게 최고 학문들의 방법을 전수하는 것 이외에 더 좋은 방법이 떠오르지 않았다. 그것을 여러 책을 통해서 이제 성취했다고 생각한다.

『연설가론』에서는 이상적 연설가가 받아야 할 교육 프로그램, 즉 철학과 수사학이 결합한 교육 방식이 제시되었다고 한다면, 이 시기에는 그러한 프로그램에 활용될 저작들을 실제로 제공하는 작업이 착수된 것이다. 수사학 저작들은 이전에 충분히 제공되었으므로, 이제 이 프로그램의 핵심에는 철학이 놓인다.

> 우리가 추구하는 연설가를 만드는 일은 철학 없이 불가능하다. 물론 철학에 모든 것이 달린 것은 아니지만, 체력훈련이 배우를 돕듯, 철학은 연설가를 돕는다. (『연설가』, 14)

위의 서문에는 이미 집필했거나 집필 중이거나 예정인 작품 목록이 제시되는데, 이 목록을 순서대로 살펴보면, 철학에 대한 권유를 담은 『호르텐시우스』, 인식의 한계와 올바른 탐구 방법을 제시한 『아카데미아학파』, 윤리적 목표인 행복한 삶을 논의한 『최고선악론』, 그러한 삶을 성취하는 방법을 보여준 『투스쿨룸 대화』, 신과 섭리의 본성을 논의한 『신들의 본성에 관하여』와 『예언론』과 『운명론』, 키케로가 공직에 있을 때 집필한 『국가론』, 철학을 통해 고통을 위로하는 방법을 보여준 『철학의 위안』, 훌륭히 노년을 보내는 방법을 전하는 『노년론』과 참된 우정을 나누는 법에 관한 『우정론』, 마지막으로 수사술 저작들인 『연설가론』과 『연설가』가 포함된다.

이 목록에 포함된 저작들의 범위와 배열 순서는 여러 해석을 낳았다. 일단 그의 기획은 로마인에게 희랍 철학 전체를 전달하는 것을 목표로 한 듯하다. 이 저작들은 헬레니즘 시기의 일반적인 철학 구분인 자연학, 윤리학, 논리학(변증술과 수사학)에 해당하는 주제들을 포괄한다. 하지만 이론학의 경우, 자연학의 원리들이나 논리학의 핵심인 변증술은 독립된 저작으로 집필하지 않고, 여타 작품에 연관된 정도만 선별해서 다룬다. 그러므로 키케로는 희랍 철학에서 논의된 주제들을 총망라해서 백과사전식으로 제공하는 것을 목표로 삼지 않는다.

그렇다고 이 목록이 작품의 실제 저술 순서를 보여주는 것도 아니다. 기원전 45년경 작품들은 대체로 저술 순서를 따르지만, 그 이전의 정치 철학 저작들은 중간에 삽입되어 있고, 수사학 저술들은 함께 묶여 마지막에 덧붙여진다. 이런 점들에 비추어 보아, 키케로는 로마인의 현실적 관심사에 집중하고 있으며, 아마도 저작들을 읽어야 하는 순서를 염두에 두고 목록을 정리했으리라 추측된다.

희랍 철학을 라틴어로 저술한 일은 키케로가 철학의 로마화에 이바지한 결정적 공로로 평가받는다. 그가 로마에 필요하다고 본 것은 단지 철학책이 아니라 반드시 라틴어로 된 철학책이어야 했다. 만일 그가 희랍 철학을 소개하는 것만 목적으로 삼았다면, 아마 희랍 철학책을 번역하거나 더 쉽게 보급하는 방법을 고안했을지 모른다. 정확히 알 수 없는 이유로 인해, 키케로는 플라톤의 『티마이오스』나 『프로타고라스』를 실제 번역하기도 했으니 말이다.

게다가 로마에는 이미 희랍어 철학책이 활발히 보급되기 시작했다. 기원전 1세기 로마의 고등교육은 공식적으로 확립된 교과목에 의한 것이 아니라, 대다수 희랍 출신의 수사학 교사나 철학자를 찾아가 개별적으로 배우는 것뿐이었으므로, 수업은 대부분 희랍어로 이루어졌다. 희랍어를 사용하고 희랍 작품들을 인용할 줄 아는 능력은 고등교육에 필수이므로, 많은 로마 지식인은 라틴어와 희랍어를 동시에 사용할 줄 알았다. 따라서 『아카데미아학파』에서 키케로가 등장인물인 바로에게 라틴어 철학책 저술에 동참하길 권유할 때, 바로는 다음과 같이 답한다.

나는 배우지 못한 자들은 이해 못 하고, 배운 자들은 구태여 읽지 않을 것들을 저술하고 싶지 않다. (『아카데미아학파 후서』, 4)

로마와 관련된 사안들은 라틴어 저술 이외에 달리 방법이 없지만, 희랍 철학까지 라틴어로 저술하는 것은 실효성이 없다고 본 것이다.

키케로는 로마인이 희랍 철학을 읽거나 희랍어로 배우는 것으로는 충분치 않다고 여겼다. 무엇보다도 키케로 자신이 단순한 번역자 역할에 만족하지 않았고, 자신의 판단과 의견을 작품에 담아내려 했다.

그러면 키케로가 작품에 투사한 자신의 판단과 의견은 무엇인가? 이 시기의 방대한 작품들은 불과 2년이 안 되는 짧은 시기에 만들어졌다. 따라서 대화자가 전달하는 철학 내용의 대부분은 희랍어 원전들에서 발췌하거나 요약해서 라틴어로 번역된 후 작품에 삽입된 것이다. 각 저작은 헬레니즘 시기의 철학을 전달하는 중요한 자료이지만, 철학자들의 원전보다는 후대의 요약본이 많이 사용된 점은 아쉽다. 아무튼, 작품에 담긴 철학 내용은 키케로의 창작이 아니지만, 그는 애초에 그것에 대해 독창성을 주장하지 않는다. 철학 내용 외의 모든 창작 과정에 키케로 자신의 판단과 의견이 개입된다. 가령, 작품의 주제 선정, 정확한 논점의 발견, 경쟁하는 학파의 선정, 주제에 적합한 배경과 대화자의 선정, 작중 대화자의 실제 철학 성향과 학문 수준, 로마와 연관된 현실 이슈, 논의의 구성 등 작품은 수많은 요소에 키케로의 경험과 연륜이 담겨 있다.

그가 단기간에 많은 작품을 산출한 것은 이미 어린 시절에 여러 철학을 배워서 숙지했고, 오랫동안 법정 연설가로서 그것을 연설 속에 녹여냈으며, 삶에서 실천하면서 그 적합성을 검토했기에 가능했다. 따라서 그가 논문 형태의 글이 아니라 플라톤과 비견될 만한 대화편 형식을 빌린 것은 희랍 철학 이론이 로마의 현실에 적용된 모습을 구체화하기에 가장 적합한 형태라는 생각에 기인할 것이다. 키케로는 라틴어 철학책이 로마 문화의 수준 향상에 중요한 역할을 할 것이라 믿었다. 희랍 문화의 로마화는 이미 여러 분야에서 진행되고 있었다. 플라우투스나 테렌티우스 등의 극작가가 희랍 희극의 영향을 받은 로마 희극을 상연해서 인기를 누렸고, 앞서 언급한 당대의 석학 바로는 라틴어의 역사, 문법, 용례들을 다룬 『라틴어 원론』과 로마의 역사, 종교, 제도, 문화에 관한 방대한 저술인 『인간과 신에 관한 고대사』를 집필했다. 게다가 최초의 라틴어 철학책으로 평가받는 루크레티우스의 『사물의 본성에 관하여』도 저술되었다.

키케로도 수사학 분야에서 자신의 수사학 저작들이 이미 희랍을 능가했다고 자부했으며, 이제 이보다 훨씬 더 중요한 주제로 여긴 철학을 라틴어로 저술하는 것이 사적으로는 조국 로마에 대한 봉사와 영예이고, 공적으로는 로마의 권위와 영광을 위한 길이라 믿었다.

> 이런 이유로 나는 그럴 능력이 있는 모든 사람에게, 철학 분야의 명성마저도 우리가 이제 시들한 희랍인들에게서 빼앗아 우리나라로 가져오도록 권하였는데, 모름지기 추구해야 할 가치가 있는 모든 명성을 우리의 선조들이 열정과 노력으로 우리나라로 가져왔던 것처럼 말이다. (『투스쿨룸 대화』, 2.5)

6. 나서며

연설가로서 주어졌던 최상의 평가에도 불구하고, 정치가로서의 키케로는 매우 상반된 평가를 받아왔다. 그런데 정치가로서의 평가만큼이나 철학자로서의 평가도 지속적인 논란거리였다. 그는 르네상스와 계몽주의 시기에 이르러 인문 사상(humanitas)의 전범(典範)이었다. 하지만 이후 플라톤과 아리스토텔레스의 저작들에 대한 접근이 쉬워지고 관련 연구들이 활발히 진행되면서 키케로의 철학적 저작들은 점차 독자들의 관심에서 멀어졌다. 심지어 19세기부터 이어진 몸젠을 비롯한 여러 연구자의 부정적 평가는 키케로를 철학자로 부르기 힘들 정도로 만들었다.

반면, 20세기 후반기에 들어와 헬레니즘과 헬레니즘 후기에 대한 학자들의 지속적 관심 증대되며, 키케로의 철학적 저술들은 우리에게 직접 전해지지 않는 헬레니즘 시기의 철학에 대한 중요한 정보들을 전해주는 전거로서 다시금 조명받기 시작했다. 나아가 최근 몇십 년간은 관련 학계에서 키케로를 희랍 철학 수용 과정에서 로마인으로서의 정체성을 유지하면서 희랍 철학을 로마의 현실에 맞게 변화시킨 독창적인 철학자로 평가하는 연구들이 여러 관점에서 이루고 있다. 이처럼 한 명의 철학자에 대한 관점이 시대적 요구에 맞게 지속해서 변해온 사례는 역사적으로도 흔치 않을 것이다.

로마인으로서 키케로의 정체성은 공화정 말기의 급변하는 시대 상황, 정치가이자 연설가라는 확고한 정체성, 탁월한 지성과 개방적인 성품이 빚어낸 독특한 역사적 사건처럼 보인다. 키케로가 자신을 규정해갔던 태도와 우리가 우리 자신을 바라보는 태도를 비교해보는 것은 서양 철학을 비판적이고 창의적으로 수용하고자 하는 우리에게 어떤 시사점을 던져 줄 수 있을 것이다.

양호영

서울대학교 서양고전학과 강사. 서울대학교 철학과 대학원 석사과정을 졸업했고, 영국 엑세터(Exeter)대학교 서양고전학과에서 헬레니즘 철학과 키케로의 철학적 저술들에 관한 연구로 박사학위를 받았다. 현재 정암학당 키케로연구번역팀 연구원으로 헬레니즘 철학 및 키케로 관련 연구를 진행하고 있다. 논문으로는 「Cicero's Philosophical Position in his Dialogues」(2017) 등 키케로 및 헬레니즘 철학 관련 논문들이 있으며, 역서로는 『키케로, 아카데미아학파』(2021)가 있다.

비참한 현실과 포기할 수 없는 희망: 아우구스티누스의 신국(Civitas Dei)

강상진(서울대학교 철학과 교수)

1. 들어가며

철학사를 돌이켜보면, 한 철학자의 저술에서 선명하게 읽을 수 있는 논리와 세계관이 그가 살았던 시대의 문명적 성취와 역사적 경험을 반영한다는 사실을 여러 방면에서 확인할 수 있다. 플라톤과 아리스토텔레스 철학의 경우에는 기원전 5세기에 집중되었던 세계사적 사건들과 후에 그리스-로마 문명으로 통칭되는 문명의 성립과 성취가 그 배경에서 어른거리고 있다.

기원전 490년의 마라톤 전투와 480년의 살라미스 해전 등은 그리스의 자유의 이념이 페르시아의 전제의 이념을 이긴 사건으로 기록되고 기억되거니와 이후 아테네가 보여준 민주정과 여전히 고전으로 인정받는 건축, 문학, 예술 등 거의 전 분야의 문명적 성취는 고전 그리스 철학의 사회적 토대이자 그들의 철학적 성취를 이해하는 중요한 역사적 배경으로 작동하고 있다.

기원전 1세기의 키케로의 경우에도 이탈리아의 작은 마을에서 시작해서 포에니 전쟁을 거쳐 지중해의 패권을 장악한 로마의 역사적 경험과 자부심이 그의 철학에 영향을 끼쳤다고 해야 할 것이다.

이들에게 미친 문명적 성취의 영향을 요약하자면 아마도 세상과 사물의 이치를 학문적으로 올바로 이해하고 어떤 정치적 질서와 규범 위에서 인간과 그의 공동체가 최선의 방식으로 그 가능성을 발휘할 수 있는지에 대한 앎, 그런 앎에 입각한 정치적 합의에 도달한다면 세상 역시 그에 걸맞은 질서를 보여줄 것이라는 믿음이라고 할 수 있을 것이다.

인간과 우주, 혹은 인간 사회와 그 밖의 세상이 합리성이라는 근본적 질서하에서 움직이고 있다는 생각, 혹은 인간이 파악한 로고스의 질서가 세상에도 펼쳐지고 있고, 인간의 내면을 다스리는 합리성의 질서가 자신이 속한 공동체뿐만 아니라 국제 질서 속에서도 펼쳐질 수 있다는 생각이 작동하고 있었던 것이다.

문명적 성취와 이를 반영하는 철학 사이의 관계가 이런 것이라면 그 반대의 경우는 어떨까? 장기간에 걸친 문명의 몰락을 배경으로 세상의 이치를 반성하는 철학자에게는 어떤 일이 일어날 것이라고 예상할 수 있을까? 고전 철학의 예상과 달리 현실이 상상할 수 없을 정도로 비참하고, 그 비참의 이유가 한두 사람의 일탈 때문이 아니라 소위 인간 공동체의 근본적인 시스템 문제라는 것이 밝혀진다면?

이것이 지금부터 자세히 얘기하고자 하는 아우구스티누스의 신국(神國, Civitas Dei)을 이해하기 위해 필요한 질문이다. 플라톤과 아리스토텔레스의 정치 사상이 비교적 짧은 기간의 강렬했던 문명적 성취를 배경으로 한 것이라면, 아우구스티누스의 정치 사상은 비교적 긴 시간에 걸친 문명의 몰락을 배경으로 한 것이기 때문이다.

물론 한 철학자의 사유와 그 사유를 배태한 것으로 짐작되는 문명적·역사적 경험 사이의 관계는 그렇게 단순하지는 않다. 공화적 질서가 로마의 역사적 성공의 원인이었으며 앞으로도 그렇게 가야 한다고 굳게 믿었던 키케로는 2차 삼두 정치의 희생양이 되어 나중에 로마의 첫 황제가 되는 옥타비아누스가 보낸 자객에게 암살당했으며, 아테네와 같은 폴리스의 정치적 의미를 그토록 강조했던 아리스토텔레스는 자신보다 1년 일찍 죽은 알렉산드로스 대왕의 만든 대제국이 가져올 정치적 의미와 철학적 파장에 대해 상상할 수 없었다. 문명적 성취는 철학자의 작품 속에서 영원한 배경 음악이 되지만, 실제의 역사는 더이상 같은 노래를 부를 수 없는 환경으로 부단히 바뀌고 있으니 말이다.

비교적 소규모의 공동체에서 가능했고 실제로 타당하던 세계관과 규범은 알렉산드로스의 제국이나 로마 제국과 같은 초지역적 공동체에서는 더이상 현실 장악력을 보여주지 못한다. 아우구스티누스의 신국에 관한 이야기는 최고의 문명적 성취에서 탄생했던 고전적 세계관이 점점 현실을 제대로 설명하거나 이끌어갈 힘을 잃어버리는 역사에 관한 이야기이면서, 동시에 그것의 대안을 모색한 이야기이기도 하다.

2. 제국의 등장과 함축

아리스토텔레스는 알렉산드로스 대왕이 원정 중 젊은 나이에 세상을 떠났다는 소식이 전해진 후 아테네가 철학에 두 번 죄를 짓는 일을 면하게 하기 위해 아테네를 떠났다고 전해진다. 기원전 399년 소크라테스를 사형에 처함으로써 처음 철학에 죄를 지었다면, 도주에 가까운 망명길을 가지 않는다면 자신을 다시 죽임으로써 두 번째로 철학에 죄를 짓는다고 생각했던 것 같다. 충분히 그렇게 생각했을 법한 환경이었지만 필자가 주목하고 싶은 바는 철학에 죄를 짓는 주체로 상정되는 '아테네'라는 공동체이다.

그리스 문명의 총아였으며 스스로를 전 그리스의 학교로 이해하던 아테네는 펠로폰네소스 전쟁 이전부터 자신의 라이벌이었던 스파르타나 다른 폴리스와 함께 고전적 정치 사상에서 움직일 수 없는 반성의 단위였다. 마치 현대 UN의 국제 질서가 크고 작은 국력을 가진 주권 국가들로 구성되듯, 당대의 국제 질서는 페르시아, 이집트와 같은 대제국 외에 그리스 본토와 주변 섬들에 산개해 있는 폴리스들로 구성되었던 것이다.

플라톤이나 아리스토텔레스에게 그토록 당연했던 정치 공동체의 기본 단위로서의 폴리스는 하지만 마케도니아의 부상과 알렉산드로스에 의한 대제국의 건설 이후 더이상 정치 공동체의 기본 단위로서의 역할을 할 수 없게 된다. 아테네와 같이 민주 정체를 채택한 폴리스의 작동은 주지하다시피 민회에서의 토론과 정치적 숙의의 결과로 폴리스의 운명을 가늠할 주요 정책들에 대한 결정이 이루어지는 만큼, 세상의 이치에 대해 깊이 공부하고 잘 훈련된 연설로 동료 시민들을 설득할 수 있는 개인들의 철학적·수사적 능력이 공동체의 흥망성쇠에 직접적으로 연결되는 구조였다.

플라톤의 소피스트 비판을 내적 성찰 없는 수사 능력에 대한 비판, 혹은 도덕적 토대와 분리된 정치적 능력에 대한 비판으로 읽는다면, 고전 철학의 정점에서는 윤리학과 정치 철학이 하나의 축으로 연결되는 구조로 이해되고 있었다고 말해도 좋을 정도였다. 이 아름답던 이론적 구조는 사회적 평판이나 재물보다 더 보살펴야 하는 영혼의 상대 항이 폴리스에서 제국으로 바뀜에 따라 상당한 변형을 겪을 수밖에 없었다.

알렉산드로스 대왕 사후 로마가 지중해의 패자가 되는 시기까지를 철학사는 헬레니즘 시기라고 부르거니와, 이 시기의 철학이 내면에 집중하는 경향을 보인다는 일반적인 관찰이 가능한 이유는, 이전 철학에서 폴리스가 담당하던 역할을 에피쿠로스처럼 정원에 모여 함께 살며 철학적 이상을 공유하는 소규모 공동체로 축소되거나 스토아의 세계시민주의(cosmopolitanism)처럼 지역적 정치 단위를 넘어 사유 속에서 존재하는 우주적 공동체로 확장되는 일이 발생하면서[1] 플라톤이나 아리스토텔레스에서 보였던 개인과 사회 사이의 긴밀한 연결이 더이상 가능하기 어려운 환경이 되었기 때문이다.

제국의 등장으로 고전 철학의 중심축 중 하나였던 개인과 사회의 연결이 더이상 고전적인 방식으로 논변되기 어려웠다는 것을 일반적인 관찰로 받아들이면 키케로의 철학에서 관찰되는 둘 사이의 연결은 플라톤과 아리스토텔레스의 그것에 더욱 가깝다는 의미에서 예외로 보는 것이 더 합당하다. 그리스 지역 일반은 제국의 등장과 함께 다른 이론적 길을 가는 와중에 키케로는 로마인들이 역사적으로 차곡차곡 쌓아온 군사적·정치적

1 이 시기의 공동체 이해에 관한 좋은 연구로 다음을 참고하라. 이창우, 「'코스모폴리스' 이념 — 견유학파의 유산」, 철학연구회 편《철학연구》50(2000), 183~198쪽; 이창우, 「헬레니즘: 정치적 공동체에서 탈(脫) 정치적 공동체에로」,《서양고전학 연구》16(2001), 87~105쪽.

성취에 근거하여 로마 귀족과 공화정의 이상을 연결시키는 이론적 기획을 제공했기 때문이다.

로마 시민 전체는 아니더라도 적어도 원로원에서 토론과 설득을 통해 공화정의 운명에 대해 발언권을 가지고 있었던 귀족 계층에게는 플라톤과 아리스토텔레스가 상정했던 개인의 덕과 공동체의 번영에 관한 인과적 관계가 현실적이라고 느끼면서 온 힘을 다해 수호해야 한다고 설득할 가치였던 것이다.

결과적으로 오해로 입증된 그의 현실 인식에서 정확히 어떤 것이 결정적인 오해에 기여했는지, 왜 로마는 이후 제국으로 갈 수밖에 없었는지에 대해서는 별도의 글이 필요하겠지만, 적어도 이런 점은 밝혀둘 필요가 있다. 키케로 사후 100년이 지나지 않아 로마 지식인들 사이에서 이미 그가 표방했던 공화정의 이념이 왜 더이상 구현될 수 없는지, 심지어 선한 황제가 통치한다고 하더라도 그럴 수 없는지에 대한 사유가 공유되기 시작했고, 로마사에 대한 긍지의 자리에 비판적인 시각과 비관적인 전망이 퍼지기 시작했다는 점이다.

타키투스와 같은 역사가에서 확인되는 이러한 분석과 태도는 아우구스티누스가 로마 역사를 비판적으로 고찰할 때 계승되는바, 이는 논의가 진행됨에 따라 밝혀질 것이고, 일단 제국의 등장이 고전 철학에 대해 갖는 함축을 이렇게 정리할 수 있겠다. 알렉산드로스에서 비롯된 그리스 제국이든 로마 제국이든 간에 제국의 등장은 플라톤과 아리스토텔레스, 로마적 판본에서는 키케로와 같은 철학자에게서 가정되던 개인의 덕성과 공동체의 운명에 관한 전통적인 연결 방식을 그대로 수용할 수는 없는 상황을 만들었고, 거칠게 말하자면 철학과 정치 사이의 부인할 수 없는 간격을 만들었다.

플라톤식 철인 왕의 등장을 현실적으로 더 기대할 수 없다면, 아리스토텔레스식 민주정적 통치가 불가능해졌다면, 철학적 통찰은 제국의 통치에 기껏해야 우연히 결합될 수 있을 뿐, 내적인 연결을 기대할 수는 없게 된 것이다. 이것의 함축 중 하나는 아마도 정치는 더이상 합리성의 영역이라고 말하기 어렵게 되었다는 것일 터이다. 마르쿠스 아우렐리우스처럼 철인 왕에 가까운 현제가 다스릴 때는 우연히 합리성의 질서가 구현될 수도 있겠지만, 근본적으로는 황제의 변덕에 좌우되는 영역이라고 해야 할 것이기 때문이다.

이론적으로 공동체의 흥망성쇠가 개인들의 노력과 숙의에 따라 운영되는 질서보다 누가 황제가 되는가와 같은 운의 영역에 가깝게 넘어가는 것에 맞추어 현실적이고 역사적으로는 제국의 몰락이 처음에는 서서히, 나중에는 눈에 띄게 가속화되기 시작한다. 이미 공화국의 몰락과 제정의 등장을 예견했던 로마의 카토는 이 체제에서 로마의 강성의 뿌리였던 시민적 덕성의 쇠락을 예견, 카르타고를 멸망시켜야 한다고 주장했던바, 더 이상 대적할 힘이 없어질 로마의 잠재적 위험을 제거하고자 했으니 이미 공화정이 아직 없어지지 않았던 시절에도 제정의 등장이 로마의 국력을 급속하게 갉아먹을 것을 예상했던 것이다.

실제로 로마는 96년부터 180년까지 지속된 오현제 통치의 짧은 부흥을 예외로 하면 전반적인 쇠퇴의 과정을 겪었고, 기원후 3세기 이후에는 더이상 회복할 수 없는 지경으로 무너지게 된다. 아우구스티누스가 활동하는 4세기 이후에는 현대의 정치학적 용어로 표현하자면 국가 실패(failure of state)급 위기를 겪기 시작하거니와 5세기 전환기에는 자유를 팔아 생존을 유지하는 수준까지 떨어진다.

거대한 제국의 체제 유지를 위해서는 상당한 수준의 관료제가 필요한데, 이 비대해진 행정을 더이상 경제적으로 감당할 수 없는 지경이 되면 발생하는 일은 충분히 상상할 수 있다. 동서양의 역사에서 수없이 비슷한 방식으로 반복된 경험이 있기 때문이다. 과중해진 세금을 피하기 위해 지역을 떠나는 일, 지역 영주에게 자유를 팔아 당신의 농노가 될 테니 세금과 외적의 침입에서 보호해달라고 요청하는 일, 체제의 유지를 위해 필요한 수공업자에게 직업을 계속 수행할 도제를 반드시 구해야 한다고 강요되지만 결국 외부에서 구할 수 있는 조건이 아니니 자기 자식에게 그 일을 시켜서 집안 대대로 그 직업에 종사하는 일 등이 발생하는 것이다.

기원전 5세기 작은 폴리스들의 연합을 통해 페르시아와의 전쟁에서 승리하면서 이후 서양 문명의 원형으로 기억되는 자유의 이념이라는 이름으로 전승되던 문명적 성취는 기원후 5세기에는 자유를 팔아 생존을 사야 하는 지경으로 몰락하고 있었던 것이다. 플라톤과 아리스토텔레스, 키케로의 철학이 문명적 성취의 최고치로부터 세상을 설명하고자 했다면, 그들이 설명하고자 했던 세상, 혹은 그들이 이해한 질서에 입각하여 이상적 공동체를 구현하려 했던 세상은 더이상 그렇게 합리적으로 설명될 수도, 합리적인 질서에 의거하여 공동체를 구축할 수도 없는 세상이 되어가고 있었던 것이다.

3. 비참한 현실, 철학적 진단

아우구스티누스의 대작 『신국론』의 집필 계기는 물론 410년 발생한 로마의 침탈과 그에 따른 공격, 즉 로마가 전통적 신을 포기하고 이방의 종교인 그리스도교를 받아들인 까닭에 그러한 국치가 발생했다는 공격에 대한 이론적 방어였지만, 긴 안목에서 보자면 문명적 성취의 최고점에서 등장했던 고전 철학적 세계관이 더이상 현실 세계를 설명하거나 공동체적 질서의 정당화 원리로 작동할 수 없음을 보여주고 새로운 이론적 기획을 제공하는 쪽이었다고 보아도 무방할 것이다.

아우구스티누스 자신은 그런 것을 의식하지 못했다 하더라도, 철학사적 시각에서 보면 긴 시간 동안 축적되어 더이상 되돌이킬 수 없는 문명의 몰락을 경험한 후 예민한 감수성의 소유자라면 당연히 기대할 만한 이론적 응수라고 할 수 있다.

로마는 국력을 소진하면서 그동안 박해하던 그리스도교를 인정하고 국교로까지 승격시키는 일련의 조치를 취했고, 이 결과 일부 신학자들이 교회와 제국의 연합을 하느님의 뜻으로 칭송하는 데까지 나아갔으나, 아우구스티누스는 훨씬 깊은 곳에서 고전적 세계관 혹은 그것이 기술하고 질서를 구현하는 현실을 그리스도교 신학으로 정당화할 수는 없다는 것을 감지하고 있었다. 현실에 관한 그의 철학적 진단은 고전적 문명이 찬란한 성취를 강조하면서 놓치고 있던 인간 사회의 그늘과 근본적 결함을 가감없이 드러내고, 현실의 이 비참함을 솔직하게 인정했을 때 드디어 열리는 철학적-신학적 차원을 이론적 대안으로 제시하는 것으로 이어진다.

『신국론』은 그런 의미에서 자신이 물려받은 고전 문명과 고전 철학에 대한 일종의 사상적 정산서, 어떤 사유를 어떤 이유에서 거부하고, 어떤 것은 일부의 수정을 거쳐 받아들이는지에 관한 정산서이고 거의 전 부면에 걸쳐 고전적 세계관과 씨름하고 있지만, 여기서는 세 대목만을 발췌하여 그의 당대 현실 인식과 그것의 함축을 살펴보기로 하자.

1) 현명한 재판관

아우구스티누스는 모두가 자신이 처한 위치에서 최선을 다하지만 그런 개인적 노력의 결과가 결국 불행으로 귀착될 수밖에 없는 많은 경우를 분석한다.

> 현명하다는 재판관이 이런 짓을 저지르지만, 이것은 누구를 해치려는 악의에서 행하는 게 아니고 무지로부터 오는 불가피한 처지에서 행하는 것이다. 인간 사회가 강요하기 때문에 재판을 하지 않으면 안 된다는 불가피한 처지에 몰려서 그런 짓을 저지른다. 이것을 가리켜 우리는 현자의 악의는 아닐지라도 인간의 불행이라고 부르고 싶다. 재판관이 사실을 모르고 그러면서도 재판을 해야 한다는 불가피한 처지에서 부득이하게 죄가 없는 사람들을 고문하고 죄 없는 사람들을 처벌한다고 하자. 그럴 경우 재판관이 무고한 사람을 죽인 죄인은 아니더라도, 본인 역시 행복하지 못할 텐데 그것이 사소한 일인가?[2]

2 아우구스티누스(성염 옮김), 『신국론』(분도출판사, 2004), 19권 6장, 2167쪽.

로마가 자랑하는 훌륭한 재판 제도와 현명한 재판관의 최선의 노력에도 불구하고 소위 악의(惡意) 없는 불행이 불가피한 이유는 무엇인가? 사태적으로는 무지를 고백하고 판단을 유보하는 것이 적절한 상황에서도 판결을 내려야 한다는 인간 사회의 '강요' 때문이다. 무지에도 불구하고, 억울한 희생자의 발생 가능성에도 불구하고 판결을 통해 사안을 사회적으로 정리해야 한다는 체계의 요구가 만들어내는 불행이라는 것이다. 악의 없는 불행, 보다 현대적으로 말하자면 배제할 수 없는 오판 가능성에 대한 지적은, 그런 종류의 불행이 재판 제도가 제공하는 일반적 이익에 비추어 계산할 때 용인할 수 있는 수준이라는 통상적 반론보다 깊은 수준에 위치해 있다.

일반화하자면, 어떤 사람 혹은 집단의 희생이 불가피한 경우에 그런 결정과 처분을 내리는 사람은 개인적인 원한이나 악의 없이 그 상황에서 최선으로 판단한 것을 행할 수밖에 없지만, 그리고 고전적으로는 그렇게 정당화할 수밖에 없다고 알려졌지만, 아우구스티누스의 눈에는 그러한 정당화가 놓치고 있는 것이 있고 그 사실을 정직하게 고백하는 데서부터 해결의 실마리가 주어진다고 생각하는 듯하다. 무엇이 진정한 선이며 최선인지에 대한 올바른 파악을 축으로 성립했던 고전적 주지주의 자리에 앎의 불완전성, 체제의 유지를 위해 어쩔 수 없이 발생하는 불행을 가감 없이 드러내며 아우구스티누스가 가고자 하는 방향은 무엇인가? 뒤에서 조금 자세히 얘기하겠지만 결국은 어떤 마음으로(quo animo) 그런 결정을 내리고 행하는지의 문제로, 외적인 결과보다 내면적인 의도와 동기의 길로 가게 될 것이다.

2) 전쟁

키케로는 처음에 공유였던 땅이 사유화되는 이유 중 하나로 전쟁을 든다.[3] 전쟁에서 승리한 자가 특정 땅에 대한 권리를 주장하는 일이 이러한 사적 소유권의 연원 중 하나였다는 것이다. 로마 제국을 성립시킨 전쟁의 밑바닥에서 지배욕(libido dominandi)를 보는 아우구스티누스는 키케로가 한때 표방했던 사유, 즉 로마의 공화정적 질서가 다른 나라를 지배할 수 있는 힘과 정당한 지배권의 근거라는 로마의 공식적 국제 정치론을 부정한다. 영광과 명예에 대한 갈망이 직접적 물욕보다 낫고 이것이 로마가 그나마 절제에 성공하고 국력을 유지했던 이유이긴 했지만, 겉보기에만 찬란했던 이 로마적 덕성은 근본적으로 잘못된 방향을 지향하던 지배욕의 소산이라 파국을 맞을 수밖에 없었다는 것이다.

로마 역사에 대한 이와 같은 철학적 분석은 410년 로마가 침탈당한 이유에 대한 부당한 공격, 즉 로마의 전통적 신들을 버리고 그리스도교라는 이방 종교를 받아들였기 때문이라는 비난에 맞서기 위해 제공된 것이지만, 다른 한편으로 그의 현실 인식을 대단히 극명한 방식으로 보여준다. 군사력을 급속도로 잃어가는 제국의 몰락 시대에 거의 일상화된 전쟁, 심지어 그나마 정당화된다고 믿었던 정의로운 전쟁에서도 드러나는 비참의 정체를 다음과 같이 폭로한다.

3 키케로(허승일 옮김), 『의무론』(서광사, 1989), 1권 21장, 30쪽.

저 사람들의 말에 의하면, 현자라면 의로운 전쟁을 수행할 것이라고 한다. 마치 현자가, 자신이 인간이라는 사실을 기억한다면, 의로운 전쟁이라 하더라도 자신에게 그런 필연성이 존재한다는 사실을 훨씬 더 애통해하지 않을 것처럼 말이다. 의로운 전쟁이 아니었다면 현자는 그 전쟁을 수행할 이유가 없었을 것이고, 그렇다면 현자에게는 수행해야 할 어떤 전쟁도 없었을 터이나, 상대편의 불의가 정의로운 전쟁을 불러일으켰기 때문이다. 이 불의는 인간들이 저지른 불의라는 점에서 인간이라면 누구나 통탄해야 할 것이다. 비록 거기서 반드시 전쟁을 해야만 할 필연이 생겨나지는 않는다고 하더라도 말이다. 따라서 이토록 거대하고 이토록 공포스럽고 이토록 끔찍한 악에 대해 회한과 함께 숙고하는 사람이라면 그 누구든 비참함을 실토해야 할 것이다. 누구든지 정신의 고통 없이 이 악들을 견뎌내거나 생각하면서 자신을 행복하다고 생각하는 사람은 훨씬 더 비참한 사람이다. 인간적 감각조차 상실한 대가로 그렇게 생각하기 때문이다.[4]

아우구스티누스는 심지어 현자라도 부정할 수 없다고 믿던 의로운 전쟁[5]조차 전쟁이라는 최후 수단에 호소할 정도의 대규모의 악의 존재를 전제하는 것이라는 사실에 눈길을 준다. 보다 훌륭한 자, 보다 강한 자가 그보다 열등하고 약한 자를 지배하는 것이 자연의 순리라는 생각, 한때 로

4 아우구스티누스(성염 옮김), 『신국론』(분도출판사, 2004), 19권 7장, 2169~2171쪽. 번역 일부 수정.

5 아우구스티누스는 소위 정전론(正戰論, just war theory)의 이론적 선구자로 평가받고 있다.

마 제국의 지배권을 정당화하는 논리로 사용되었던 생각에 대해 그 질서가 전쟁이라는 수단에 의해 관철되어야 한다면 그런 엄청난 악을 통해서만 구현되는 현실이 혹은 그렇게 구현된 과연 괜찮은 현실인가라는 질문을 던지고 있는 것이다.

혹자는 세상은 원래 그런 것이라고 냉정하게 선을 긋고 비참한 현실이라는 진단에 동의하지 않을지도 모르겠지만, 아우구스티누스는 그런 '정신의 고통 없이(sine animi dolore)' 전쟁이라는 악을 견뎌내는 태도가 그의 비참함을 폭로하고 있는 것이라고 분석한다. 인간적 감각(sensus humanus)을 상실한 대가로 전쟁의 비참함에도 불구하고 자기는 행복하다고 생각하는 것일 뿐이니 말이다.

인간적 감각이라는 말은 키케로가 맡은 한 재판의 변론[6]에서 등장한 이후 서양 휴머니티의 근본정신을 보여주는 개념처럼 간주되었다. 눈치가 빠른 독자라면 이 인용문의 마지막에서 비판받고 있는 사람들이 아마 스토아학파가 아닐까 의심했을 것이다. 외부에서 무슨 일이 일어나든지 덕으로 다져진 내면에 영향을 끼치지 않을 정도의 현자라면, 어떤 것도 마지 못해하거나 고통스러워하면서 하지 않는 현자라면(nihil invitus, nihil dolens, nihil coactus)[7] 고전 철학이 그토록 추구해오던 행복의 경지에 도달할 것이라는 생각 말이다.

6 키케로, 「로스키우스 변호연설」 154절, 키케로(김남우 외 옮김), 『설득의 정치』(민음사, 2015), 85쪽. 키케로의 이 연설에서는 '인간성의 감각(sensus humanitatis)'으로 나온다.

7 키케로, 『스토아학파의 역설』, 34절.

아우구스티누스는 외부와의 철저한 절연에서 성립하는 내면의 행복이 인간이 마땅히 가져야 할 인간적 감각의 희생 위에서 성취되는 것이라는 비판을 가하고 있는 것이다. 스토아적 현자의 내면은 흔들리지 않을지 모르지만, 전쟁이라는 엄청난 악을 통해서만 해결될 수 있는 끔찍한 불의가 존재하는 현실에 대한 인간적 감수성을 포기하는 대가로만 가능하다는 것이다. 스토아가 행복을 위해 내면에 집중하는 전략을 썼다면, 아우구스티누스는 그것이 애초에 성공하기 어려운 기획이었음을, 진정한 행복은 현실의 비참함에 대한 인간적 감각에 적절한 이론적 무게를 제공하지 않고는 불가능함을 지적하고 있는 것이다.

고전적인 의미에서 최선을 다하는 현명한 재판관도 어쩔 수 없는 인간적 한계와 인간 사회의 강요 때문에 한 개인으로서 악의 없는 불행에 빠질 수밖에 없다면, 또 한 국가가 집단으로서 전쟁을 통해서만 극복 가능한 엄청난 불의 앞에서 인간적 감각을 유지하는 한 현실의 비참함을, 즉 정의로운 질서가 이토록 공포스러운 악을 통해서만 구현된다는 비참함을 실토할 수밖에 없다면, 당대의 아우구스티누스에게 남은 것은 무엇인가? 고전철학이 제공했던 현실의 합리적 개선 가능성에 대한 희망은 영영 포기되고 깊은 좌절과 절망만이 남는 것인가?

3) 영원한 삶

아무리 곰곰이 헤아려 보더라도 행복한 사람만 자신의 소원대로 살고 있다. 또 사람이 의롭지 않으면 아무도 행복하다고 할 수 없다. 하지만 의로운 사람마저 자기가 죽고 그르치고 고통당하는 일이 결코 없고 앞으로도 결코 없으리라는 확실한 경지에 이르지 않는 이상, 자신의 원대로 사는 것이 아니다. 자연 본성이 이것을 희구하는데, 그 희구하는 바가 달성되지 않는 한 충만하게 또 완전하게 행복할 수는 없다. 그런데 지금 과연 그 누가 원하는 대로 살 수 있는가? (…)

그럼 불행을 인종(忍從)하면 행복하다고 할 것인가? 행복한 삶을 사랑하지 않는다면 행복한 삶을 갖고 있지 못하다. 따라서 행복한 삶을 사랑하고 행복한 삶을 갖고 있다면, 이 삶을 다른 모든 사물보다 훨씬 더 사랑할 필요가 있다. 우리가 사랑하는 다른 무엇이든지 바로 행복한 삶을 바라고서 사랑해야 하는 까닭이다. 그토록 사랑한다면, 그만큼 사랑할 가치가 있는 것이어야 한다. (행복한 삶을 그만큼 가치 있는 것으로 사랑하지 않는 사람은 행복한 사람이 아니다.) 그렇다면 자기가 그토록 사랑하는 삶이 영원하기를 바라지 않는다는 것은 있을 수 없다. 따라서 삶이 영원할 때에만 그 삶은 행복할 것이다.[8]

혹자는 아우구스티누스가 너무 비관적이라고 생각할지도 모른다. 대개 무리 없이 진행되다가 가끔 발생하는 재판관의 어려움을 너무 극적으로 강조했다고, 혹은 상시적 전쟁 상태보다는 나름의 규칙을 가진 가끔의 전쟁을 통해 문제를 해결하는 수준도 일정한 성취라고 볼 수 있는데 너무 비관적으로 보고 있는 것 아니냐고 물을 수 있을 것이다.

현실의 불행과 비참함을 평가하려면 내적인 기준, 원래 인간이 도달

8 아우구스티누스(성염 옮김), 『신국론』(분도출판사, 2004), 14권 25장, 1529~1531쪽.

해야 마땅하다고 기대되는 행복과 성공적 삶의 조건에 대한 이해가 있어야 할 것이다. 아우구스티누스는 자연 본성이 희구하는 바(natura expetit)와 그것의 충만한 달성이 어려운, 아니 불가능한 현실을 날카롭게 대비시킨다. 행복하기는커녕 전쟁의 경우에 극명하게 드러나듯 살아가는 것 자체가 자기 마음대로 되는 일이 아닌 상황, 더군다나 그런 일이 짧은 인생의 위기에서 한 번 마주치는 일이 아니라 거의 인간적 실존의 조건처럼 되는 상황인 것이다.

아우구스티누스의 이어지는 논변에서 그가 현실을 비참하다고 진단할 때 동원하는 내적 기준이 행복한 삶일 뿐만 아니라 영원한 삶이라는 점이 드러난다. 현실의 불행과 비참은 인간 사회의 강요와 인간의 지적 한계 때문일 수도 있고, 비뚤어진 지배욕으로부터 비롯한 전쟁 때문일 수도 있지만, 결국 그 모든 것을 압도하는 하나의 논점은 원치 않는 죽음 앞에서 좌절할 수밖에 없는 인간적 행복이며, 그토록 사랑하는 삶이 영원하기를 바라지 않을 수 없는 한, 행복한 삶은 논리적으로 영원성을 함축해야 한다는 것이다.

이렇게 이해된 영원한 삶, 행복한 삶으로부터 현명한 재판관의 예에서 보이는 악의 없는 불행, 의로운 전쟁일지라도 부인할 수 없는 거대한 악과 비참함이 판단되는 것이다. 물론 이러한 철학적 논변에 원죄로 인해 상처받은 인간 본성이라는 신학적 서사가 들어와야 고전 철학이 찬양했던 덕이 비참한 현실을 그나마 버틸 수 있게 해주지만, 왜 근본적으로 불행을 넘어설 수는 없는지에 대한 설명이 완성되겠지만, 그 이전에 새겨두어야 할 것은 이런 점이다.

아우구스티누스는 자신의 이러한 논변이 철학과 대비되는 그리스도교 신학으로부터 왔다고 생각하지 않았다. 자연 본성이 희구하는 바와 인간적 감각에 토대를 둔 현실의 비참성에 대한 판단을 할 줄 아는 사람이라면 행복과 영원성의 연결이 철학적으로 설득될 수 있다고 믿었다. 그리스도교는 참된 종교일 뿐만 아니라 참된 철학이라는 것이다. 고전 철학적 세계관이 제시했던 행복의 사유를 논리적으로 끝까지 밀고 나가면, 그리고 그 이론적 틀을 아테네나 로마가 아니라 자유를 팔아 생존을 사는 농민이나 전쟁으로 포위된 히포와 같은 역사적 경험에 비추어 이해하면 그런 결론에 이를 수밖에 없다는 것이다. 자랑할 만한 문명적 성취를 배경으로 성립했던 인간과 그의 목적, 행복에 관한 이론이 몰락하는 문명의 역사적 경험 안에서 어떻게 변형되는지에 대한 인상적인 철학사적 예를 우리는 아우구스티누스에서 읽을 수 있는 것이다.

고전 철학적 세계관으로부터 출발했던 아우구스티누스가 명시적으로 그 한계 바깥으로 나가고 있다는 점은 부인할 수 없다. 아리스토텔레스라면, 인간의 죽음에 대한 불안을 이렇게 강조해서 행복의 장애물로 지적하는 것은 지성이 제대로 발휘되는 것이 아니라는 방식으로 응수할 것이다. 인간으로 살아간다는 것은 죽음이라는 인간의 생물학적 한계가 갖는 의미와 인간적인 방식의 불멸이 무엇인지, 인간의 사회적 본성이 폴리스 공동체를 통해서 비로소 발휘의 기회를 얻게 되지만 다른 한편으로 지성적 활동과 항상 일치하는 것은 아니라는 것을 이해하며 그에 맞게 산다는 것이었으니까. 그 근본적 성격에서는 큰 차이가 없는 것으로 보이는 죽음과 불비한 현실적 조건들이 아리스토텔레스와 아우구스티누스에서 왜 이렇게 차이를 보이는지 왜 서로 다른 결론과 체계에 이르게 되는지는, 결국 그들의 이론의 배후에서 작동하고 있는 역사적 경험에 조회하지 않고서는 답하기 어려워 보인다.

4. 포기할 수 없는 희망

아우구스티누스가 『신국론』에서 관찰하는 현실 공동체의 모습은 궁극적으로 전도된 사랑의 질서 때문에 분열에 빠진 개인의 확장판이다. 현명한 재판관이 자신의 직분을 수행하려는 최선의 노력을 기울임에도 불구하고 불행이 도출되는 현실은 개인 차원에서의 도덕적 분열이 왜 정치 공동체 차원에서 강제와 처벌이라는 필요악으로 나타날 수밖에 없는지를 잘 보여준다. 덕과 행복을 추구하면서 가족과 정치 공동체의 구성을 통해 사회적 본성을 실현하는 고전적 인간은 어쩌다가 이런 절망적인 모습을 보이게 되었던가? 고전 철학의 이상적 인간상과 아우구스티누스가 관찰하는 현실적 인간 사이의 거리는 어떻게 이해해야 할까? 가장 간단한 답은 물론 원죄로 인해 상처받은 인간 본성이라는 신학적 서사를 끌어오는 것이겠지만, 어떤 요소들을 어느 정도의 설명력을 갖는 원인으로 지목하든간에 움직이지 않는 것이 하나 있다. 그것은 아우구스티누스가 현실 진단에도 불구하고 이것과 극명하게 대비되는 영원한 행복을 결코 포기하지 않는다는 사실이다.

비참한 현실과 영원한 행복 사이의 대비는 이런 비유를 통해 설명할 수도 있겠다. 나는 어제 한국 축구 국가 대표팀이 일본 축구 국가 대표팀과 경기를 해서 3:0으로 이겼다는 소식을 들어서 알고 있고 재방송으로 경기를 보고 있는데 전반전의 한국 팀 경기는 별로 훌륭하지 않아서 답답하고 전반전이 0:0으로 끝났다면, 후반전에는 경기를 잘 해서 세 골을 넣을 것이라 추론할 수 있다. 아우구스티누스에게서 현실의 비참함에 대한 관찰이 깊은 좌절로 이어지기보다 현실 너머에서 성립하는 삶에 대한 희망과 동경으로 이어지는 이유는 여기에 있다.

고전적인 행복(eudaimonia) 개념에 영원성을 결합시킬 때부터 이미 예견된 것이라 할 수 있지만, 아우구스티누스는 악으로 점철된 이 비참한 현실이 우리가 살아야 할 삶의 전부일 수 없다고 믿었다. 영원한 행복은 인간의 생물학적 죽음 이후의 세계까지 포함하는, 이 비참한 현실을 그 안에서 나름의 의미를 갖는 과정으로 만드는 더 큰 서사 속에서만 가능하다.

아우구스티누스의 정치 철학을 가장 분명하게 특징짓는 두 도성(duae civitates) 혹은 두 나라에 관한 이야기는 이런 토대와 연결지어 그 의미를 음미할 수 있다. 그의 정치 철학에서 중요한 얘기는 서로 다른 조직의 원리를 갖는 두 유형의 정치 공동체가 존재한다는 확인이라기보다는 지상 공동체의 비참한 현실과 불행을 통해 성장하는 인류, 그래서 마지막에 신국(Civitas Dei)에 도달하기까지의 연속선을 이론적으로 그려냈다는 점에 있다. 플라톤의 『국가』에서 보이는 것과 같은 합리주의적 이상성이 아니라 비참한 현실에서 목도되는 비관적 인간성에 대한 통찰, 이 불행이 끝일 수 없다는 믿음이 신국이라는 이상적 공동체의 철학적 토대가 되는 것이다.

지성을 통해 각자의 본성에 맞는 최선의 위치를 배정하고 공동체 차원의 고통이 최소화되는 공동체를 구성하는 인간이 아니라, 사회의 강요와 어쩔 수 없는 이기적 사랑에 의해 시스템적 불행을 양산하고 전쟁이라는 최후 수단을 통해서만 더 큰 악을 겨우 물리치는 인간이 아우구스티누스적 신국으로 가는 여정의 출발선상에 서 있는 것이다. 아우구스티누스 자신이 "고백의 눈물, 희생, 괴로워하는 마음, 상하고 참회하는 심정, 겸손" 등은 플라톤주의자들의 책에는 언급되지 않은 것[9]이라 지적하고 있는 바, 서두에서 언급한 것처럼 문명의 몰락을 목도하고 그 현실을 신국이라는 희망으로 가는 길 속에서 이해하고자 하는 것이다. 이 희망의 궁극적 근거가 무엇이냐는 질문에 대해 가장 손쉬운 대답은 고전 철학과 다른 원천인 그리스도교 신앙이라는 것일 터이다.

하지만 다른 대답도 가능하다. "추락하는 것은 날개가 있다"는 어느 싯구처럼 고전 문명의 성취에서부터 몰락의 역사를 지성 속에서 반성하는 아우구스티누스가 무엇이 과연 몰락의 원인이었는지, 근본적으로 잘못된 사랑의 방향에서 원인을 찾을 수는 없는지 철학적으로 묻는 과정에서 몰락을 개념적으로 가능하게 만드는 완성태를 가정할 수밖에 없었고 궁극적으로는 여기가 희망의 궁극적 근거라는 답도 가능하다. 어느 쪽 방향이 되었든 그가 경험한 비참한 현실이 더이상 고전적 철학의 설명 틀로는 해명될 수 없다는 것, 그렇다고 비참한 현실이 우리가 살아야 할 마지막 현실이 아니라고 생각했다는 점은 분명하다.

5. 두 도성[10]

아우구스티누스 이전의 정치 사상에서는 법과 정의(正義)가 공동체

9 아우구스티누스, 『고백록』 7권 21장.

10 이 단락의 많은 내용은 강상진(2023) 93~98쪽에서 가져온 것이다.

이해의 열쇠로 자리 잡았었다. 키케로에 따르면 국가(res publica)는 개인 소유가 아니라 국민 소유(res populi)인데, 국민(populus)은 "법에 대한 동의와 이익의 공통성에 의해 결속된 대중의 집합"이다.[11]

그런데 아우구스티누스의 견해에 따르면 이러한 정의(定義)가 진정으로 적용되는 국가는 로마 역사상 존재하지 않았다. 불의를 행사하지 않고서는 국가가 존립하지도 운영되지도 못한다는 생각은 로마가 속주들을 통치하는 현실에서 증명되고 있다는 것이 아우구스티누스의 관찰이다. 비단 로마처럼 큰 규모의 사회에서뿐만이 아니라 인간이 인간을 지배하는 모든 규모의 사회에서도 키케로가 요구했던 정의는 발견되지 않는다는 것이다.

키케로가 주장했던 국민의 정의가 진정으로 적용되지 않는 지상의 국가들을 그럼에도 '국가'로 부르기 위해 아우구스티누스는 애초에 요구되었던 법과 정의를 지우고 그 자리에 '사랑'을 대체할 것을 제안한다. 국민을 "사랑하는 사물들에 대한 공통된 합의에 의해 결속된 이성적 대중의 집합"으로 정의한다면, 그들이 무엇을 사랑하든지 국민이라고 부를 수 있을 것이며, 무엇을 사랑하는지가 그들이 어떤 국민인지를 알려줄 것이다. 더 선한 것을 사랑해서 합의할수록 더 선한 국민일 것이고, 더 못한 것을 두고 합의할수록 더 못한 국민일 것이다.[12]

어떤 법과 정의 이해를 근간으로 하는 공동체인가라는 고전적인 물음이 참주정, 귀족정, 민주정과 같은 정체의 차이를 낳았다면, 이제 무엇을

11 키케로, *De Re publica* 1권 25장 39절.
12 『신국론』 19권 24장, 성염 옮김 2241~2243쪽.

사랑하는 공동체인가에 따라 근본적으로 구별되는 두 개의 공동체가 나타나는 것이다. 아우구스티누스는 『신국론』 11권부터 두 도성, 즉 천상의 도성과 지상의 도성에 관한 이야기를 전개한다. 아우구스티누스는 두 도성의 기원이 두 종류의 사랑, 즉 하느님에 대한 사랑(amor Dei)과 자기에 대한 사랑(amor sui)임을 분명하게 밝힌다.

> 두 사랑이 두 도성을 이루었다. 하느님을 멸시하면서까지 이르는 자기 사랑(amor sui)이 지상 도성을 만들었고, 자기를 멸시하면서까지 이르는 하느님 사랑(amor Dei)이 천상 도성을 만들었다. 전자는 스스로 자랑하고 후자는 주님 안에서 자랑한다. 전자는 사람들에게서 영광을 찾고 후자는 양심의 증인인 하느님이 가장 큰 영광이 된다.[13]

법이 성립하기 위한 전제가 정의이며 정의가 각자에게 합당한 것을 배분하는 덕이라면, 키케로가 정의했던 국민은 각자에게 합당한 것을 배분하는, 즉 하느님을 사랑하고 이웃을 내 몸같이 사랑하는 하느님의 도성의 일원들에게만 진정으로 적용된다는 것이다.[14]

로마도 이렇게 수정된 정의에 따르면 하나의 국가이지만, 무질서하고 근본적인 결함을 가진 사랑에 기초한 만큼 참된 정의를 가지지 못했다

13 아우구스티누스(성염 옮김), 『신국론』(분도출판사, 2004), 14권 28장, 1537~1539쪽.

14 아우구스티누스(성염 옮김), 『신국론』(분도출판사, 2004), 19권 21장, 2219~2223쪽.

는 것이다. "정의가 없는 왕국이란 거대한 강도 떼가 아니고 무엇인가?"[15] 라는 유명한 말은 고전 철학에서도 볼 수 있었던 현실 비판처럼 들리지만 아우구스티누스에서 새로운 점은 '정의가 없는' 국가를 현실 비판을 위한, 혹은 현실을 개선하기 위한 가정해보는 사태로서가 아니라, 현실 국가는 필연적으로 정의를 결여할 수밖에 없다는 사실로서 제시되고 있다는 점이다.

아우구스티누스는 잘못된 사랑이 만들어낸, 그래서 필연적으로 정의를 결여할 수밖에 없는 현실의 국가 자리에 이 현실 국가를 나그네처럼 지나 신국으로 향하는 신자들의 공동체를 놓는다. 진정한 인간 본성의 완성은 제대로 된 사랑의 질서 속에서 탄생한 공동체인 신국에서 이루어질 것이며 거기에서 영원한 행복이 가능하다는 것이다.

현실의 비참함을 견디는 힘과 희망은 이 모든 노력의 궁극 목적으로서의 신국과 그 안에서의 영원한 행복에 있다. 아우구스티누스는 현세가 신국으로 가는 나그네 길임을 잊지 말고, 잠시적인 것에는 잠시적인 것에 맞는 가치를 부여하며, 사랑할 것을 사랑하고 필요에 따라 이용할 것은 이용하며 여정을 가라고, 여정의 끝으로부터 부여받을 인생의 무게 앞에서 긴장을 늦추지 말 것을 요구하는 것처럼 보인다.

신국은 말하자면 육체의 습관에 발목을 잡힌 인간의 자기 초월의 지향점이며, 현세에서의 이 모든 수고가 정당화되는 최후의 심급인 셈이다. 현세가 보여주는 어쩔 수 없는 것들과 필연은 앞에서 인용했던 현명한 재

15 아우구스티누스(성염 옮김), 『신국론』(분도출판사, 2004), 4권 4장, 433쪽.

판관의 경우처럼 악의 없는 불행을 낳을 수밖에 없지만, 이 불행이 전부는 아닐 것이라는 신앙에서만 위로를 받고 의미를 새길 수 있는 상황이다. 현세의 어쩔 수 없음을 상쇄할 내세의 영원한 생명과 궁극적 선 없이는 이해되지 않는 상황이 말하자면 내세를 믿을 이유 중 하나인 셈이다. 진정 사랑할 만한 것과의 관계에서 이 세상의 비참을 받아들이되, 그렇다고 거기에 당신의 시선을 잃지는 말라는 주문인 셈이다.

이런 구도에서 중요한 문제는 현실의 인간에게 부여되는 두 가지 정체성, 원래 신국 소속이라는 그리스도인으로서의 정체성과 지금 본향으로 가는 나그네 신분으로 현재 자신이 속한 정치 공동체의 일원이라는 정체성이 분명하게 의식되고, 전자가 진정한 정체성을 구성한다는 생각이다. 사실 이러한 정체성은 유대인들의 디아스포라에서 이미 관찰되던 것이었지만 아우구스티누스에서 새로운 것은 지역적 경계만을 넘어설 뿐만 아니라 종족적 경계까지 혹은 신분적 경계까지 넘어서는 것이라는 점에 있다.

전통적으로 개인과 그가 속한 공동체 사이에 성립했던 관계, 즉 개인의 정체성을 구성하는 요소로서의 수준을 넘어 그리스도교 공동체에 속하는 것은 완전히 다른 의미의 인간이 된다는 점이 신국의 등장이 그 구성원들에게 가지는 의미였다.[16]

특정 지역의 어떤 종족에 속한 남성 노예라는 지역적·종족적·신분적 정체성은 그리스도교 공동체의 구성원이 되는 순간 부차적인 것이 된다. 국가의 구성원인 동시에 교회의 구성원이라는 이중의 정체성이 신국의 등

16 김병곤, 「중세 정치사상의 빛과 그늘」, 전경옥 외 지음 『서양 고대 중세 정치사상사』(책세상, 2011), 388쪽.

장 이후 유럽의 시민들이 소화해야 할 과제였으니, 그리스도교의 이상이었던 보편성이 정확히 그 길을 가리키고 있었기 때문이다.

'모든 이들이 로마 시민으로서 제국 안에서 연합했던 시절' 거의 보편적 시민권의 시기에, 아우구스티누스는 그리스도인들을 초기 역사부터 이미 분리되어 있던 양, 사회에 동화되지 못한 것, 통상적 흐름 바깥에 있는 사람들로 분리해낸 것이다.

그리스도인들을 '나그네(peregrini)'로 묘사하면서 아우구스티누스는 그들에게 가상의 집합적 법인격을 부여한 셈이다. 물론 세속 공동체가 이 나그네 길에서 수행하는 최소한의 역할인 평화와 질서의 유지를 위해 그들에게 복종하라고 가르치지만, 불가피한 불행과 비참에도 불구하고 그러한 질서에 복종할 이유는 최종적인 목표를 제시하는 신국의 존재와 그 공동체로부터 부여받는 정체성 때문이다.

그런 의미에서 아우구스티누스의 '신국'은 서양 정치 사상사에서 처음으로 더이상 시간적·공간적 경계에 묶이지 않은 보편적 공동체를 명시적으로 제공한 사례이며, 동시에 그러한 초월적이고 이상적인 공동체로부터 나오는 정체성이 이전보다 깊은 수준에서 자아의 핵심을 구성하는 것이라는 점에서 새로운 지평을 연 것으로 평가할 수 있다.

긴 희망의 호흡 속에서 사랑할 수 있고 동경할 수 있는 공동체로서의 신국은 스토아의 세계시민주의(cosmopolianism)에 결여되어 있던 열망과 정서의 계기를 접목시키는 데 성공했다. 변화된 현실에 대한 스토아의 지성적 대응과는 달리 아우구스티누스는 지성이 다스릴 수 없는 사랑의 질서에 대한 통찰을 통해 문명의 몰락이라는 역사적 경험을 보다 포괄적인 방식으로 소화한 이론을 만들었던 것이다.

6. 나가며: 신국의 영향과 함축

아우구스티누스 이후 근대적 주권 국가의 이념이 등장하기까지의 역사를 간단히 요약하면 이렇다. 아우구스티누스의 예언대로 이제 그 힘을 완전히 잃은 고전적 정치 체제는 476년 서로마 제국의 멸망, 529년 동로마 황제였던 유스티니아누스가 아테네의 아카데미를 폐쇄하는 칙령을 내리고 530년 중세 교육의 요람이 될 베네딕트 수도회가 몬테 카시노에 설립되는 일련의 상징적 사건들을 통해 종말을 고하게 된다.

고전 문명의 중심지였던 지중해 세계가 6세기 말 이후 새롭게 발흥한 이슬람 세력에 의해 장악되고 그리스도교와 함께 고전 문명을 이어받은 중세 문명이 알프스 이북의 지역에서 다시 결집된 정치 세력으로 등장하는 9세기까지의 약 300년은 소위 암흑 시대에 살게 된다. 지금의 영국, 프랑스, 독일 지역에서 성장하던 중세의 국가들은 국가 권력과 제도의 정당성을 아우구스티누스가 제시한 신국의 정치 사상 속에서 취할 수밖에 없었던바, 우리에게 잘 알려진 세속권과 교황권 사이의 충돌은 초기에 적어도 이론적으로는 교황 측과 아우구스티누스적 신국 사상에 압도적으로 밀리는 열세였다고 할 것이다.

11세기 중반 이후 서서히 힘을 축적한 세속의 정치 권력은 아리스토텔레스의 『정치학』을 다시 읽을 수 있게 되는 13세기 이후 신국의 사유를 대체할 만한 독자적 이론 체계를 갖추기 시작했으니, 이것의 이론적 정점은 우리가 현재 살고 있는 근대적 주권 국가의 이념이라고 할 것이다.

아우구스티누스의 신국(Civitas Dei)이 상대화시켰던 지역적이고 역사를 공유하는 정체성이 다시 절대화되고 전면화되는 정치 공동체가 사유의 기본 단위가 된 것이다. 물론 그렇다고 아우구스티누스적 신국 사상의 흔적 없이 사라진 것은 아니다. 초지역적일 뿐만 아니라 명멸하는 세속 국가의 시간적 한계를 초월한 공동체, 현실의 불행 너머에서 성립하는 마지막 희망의 보루로서 기능하는 영원한 공동체에 대한 사유는 근대 주권 국가가 이론적으로 한계에 부딪힐 때마다 여전히 배후에서 작동하는 것처럼 보인다.

서양 근대 문명을 성립시킨 자연과학과 기술적 성취가 이미 주권 국가의 경계를 넘어서는 차원으로 발전해서 기후 생태 위기처럼 한 국가의 독자적 노력만으로 해소될 수 없는 문제들이 등장하고 있다는 것이 그 한 예이다. EU와 같은 공동체의 태동도 같은 궤에서 사유할 수 있을 것이고 전 지구적 위기에 대처하려면 어떤 방식으로든 지역적·주권적 한계 너머에서 성립하는 가치와 이념에 대한 동의가 필요할 터라 서양이 경험했던 '신국'의 이념적 작동 방식과 그것이 가능했던 역사적 현실에 대한 깊은 성찰이 필요할 것으로 보인다.

이미 여러 연구자가 지적하고 있지만, 현재 인류는 인간의 뇌와 감정의 신비에 대한 생물학적 해독을 가능하게 하는 '생명 기술 혁명'과 유례없는 데이터 처리 능력을 제공하는 '정보 기술 혁명'이라는 두 가지 혁명이 합쳐지는 지점에 살고 있다.[17] 인간의 삶과 사회에 대한 이해를 사회를 근본적으로 바꾸게 만들 기술의 문턱에 서 있는 셈이다. 주권 국가의 시민으로서의 정체성 못지않게 구글과 AI 서비스의 소비자로서 자신도 인지하지 못하는 데이터 처리 시스템의 일원으로 살아가고 있는 것이다. 이것이

17 유발 하라리(전병근 옮김), 『21세기를 위한 21가지 제언』(김영사, 2018), 87쪽.

무엇을 의미하는지, 향후 전 지구적 공동체에 어떤 파장을 가져올지, 현재 진행 중인 이 역사적 경험에 대해 과연 아우구스티누스급 폭과 넓이를 가진 철학적 반성이 필요한 시점이다.

강상진

서울대학교 철학과 교수. 서울대학교 철학과를 졸업하고 동 대학원에서 석사학위를, 이후 독일 프라이부르크대학에서 철학박사를 취득했다. 서울대학교 정치경제철학 연계전공과 서양고전학 협동과정의 전공주임, 중세르네상스연구소장, 철학사상연구소장, 한국중세철학회 회장, 한국가톨릭철학회 회장 등을 역임했다. 주된 연구 분야는 서양 고·중세 철학으로 플라톤과 아리스토텔레스, 키케로, 보에티우스, 아우구스티누스, 안셀무스, 아벨라르두스, 토마스 아퀴나스에 관해 논문을 쓰고 있다. 최근에는 덕 윤리(virtue ethics)를 철학사적으로 조망하는 연구를 진행하고 있다. 아리스토텔레스의 『니코마코스 윤리학』을 공역했으며, 『서양고대철학 2』, 『사랑, 중세에서 종교개혁기까지』, 『중세의 죽음』, 『마음과 철학』 등을 함께 집필했다.

13세기 유럽과 스콜라 철학의 절정, 토마스 아퀴나스

김주연(작가, 사색의숲 출판사 편집장)

1095년 11월 27일, 교황 우르바누스 2세는 오베르뉴(Auvergne) 언덕의 클레르몽(Clermont)에서 열린 한 회의장의 단상에 올랐다. 몸짓은 컸고, 목소리에는 뜨거운 핏빛이 서려 있었다.

이슬람 세력이 활개 치는 이 상황은 그리스도 세계의 수치입니다. 우리 유럽의 주인이자 명예로운 가문의 후예들인 여러분이 서로를 향해 칼을 겨누며 아귀다툼을 벌이다니, 이게 어찌된 일입니까? 그 칼끝은 같은 형제를 향할 것이 아니라 그리스도의 적들, 바로 저 사악한 이슬람인들을 겨누어야 합니다. 그리하여 그들의 약탈에 신음하는 동방 교회를 돕고, 주님의 거룩한 도시 예루살렘을 되찾아야만 합니다. 이것은 성전(聖戰)이 될 것이며, 이 전쟁에서 죽음을 맞이하는 자는 곧바로 천국의 보상을 받을 것입니다.

중세를 상징하는 십자군 운동은 그렇게 시작되었다. 귀족과 기사, 주교와 도시의 상인뿐 아니라 시골 구석의 이름 없는 촌부(村夫)들까지 성전의 숭고한 이념과 구원을 향한 뜨거운 열정에 몸이 달아올랐다. 십자군을 독려하는 선동가들이 온 유럽을 헤집고 다녔고, 장삼이사들도 사지만 멀쩡하면 동방으로 떠나는 대열에 앞다투어 뛰어들었다. 서로마의 몰락 이후 침체에 빠졌던 서유럽이 세계사의 주역으로 다시 떠올랐던, 결정적 순간이다.

1. 시대적 배경

1) 두 세계의 만남

이보다 앞서 불과 200년 전만 해도 서유럽 문명은 살아남을 수 있을지 의심스러울 정도였다. 정치적 혼란과 경제적 위기, 교회의 무력함, 피폐한 삶과 절망의 수렁이 온 유럽을 짓눌렀다. 상황이 변한 것은 11세기 끝 무렵이었다. 인구가 늘자 생산성이 향상되었고 부가 급속도로 증대했다. 지배 계급은 더 넓은 땅을 찾아 나섰고, 새롭게 부상한 상업 도시들은 이슬람의 약탈에 맞서 자신을 보호해야 했다. 이들은 더 넓은 세상, 더 큰 가능성으로 눈을 돌렸다.

십자군 운동은 서유럽 팽창 운동의 한 장면이다. 귀족들은 소아시아의 이슬람 세력을 몰아내고 그곳에 자신의 영지를 세우려는 꿈에 부풀었다. 원정대가 당도하면 이슬람의 오합지졸들은 혼비백산하여 도주하리라! 누가 감히 신의 권능에 맞설 수 있단 말인가? 십자군들은 환상에 부풀었고, 그 결과는 모두가 알다시피 참혹했다. 역사가들은, 창과 칼에 동강

난 몸뚱이에서 흐른 핏물이 무릎 높이의 강을 이뤄 예루살렘 곳곳을 적셨다고 전한다. 전쟁은 충돌과 죽음, 방화와 약탈로 가득한 이야기다. 하지만 그에 못지않게 전쟁은 다른 세계와의 만남이기도 했다.

스페인, 시칠리아, 성지 예루살렘에서 그리스도교 세계는 이슬람 세계와 만났고, 사악하고 무지한 줄로만 알았던 그들의 능력과 지성과 우아함과 세련미에 압도당했다. 신의 저주를 받아 마땅할 적그리스도들은 서유럽인들이 범접할 수 없을 만큼 높은 수준의 문명을 이루고 있었다. 정치, 경제, 예술, 학문, 의학, 기술, 건축과 같은 문명의 모든 요소에서 서유럽은 애초에 이들과 견줄 상대가 되지 못했다. 당시 한 이슬람 학자는 이렇게 썼다.

> 북쪽의 사람들은 춥고 습기 찬 곳에 살고 있다. 얼음과 눈이 끝없이 이어진다. 그들은 따뜻한 유머가 부족하고, 몸은 크고, 성격은 거칠며, 예의가 세련되지 못하다. 그들은 이해력도 부족하고 언어도 발달하지 못했다. 특히 가장 북쪽에 사는 사람들은 어리석고 야만적이다.[1]

이슬람 문명이 그리스도교 세계를 압도한 것은 이미 오래전부터였다. 이슬람은 다른 문화의 우수성을 배우고 익혀 자기 것으로 만드는 포용력이 탁월했다. 이슬람 문명을 일컬어 '문화의 용광로'라고 부르는 것도 바로 그런 이유에서다.

1 버나드 루이스(이희수 옮김), 『중동의 역사』(까치글방, 1998), 180쪽. 재인용.

아라비아반도에서 벗어나 시리아와 알렉산드리아로 진격했을 때, 이슬람인들은 거기서 고대 그리스의 위대한 고전들을 발견했다. 그리스어에서 시리아어로, 혹은 곱트어로 번역된 그 책들을 가져와서 아랍어로 번역했다. 이 책들을 연구하고 주석하고 이해하고 나서 자신들의 독창적인 업적도 쌓아갔다. 당시까지, 고대 그리스 문화의 정통 계승자는 바로 이슬람 문명이었다.

그리스도교 세계가 야만인으로 깔보았던 이슬람 문명은 오히려 그들의 스승이 되었다. 톨레도와 시칠리아에는 번역을 위한 기관이 세워졌고, 이슬람인들이 형성한 경이롭고 방대한 작업이 라틴어로 번역되기 시작했다. 프톨레마이오스의 천문학, 갈레노스의 의학, 에우클리데스의 기하학이 이렇게 해서 서유럽에 전해졌다. 그런데 다른 어떤 것보다 놀라웠던 것, 서유럽의 지성계를 온통 뒤흔들었던 것은, 다름 아닌 아리스토텔레스의 작품이었다.

2) 아리스토텔레스, 서유럽을 점령하다

고대 말인 5세기 무렵 보에티우스(Boethius)는 아리스토텔레스의 논리학 저서 일부를 라틴어로 번역했다. 『범주론』, 『분석론』, 『토피카』, 단 세 권이었다. 중세 유럽에 전해진 아리스토텔레스의 작품은 이것이 전부였다. 중세인들에게 아리스토텔레스는 고대 그리스의 명석한 논리학자일 뿐이었다.

1142년 페트루스 아벨라르두스가 세상을 뜰 무렵에도 사정은 마찬가지였다. 그러던 것이 1160년에 이르면 아리스토텔레스의 나머지 논리학 작품이 모두 유럽에 소개되기에 이른다. 12세기 후반에는 아리스토텔레스의 과학 분야 책들이 톨레도에서 번역되었고, 이어서 『윤리학』, 『자연학』, 『형이상학』 같은 대표작들이 라틴어로 번역되어 알려졌다. 이때부터 아리스토텔레스는 인간이 사고할 수 있는 모든 학문 체계를 구축한 인물이자, 동시에 그 모든 분야에서 최고 권위자로 명성을 떨치게 되었다. 단테(Dante)의 말마따나 그는 그야말로 "모든 지식인의 스승"으로 칭송받아 마땅했다.

하지만 문제가 있었다. 당시 유럽인들은 훌륭한 체계와 위대한 이론이 마냥 반갑지만은 않았다. 아리스토텔레스의 이론이 그리스도교 교리 체계와 여러 면에서 충돌했기 때문이다. 플라톤 이론을 바탕으로 그리스도교 이론이 이미 완성 단계로 접어든 시점에, 아리스토텔레스는 전혀 이질적이면서도 완성된 체계로서 그 모습을 드러냈던 것이다.

가령, 이런 이야기다. 아리스토텔레스에 따르면 우주는 공간적으로 유한하지만, 시간적으로 무한하다. 우주는 시작도 끝도 없다. 이는 신에 의해 우주가 창조되었다는 그리스도교의 교리와 모순된다. 최초의 인간 피조물도 없으며 그의 타락으로 인한 원죄도 없다. 그렇다면 인류는 구원될 필요도 없고, 그리스도가 십자가에서 피를 흘리며 인간의 죄를 대속(代贖)할 필요도 없다. 또 아리스토텔레스에 따르면 육체의 죽음과 더불어 영혼은 소멸한다. 내세도 없고, 불멸하는 영혼도 없다. 따라서 죽음 이후의 심판은 망상일 뿐이고, 그리스도의 재림이나 최후의 심판도 허황한 이야기다.

아리스토텔레스의 세계는 그리스도교와 너무나 달랐고, 충돌했고, 모순되었다. 그런데도 이 얼마나 완결적인가? 경험을 바탕으로 합리적 추론을 통해 세계를 완벽하게 해명하고 있지 않은가? 그의 체계는 명철한 지식인들의 영혼을 사로잡았고, 새로운 것에 환호하는 젊은이들의 심장을 움켜쥐었다. 아리스토텔레스가 유럽의 지성계를 평정한 것이다.

아리스토텔레스 이론은 대학을 통해 퍼져갔다. 대학은 13세기의 산물이다. '기꺼이 가르치려는 선생과 기꺼이 배우려는 학생'들이 모여 돈을 내고 수업을 듣는 모임(universitas)을 결성한 것이 그 출발이었다. 새로운 세상을 꿈꾸는 젊은이들은 초롱초롱한 눈망울로 아리스토텔레스 강독 수업을 찾아다녔다. '스콜라(schola) 철학'은 이들이 구축했던 철학, 다시 말해 대학이라는 학교(schola)를 무대 삼아 펼쳐졌던 철학을 말한다. 이들은 아리스토텔레스를 별다른 수식어 없이 그냥 '철학자'라고 불렀다. 철학사에 등장하는 인물 가운데 '철학자'라는 명칭에 부합하는 유일한 사람, 모두를 능가하고 참된 철학을 선보인 단 한 사람, 아리스토텔레스는 바로 그런 사람이었다.

13세기 스콜라 철학의 중심 문제는 아리스토텔레스와 그리스도교 사이의 차이와 충돌을 해소하는 것이었다. 철학과 신학의 조화, 이성과 신앙의 조화를 어떻게 성취할 것인가? 이 과제를 가장 탁월하게 성취한 사상가가 이번 장의 주인공, 바로 토마스 아퀴나스다.

2. 토마스 아퀴나스의 삶

1) 불타는 장작

토마스 아퀴나스(Thomas Aquinas)는 이탈리아 아퀴노 지방의 백작 란돌포(Landolfo)의 일곱 형제 가운데 막내로 태어났다. 이름에 붙은 아퀴나스는 아퀴노 출신이라는 뜻이다. 토마스 아퀴나스가 다섯 살이 되자 부모는 그를 베네딕토 수도회에 속한 몬테 카시노 수도원에 맡겼다. 당시 귀족 집안에서는 맏이가 집과 재산을 물려받고, 중간 형제들은 기사가 되고 막내는 사제나 수도자가 되는 게 관례였다. 아퀴나스는 막내라서 수도원에 보내진 것인데, 이를 '헌납자(oblatus)'라고 한다. 우리로 치자면 동자승이 된 것이다.

14세가 되던 1239년, 그는 나폴리대학 인문학부에 들어갔다. 그리고 이곳에서 그의 미래를 결정한 중요한 사건들이 일어난다. 그중 하나는 아리스토텔레스를 접한 일이다. 나폴리대학을 설립한 황제 프리드리히 2세는 고대 학문에 대해 열린 자세를 가진 인물로, 유럽의 다른 대학들과 달리 아리스토텔레스를 자유롭게 가르치고 배우도록 했다. 당시 유럽에서 아리스토텔레스를 제한 없이 배울 수 있는 곳은 나폴리대학 한 군데뿐이었다. 그 덕분에 아퀴나스는 일찍부터 아리스토텔레스를 접했고 마음껏 연구할 수 있었다.

또 다른 사건으로는 탁발 수도회 운동을 접한 일을 들 수 있다. 탁발 수도회의 순수한 종교적 열정은 젊은이들의 피를 끓게 했고, 특히 대학생들은 뜨거운 마음으로 이 운동에 뛰어들곤 했다. 아퀴나스도 마찬가지였다. 대학을 마칠 무렵 아퀴나스는 탁발 수도회의 하나인 도미니쿠스 수도회의 수도사가 되기로 서원했다. 그리고 수도회의 권유에 따라 파리대학에 가서 학업을 이어가기로 마음먹었다.

하지만 이 소식을 들은 가족들은 펄쩍 뛰었다. 전통적인 베네딕토 수도사들은 재산을 소유하거나 특전을 누릴 수 있었다. 그러나 탁발 수도사들은 아무것도 소유할 수 없었고, 맨발로 거리를 누비며 빈민이나 이단을 상대했고, 음식조차 구걸해서 먹어야 했다. 어엿한 귀족 가문의 자제가 거리의 걸인과 같은 삶을 살겠다고 나섰으니 용납할 수 없는 노릇이었다. 가족들 눈에는 막내가 광신적인 이단 집단에 빠진 것으로만 보였다. 아퀴나스의 형들은 파리로 길을 떠난 아퀴나스를 도중에 잡아 와서 집안에 감금해버렸다. 도미니쿠스 수도회를 당장 그만두고 파리에 가지도 말라고 설득도 하고 윽박도 질렀다. 하지만 아퀴나스는 묵묵부답이었다. 동생이 뜻을 굽히지 않자 형들은 묘안을 짜냈다. 아퀴나스가 갇힌 방에 젊고 매혹적인 여자를 들여보내, 아퀴나스의 독신 서약을 깨트려보려 한 것이다.

아퀴나스의 전기를 쓴 베르나르 기(Bernard Gui)에 따르면, "사랑스럽지만 부끄러움을 모르는 소녀, 말하자면 사람의 모습을 한 독사가 음란한 속삭임과 접촉으로 토마스의 동정을 더럽히기 위해" 그 방에 들어섰다. 아퀴나스는 그리스도의 이름을 외치며 벽난로에서 불타는 장작을 꺼내 휘둘렀다고 한다. 아마 악마가 자신을 유혹한다고 생각했던 모양이다. 어찌나 격렬하게 저항했는지 결국에는 탈진해서 실신하고 말았다. 이 일을 계기로 가족들은 아퀴나스의 굳은 마음을 확인하고 1년이나 붙들어두었던 그를 파리로 보내주었다.

1245년 아퀴나스는 파리에 도착했다. 그리고 여기서 평생의 스승이

자 동지였던, 알베르투스 마그누스(Albertus Magnus)를 만났다. 그는 '경악과 기적'이라는 별명을 가진 인물로 당시 알려진 신학과 철학, 과학 모두에 정통했고, 고대 그리스 학문뿐 아니라 교부들의 글, 이슬람 학자들의 저서 모두를 꿰뚫고 있었다. 특히 그는 아리스토텔레스에 관한 한 당대 최고의 권위자였다. 그때까지 알려졌던 아리스토텔레스의 모든 저서를 섭렵하고, 그에 대해 주해서를 쓴 유일한 유럽인이었다. 알베르투스의 학문적 개방성과 식을 줄 모르는 지적 욕구는 젊은 아퀴나스에게 강한 자극을 주었다. 그는 스승의 수업에 참여한 학생 가운데 가장 어렸지만 가장 뛰어난 제자였고, 어떤 질문에도 거침없이 명쾌하게 답변하여 알베르투스를 기쁘게 했다.

2) 벙어리 황소

1257년, 32살의 아퀴나스는 알베르투스의 후임으로 파리대학의 신학부 교수로 취임했다. 이후로는 수도회의 요청에 따라 유럽의 여러 대학을 오가며 교수로 봉직했다. 그의 삶은 단조로웠다. 읽고 쓰고 가르치는 일이 전부였다. 다른 사람과 다른 점이 하나 있다면, 좀 많이 먹었다는 것이다. 그는 아주 뚱뚱했다. 어찌나 뚱뚱했는지 책상 모서리에 배가 닿아서 책을 가까이 볼 수 없을 정도였다고 한다. 그래서 동료 수도사들은 한쪽 모서리가 반원형으로 파인 탁자를 만들어서 선물했다. 아퀴나스는 몸이 쏙 들어가는 그 책상을 정말 아꼈다고 한다. 먹기는 많이 먹었지만, 말은 별로 없었다. 필요한 말만 하고 줄곧 침묵했다고 한다. 그래서 붙은 별명이 '벙어리 황소'였다. 이 황소는 아끼는 탁자에 앉아 침묵 속에서 끝없이 책을 읽어나갔다. 스승과 마찬가지로 당시 알려진 거의 모든 지식을 섭렵했다. 그의 정신은 거대한 도서관과 같다는 말이 있다. 그의 고백에 따르면, 그는 무엇을 읽든 바로 이해할 수 있었고, 한번 읽은 것은 모조리 기억할 수 있었다. 그는 이것이 자신이 받은 은총 가운데서 가장 큰 은총이라고 말하곤 했다. 하지만 그의 진짜 탁월함은 이렇게 습득한 방대한 지식을 **체계적으로 종합하는 능력**에 있었다. 그는 '체계적이고 조화로운 종합'의 대가였다. 그가 '신앙과 이성의 조화', '철학과 신학의 조화'를 성취할 수 있었던 것도 바로 이런 탁월한 종합 능력 덕분이었다.

그는 60여 권의 저서를 남겼다. 그 가운데 철학적으로 중요한 작품으로는 『존재자와 본질(De ente et essentia)』, 『대이교도대전(Summa contra Gentiles)』, 그리고 무엇보다 그의 대표작이라 할 『신학대전(Summa Theologia)』이 있다. 『신학대전』은 분량만으로도 엄청나다. 현재 우리나라에서 번역 중인데, 완간되면 300~400페이지 정도의 책으로 40여 권에 이를 것으로 보인다. 플라톤의 모든 저작이 대략 50만 단어 정도고, 아리스토텔레스의 저작이 100만 단어 정도인데, 『신학대전』 한 작품이 150만 단어 정도라고 한다. 플라톤과 아리스토텔레스의 저서를 모두 합쳐놓은 분량이니 얼마나 방대한 작품인지 가늠할 수 있다.

그의 서술은 간결하고 명료하기 그지없다. 군더더기 하나 없이 필요충분한 말로 완벽한 논증을 보여준다. 불필요한 음표가 하나도 없는, 모차르트의 음악 같다고나 할까. 이런 이유로 『신학대전』은 체계를 갖추어 저술된 모든 철학 작품 가운데 가장 방대하고 가장 완벽한 구조를 갖춘 책이라고 평가된다. 이 글에서는 『신학대전』을 중심으로 철학사에서 중요한 이론들을 몇 가지 살펴보려고 한다.

3. 토마스 아퀴나스의 철학

1) 신 존재 증명

아퀴나스 철학에서 가장 유명한 주제는 '신 존재 증명'이다. 모두 5개인데, 그는 '증명'이라는 말 대신 신의 존재를 보여주는 '5가지의 길'이라고 불렀다. 그 내용은 다음과 같다.

1-1) 운동과 변화로부터의 증명

이 세계에는 움직이는 것이 분명히 존재한다. 움직이는 것은 반드시 다른 것에 의해서 움직여진다. 움직이는 것에서 그것을 움직이는 원인으로 나아갈 수 있고, 다시금 이 원인에서 또 그것의 원인으로 나아갈 수 있다. 이 계열은 무한히 소급될 수 없다. 따라서 첫 번째 원인이 있어야 하는데, 이것은 스스로는 움직이지 않으면서 다른 것을 움직이게 하는 제1동자(第一動者)다. 모든 사람은 이런 존재를 하느님으로 이해한다.

1-2) 존재의 원인으로부터의 증명

모든 존재자는 그 존재의 원인을 갖는다. 이 원인은 자기 자신일 수 없다. 한 존재자로부터 그것의 존재 원인으로 나아갈 수 있고, 다시금 이 존재 원인에 대하여 그것의 존재 원인으로 나아갈 수 있다. 이 계열은 무한히 소급될 수 없다. 따라서 최초의 존재 원인이 있어야 한다. 모든 사람은 이런 존재를 하느님이라고 부른다.

이 두 증명은 구조가 비슷하다. 첫 번째 것은 움직임의 원인을, 두 번째 것은 존재의 원인을 키워드로 삼았다는 차이가 있다. 운동과 존재 원인은 연속적인 계열을 이루며 그 계열이 무한 소급될 수 없으므로 최초의 원인이 있어야 한다는 게 골자다. 그리고 그 최초의 원인을 그리스도교의 하느님이라고 밝히고 있다.

1-3) 우연적 존재자로부터의 증명

만약 모든 존재자가 우연적 존재자라면, 그것들 모두가 존재하지 않는 순간이 있을 수 있다. 이때 이 세계에는 아무것도 없었을 것이다. 아무것도 없었다면, 그 어떤 것도 다시 존재하기 시작할 수 없었을 테고 따라서 지금도 아무것도 없을 것이다. 하지만 현재 이 세상에는 존재자들이 존재한다. 따라서 세계에는 우연적 존재자만 있는 것이 아니라 필연적 존재자가 반드시 존재해야 한다. 모든 사람은 이런 존재를 하느님으로 이해한다.

세 번째 증명에서의 키워드는 '우연적 존재자'와 '필연적 존재자'다. '우연적 존재자'는 있을 수도 있고 없을 수도 있는 존재자를 말한다. 생성·소멸을 겪는 자연 사물들, 나고 죽는 우리 인간들, 이런 것들이 우연적 존재자다. 이와 달리 '필연적 존재자'는 언제나 존재하는 존재자를 말한다. 생성·소멸하지 않기 때문에 그 존재의 시작도 끝도 없고, 영원불멸의 상태로 존재하는 존재자다. 당연한 말이지만, 감각 경험의 대상 중에는 필연적 존재자가 없다. 오직 하느님만이 필연적 존재자라는 생각이 이 증명의 바탕에 놓여 있다.

1-4) 완전성의 단계로부터의 증명

이 세계에 있는 것들은 완전성의 단계가 있다. 완전성의 단계는 가장 높은 단계에 가깝거나 먼 정도에 따라 정해진다. 따라서 모든 완전성이 최상의 수준으로 속하는 존재자가 반드시 존재해야 한다. 이런 존재를 우리는 신이라고 부른다.

네 번째 증명의 키워드는 '완전성(perfectio)'이다. 이 말은 '모자라지 않고 충만하다'라는 의미의 일상어인 '완전성'과는 의미가 다르다. 철학 개념 '완전성'은 '**정도를 가지면서 긍정적인 속성**'들을 말한다. 가령, '지혜로움'은 완전성 가운데 하나다. 사람에 따라 더 지혜롭기도 하고 덜 지혜롭기도 하다. 즉 정도가 나뉜다. 또 '지혜로움'은 긍정적 속성이다. 지혜에 지혜를 더해 더 지혜로워질 수도 있다. 지혜의 반대인 어리석음은 다만 지혜의 결핍일 뿐이다. 어리석음에 어리석음을 더해 더 어리석어질 수는 없다. 이런 의미에서 '지혜로움'은 긍정적 속성이라고 부른다. '지혜로움' 말고도, 가령 '참됨', '선함', '아름다움', '능력 있음', '알고 있음', '자비로움' 같은 것들이 완전성의 예다. 네 번째 증명에서는 어떤 완전성이든 정도를 말할 수 있으려면, 최고 수준의 완전성이 설정되어야 한다는 생각을 표현하고 있다. 최상의 것이 있어야만, 더 지혜롭거나 덜 지혜롭다는 말이 성립하기 때문이다. 이 궁극의 완전성을 갖춘 존재자가 곧 신이라는 것이 증명의 골자다.

1-5) 목적인의 질서로부터의 증명

자연 사물들은 조화로운 질서 속에서 자신의 선을 이루려는 목적을 향해 작용한다. 자연 사물은 인식이 없으므로 스스로 목적을 설정할 수 없다. 따라서 자연 사물이 특정한 목적으로 향하게 하는 지적인 존재가 있어야 한다. 이런 존재를 우리는 하느님이라고 부른다.

이 증명은 '목적론적 세계관'을 전제한다. 사물들이 항상 자신에게 가장 좋은 상태에 도달하려고 하며 실제로도 사물이 언제나 최선의 결과를 산출한다는 믿음이 바로 그것이다. 이것은 플라톤과 아리스토텔레스, 성서와 아우구스티누스 모두의 신념이었는데, 중세인들에게도 이것은 너무나 자명한 진리였다. 이런 연유로 아퀴나스 역시 별도의 검토 없이 '세계에 목적이 있다'는 점을 논증의 출발점으로 삼았다고 볼 수 있다. 이렇게 해서 아퀴나스는 5개의 증명을 통해 신을 '운동의 최초 원인', '존재의 최초 원인', '필연적 존재자', '가장 완전한 존재자', '이 세계의 목적을 부여하는 존재자'로 제시하고 있다.

2) 신의 본성

존재 증명을 마친 아퀴나스는 이어서 신의 본성으로 눈을 돌렸다. "신은 무엇인가?" 그는 성서에서 먼저 답을 찾는다. 성서의 한 대목에서 유대 민족의 지도자 모세는 산에 올라가 떨기나무 불꽃으로 나타난 하느님을 만난다. 모세가 그의 이름을 묻자, 하느님은 이렇게 대답했다.

나는 곧 나다.[2]

이 구절은 "나는 스스로 존재하는 자다"라고 번역되기도 한다. 아퀴나스는 이 구절이 신의 본질을 드러낸다고 봤다. '스스로 존재한다'라는 말은 곧 '다른 것에 의존하지 않고 존재한다'는 의미다. 그런데 원인 없이 존재하는 것은 필연적인 존재자뿐이다. 다시 말해 본성상 존재하는 자, '존재함 자체'가 그의 본성인 자라는 뜻이다. 이런 이유로 아퀴나스는 "신의 본질은 존재 자체"라고 규정했다. 이는 참으로 획기적인 주장이었다. '본질'은 '어떤 것의 무엇인 바' 혹은 '무엇임'을 나타내고, '존재'는 '어떤 것이 있다'라는 사태를 나타내는 말이다.

그런 점에서 둘은 전혀 차원이 다르다. 가령, 도깨비나 페가수스를 떠올려보자. 우리는 그런 상상의 존재자들이 무엇인지 그 본질을 알지만, 그렇다고 그것들이 존재하지는 않는다. 본질이 정해져도 존재하지 않을 수 있다는 사실은 피조물의 숙명적인 조건이다. 아퀴나스에 따르면, 본질은 외부에서 존재를 부여해줄 때, 오직 그때만 실존할 수 있다고 한다. 그리고 피조물에게 존재를 부여해주는 것은 다름 아닌 신이다. 피조물은 창조의 결과물이고, 신에게서 존재를 부여받아 실존하기에 이른다. 그런 의미에서 피조물은 본질과 존재의 합성체다.

이와 달리 신은 그 외부에 존재를 부여해줄 누군가가 없다. 그는 단지 스스로 존재하는 자이며 외부의 원인 없이 필연적으로 존재하는 자, 곧

2 「탈출기」 3:14.

본성에 따라 존재하는 자다. 따라서 신의 존재는 그의 본성에 속할 수밖에 없다. 그래서 아퀴나스는 "신의 본질은 곧 존재다" 혹은 "신은 존재 자체(esse ipsum)이다" 혹은 "신은 그 스스로 존립하는 존재 자체(ipsum esse per se subsistens)이다"라고 설명했다. 피조물에서는 존재와 본질이 구분되지만, 신의 경우에는 그 두 가지가 일치한다.

3) 우주의 창조

존재 자체인 신은 창조를 통해 피조물에게 존재를 부여했다. 창조에 관한 아퀴나스의 논의는 두 가지 물음으로 시작한다. '도대체 창조란 무엇인가?' 하는 물음과 '도대체 하느님은 왜 창조하였는가?' 하는 물음이 그것이다.

흔히 창조는 하느님이 해와 달과 땅을 만들고 온갖 생물들도 만들었다는 식으로 이해된다. 여기서 창조는 일종의 '제작'이라고 할 수 있다. 아닌 게 아니라 성서에도 옹기장이가 옹기를 만들 듯 하느님이 세상을 만들었다는 비유가 나온다. 하지만 아퀴나스는 이런 이해 방식에는 문제가 있다고 봤다. 제작에는 행위가 필요하다. 제작자는 움직임을 통해서 무엇인가를 만들어낸다. 하지만 하느님은 불변하는 자이기에 움직이지 않는다. 따라서 움직임을 통해 세상을 만들었다고 볼 수 없다. 다시 말해 하느님의 창조는 '제작'이 아니다. 아퀴나스의 명쾌한 설명을 직접 읽어보자.

하느님은 창조 과정에서 사물들을 움직임 없이 산출한다. 그런데 산출하고 산출되는 상황에서 움직임을 제거한다면, 남는 것은 관계밖에 없다. 그러

> 므로 창조는 피조물이 그 존재의 근원으로서 창조주에 대해 가지게 되는 어떤 관계 이외에 다른 무엇이 아니다.[3]

창조의 진정한 의미는 하느님과 피조물의 **관계**다. 하느님은 존재의 근원이며, 피조물에게 존재를 부여한다. 피조물은 하느님에게서 존재를 부여받음으로써만 존재할 수 있다. 그렇게 하지 않았다면 피조물은 아무것도 아닌 것, 즉 '무(無)'에 지나지 않았을 것이다. '무로부터의 창조'란 아무것도 없는 상태에서 하느님이 이 세상을 제작했다는 것이 아니라, '무'로 전락할 피조물들이 하느님에게 의존함으로써 실존을 부여받았다는 존재론적 관계를 의미한다.

이어서 아퀴나스는 '하느님이 세상을 왜 창조했는지' 살폈다. 그런데 이 질문은 대답할 수 없다. 왜냐하면 창조에는 이유가 없기 때문이다. 그 어떤 것도 하느님에게 세상을 창조하라고 요구하지 않았다. 하느님은 전적으로 완전하고 아무것도 결핍되지 않았기 때문에, 세상을 굳이 창조할 이유도 없고, 의무도 없다. 창조는 전적으로 하느님의 자유에 속한다. 그리고 그 의지에는 어떤 원인도 없다. 아퀴나스는 이렇게 말했다.

> 신은 자기 본성의 필연성에 의해서가 아니라, 자기 의지의 자유 안에서 작용한다.[4]

3 토마스 아퀴나스, 『신학대전』, 1부 제45문 3절.
4 토마스 아퀴나스, 『대이교도대전』, I. 23.

창조는 하느님이 원한 것일 뿐, 어떤 이유도, 필연성도 없다는 말이다. 그러면서 아퀴나스는 창조의 이유는 없지만, 창조의 동기는 생각해볼 수 있다는 말을 덧붙였다. 그에 따르면, 하느님의 본질은 존재 자체이고 순수한 현실태다. 현실태에 있는 것은 그 본성상 자신을 최대한 멀리 전달하려는 경향이 있다. 우리도 생각이 많이 쌓이면, 그것을 말이나 글로 표현하고 싶어 하지 않는가? 또 절정에 이른 꽃에서는 그 향기가 저절로 퍼져 나오지 않는가? 이처럼 내적으로 충만한 것은 자연스럽게 자신의 풍요로움을 외부로 전달하고 싶어 한다. 아퀴나스는 이것이 창조의 동기라고 보았다. 하느님은 스스로 충만한 존재와 완전성을 가졌기에 이를 외부로 표현하고 싶었을 것이다. 그 표현 과정이 창조이고, 피조물은 하느님의 존재와 완전성이 드러난 하느님의 표현물이라고 할 수 있다. 이런 관점에서 보자면, 완전한 현실태인 신에게 창조는 지극히 자연스럽고 그 본성에 적합한 사건이었다고 할 수 있다.

4) 하느님에 대해 말하기: 유비

이번에는 다른 주제를 하나 살펴보자. 종교 언어의 본성에 관한 문제다. 인간의 인식은 경험을 바탕으로 한다. 인식을 표현하는 개념들 역시 경험에서 유래한다. '꽃', '나무', '구름', '하늘', '들판' 같은 사물의 이름뿐 아니라 '아름답다', '선하다', '참되다', '지혜롭다' 같은 형용사들도 다 그렇다. 그런데 신은 우리 경험의 대상이 아니다. 경험을 넘어서는 무한한 존재다. 그런데도 우리는 신에 관해 말할 수 있을까? 유한한 인간의 경험적 언어가 신을 표현하고 인식하기에 적절한 수단일까? 도대체 우리는 어떻게 신을 인식하고 표현해야 할까? 사실 이 문제는 중세 철학에서 늘 중요한 문제였다. 이와 관련해서는 대체로 3가지 입장이 있다.

첫 번째는 '일의성(univocatio) 이론'이다. 이에 따르면, 우리가 어떤 표현을 신에게 적용할 때와 피조물에게 적용할 때, 그 표현의 의미는 완전히 똑같다. 피조물은 신의 본성에 따라 창조되었고, 그 결과 신과 피조물 사이에는 본질적인 동일성이 있기 때문이다. 그래서 경험적인 용어를 그대로 신에게 적용할 수 있고, 이를 통해 우리가 신을 인식할 수 있다고 본다.

두 번째는 '다의성(aequivocatio) 이론'이다. 신과 피조물에게 같은 표현을 쓸 때, 표현이 같아도 의미는 전혀 다르다는 이론이다. 신과 피조물 사이에는 뛰어넘을 수 없는, 절대적인 차별성이 있기 때문이다. 이로 인해 경험적인 용어는 결코 신을 적절하게 진술할 수 없고, 그 결과 우리는 신을 인식할 수 없다고 본다.

세 번째는 '유비(analogia) 이론'이다. 어떤 표현을 신과 피조물에게 적용할 때, 그 의미가 완전히 똑같지는 않지만 그렇다고 완전히 다르지도 않다고 본다. 말하자면 둘 사이에는 비슷한 면도 있으며 모종의 관련이 있다는 생각이다. 아퀴나스는 종교적 표현이 유비적인 의미를 지닌다고 보았다. 아퀴나스는 아리스토텔레스에서 유비 이론을 배웠다. 아리스토텔레스에 따르면, 유비란 '하나와 관련된 진술'이다. 가령 '건강'은 원래 사람의 신체 상태를 나타내는 말이다. "소크라테스는 건강하다", "플라톤은 건강하다", 이런 식으로 써야 한다. 그런데 가끔 '건강한 음식'이나 '건강한 오줌' 같은 표현을 쓰기도 한다. 음식이 건강하다는 건 건강에 도움이 된다는 뜻이고, 오줌이 건강하다는 건 신체의 건강 정도를 표시해준다는 의미겠다. 요컨대 '건강'은 일차적으로 신체의 상태를 의미하지만, 이차적으로는 신체 상태와 관련된 진술로 확장하여 쓰기도 하는데, 이렇게 일차적 의미와 연관된 진술이 바로 '유비적 표현'이다.

아퀴나스는 신에 관한 진술이 바로 그런 식의 유비에 해당한다고 보았다. 가령, '선하다'라는 말은 일차적으로 인간의 선함을 나타낸다. 정의롭고 자비롭고 배려하고 이타적이고 어질고 등등의 의미다. 우리는 인간의 선함만을 경험할 수 있기에, 그 표현의 일차적 의미는 인간에 관한 것이다. 그렇다면 신 역시 선한가? 그러하다. 신은 선하다. 그러나 이 문장에서의 선함은 인간적 의미가 아니다. 정확히 말하자면, 인간의 선함과 유사한 어떤 특징이 신에게도 있다는 걸 뜻한다. 신의 선함은 인간의 유한한 선함과 비교할 수 없이 탁월할 테고, 그래서 '선하다'라는 말로 충분히 표현할 수는 없을 것이다. 하지만 우리가 가진 표현 가운데 그나마 '선하다'라는 말이 '신의 선함'이라고 부르는 것과 가장 유사하고 근접해서 그런 표현을 쓴다는 것이다. 아퀴나스는 이렇게 말한다.

> "신이 선하다"라고 말할 경우 그 뜻은 "신이 선함의 원인이다" 혹은 "신이 악이 아니다"라는 뜻이 아니라, "우리가 피조물들 안에서 선함이라고 부르는 것이, 보다 탁월한 방식으로 신 안에 미리 존재한다"라는 것이다. 그러므로 (…) 신이 선하기 때문에 사물들에게 선함을 확산시킨다는 점이 귀결된다. 다시 말해 아우구스티누스의 말처럼 "하느님이 선하시므로 우리 역시 그러하다."[5]

5 토마스 아퀴나스, 『신학대전』, 1부 제13문 2절.

간단히 말해, 신의 선함은 기원이고 인간의 선함은 결과라서 둘은 닮아 있다. 물론 신의 선함은 인간의 선함을 능가하는 탁월한 어떤 것임이 분명하다. 그렇긴 하지만, 피조물의 존재와 완전성이 신에게서 유래하기 때문에 신과 모종의 유사성을 띠고, 그래서 피조물에게 적용되는 경험적 표현들을 신에게도 적용할 수 있다는 이야기다.

유비 이론은 두 가지 극단을 조화하는 아퀴나스 철학의 특징이 잘 드러나는 대목이다. 만약 종교 언어가 일의적이라면, 이것은 신과 피조물 사이의 본질적인 동일성을 주장하는 셈이다. 이때 피조물은 신과 같은 것이라고 오해되어 자칫 범신론으로 치달을 위험이 있다. 반대로 다의성만 주장한다면, 우리의 언어로는 신을 형용할 수 없다는 결론으로 연결되고, 결국에는 신을 알 수 없다는 불가지론에 빠지고 만다. 아퀴나스의 유비 이론은, 경험에서 유래한 표현들이 (일정한 한계를 지니기는 하지만) 신에 대한 긍정적인 앎에 기여한다는 점을 보여준다. 앞서 말한 두 이론(일의성, 다의성)의 폐해를 피하면서 신을 인식할 가능성을 열어준다는 점에서 의미가 있다.

5) 영원한 행복

이제 인간의 삶의 문제에 대한 아퀴나스의 생각, 곧 그의 윤리학 이론을 살펴보자. 예로부터 인간은 행복한 삶을 꿈꾸었다. 행복은 삶의 목표이며, 매 순간의 선택과 행위에 의미를 부여하는 척도이기도 하다. 따지고 보면 철학이란 "어떻게 살아야 행복해질 수 있는가?"라는 물음에 답하는 작업일 것이다.

그리스도교 철학에서 행복은 이중적이다. 행복에는 '현세의 행복'과 '영원한 행복'이 있다. 부와 명예, 쾌락, 지식 같은 것들이 현세의 행복을 이룬다. 하지만 이런 것들은 사실 허망하다. 시간이 지나면 흩어지고 사라져버리고 말기 때문이다. 진정한 행복은 사라지지 않는 것, 영원히 누릴 수 있는 것이라야 한다. 그리스도교에서 그런 행복의 원천은 오직 하느님이다. 생명의 원천인 하느님을 인식하고 사랑 속에서 그와 일치할 때 영원한 행복을 누릴 수 있다고 보았다. 그러나 불행하게도 현세의 인간들은 죄에 빠져 살며, 그로 인해 하느님을 볼(=인식할) 수 없다. 하느님과의 궁극적인 일치, 곧 '하느님을 직접 바라보는 것(visio dei)'은 오직 내세에서만 가능하다.

그렇다면 현세의 모든 노력과 행위, '지금 여기서' 하느님을 인식하기 위해 노력하고, 이웃을 사랑하며 살아가는 인간의 모든 수고는 결국 다 헛되기만 할까? 인간은 현세에서 진정하고 영원한 행복을 결코 만날 수 없을까? 아퀴나스는 그렇지 않다고 본다. 비록 불완전하고 드문 일이겠지만, 현세에서도 인간은 하느님을 사랑하고 인식할 수 있다. 신에 대한 불완전한 앎도 일종의 앎이고, 불완전한 향유도 일종의 향유다. 더구나 이런 현세의 행복이 하느님에 대한 인식과 사랑에서 유래하는 만큼, 장차 내세에서 누릴 행복과 많은 점에서 닮았다. 그런 점에서 현세의 행복은 완전하고 영원한 행복에 참여하는 과정이라고 할 수 있다. 현세의 행복은 장차 누릴 영원한 행복으로 이어지며, 이를 역으로 말하면 영원한 행복이 현세의 삶에 방향과 기준을 제공해준다.

문제는 영원한 행복에 참여하기 위해서 "지금 이 땅에서 우리가 어떻게 행동할 것인가?", "그 기준은 무엇인가?" 하는 점이겠다. 아퀴나스는 두 가지 기준을 제시했다. 하나는 자연법이라는 객관적 기준이고, 또 하나는 양심이라는 주관적 기준이다.

6) 영원법과 자연법

자연법을 이해하려면 우선 영원법이라는 개념부터 알아야 한다. 아퀴나스는 이렇게 적었다.

> 우주의 공동체 전체는 신적 이성에 의해서 통치된다.[6]

이 말은 세상의 모든 것이 하느님이 설정한 어떤 계획에 따라 움직인다는 뜻이다. 가령, 자연 법칙이 한 가지 예다. 커다란 행성의 움직임부터 원자 속 작은 입자들의 움직임에 이르기까지 하느님은 어떤 규칙과 법칙을 세워두었다. 우리의 삶도 그렇다. 하느님은 우리가 최상의 선을 이루며 살도록 이 세상을 다스린다. 아퀴나스는 이처럼 세상 모든 것을 합당한 목적으로 이끌어가는 하느님의 계획과 법칙이 있다고 봤는데, 이것이 바로 '영원법(lex aeterna)'이다. 하지만 인간이 그것을 모두 다 알 수는 없다. 영원법은 전적으로 신의 지혜에 속하기 때문이다. 인간의 이성은 한계가 있어서 영원법의 지극히 작은 부분만 알 수 있을 뿐이다. 그렇게 알게 된 영원법의 일부가 바로 '자연법(lex naturalis)'이다.

6 토마스 아퀴나스, 『신학대전』, 2부 제91문 1절.

아퀴나스 윤리학은 자연법을 탐구한다. 원래 영원법에는 자연 법칙과 도덕 법칙이 모두 포함되지만, 윤리학은 인간의 행위에 관한 탐구이므로 아퀴나스가 '자연법'이라고 말할 때는 주로 도덕 법칙을 지칭한다. 말하자면 하느님이 정한 목적에 부합하도록 살기 위해서 인간이 반드시 따라야 하는 도덕 규범이 곧 그가 말하는 자연법이다. 자연법에서 가장 중심이 되는 규범은 다음과 같다.

> 선을 행하고 추구하며, 악을 피하라.[7]

아퀴나스에 따르면, 이 원리는 이성을 가진 모든 사람에게 자명하다. 누구나 선을 추구하고 악을 피하기 마련이라는 것이다. 그는 모든 자연법 규범들이 이 원리에 부합해야 한다고 말하면서 이 명제를 '자연법의 제1 원리'라고 불렀다. 이 원리에 등장하는 선과 악은 대체 무엇일까?

아퀴나스에 따르면, 최고의 선은 하느님이다. 하느님은 존재 자체이기도 하다. 그래서 아퀴나스는 존재 자체를 선이라고 생각한다. 존재하는 것은 그 자체로 선하다. 피조물의 존재는 하느님이 창조를 통해 부여한 것이다. 달리 말하면 하느님은 선을 나누어 주었고, 그 결과 피조물은 선한 존재가 되었다. 피조물들은 자신의 존재와 작용 속에서 끊임없이 선을 드러낸다. 따라서 선이 무엇인지 알려면 피조물이 어떤 방식으로 존재하는지를 보면 된다.

7 토마스 아퀴나스, 『신학대전』, 2부 제94문 2절.

실제로 아퀴나스는 피조물이 드러내는 목적 속에서 그 선을 발견한다. 모든 존재자는 자신의 행동과 작용을 통해 나름의 목적을 추구하는 경향성(inclinatio)을 보인다. 가령, 존재자들은 자신의 존재를 보존하려 한다. 또 성의 교류를 통해 자손을 낳고 기르려고 한다. 특히 인간은 유일하게 이성적인 존재자로서 신을 인식하려 하며 사회를 구성해서 살아가려 한다. 이처럼 모든 존재자가 본성에 따라 어떤 목적을 이루려는 경향성이 보이는데, 아퀴나스는 이 경향성을 통해 추구하는 목적이 바로 선이고, 목적 성취를 방해하는 요소가 악이라고 보았다.

자연법의 제1 원리에 따르면, 선을 추구하고 악을 피해야 하니까, 존재자들은 그 경향성에 부합하도록 행동해야 한다. 자연법은 다름 아니라 선을 추구하는 존재자의 경향성을 규범화한 것이다. 삶을 보존하려는 경향성에서 "자신을 보존하라"라는 규범이 나오고, 자손을 낳고 기르려는 경향성에서 "자손을 낳고 기르라"라는 규범이 나온다. 또 인간의 이성적 경향성에서 "이성적으로 행하고 신에 관한 지식을 추구하며 타인과 협력하라"라는 규범이 나온다. 이런 규범들이 자연법의 세부 내용을 이룬다.

7) 자연법과 인정법

자연법은 모든 존재자의 일반적인 경향성을 대상으로 하니까 지극히 기본적인 원리만 표현한다. 그 결과 자연법 규정은 숫자가 아주 적다. 실제로 아퀴나스가 예로 든 것은 앞서 말한 자기 보존이나 자손의 양육, 정신적 삶과 사회적 협력 정도가 전부다. 그러나 현실은 훨씬 복잡하다. 현실에서는 구체적 상황에 맞는 규범이 따로 더 있어야 한다. 이런 이유로 어느 사회나 구체적이고 상세한 규범 체계를 갖추게 되는데, 아퀴나스는 이것을 '인정법(人定法, lex humana)'이라고 불렀다.

인정법은 말 그대로 사람이 만든 법이다. 현실 사회의 규범들, 도덕 관습이나 행위의 규칙, 교회법, 국가의 법률 등을 포괄한다. 인정법은 사회의 통치자들이 만든다. 이들에게는 실천적 지혜가 있어야 한다. 구체적 상황과 조건 속에서 어떻게 해야 인간을 완성하고 그 사회의 공동선을 실현할지 적절한 방안을 지혜롭게 찾아낼 수 있어야 한다. 또한, 인정법의 내용은 이성적이어야 하며 사회의 공동선과 정의에 걸맞아야 한다. 법을 제정하는 사람들은 사회 구성원으로부터 법 제정의 권한을 위임받아야 하고, 효력을 지니려면 반드시 미리 공표되어야 한다. 하지만 무엇보다 중요한 조건은 자연법에 어긋나지 않아야 한다는 점이다. 자연법은 하느님의 지혜에 근거하는 영원법의 일부이기에 절대적으로 정당하다. 따라서 인정법은 자연법을 벗어나서는 안 된다.

인정법이 자연법에 근거를 두긴 하지만, 그렇다고 해서 인정법이 언제나 만족스러운 것은 아니다. 자연법은 변하지 않지만, 인정법은 바뀌기도 한다. 시대와 상황에 따라 한 사회의 공동선이나 정의의 관념이 달라지기도 하고, 인간 본성과 경향성에 대한 새로운 인식이 생기기도 하며, 때로는 자연법의 원리가 추가되기 때문이다. 이런 변화에 따라 필요하다면 인정법을 수정하고 다시 만들 수도 있다고 아퀴나스는 보았다.

8) 자연법의 의의

아퀴나스의 자연법 사상은 여러 의미를 지닌다. 그중 하나는 인간에 대한 긍정적인 시선인데, 여기에는 시대를 뛰어넘는 의미가 있다. 독자들께서도 잘 아시다시피 중세 시대 인간은 늘 죄인으로 정의되었다. 아우구스티누스 이래로, 인간은 원죄라는 원초적 조건에 갇혀 있기 때문에 인간의 앎은 불완전하고 인간의 의지는 무기력하며 인간의 도덕성은 파괴되고 말았다는 생각이 늘 당연하게 여겨졌다.

하지만 아퀴나스는 그렇게 보지 않는다. 원죄가 인간을 죄로 물들이고는 있지만, 그렇게까지 파괴적이지는 않다는 것이다. 그에 따르면, 선을 향해 나아가는 본성이 인간에게는 여전히 남아 있고, 그렇게 행동할 수 있는 역량도 있다. 이를 바탕으로 보통의 인간은 선을 추구하며 살며, 그래서 신뢰할 만하다. 이는 인간의 도덕적 역량을 높이 평가한 것으로, 중세에 보기 힘든 긍정적 인간관이다. 인간에 대한 희망적이며 긍정적인 아퀴나스의 관점에 이미 르네상스 인본주의의 싹이 들어 있었던 것은 아닐까?

그리고 그는 자연법이 모든 인간에게 공통되는 보편적이고 객관적인 것이라고 보았다.

> 자연법의 공통적인 원리들은 그 타당성과 인정에 있어서 모든 이들 사이에 똑같다.[8]

8 토마스 아퀴나스, 『신학대전』, 2부 제94문 4절.

이성을 가진 모든 사람은 똑같은 자연법을 명백하게 인식할 수 있다. 이 생각은 모든 인간을 평등하게 보는 데까지 나아갈 수 있다. 또한, 이러한 입장은 종교와 국가, 문화의 차이에도 불구하고 이성적인 인간이라면 누구나 자연법에 기초해서 소통할 수 있다는 가능성을 활짝 열어놓는다. 그리스도교인뿐 아니라 이슬람교인, 유대교인, 심지어는 무신론자와도 대화할 수 있다. 이런 점에서 자연법 이론은 이질적인 문화 사이의 소통을 매개하는 중요한 수단이 된다.

이는 오늘날 우리에게도 해당한다. 특히 그리스도교의 관점에서 도덕적 주제에 접근하는 이들에게 시사하는 바가 크다. 성서가 기록되던 시절에는 상상조차 하지 못했던 문제들, 가령 인공 수정이나 유전자 복제, 기후 위기와 같은 우리 시대 고유의 윤리적 문제에 대해서, 성서는 마땅한 지침을 주지 못한다. 이런 상황에서 인간의 보편적 이성에 토대를 둔 자연법 이론은 문제에 다가가는 통로가 될 수 있을 것이다. 그런 점에서 아퀴나스의 자연법은 시대를 넘어 삶을 이성적으로 숙고하며 살아가는 모든 사람에게 커다란 울림을 준다고 할 수 있겠다.

9) 양심

현세의 인간이 영원한 행복에 참여하는 또 하나의 기준은 양심이다. 선한 행위의 객관적 기준이 자연법이라면, 주관적 기준은 바로 양심이기 때문이다. 오늘날에는 '양심'이 도덕적 감수성 비슷한 말로 쓰이지만, 아퀴나스가 말하는 '양심'은 한발 더 나아가 이성의 작용을 뜻한다. 이성 가운데서도 특히 도덕 규범과 행위에 관련되는 이성, 요즘 쓰는 말로는 '실천이성'에 해당한다. 양심에는 두 가지가 있다. 하나는 '신데레시스(synderesis)'이고 하나는 '콘스키엔티아(conscientia)'다. 이 두 용어에 대해서는 확립된 번역어가 아직 없으므로 우리는 그냥 라틴어 단어를 그대로 쓰면서 이야기해보자. 우선 신데레시스는 보다 상위의 이성으로, 자연법을 대상으로 한다. 다시 말해 보편적이고 일반적인 자연법의 원리를 직관적으로 인식하는 이성의 작용이다. 아퀴나스는 "자연법이 신데레시스에 각인된다"라고 말했다. 마치 눈앞에 생생하게 펼쳐진 장면을 보고 나면 그게 머릿속에 선명하게 남는 것처럼 각인된다는 말이다. 신데레시스는 자연법을 직관적으로 명확하게 인식하며, 따라서 오류가 없다.

이에 반해 콘스키엔티아는 하위의 이성으로, 인정법을 대상으로 한다. 다시 말해 보편적인 자연법 원리를 구체적인 상황에 적용해서 인정법을 만들고 그것을 따르는 이성의 작용이다. 신데레시스에 각인된 자연법을 구체적 상황 속에서 행위의 원리로 풀어내야 하는데, 상황에 맞는 적절한 도덕적 행위를 찾아내는 작용이 바로 콘스키엔티아다. 도덕적 행위는 항상 구체적 상황 속에서 진행되므로, 언제나 신데레세스와 콘스키엔티아의 협업이 필요한 셈이다.

자연법과 인정법, 신데레시스와 콘스키엔티아, 이들의 연결을 통해 인간은 이 지상에서도 신의 영원한 질서에 참여할 수 있고, 불완전하지만 신의 영원법과 일치할 수 있다. 이로써 인간은 지금 이 땅에서도 영원한 행복에 참여하게 되며, 이것이 바로 현세에서 누리는 행복의 참된 의미라고 아퀴나스는 강조했다.

4. 토마스 아퀴나스의 마지막 — '지푸라기'

1273년 12월 6일, 미사를 집전하던 아퀴나스는 순간 동작을 멈추었다. 정적이 흘렀고 그의 눈빛은 무엇에 사로잡힌 것처럼 초점을 잃었다. 복사(服事)들이 부축해서 그가 들고 있던 성체를 내려놓게 하고, 다른 사제가 미사를 이어서 마쳤다. 이 사건 이후로 아퀴나스는 자신이 그토록 좋아하던 글쓰기를 중단했다. 개인 비서가 다른 책은 몰라도 『신학대전』만이라도 마무리하자고 설득했지만, 그는 꼼짝도 하지 않았다. 대신 이렇게 대답했다고 한다.

> 나는 더는 책을 쓸 수 없다네. 그날 내가 바라본 그 광경에 비한다면 그동안 내가 써온 것들은 한갓 지푸라기와 같네.

무슨 일이 일어났던 것일까? 냉정한 현대 역사가들은 그가 뇌출혈과 같은 쇼크 발작을 일으켰을 것이라고 설명한다. 하지만 전통적으로는 그가 하느님을 직관하는 신비 체험을 했다고 보기도 한다. 돌이켜보면 아퀴나스의 삶은 오롯이 신을 향해 나아가는 여정이었다. 그의 무기는 기적과도 같은 지성이었다. 인간 이성이 신에 대해 말할 수 있고 이해할 수 있는 그 한계에 이르기까지 그는 사유를 멈추지 않았다. 마침내 지성의 한계에 도달한 그는 거기서 무엇을 보았을까? 아마도 그 경계 너머에 존재하는 신이 아니었을까? 그는 이미 이 사실을 기록해두었다.

> 신은 인간이 그에 관해 생각할 수 있는 모든 것을 훨씬 뛰어넘는다. 이 사

실을 믿을 때만 우리는 진정으로 신을 알게 된다.[9]

이성의 한계에서 그가 본 것은 그 한계 너머의 신, 그가 평생에 걸쳐 이해하고자 했고 만나고자 했던 그 하느님이었을 것이라고 많은 이들이 생각한다. 그 궁극의 실재 앞에서 인간의 언어는 무력해지고 무너질 것이다. 아마도 이것이 그가 자신의 글을 '지푸라기'라고 표현한 이유가 아니었을까. 어떤 일이 일어났든지 간에, 아퀴나스가 자신의 언어에서 벗어나자 그에게 남은 것은 '침묵'이었다. 글을 쓰지도 않았고 말을 하지도 않았다. 일찍이 사막의 수사들이 그랬던 것처럼 그는 침묵 속에서 기도하고 묵상하며 하루하루를 지냈다. 이듬해 초에 교황 그레고리우스 10세는 리옹 공의회를 소집하고 아퀴나스를 호출했다. 당시 아퀴나스는 요양을 위해 나폴리에 있었는데, 나폴리를 떠나 리옹으로 가는 도중에 나무에 부딪혀 말에서 떨어졌다. 인근 포사노바(Fossanova)의 시토회 수도원으로 옮겨져 치료를 받았지만, 끝내 회복하지 못하고 1274년 3월 7일 숨을 거두었다. 인류 역사에서 가장 눈부셨던 지성은 그렇게 지고 말았다.

하지만 그의 이야기는 그 후로도 계속 이어진다. 그가 숨을 거두고 3년이 지난 1277년에 스콜라 철학의 운명을 뒤흔든 단죄령이 내려졌다. 단죄령의 주된 대상은 아베로에스주의였지만, 단죄 목록을 워낙 졸속으로 만들다 보니 아퀴나스의 명제들도 포함되고 말았다. 전체 219개 명제 목록 가운데 대략 10개 정도가 아퀴나스와 관련이 있었다. 당시 아퀴나스의 스

9 토마스 아퀴나스, 『대이교도대전』, 1.5.3.

승 알베르투스는 아직 살아 있었다. 아끼는 제자를 잃은 슬픔이 가시기도 전에 제자의 명제가 단죄까지 받았으니 그의 심정이 어떠했겠는가. 그는 교회 당국에 항의하고 설득해서 아퀴나스의 명제를 그 목록에서 빼려고 애썼다. 하지만 그 뜻을 이루지는 못하고 그도 숨을 거두었다. 아퀴나스의 명제에 대한 단죄는 좀 더 세월이 흐른 뒤인 1325년에 철회된다.

1323년 가톨릭교회는 그를 성인으로 추대했다. 또 1879년 교황 레오 13세(Leo XIII)는 토마스 아퀴나스 사상을 로마 가톨릭교회의 공식 신학으로 선언했다. 교황과 공의회가 선포하지 않은 신앙의 세부적인 사항에 대해서는 아퀴나스의 가르침을 참조하라고 권고했다. 아퀴나스의 저술은 "가톨릭의 정통 교리의 정의(定義) 자체"이며 "서구 지성사 최고의 금자탑"이라고 부연하기도 했다.

13세기 유럽은 고전 그리스의 학문과 그리스도교 문화가 대충돌을 일으킨 격랑의 현장이었다. 둘 사이에 흐르는 긴장을 조정하는 문제는 단지 이론뿐 아니라 사회와 문화 전체의 측면에서 중요한 문제였다. 아퀴나스는 거센 격랑을 온몸으로 부딪히며 탁월한 지성 하나만을 무기 삼아 자기 시대의 문제에 응답했다. 신앙과 이성의 기적 같은 조화를 이루어냈고, 인간 이성이 사유할 수 있는 모든 주제를 포괄하여 일목요연한 체계를 완성했다. 그런 점에서 그는 스콜라 철학의 한 정점이었고, 동시에 서구 중세 문명의 절정이었다고 평가될 수 있을 것이다.

김주연

작가, 사색의숲 출판사 편집장. 서울대학교 심리학과와 철학과를 졸업하고 동 대학원에서 석사학위를 받은 뒤 박사과정을 수료했다. 서울대에서 철학과 강사로 근무했으며, 울산도서관, 철학아카데미(유튜브) 등에서 강의했다. 지금은 일반인을 대상으로 철학을 쉽게 소개하는 일과 일반인을 위한 인문 교양 서적을 만드는 데 주력하고 있다. 저서로는 『철학사 수업 1; 고대 그리스 철학』, 『철학사 수업 2; 고중세 그리스도교 철학』이 있다.

다가선 미래 성찰

소크라테스의 '무지의 지'와 메타 인지

구본권(한겨레 사람과디지털연구소 소장)

1. 들어가는 말

지식의 영역에서 역설적 현상이 점점 뚜렷해지고 있다. 현재 인류는 역사상 가장 많이 교육받은 세대이고, 정보가 의심스러우면 스마트폰으로 그 자리에서 어렵지 않게 사실성 여부를 확인할 수 있다. 지식 총량은 어느 때보다 늘어났으며 가장 많이 교육받은 사람들이 편리한 진위 판별 도구를 손에 쥔 채 살고 있다. 그런데 기술적·인지적 환경과 별개로 대중의 무지와 오해, 맹신과 지적 오만의 문제는 거의 개선되지 않고 있으며, 근래의 잇단 문해력 논쟁과 탈진실 현상이 드러내듯 오히려 반지성적 문화가 우려되는 상황이다. 인지 영역에서 이러한 역설적 상황은 디지털과 인공지능 기술을 떼어놓고 설명할 수 없다.

디지털과 인공지능 기술로 인해 인간 고유의 지적 능력에 대해 일찍이 없던 도전과 위협이 제기되는 상황이다. 2022년 11월 미국의 인공지능 개발 기업 OpenAI가 공개한 대화형 생성 인공지능(Generative AI) 챗

GPT(ChatGPT)는 어떤 질문에든지 순식간에 그럴법한 답변을 오탈자, 비문 없는 문장으로 제시하고, 소설가 수준의 글쓰기를 해낸다. 자동 번역 도구 파파고와 답엘(DeepL)은 수십 장의 외국어 문서를 원하는 언어로 즉시 번역해내고, 생성 인공지능 기반의 이미지 창작 도구 달리2(DALL-E2), 미드저니(Midjourney) 등은 텍스트로 지시 사항을 입력하면 눈 깜짝할 새 직업 화가 못잖은 실력의 작품으로 표현해낸다.

창작 능력을 갖춘 생성 인공지능은 수고로운 인간 노동을 돕고 업무 효율성을 높이는 생산성의 도구라는 기대를 받고 있지만 동시에 인류 생존을 위협할 도구가 될 수 있다는 우려도 낳고 있다. 제프리 힌턴, 요수아 벤지오 등 인공지능 연구를 선도해온 세계적 전문가들이 사람보다 뛰어난 인공지능이 재앙이 될 수 있다며 위험성을 잇따라 경고하는 상황이다.

사람의 지적 능력을 위협하는 인공지능으로 인해 개인과 사회는 새로운 요구에 직면했다. 우선적 요구는 인공지능을 직무에 활용하는 방법과 새로운 교육 방식, 강력한 기술의 위험성에 대한 사회적 통제 방법을 마련하는 방안 등이다. 하지만 튜링 테스트를 쓸모없게 만들고 사람과 구분하는 게 거의 불가능해진 인공지능의 출현은 직무 관련 대응을 넘어서는 차원의 질문으로 이어진다. "인공지능이 모방할 수 없는 인간 고유의 지적 능력은 무엇일까"라는 물음이다. 기계가 사람 수준의 지적 능력을 구사하는 상황에서 인간에게 "앎이란 무엇인가"라는 인식론의 문제가 모든 사람에게 던져진 상황이다.

서양 철학사에서 앎의 문제를 본격적으로 철학의 핵심 주제로 끌고 들어온 이는 소크라테스다. 2500년 전 고대 그리스에서 소크라테스가 앎의 문제를 다룬 방식은 인공지능 환경에서 중요한 의미를 갖는다. "기계의 인지와 인간의 인지는 어떻게 구별되는가"라는 질문은, 인간에게 "진정한 앎이란 무엇인가"라는 물음을 필수적으로 요청하기 때문이다. 흔히 소크라테스가 "너 자신을 알라"라고 말한 것으로 알려져 있지만, 이 말은 아테네의 델포이 신전에 새겨져 있던 고대 그리스의 경구였다. "너 자신을 알라"는 델포이 신전의 새김 글은 필멸의 존재인 인간의 유한함을 일깨우고 오만(휘브리스)을 경계하기 위함이었다.

소크라테스가 말과 실천으로 전한 메시지는 "너의 무지를 알라"로 압축된다. 소크라테스는 스스로 무지함을 깨닫고 진정한 앎을 추구하는 지적 전통을 확립함으로써 철학적 사유와 실천의 개척자가 되었다. 소크라테스가 처음부터 지혜로운 사람은 아니었다. 그가 깨달음을 얻게 된 여정을 따라가 보자.

2. 소크라테스와 '무지의 지'

기원전 399년 사형 선고가 내려진 소크라테스 재판을 다룬 플라톤의 『소크라테스의 변명』에는 소크라테스가 생의 전환점을 맞이하고, 서양 철학의 기초를 놓게 된 일대 사건이 등장한다. 아테네 델포이 신전에서 소크라테스의 친구 카이레폰은 "세상에 소크라테스보다 현명한 사람이 있는가"라는 신탁을 구했다. "누구도 소크라테스보다 지혜롭지 않다"는 게 델포이 신전의 여사제가 전하는 신탁이었다.

소크라테스는 기본적으로 신은 거짓을 말하지 않는다고 생각했기에,

신탁의 내용을 진지하게 받아들이며 고민했다. 소크라테스는 결코 자신이 세상에서 가장 지혜로운 사람일 리가 없다고 생각했기 때문이다. 소크라테스는 당시 가장 지혜롭다고 알려진 사람들을 찾아 나섰다. 스스로 지혜롭다고 주장하는 소피스트들이 숱하던 아테네였다. 소크라테스는 지혜롭다는 정치인, 시인, 기술자 등을 찾아가 그들의 지식이 자신보다 뛰어나다는 것을 보여주는 방식으로, 신탁이 잘못되었음을 입증하려 했다. 그 방법은 오늘날 '소크라테스 문답법'으로 알려진, 꼬리를 무는 질문을 통해 기존 지식의 불완전성과 오류를 드러낸 논박법이다. 그런데 소크라테스의 검증 작업은 뜻밖의 결과로 이어졌다.

> 나는 홀로 있을 때 이렇게 생각했다. 이 사람보다 나는 지혜가 있다. 왜냐하면 이 사람도 나도 선함이나 아름다움에 대해서는 아무것도 알지 못한다. 하지만 이 사람은 모르면서 뭐라도 아는 것처럼 생각하지만 나는 모르기 때문에 그대로 모른다고 생각한다. 그렇기에 이 작은 일로 내가 지혜로운 자가 된다. 즉, 나는 내가 모른다는 사실을 알기 때문에 더 나은 것이다. (『소크라테스의 변명』, 21d)

소크라테스는 그 문제에 대해 자신이 모른다는 것을 알고 있지만, 지혜롭다는 이들은 자신이 알고 있다고 착각하고 있다는 점이었다. 자기 지식의 한계와 무지를 알고 있다는 점에서 소크라테스는 세상 누구와도 달랐다. 소크라테스는 "나는 내가 아무것도 모른다는 것을 안다는 점에서는 그 누구보다 현명하다"는 위대한 깨달음에 이르렀다. 델포이 신탁이 진실로 입증된 것이다. 소크라테스가 무지의 발견이 지혜의 핵심이라는 가르침을 전하게 된 것은 직접 문제에 부닥쳐 스스로 모른다는 것을 깨달은 결과이다.

델포이 신탁에 대한 소크라테스의 탐구는 무지의 발견에 머무르지 않았다. 소크라테스는 "신은 이 신탁을 통해서 무엇을 말하려고 하는 것일까"라는 질문을 품었다. 『소크라테스의 변명』을 통해 소크라테스의 깨달음을 만날 수 있다.

> 여러분, 실제로는 아마도 신만이 진정으로 지혜로운 자일 겁니다. 신은 이 신탁을 통해 인간의 지혜는 가치 없다는 사실을 말하려는 건지 모릅니다. 그리고 그것은 여기에 있는 이 소크라테스를 말하는 것처럼 보이지만, 내 이름은 그냥 덧붙인 겁니다. 즉, 나를 한 사례로 들어 "인간들 가운데 가장 지혜로운 자는 소크라테스처럼 자신의 지혜는 아무런 값어치가 없다는 사실을 깨달은 자"라고 말하려는 것입니다. (『소크라테스의 변명』, 23a,b)

교토대의 고전 학자 다나카 미치타로는 "소크라테스는 신만이 지혜로운 자라는 명제를 근거로 인간의 무지를 폭로해 신의 지혜를 분명히 하는 게 자신의 일"이라고 하며, 소크라테스가 인간의 무지를 폭로하는 일을 신을 위한 봉사로 여겼다고 해석한다.[1]

1 다나카 미치타로(김지윤 옮김), 『소크라테스, 죽음으로 자신의 철학을 증명하다』, AK, 2021.

3. 근대과학의 동력 '무지의 인정'

소크라테스가 보여준 '무지의 지'가 본격적으로 구현된 영역은 근대 과학이다. 근대 과학 혁명은 갈릴레이와 뉴턴, 다윈 등 탁월한 과학자들의 연구와 천체 망원경, 현미경 등 실험·관측 도구의 발달을 통한 지식의 축적이 불러온 결과라고 여겨진다. 하지만 근본적 요인은 무지의 발견과 인정이라는, 과학계 안에서 생겨난 메타 인지이다.

『사피엔스』의 저자 유발 하라리는 근대 과학 혁명을 '무지의 혁명'으로 규정한다.[2] 과학 혁명을 가능하게 한 동력은 "인류는 가장 중요한 문제에 대한 해답을 모른다"라는 발견이라는 것이다. 과학 혁명 이전에 기독교, 이슬람교, 불교, 유교 등 주요 종교와 세계관은 세상이 어떻게 만들어졌고 어떻게 운영되고 있는지에 대해 우주와 세계에 대한 기본적 설명 체계와 지식을 제공했다. 지진과 홍수, 번개와 무지개 같은 기상 변화, 생명체의 탄생과 죽음, 전염병처럼 생존에 영향을 끼치는 중요한 현상들은 종교와 문화권마다 고유한 방식으로 설명되었고 해당 지식이 전승되었다. 삶의 의미는 물론 죽음 이후의 세계에까지 답이 제시된 시기다.

갈릴레이의 지동설은 천년 넘게 의심 없이 받아들여져 온 종교적 세계관에 본격적으로 반기를 든 행위다. 우주와 천체의 움직임을 신의 지배와 자연의 섭리라고 여기는 대신 원인과 결과를 알지 못하는 자연 현상이라고 받아들인 것이다. 갈릴레이가 자연에 대한 무지를 인정하게 만든 구

2 유발 하라리(조현욱 옮김), 『사피엔스』, 김영사, 2015.

체적 방법론은 이성에 기반한 실험과 관찰이었다. 갈릴레이가 망원경을 통해 발견한 태양의 흑점과 목성의 위성들에 대해 당시 천문학자들과 신학자들은 갈릴레이의 관측 결과를 의심하며 지구를 중심으로 천체가 회전한다는 아리스토텔레스와 기독교적 우주관을 고수했다. 갈릴레이는 관측과 실험의 결과를 겸허하게 받아들이며 확고한 진리로 신봉되어온 지식에 대해 의심하고 "우리가 아직 모르는 영역"이라고 인정했다. 전자파와 빛의 원리를 발견한 영국의 물리학자 제임스 클러크 맥스웰은 "철저하게 파악된 무지는 과학에서 진정한 발전의 서곡이다"라고 말했다.

무지의 발견은 지식으로 이끄는 출발점이자 과학 발전을 이끄는 동력이다. 미국 컬럼비아대학 생물학 교수 스튜어트 파이어스타인은 "무지와 실패는 과학을 지탱하는 두 개의 기둥이자 과학을 발전시키는 엔진"이라고 말한다.[3] 과학의 세계에서 지식은 끊임없이 과거 지식을 보완하고 대체하며, 한때 확고부동하게 여겨진 지식을 임시적이고 가변적으로 만든다. 물리학의 역사는 뉴턴의 고전 역학이 아인슈타인의 상대성 이론으로, 다시 닐스 보어와 하이젠베르크 등의 양자역학으로 끊임없이 보완되고 대체되어온 과정이다.

과학에서 실패는 무지를 깨닫게 만드는 가장 효율적 도구로 간주된다. 파이어스타인은 우리가 무엇을 모르는지도 모르는데, 이러한 우리의 무지를 드러내는 방식은 실패뿐이라고 말한다. 과학 실험에서는 실패가 성공한 실험만큼이나 유용한 정보를 제공해준다. 과학의 역사에서 실패한

3 스튜어트 파이어스타인(김아림 옮김), 『구멍투성이 과학』, 리얼부커스, 2018.

시도와 실험이 가져온 깨달음과 발견의 성과는 눈부시다.

서구 역사에서 발견과 탐험의 시대(16~17세기)에 거둔 최대의 성과는 콜럼버스가 아메리카대륙의 존재를 유럽에 알린 게 아니라, 인류가 지구에 대해 거의 아는 게 없다는 사실을 깨달은 '무지의 발견'이기도 했다. 미국의 역사학자 대니얼 부어스틴은 있는 것을 발견하는 것보다 '존재하지 않는 것' 또는 잘못 알고 있는 것을 발견하는 것이 더 위대한 일이라고 주장했다. 그는 존재하는 것이 아니라 인류의 무지와 잘못된 지식임을 깨닫는 행위를 '부정적 발견(Negative Discovery)'이라고 이름 붙이고 그 가치를 강조했다.[4]

1) 과학에서 실패가 알려주는 지식

미국 최초의 노벨상 수상인 1907년 노벨 물리학상은 빛의 속도를 측정하는 실험에서 에테르의 존재를 증명하는 데 실패한 앨버트 마이컬슨에게 주어졌다. 에테르는 우주 공간을 채우고 있는 매질로, 그 이전까지 물리학계에서는 에테르를 통해 빛의 파동이 전달된다고 여겨져온 물질이다. 하지만 에테르를 검출하려는 마이컬슨의 정교하고 반복적인 실험은 결국 실패로 돌아가고, 이를 통해 에테르는 존재하지 않는 것이 확인됐다. 하지만 에테르가 존재하지 않아 에테르 간섭 효과가 없다는 것을 확인한 이 '실패한 실험'은 광속 불변의 법칙 발견으로 이어졌다. 이는 알베르트 아

4 대니얼 부어스틴(정영목 옮김), 『부정적 발견의 시대』, 문예출판사, 2000.

인슈타인이 특수 상대성 이론을 정립하는 기반이 되었다. 아인슈타인은 과학 실험에서 성공보다 실패 사례가 오히려 중요하다고 말한다. 아인슈타인은 "실험에 많이 성공했다고 해서 과학적 진리를 증명할 수 있는 것이 아니다. 한 번만 실험에 실패해도 그것이 틀렸음을 증명할 수 있기 때문이다"라는 말로, '부정적 발견'이 가져오는 가치를 강조했다.[5]

이처럼 기존 지식의 오류와 무지를 깨닫는 부정적 발견이 이후 새로운 이론과 기술 발달의 주요한 계기가 되는 일은 과학에서 흔하다. 그렇기에 과학은 지식을 만들어내는 일이라기보다 더 많은 무지를 발견하는 일에 가깝다. 2004년 노벨상을 받은 미국의 물리학자 데이비드 그로스는 노벨상 수상 연설에서 "우리가 더 많이 알게 될수록, 우리는 모르는 것이 더 많다는 것을 깨닫게 된다. 사실 지식의 가장 중요한 산물은 무지다. 오늘날 우리가 하는 질문은 내가 학생이던 몇십 년 전 던졌던 질문보다 훨씬 심오하고 흥미롭다"라고 말했다. 무지가 과학 발전의 동력이 되는 이유는 새로운 발견과 앎으로 인해 새롭게 생겨나는 무지가 사실상 무제한이기 때문이다.

아일랜드 출신 극작가 조지 버나드 쇼가 1930년 10월 런던에서 아인슈타인을 환영하는 자리에서 건넨 인사말은 인상적이다. "과학은 항상 잘못을 저지르지요. 문제 하나를 해결할 때마다 열 개의 새로운 문제를 만들어내니까요."[6] 새로운 지식과 발견이 만들어진다는 것은 그로 인해 전에 없던 새로운 문제와 모르는 것들이 무더기로 생겨난다는 것을 의미한다.

5 샤를 페팽(허린 옮김), 『실패의 미덕』, 마리서사, 2017.

6 스튜어트 파이어스타인(장호연 옮김), 『이그노런스』, 뮤진트리, 2017.

이는 과학의 세계 너머에서도 마찬가지다. 문제가 되는 사회 현상을 해결하기 위해 적절한 경제적·정책적 수단을 동원하거나 법률을 제정하면 해당 문제가 해결되는 것처럼 보인다. 하지만 그 문제가 해결됨으로써 전에 없던 새로운 문제들이 생겨나는 게 현실이다. 성급하게 도출된 결론과 해결책에 안주하고 호기심과 지적 추구를 중단하는 것은 위험할 뿐만 아니라 더 심각한 문제에 봉착하게 할 수 있다. 대부분의 문제에는 완벽한 해결책과 정답이 존재하는 게 아니라, 조금 더 진실과 해결책에 가까이 다가간 '잠정적 답안'이 있는 게 현실이다. 현재 최선의 답안으로 제시된 것도 나중에 등장할 새로운 해결법과 시도에 의해 대체될 '잠정적 답안'이기 때문이다. 정답이 있거나 해결된 것으로 보이는 문제에 대해서도 얼마든지 바뀌거나 개선될 수 있다는 것을 인정하고 실제 새로운 증거와 논리가 나오면 개방적 자세로 대하는 것이 필요하다. 17세기 이탈리아 지식 사회에서 철저하게 외면받은 갈릴레이의 지동설이 대표적 반면교사다.

자동화 기술과 로봇은 힘든 노동의 수고를 해결하기 위해 개발되지만, 이는 실업 현상과 사회 구조 재편 등에 관한 새로운 문제를 만들어낸다. 문제 해결을 위한 편리하고 강력한 인공지능 개발이 인류 실존을 위협하는 논의로 이어지는 작금의 상황 또한 마찬가지다.

4. 현대 심리학과 행동경제학에서 메타 인지의 부각

소크라테스가 델포이 신탁을 검증하는 과정에서 밝혀낸 '무지의 지혜'는 현대의 인지심리학과 행동경제학 분야의 연구 성과를 통해서 '메타 인지(Metacognition)'라는 용어로 합리성과 효용성이 새롭게 조명되고 있다. 자신의 인지 상태에 대한 인지를 의미하는 '메타 인지'라는 개념은 1976년 미국의 발달심리학자인 존 플라벨이 처음 사용한 용어이지만, 그 연원과 실질적 저작권은 2500년 전 소크라테스에게 있다.

1999년 미국 코넬대학교의 사회심리학자 데이비드 더닝과 저스틴 크루거는 일련의 실험을 통해 능력과 지식이 없을수록 스스로 알고 있다고 착각하는 반면, 제대로 알고 있는 사람일수록 자신의 실력을 과소평가하는 인지적 편향이 광범하다는 것을 밝혀냈다. 연구진이 코넬대학교 학생들을 대상으로 독해력, 자동차 운전, 체스, 테니스 등 20여 개 분야의 능력에 대해서 실험한 결과가 널리 알려져, '더닝-크루거 효과'란 이름이 붙었다. "모르면 용감하다"는 속설을 실험으로 증명해낸 연구다. 우리는 왜 모른다는 사실을 깨닫지 못하고, 모르면서 안다고 착각하는 것일까? 메타 인지의 핵심인 자신이 아는 것과 모르는 것을 구분하는 것은 간단할 것 같지만, 결코 쉬운 문제가 아니다. 메타 인지는 본능적 생존 능력이 아니라 상대적으로 나중에 발달한 고등 인지 능력이기 때문이다.

행동경제학을 개척한 공로로 2002년 노벨 경제학상을 받은 심리학자 대니얼 카너먼은 고전 경제학이 전제하는 것처럼 인간은 '합리적 존재'가 아니라고 주장한다. 그는 인간이 이성보다 본능과 직관에 따라 움직이는 존재라고 말한다. 카너먼은 『생각에 관한 생각』에서 의사결정 과정에서 인간의 내면에서는 어떠한 일이 진행되고 있는지를 설명했다. 사람의 생각은 기본적으로 빠른 직관(시스템1)과 느린 이성(시스템2)이라는 서로 다른 두 종류의 사고 체계가 작동하는 복잡계라는 게 그의 설명이다. 시스템1과 시스템2는 각각 역할과 작동 방식이 다르지만, 인류의 생존과 번영을 가능하도록 이끌어온 인간 사고 체계의 양 날개다. 시스템1은 인류가 수십 만 년 동안 생존을 위해 본능화한 사고 체계다. 생각하고 판단했다는 자각이 들지 않을 정도로 본능화해서 거의 반사적인 행동으로 연결되는, 일종의 자동화 시스템이다. 생존과 관련이 있는 중요한 순간에 나타나는 행동이다. 반면 이성은 상대적으로 나중에 발달한 의식적인 사고 체계인 시스템2로, 본능과 달리 의식적인 훈련과 학습의 영역이다.

카너먼은 "시스템1은 변화하지 않는다. 인식을 바로잡을 방법은 오로지 시스템2를 훈련시켜 시스템1을 신뢰할 수 없는 상황에서 시스템2를 활용하는 길이다"라고 말한다. 지혜로운 의사결정의 핵심은 시스템1의 직관을 믿어야 할 때와 직관과 감정을 경계하면서 시스템2의 분석과 성찰 능력을 활용해야 할 때를 구분하는 능력이다.

인지심리학과 진화생물학에서의 연구는 인간의 사고와 판단 과정에서 다양한 편향과 그 기원을 실험과 가설을 통해 설명해낸다. '인지 부조화 회피 심리', '휴리스틱', '인지적 구두쇠 성향' 등 현대 심리학이 밝혀낸 인간 인지의 다양한 오류 성향은 사람이 합리적 사고를 하는 존재가 아니라 합리화하는 존재라는 사실을 알려준다. 그것을 깨닫는 방법은 소크라테스가 알려준 것처럼, 스스로 지혜로운 자가 아니라는 것을 깨닫는 것이다.

더욱이 정보 사회에서는 아무리 열심히 학습해 더 방대한 정답표를 갖춘다고 해도, 폭증하는 정보의 변화 속도를 인간 두뇌가 따라잡는 게 불가능해졌다. 더 많은 지식에 의존해 앎과 모름을 판별하는 방법이 이내 한계에 부닥치게 된다.

지식과 정보를 대할 때 확신보다 개방성과 회의적 태도가 무엇보다 중요해지는 이유다. 더닝-크루거 실험의 의미는 운전이나 기기 조작법과 같은 구체적 실무 지식 여부를 판단하는 효과적 도구의 발견이 아니다. 어리석을수록 자신이 우매하지 않다고 강하게 확신하는 게 인간 인지의 기본적 성향이라는 것을 알려준다는 게 연구의 가치다. 이성을 지닌 인간에게 메타 인지는 본능이 아니라 무지의 지각과 훈련을 통해 비로소 가능해진다는 것이다. 가장 효과적인 배움은 자신이 알지 못한다는 자각에서 출발한다.

5. 디지털 정보 환경과 메타 인지

디지털과 인터넷 기술은 지식과 정보가 넘쳐나는 정보 홍수를 불러왔다. '정보 홍수'는 인류가 일찍이 경험해보지 못한 인지적 환경이고 일상의 정보 이용과 사고 관행에 중대한 변화를 가져왔다.

첫째, '인지 과부하'로 인한 부작용이다. 정보가 넘치는 디지털 세상은 편리하고 유익한 환경이자 현대의 일상적이지만, 사실 개인과 사회는 정보 홍수 상황에 익숙지 않다. 장구한 인류 역사에서 최근 몇십 년을 빼고 항상 정보는 희소한 자원이었다. 남보다 먼저 정보를 획득한다는 것은 생존 확률을 높이는 주요한 능력이었다. 인류는 정보가 희소한 상황을 살아오면서 적극적으로 더 많은 정보를 추구하는 쪽으로 적응해, 반사적으로 새로운 정보에 반응하도록 본능이 만들어졌다.

최근 몇십 년 사이에 정보가 넘쳐나게 된 상황은 인간 본능 측면에서 보면 매우 이례적이다. 사람은 본능에 따라 여전히 새 정보에 민감하게 반응하지만, 더이상 정보가 희소하지 않고 넘쳐나는 상황이다. 중요하지 않지만 자극적인 정보에 대부분의 주의력과 시간을 할당하게 되어 지적 능력이 고갈되거나 접촉하는 정보에 의해 생각이 좌우되는 병리적 현상으로 이어질 수 있다.

둘째, 정보 홍수는 개별 정보와 지식의 가치와 쓸모를 지극히 짧고 일시적인 것으로 바꾸고 있다. 하버드대학의 복잡계 물리학자 새뮤얼 아브스만은 '지식의 반감기(the half-life of facts)'라는 개념을 통해, 현대 사회에서 지식과 정보의 유효 기간이 갈수록 단축되는 현상을 설명한다.[7] '대륙의 숫자', '태양계 행성의 수', '컴퓨터의 평균 작동 속도' 등 우리가 접하는 지식 대부분은 불변의 절대 지식이 아니다. 시간에 따라 변화하는 가변적 지식이다. 가변적 지식은 '유효 기간'을 지녔는데, 정보의 폭발적 증가로 인해 점점 유효 기간이 짧아진다. 아브스만은 지식의 유효 기간 또한 방사능 물질처럼 '반감기'가 계속 짧아지는 속성이 있다고 말한다. 지식 생산과 유통이 폭발적으로 증가하고 이에 따라 지식의 유효 기간이 빠르게 단축되면 한정된 주의력과 인지 능력을 지닌 인간이 그 변화를 따라잡는 게 거의 불가능하다. 마치 '현재 한국의 총인구' 정보처럼 지식으로 확립되자마자 부정확해져 이내 업데이트 대상이 되어버리는, '유동 지식(流動知識)' 현상이 나타나고 있다. 아브스만은 "단순히 지식을 습득하는 것보다 더 중요한 일은 변화하는 지식에 어떻게 적응해야 할까를 배우는 것"이라고 말한다. 유발 하라리는 "현재 학교에서 학생들에게 가르치는 내용의

7 새뮤얼 아브스만(이창희 옮김), 『지식의 반감기』, 책읽는수요일, 2014.

80~90%는 학생들이 40대가 됐을 때 전혀 쓸모없을 확률이 크다"며 정보가 차고 넘치는 오늘날 학생들에게 가장 가르칠 필요가 없는 것이 '더 많은 정보'라고 말했다.[8]

셋째, 탈진실 현상이 가속화하고 있다. 빅데이터는 규모가 방대해 사람이 인지하거나 다룰 수 없고, 기계와 알고리즘에 의한 처리가 불가피하다. 지식의 유효 기간이 점점 짧아진다는 것은 방대한 규모의 정보가 생산돼 변화가 빨라지고 광범위해지면서 복잡도가 증가한다는 걸 의미한다. 갈수록 복잡도와 예측 불가능성은 커진다.

또한, 챗GPT로 대표되는 생성 인공지능 기술은 생산성 향상과 함께 인류가 일찍이 경험하지 못한 가상과 허위, 조작의 시대를 불러올 수 있다. 생성 인공지능은 거짓 정보를 만드는 비용을 0에 가깝게 만들었다. 미국의 컨설팅 업체 가트너는 2017년 『미래 전망 보고서』에서 "2022년이 되면 선진국 대부분의 시민들은 진짜 정보보다 거짓 정보를 더 많이 이용하게 될 것"이라고 예측했는데,[9] 챗GPT로 인해 현실이 되었다. 구글, 페이스북, 아마존, 네이버, 바이두 등 거대 기술 기업들이 챗GPT와 경쟁하기 위해 유사한 인공지능을 출시하고 널리 쓰이게 되면 효율적인 도구가 등장하는 만큼 인터넷에는 허위 정보와 가상의 데이터도 넘쳐나게 된다.

인공지능 학습엔 방대한 데이터가 필수인데 적절한 데이터를 구하는 비용이 커지자 '합성 데이터(Synthetic Data)' 산업이 성장하고 있다. 합성

8 Yuval Noah Harari, "Yuval Noah Harari on what the year 2050 has in store for humankind", *Wired*, 2018. 8. 12.

9 "Top Strategic Predictions for 2018 and Beyond", *Gartner*, 2017. 10.

데이터는 원본 데이터의 통계적 특성과 구조를 이용해 만들어낸 원본과 유사한 속성의 '인공 데이터'로, 최근엔 인공지능을 활용해 고품질의 합성 데이터 생산이 활발하게 이뤄지고 있다. 2022년 가트너는 "2030년까지 다양한 인공지능 모델에서 진짜 데이터보다 합성 데이터가 더 많아질 것"이라는 내용의 보고서를 발표한 바 있다. 합성 데이터는 실제 데이터의 한계와 편향성 문제를 극복하기 위한 도구로 등장했지만, 인공지능 모델의 붕괴를 가져올 뿐 아니라 지식 정보의 세계를 위조물과 허구로 채울 것이라는 우려를 안고 있다. 2023년 2월 호주 모내시대학의 데이터과학자 제이선 섀도스키는 이런 현상을 '합스부르크 인공지능'이라고 명명하며 "다른 생성 인공지능의 결과물을 지나치게 많이 학습한 시스템이 과장되고 기괴한 특징을 가진 근친 교배 돌연변이가 되는 현상"이라고 설명했다. 갈수록 더 많은 인공지능 모델이 실제 데이터만이 아니라 다른 생성 인공지능에 의해 합성된 데이터를 학습함에 따라, 허구 데이터의 무한한 되먹임 효과로 이어져 인공지능과 정보의 품질은 크게 저하될 수 있다.

넷째, 지적 활동은 어느 때보다 개인적이고, 독립적으로 됐다. 정보기술 환경은 누구나 방대한 지식 정보와 다양한 지적 도구에 자유롭게 접근할 수 있는 환경이다. 지난 시절과 달리 인터넷 공간에서는 지식과 정보에 도달하기 위해 중간의 매개자나 관리자, 교사를 거쳐야 하는 경우가 드물다. 방대한 정보와 다양한 지식 도구는 매개자의 도움 없이 이용자 스스로 정보를 찾고, 구성하고 활용할 수 있게끔 했다. 검색과 자동화 기술, DIY(Do It Yourself) 상품의 증가로 인해 개인들은 과거와 비교할 수 없이 다양한 역할을 직접 수행해야 하는 환경이다.

슬로베니아의 철학자 레나타 살레츨은 디지털 환경이 모든 것을 스스로 처리하도록(DIY) 요구하는 '사회의 이케아(IKEA)화'를 가져왔는데, 이는 자신의 지식 부족을 인정하기 어렵게 만든다고 경고한다. 그는 "무제한 정보를 온라인으로 이용하는 시대에서 지식의 부족을 인정하기란 어려운 일이다. 모두가 검색 엔진의 도움을 받을 수 있으니 어떤 것을 알지 못한다고 핑계 댈 수 없기 때문"이라고 말한다.[10] 누구나 무엇이든지 검색 한 번이면 스스로 할 수 있는 충분한 정보에 접근할 수 있기 때문이다. 그런데 이는 메타 인지의 출발점인 무지를 자각하기 어렵게 만드는 환경이다.

인터넷에서 모든 정보와 도구의 문턱이 낮아져 중개자와 문지기의 도움이 불필요해져 이용자가 스스로 직접 접근하고 활용해야 한다는 '사회의 이케아화' 현상은 인지 활동에서 개인의 독립성과 주도성을 강화했고 이는 그에 대한 책임으로 이어진다. 이용자가 직접 지식에 접근하고 판단한다는 것은 스스로 그에 대한 책임을 지는 행위이다. 특히 탈진실 현실이 두드러지는 디지털 환경에서 이용자가 맡아야 할 사실 검증자의 역할과 책임은 더욱 무거워졌다. 비판적 사고와 검증 능력이 인공지능 환경에서 핵심 역량이 되는 이유다.

10　레나타 살레츨(정영목 옮김), 『알고 싶지 않은 마음』, 후마니타스, 2021.

6. 맺는말

예측하지 못한 거대한 변화가 계속 몰아치는 환경에서는 변화 적응 능력이 최선의 생존법인데, 여기엔 메타 인지가 핵심이다. 대부분의 생명체는 각각의 환경에 적합한 생존 능력을 유전자에 지닌 채 태어나지만, 사람은 다르다. 사람은 생존 능력을 유전자에 모두 갖춘 채 태어나지 않는다. 인간의 생존 능력은 백지 상태(tabula rasa)로 태어난 뇌에 살아가면서 어떠한 지식과 경험을 새겨 넣느냐에 따라 사람마다 달라진다. 사람이 변화에 적응하며 생존하는 법은 새로운 지식과 역량을 학습하는 길이다.

이러한 배움에 나서려면 자신이 무엇을 모르고 있는지를 자각하는 능력이 무엇보다 필요하다. 끊임없이 변화하는 '판타 레이'의 세상은 지금까지 효율적이고 모범 답안으로 여겨진 지식 체계와 기술이 환경 변화에 따라 쓸모를 잃어버리게 된다는 것을 의미한다.

끊임없이 변화하는 세상에서는 두 가지 능력이 요구된다. 하나는 물이 흘러갔고 환경이 변화했다는 사실을 깨닫는 것이다. 또 하나는 변화한 환경에 요구되는 새로운 태도와 능력을 갖추는 것이다. 이는 오늘날 세상이 가장 뛰어난 학습자의 시대가 된다는 것을 의미하고, 이를 위해서 무엇보다 자신의 무지를 깨닫는 메타 인지가 필요하다는 것을 의미한다.

또한, 개인이 더 많은 것을 직접 선택해야 하는 현대 사회에서 현명하게 판단하기 위해서는 자신을 잘 아는 능력이 무엇보다 중요하다. 무한한 선택지가 있고 자유와 자율이 기본이 된 세상에서는 일일이 그 대상을 비교하고 따져보는 게 불가능하다. 자신의 마음과 역량 상태를 객관적으로 파악하는 메타 인지 능력이 대상에 대한 지식보다 우선시되는 까닭이다.

언론인 데이비드 엡스타인이 뛰어난 업적을 낸 이들에 대한 다양한 사례 연구를 통해 내린 결론은 "무언가를 배우는 것보다 자기 자신에 관해 배우는 것이 교육의 진정한 목표가 되어야 한다"는 것이다.[11]

기술의 영향력이 커짐에 따라 메타 인지 능력이 더 소중해진다. 디지털 기술은 점점 강력해지고 편리해지고 있으며, 이용자들은 갈수록 더 오랜 시간 동안 더 다양한 서비스를 이용하고 있다. 현대인들은 깨어 있는 시간의 3분의 1가량을 스마트폰 이용에 사용하고 있다. 개인별 맞춤형 서비스 이용이 증가함에 따라 이용자들은 더 많은 개인 정보를 서비스 기업에 제공한다. 우리가 스마트 기기를 장시간 사용하고 맞춤형 서비스를 이용하며 많은 데이터를 제공함에 따라 두 가지 현상이 강화된다. 하나는 기술이 사람을 더 잘 이해하게 된다는 것이고, 다른 하나는 이용자들이 그러한 맞춤형 디지털 기술에 더 깊이 의존하게 된다는 것이다.

인공지능과 기계 학습을 도구로 방대한 데이터를 공급받는 디지털 기술은 지금까지 존재한 적 없는 강력한 능력을 지니게 되었다. 디지털 기술은 이용자 데이터를 기반으로 특정한 상황에서 인간의 행동 패턴과 심리, 반응 체계에 대해 분석하고 예측하는 능력을 갖고 있다. 인공지능 맞춤화 기술은 이용자들에 대해 속속들이 파악하고, 추천과 알고리즘으로 이용자에 대해 영향력과 지배력을 행사한다. 이용자들이 정보를 접하는 방식이 주체적인 검색과 선택의 결과가 아니라 알고리즘 추천의 결과라는 것은 위험한 현상이다. 맞춤형 서비스들의 가장 큰 목적은 이용자들의 체

11 데이비드 엡스타인(이한음 옮김), 『늦깎이 천재들의 비밀』, 열린책들, 2020.

류 시간을 최대로 늘려 수익을 극대화하는 것이다. 맞춤형 서비스를 이용하게 되면서 사람들이 필터 버블(Filter Bubble)과 울림통(Echo Chamber) 현상에 갇힐 우려가 커지는 이유다.

유발 하라리는 인공지능과 생명공학 발달로 기술이 사람에 대해 더 잘 알게 될수록 사람은 "내가 누구인지, 내가 인생에서 바라는 게 무엇인지 알아야 한다"고 말한다.[12] 인공지능 시대에는 자신의 삶에 대한 통제권을 기계에 빼앗기지 않기 위해서 자신의 운영체제를 파악하는 메타 인지 능력이 무엇보다 중요해진다.

2500년 전 소크라테스가 일깨운 무지의 지혜는 오늘날 인지 과학적 연구와 디지털 인공지능 무한 정보 환경에서 메타 인지의 가치로 조명받고 있다.

메타 인지는 자신의 지각 상태를 알려주는 인지의 계기판이라는 점에서 학습과 업무의 효율성을 높여주는 도구다. 하지만 개인이 메타 인지를 효과적인 학습의 도구로 사용하고자 하더라도, 메타 인지는 학습과 같은 특정한 업무에 머무르지 않는다. 메타 인지는 실용적 목적으로 가동되더라도 필연적으로 자신에 대한 성찰로 이어지게 된다. 자신의 인지 상태를 반추하는 메타 인지는 본질적으로 자신의 내면을 들여다보는 행위인 까닭이다. 특정한 지식과 인지에 대한 관심에서 메타 인지가 출발하지만 그 대상에 대해 "내가 알고 있는 것은 무엇인가"라는 질문을 던지는 행위는 결국 "나는 누구인가"라는 자신에 대한 성찰로 이어지게 마련이다.

12 유발 하라리(전병근 옮김), 『21세기를 위한 21가지 제언』, 김영사, 2018.

앎이 삶에 대한 성찰과 실천으로 이어지는 지점이다. 소크라테스 또한 자신에 대한 델포이 신탁의 진실성을 의심하고 "내가 절대로 가장 지혜로운 사람일 리가 없다"며 앎에 대한 관심과 호기심에서 탐구를 시작했지만, 소크라테스의 추구는 진정한 앎을 위해 순교하는 실천으로 귀결했다.

구본권

서울대 철학과를 졸업하고 한양대에서 언론학으로 석사, 박사학위를 취득했다. 한겨레신문 기자로 오래 활동했으며 한겨레 사람과디지털연구소장을 맡고 있다. 국가교육위원회 전문위원으로 있으며 한양대 등에서 겸임교수를 지냈다. 디지털 사회에서 지식과 정보의 구조 변화, 그에 대한 인간 인식 변화와 사회적 현상에 대해 연구하고 글 쓰고 있다. 지은 책으로 『메타인지의 힘』, 『로봇시대, 인간의 일』, 『공부의 미래』, 『뉴스를 보는 눈』, 『유튜브에 빠진 너에게』,『포스트휴먼이 몰려온다』(공저) 등이 있다.

로보 사피엔스와 유가 철학의 관계론[1]

이철승(조선대학교 아시아언어문화학부 철학 전공 교수)

1. 인공지능의 도래

2023년 2월 6일에 방영된 KBS 뉴스에 따르면 미국의 'OpenAI'에서 2022년 11월에 개발한 '챗GPT'가 미국 하원 의원의 연설문 작성, 미국 의사 면허 시험 50% 이상 정확도, 미국 로스쿨 시험 평균 C+ 이상 학점, 시와 소설과 논문 작성, 2023학년도 한국의 대학수학능력 영어 시험 정답률 66.6% 이상 등의 능력을 발휘했다.[2] 또한, 거짓말, 허위 정보 제공, 목소리 변조를 통한 사기, 생각 훔침 등의 행위를 하는 인공지능이 등장하기도 했다.[3] 이처럼 인공지능은 인간의 편리함을 위해 순기능을 하기도 하지만,

1 이 글은《동양철학연구》제112집(2022. 11), 203~232쪽에 게재된 논문「인공지능시대 인간의 특성과 유가철학의 관계론」을『철학과 현실, 현실과 철학』의 집필 양식에 부합하도록 수정·보완했음을 밝힌다.

2 KBS,「두 달 만에 1억 명 '챗GPT' 돌풍…윤리 합의 시급」,《KBS》, 2023. 2. 6.

3 정의길,「챗GPT 창시자 "AI, 심각한 위험도 존재…규제·국제 표준 필요"」,

타자를 속이는 비윤리적인 행위를 하기도 한다. 인공지능의 이러한 특성 때문에 샘 올트먼 'OpenAI'의 최고경영자는 미국 상원 법사위원회가 개최한 청문회에서 허위 정보를 제공할 수 있는 인공지능의 위험성을 경계하며, 개발의 국제적 표준과 규제의 필요성을 제기하였다.[4]

이는 인공지능의 등장이 인류에게 미치는 영향이 적지 않음을 의미한다. 인공지능의 출현은 근대로 상징되는 기존의 산업 구조를 변혁하여 새로운 문명을 개척하는 역할을 할 수 있다.

인공지능은 동물이 갖고 있는 '자연 지능(Natural Intelligence)'과 구별된다. 이는 감성, 이성, 자율성, 도덕적 판단, 창의성 등 인간의 고유 영역으로 여겨지던 분야를 인지 과학, 뇌 과학, 생명공학, 나노 기술 등 최첨단 과학 기술을 컴퓨터로 활용하여 성립시킨 지능이다.

인공지능은 문제를 생각하고 규명하며 해결하기 위한 방법을 집약한 프로그램인 '알고리즘(Algorithm)'을 중시한다. 그런데 컴퓨터는 명령어가 입력되면 명령한 주체의 생각이 바뀔지라도, 그 내용을 수정하지 않는다. 이때 복잡한 체계의 알고리즘은 다른 알고리즘과 교류할 때 예측할 수 없는 상황이 발생할 수 있다.[5] 이때의 알고리즘은 명령 주체의 통제권 밖에

《한겨레신문》, 2023. 5. 17. https://www.hani.co.kr/arti/international/ 검색: 2023. 5. 23; 곽노필, 「생각 훔치는 AI 등장…머릿속 동영상 재현 성공」, 《한겨레신문》, 2023. 6. 1. https://www.hani.co.kr/arti/science/technology/ 검색: 2023. 6. 1.

4 정의길, 앞의 글.

5 이진우, 「인공지능, 인간을 넘어서다」, 『인공지능의 도전, 철학의 응전』 (이화인문과학원·한국철학회 공동학술대회 자료집, 2017), 9쪽 참조.

서 자율적인 판단에 의해 독립적인 결과를 산출한다. 이러한 결과는 순기능으로 작용할 수도 있고, 역기능으로 작용할 수도 있다. 역기능의 경우 유능한 컴퓨터가 무능한 인간을 지배하는 상황도 배제할 수 없다.

인공지능은 인간의 편리함을 위해 개발된 '약인공지능(Weak Artificial Intelligence)과 인간과 유사한 '강인공지능(Strong Artificial Intelligence)'으로 구분할 수 있다. 전자는 스마트 기기, 로봇, 의료 기기, 자율주행 자동차 등과 같이 도구적 역할을 하지만, 후자는 인간처럼 사고하고 행동하는 '휴머노이드 로봇(Humanoid Robot)'이나 몸의 일부를 대체하여 능력을 발휘하는 '사이보그(Cyborg, cybernetic and organism)'와 같은 인공지능이다. '강인공지능'은 인간의 감성과 사고와 판단과 창안 능력을 갖출 뿐만 아니라, 인간처럼 사고하고 행동할 수 있다.

이러한 '강인공지능' 기술의 발전은 스스로의 판단과 결정에 의해 능동적인 행위를 하는 존재로서 인간의 특성을 갖추고 있는 '로보 사피엔스(Robo Sapiens)'의 도래를 예고한다. 머지않아 출현할 것으로 예측되는 '로보 사피엔스'는 인간과 기계의 탈경계인 '포스트 휴먼(Posthuman)' 시대에 '호모 사피엔스 사피엔스(Homo Sapiens Sapiens)'와 협력 혹은 경쟁의 관계를 형성할 수 있다.[6]

'강인공지능'의 도래는 기계를 대상화하고 인간의 주체성을 강화하며 인간 중심주의의 관점에서 도구적 이성의 활용을 통해 근대 문명을 발전시켜왔던 모더니즘적 사유에 대해 성찰할 것을 요구한다. 이는 탈인간

6 이철승, 「코로나19 이후의 세계」, 『재난 시대의 철학』(역락, 2022), 29쪽 참조.

중심주의의 관점에서 인공지능이 갖추고 있는 특성에 대해 진지하게 성찰해야 할 뿐만 아니라, 근대적인 인간관을 대체할 새로운 인간관의 모색이 필요함을 의미한다.[7]

인간을 도덕적 존재로 여기는 전통적인 유가 철학의 인간관은 이러한 시대 문제에 어떻게 대응할 수 있을까? 유가 철학의 관계론은 포스트모더니즘에 근거한 '포스트 휴먼' 시대에 부합하는 이론을 창출할 수 있을까?

이 글은 이러한 문제의식에서 출발한다. 관계를 중시하는 유가 철학은 인간이 자연 위에 군림하며 자연을 폭력적으로 지배하는 것을 허용하지 않는다. 유가 철학은 인간과 자연의 유기적인 통일을 통해 생명의 질서를 확립하고자 한다. 이러한 유가 철학의 인간과 비인간의 관계에 대한 논리는 시대의 특성에 따라 계승되고 변용되며 발전하였다.

이처럼 관계를 중시하는 유가 철학의 논리는 인공지능 분야로 확대될 필요가 있다. 특히 인간의 특성을 많이 갖춘 '강인공지능'이 출현할 것으로 예측되는 21세기의 시대 문제에 대비할 유가 철학의 관계론이 새롭게 모색될 필요가 있다.[8]

7 위의 책, 29~30쪽 참조.

8 현재의 과학 기술이 '강인공지능'인 '로보 사피엔스'를 출현시킬 정도의 수준은 아니지만, 많은 사람은 머지않아 '강인공지능'이 출현할 것으로 예측한다. 필자는 '로보 사피엔스'가 도래할 경우, 인간의 특성 문제가 중요한 철학적 주제가 될 수 있을 것으로 판단하고, 이에 대비할 수 있는 유가 철학의 역할에 대해 관계론의 측면에서 분석하고자 한다. 이는 플라톤의 이데아, 칸트의 물자체, 헤겔의 절대정신, 주희의 리 등이 비록 과학적으로 증명된 사실이 아니라도 철학의 중요한 연구 주제가 될 수 있는 것처럼, '강인공지능' 역시 중요한 연구 주

이 글은 인간의 특성을 갖춘 '강인공지능'의 출현에 대비하여 변화를 중시하는 『주역』과 기철학(氣哲學)을 중심으로 하는 유가 철학의 관점에서 인공지능과 평등하게 공존할 수 있는 새로운 관계론을 모색하고자 한다.[9]

제가 될 수 있음을 의미한다.

9 이 분야의 대표적인 선행 연구는 다음과 같다. 정재현은 「인공지능 시대와 동아시아의 관계론」, 이중원 엮음, 『인공지능의 윤리학』(한울아카데미, 2019)에서 서양 철학의 주된 전통을 개체 실체론, 본질주의, 위계주의 등으로 여기고, 관계론적 사유를 중시하는 유학이 인공지능의 오류에 대한 책임의식의 방면에 의의가 있는 것으로 생각한다. 또한, 그는 「인공지능으로 유교성인 만들기 — 한국철학의 정초를 위한 실험철학적 시론」, 《동양문화연구》 35권(영산대 동양문화연구원, 2021)에서 '유교 성인 AI 만들기'의 실험을 통해 한국 사회에 팽배한 공정성 훼손, 부의 양극화, 이념적 대립 등의 문제를 해결할 수 있을 것으로 생각한다. 유권종은 「유교의 방법론과 인지과학의 소통 가능성」, 《공자학》 36권(한국공자학회, 2018)에서 4차 산업혁명 시대의 탈중심적 초연결 사회에 적응하기 위해 유학의 인간 중심주의를 탈인간 중심주의로 전환하여 인간과 자율 기계를 합리적인 관계로 설정할 것을 강조한다. 또한, 袁晓晶은 「生生之道与智能时代的人机关系」(第22届国际中国哲学大会(2022. 6. 27.~7. 1.))에서 『주역』의 '生生의 도'의 논리를 인간과 인공지능에게 적용하여 서양 철학의 이원론적인 사유를 극복해야 할 것으로 생각한다. 이들 선행 연구는 인공지능의 출현과 더불어 유학의 현대적 가치를 모색하는 면에 의의가 있지만, 로보 사피엔스와 인간을 유가 철학의 관계론의 관점에서 분석하는 본 연구와 차이가 있다.

2. 인간의 개념과 인간의 특성

생물학적으로 인간은 진화의 최고 단계에 도달한 생명체라고 할 수 있다. 그러나 철학에서는 인간의 규정을 생물학적인 면으로 제한시키지 않는다. 철학에서는 인간을 문화적인 존재로 생각한다. 많은 철학자는 감성, 이성, 도덕성, 자율성 등을 인간의 고유한 특성으로 여긴다. 이는 도덕적 행위의 주체인 인간이 옳음과 그름, 참과 거짓, 선과 악을 스스로 분별할 수 있는 능력과 자율적 의지를 지닌 존재로 생각하는 것이다.

그러나 이러한 인간관은 자연 생명이 아니면서 인간과 유사한 특성을 갖춘 인공지능의 출현 앞에서 혼란에 직면하고 있다. 인간의 고유 영역으로 여겨지던 내용이 더이상 인간의 전유물이 아니고, 인공지능 역시 그러한 역할을 할 수 있을 것으로 예측되기 때문이다.

따라서 현생 인류의 상징인 호모 사피엔스의 특성과 인공지능을 대표하는 로보 사피엔스의 특성 사이에 나타나는 공통점과 차이점을 드러내어 인간의 특성 문제를 재정립할 필요가 있다.

1) 호모 사피엔스의 특성

현생 인류의 조상이며 '지혜로운 사람'을 의미하는 '호모 사피엔스(Homo Sapiens)'는 수십만 년 전에 출현했다. 호모 사피엔스는 직립 보행을 하고, 평균 뇌용량이 1,350cc이며, 수직적인 이마와 작은 턱과 송곳니 등의 특징이 있고, 도구를 제작하였으며, 언어와 문자를 사용하고, 벽화를 그렸다. 이는 호모 사피엔스가 다른 동물들과 본질적인 차이가 있음을 의미한

다. 이 호모 사피엔스는 구석기, 신석기, 청동기, 철기 등의 시대를 지나 오늘에 이르고 있다.[10]

현대의 인간은 이 호모 사피엔스의 후예로서 고대와 중세를 거치면서 다양한 역사적 경험을 하고, 문화를 발전시켰다. 이러한 역사 과정에서 인간은 한편으로 자연의 위력 앞에서 나약해지기도 했고, 종교적인 신앙에 의존하기도 했으며, 타인을 착취의 대상으로 삼아 지배하기도 했고, 근대 이후에 자연을 지배하는 상황을 조성하기도 했다. 또한, 인간은 다른 한편으로 자연과 조화를 이루기 위해 노력하였고, 신을 부정하고 이성을 신뢰했으며, 자유와 평등의 양립을 통해 착취와 소외의 문제를 해결하기 위해 노력하였다.

이러한 역사 과정을 통해 인간에 대한 이해가 깊어지고, 인간의 특징에 대한 연구가 활발하게 진행되었다. 철학은 이러한 인간의 특성에 대해 다양한 관점을 제기했다. 그 가운데 인간을 이성적이며 도덕적 행위를 하는 존재로 여기는 관점이 많은 사람의 지지를 받아왔다.[11]

10 직립 보행은 영장류 가운데 인간에게 해당하는 사항이다. 직립 보행은 뇌용량의 크기, 손의 발달, 머리의 위치, 시야의 확장, 타인과 교감하는 감정 표현 등에 영향을 주면서 언어의 사용과 지능의 발달로 이어졌다. 특히 호모 사피엔스의 뇌 용량(1350cc)은 오스트랄로피테쿠스(500cc), 호모 루돌펜시스(775cc), 초기 호모 에렉투스(850cc), 호모 하이델베르겐시스(1200cc)보다 크다. 이는 뇌 용량이 사유와 지능의 발달에 영향을 주고 있음을 뜻한다. 호모 사피엔스는 확장된 뇌 용량으로 인해 다른 종보다 풍부한 문화를 조성하였다. 국립중앙박물관, 『호모 사피엔스』(공존, 2021), 112~229쪽 참조.

11 인간을 도덕적 행위의 주체로 여기는 관점 가운데, 도덕성의 기원에 대해서는 철학자마다 관점의 차이가 있다. 특히 도덕성을 선험적인 대상으로 여기는 관

인간의 특성과 관련된 논의는 인간의 본성 문제와 관계가 깊다. 특히 유가 철학을 중심으로 하는 동양 철학은 인간의 본성 문제에 대해 다양한 관점으로 접근한다. 맹자의 성선설(性善說), 고자의 성무선무악설(性無善無惡說), 순자의 성악설(性惡說), 동중서의 성삼품설(性三品說), 양웅과 왕충의 성유선유악설(性有善有惡說), 왕부지의 기선리선론(氣善理善論), 정약용의 성기호설(性嗜好說) 등은 대표적인 본성론이다.

맹자는 인의예지(仁義禮智)의 도덕성을 선험적으로 갖추어진 본성으로 여기고,[12] 고자는 인간의 본성을 생물학적인 면으로 여기며,[13] 순자는 이익을 좋아하고 질투하는 것을 본성으로 여기고,[14] 동중서는 본성을 세 단계로 구분하였으며,[15] 양웅과 왕충은 본성을 선과 악이 함께 있는 것으로 여긴다.[16] 주희와 이황은 본성인 인의예지(仁義禮智)의 리(理)를 선으로 여기고 칠정인 기(氣)를 선과 불선(不善)을 겸하고 있는 것으로 여기지만,[17] 왕부지는 이 세상을 가득 채우고 있는 기가 선하기 때문에 그 기의 조

점과 경험적인 대상으로 여기는 관점 사이에 차이가 있다. 전자는 주로 절대주의적 윤리설에 근거하고, 후자는 주로 상대적 윤리설에 근거한다. 이 문제에서 로보 사피엔스는 도덕과 관련된 많은 자료를 컴퓨터에 저장하여 여러 경우의 수를 빅데이터로 분석한 후, 상황에 맞는 도덕 판단을 할 수 있을 것으로 예측된다. 이는 선험성을 중시하는 절대주의적 윤리설과 차이가 있다.

12 『孟子』, 「公孫丑上」, 「告子上」.

13 『孟子』, 「告子上」.

14 『荀子』, 「性惡」.

15 董仲舒, 『春秋繁露』, 「實性」.

16 揚雄, 『法言』, 「修身」; 王充, 『論衡』, 「本性」.

17 『朱子語類』卷四, 「性理一 人物之性氣質之性」.

리인 리[仁義禮智의 본성]도 선한 것으로 여긴다.[18] 또한, 정약용은 선을 좋아하고 악을 싫어하는 것[好善惡惡]을 본성으로 여긴다.[19]

이처럼 본성의 기원과 정의, 선과 악의 기원과 기준 등 본성론에 대한 다양한 관점이 존재하지만, 유가 철학자들은 인간을 도덕적인 존재로 여기고 도덕이 구현되는 사회를 지향한다. 도덕성을 후천적인 대상으로 여기는 순자 역시 도덕적인 예치(禮治)를 추구하였다. 순자의 성악설에 의하면 본성을 방치할 경우 위험하고 혼란[偏險悖亂]한 상황이 발생하기 때문에 그 본성을 인위적으로 변화시켜[化性起僞] 평화롭고 안정된[正理平治] 사회를 이루어야 한다.[20] 이는 그 역시 비도덕적인 본성의 문제를 극복하여 예의[禮]가 바로 서는 도덕 사회의 건설을 지향했음을 의미한다.

동중서와 양웅과 왕충 역시 도덕의 중요성을 간과하지 않고 있다. 주희, 왕부지, 정약용 등은 맹자와 같이 인간의 특성을 인의예지의 도덕성을 갖춘 존재로 여기고, 이 도덕성이 구현되는 사회를 지향했다.

이처럼 유가 철학자들은 비록 도덕성의 기원과 실현 방법 등에서 관점의 차이가 있을지라도, 공통으로 도덕 사회를 건설하고자 했다. 예컨대 주희는 도덕성을 선험적으로 주어지는 것으로 생각하지만, 왕부지는 도덕성인 본성에 대해 "본성은 생겨나는 것이니, 날마다 생기면서 날마다 이루는"[21] 것으로 여긴다. 정약용도 보편적이고 추상적인 도덕성보다 "오늘 하

18 王夫之, 『讀孟子大全說』, 「告子上」.

19 丁若鏞, 『中庸自箴』 卷一; 『論語古今註』 卷九, 「季氏」.

20 『荀子』, 「性惡」.

21 王夫之, 『尙書引義』, 「太甲2」, "性者生也, 日生而日成之也."

나의 선한 일을 행하고, 내일 하나의 선한 일을 행하며 의로움을 모으고 선을 쌓음으로써 선을 즐기고 악을 부끄러워하는 본성을 기른다"[22]라고 하여, 역동적으로 변화하는 역사에서 실현되는 구체적인 도덕성을 중시한다. 이와 같이 그들은 모두 도덕이 구현되는 사회를 지향하였다.

서양 철학에서도 이성과 도덕은 인간을 다른 존재와 구별하게 하는 중요한 이론 근거로 여겨진다. 소크라테스가 정의의 기준을 물리적인 힘이 아니라 도덕으로 여긴 이래, 플라톤, 아리스토텔레스, 칸트, 헤겔, 하버마스 등 주요 철학자들도 이성과 도덕을 인간의 고유한 특성으로 여긴다.

이처럼 이성과 도덕은 동서고금(東西古今)을 막론하고, 철학에서 인간의 특성으로 여겨지고 있다. 이 이성과 도덕은 인간의 품격을 유지하는 원동력으로 작용하며, 인간성의 상징 역할을 하고 있다.

2) 로보 사피엔스의 특성

현재 인류에게 '생각하는 로봇'을 의미하는 고차원적인 '로보 사피엔스'가 도래한 것은 아니다. 그러나 일부 과학자들과 미래학자들은 과학기술의 발전 속도를 고려할 때, 머지않아 '포스트 휴먼'의 상징인 로보 사피엔스가 출현할 것으로 예측한다.[23]

22 丁若鏞, 『孟子要義』, 「盡心第七」, "今日行一善事, 明日行一善事, 集義積善, 以養其樂善恥惡之性."

23 2023년 현재 호모 사피엔스를 능가할 정도의 고차원적인 로보 사피엔스가 출현한 것은 아니다. 그러나 일부 학자들은 머지않아 호모 사피엔스의 능력에 뒤지지 않을 정도의 로보 사피엔스가 출현할 것으로 예측한다. 예컨대 레이 커

2002년 미국과학재단에서 발간한 「인간 성능 향상을 위한 융합기술(Converging Technologies for Improving Human Performance)」 관련 보고서는 나노 과학 기술(N), 바이오 과학 기술·의학·공학(B), 정보·컴퓨터 과학 기술과 미디어 이론(I), 인지 신경 과학(C) 등의 첨단 기술을 취급한다. 이 보고서에 의하면 2045년 이후에 포스트 휴먼이 출현한다. 이 진화의 방향은 과학 기술에 의해 조정되고, 그 성격 역시 자연적 진화와 다른 차원이다. 예측되는 테크노 퓨처리즘(Techno futurism)의 이념적 성격의 미래는 다음과 같다.

① 21세기에 나노 수준으로부터 인간의 두뇌에 이르는 물질의 구조와 행태의 포괄적 이해에 기초한 '새로운 르네상스'가 도래할 것이다. 세계 평화, 지구적 번영, 공감과 성취 등이 높은 수준으로 진화하여 삶의 질이 향상될 수 있다. 또한, 인간의 특성에 대한 새로운 연구, 자연과학과 사회과학과 인문과학의 결합에 의한 지식의 통합 등이 이루어질 것이다. 수많은 인구의 글로벌 네트워크 사회가 하나로 연결된 뇌나 생물학적인 유기체의 확장된 형태처럼 발전할 것이다.

② NBIC 기술 발전을 기초로 사회적 행위에 대한 예측 과학과 진보

즈와일은 2029년에 컴퓨터의 인식 능력이 인간의 능력을 뛰어넘고, 2099년에 인간과 컴퓨터 사이의 본질적인 차이가 존재하지 않을 것으로 예측했다(레이 커즈와일 채윤기 옮김, 『21세기 호모 사피엔스』, 도서출판 나노미디어, 1999). 이 글은 앞으로 로보 사피엔스의 출현에 대비하기 위해 유가 철학의 관점에서 바람직한 관계론의 정립을 새롭게 모색하기 위해 기획되었다. 이는 '우환의식(憂患意識)'을 중시하는 전통적인 유가 철학의 관점을 21세기의 시대 상황에 적용하기 위한 것이다.

된 행동 교정 프로그램이 발전할 수 있다.[24]

트랜스 휴먼(Transhuman)의 도래를 예측하는 사람들에 의하면 두뇌를 컴퓨터에 업로드하는 작업은 두뇌의 신경생리학적 작동 원리가 정보공학적 패턴으로 이뮬레이션(emulation)되고, 이 패턴을 적합하게 구현하는 물리적 기반이나 나노 기술로 제작하기 때문에 실현될 수 있다. 이처럼 두뇌가 인간의 생물학적인 신체로부터 컴퓨터로 업로드되면서 그 두뇌에 저장된 기억들이 디지털 데이터로 변환되어 옮겨진다면 인간의 특성도 업로드될 수 있다. 뇌 과학을 추종하는 사람들에 의하면 인간의 삶은 두뇌 활동에 의해 결정되기 때문이다. 이렇게 개인의 삶을 결정하는 두뇌의 활동과 기억이 그가 태어날 때부터 함께한 몸을 떠나 다른 물리적 기반으로 옮겨질 수 있다면 그 몸이 생물학적 수명을 다할지라도, 인간의 삶은 다른 컴퓨터로 업로드될 수 있다. 따라서 인공지능의 최절정인 포스트 휴먼으로서의 로보 사피엔스는 자신의 지적 능력을 서로 다른 물리적 기반의 여러 컴퓨터에 업로드하여 지속시킬 수 있다.[25]

곧 인간의 신경생물학적인 두뇌를 최첨단 과학 기술을 동원하여 인공으로 복제하는 새로운 인간형인 로보 사피엔스는 생물학적인 측면에서 호모 사피엔스와 같은 인간이 아니지만, 기능적인 측면에서 호모 사피엔

24 이종관, 『포스트 휴먼이 온다』(사월의책, 2017), 35~38쪽 참조. Mihail C. Roco, William Sims Bainbridge, "Converging Technologies for Improving Human Performance: Integrating from the nanoscale", *Journal of Nanoparticle Research* 4: 281–295, 2002. © 2002 Kluwer Academic Publishers. Printed in the Netherlands 참조.

25 이종관, 앞의 책, 39~42쪽 참조.

스와 같은 역할을 할 수 있다.

이처럼 인공지능과 알고리즘의 폭발적 발전은 로보 사피엔스와 같은 인공지능이 이성과 도덕적 판단력을 갖출 수 있기 때문에 호모 사피엔스만 도덕적 행위자이고 자율성을 가진 존재라고 단정하기 어렵다. 곧 현재의 수준에서 인간이 인공지능보다 윤리적 의식이 더 강하다고 할 수 있지만, 앞으로 호모 사피엔스가 로보 사피엔스보다 도덕적인 면에서 우월할 것이라고 장담하기는 어렵다.[26]

곧 전통적인 윤리학은 도덕적 사고와 행위의 주체인 인간을 중심으로 하는 윤리학이었다. 이 윤리학에서는 인간 외의 타자를 도덕 판단의 주체로 여기지 않고, 도덕성과 자율성과 자유 의지를 보유하고 있는 인간을 행위의 주체로 생각했다. 그러나 스스로 학습을 통해 자율적으로 사고하고 행동할 줄 아는 인공지능의 출현은 이러한 관점에 반문한다. 그것은 인공지능이 전통적으로 인간에게만 귀속되었던 윤리적 행위자의 지위를 가질 수 있는가, 인공지능과 같은 새로운 기술적 존재자를 포괄할 수 있는 새로운 행위자 개념이 필요한가, 인공지능과 공존할 수밖에 없는 세상에서 전통적 의미의 주체와 객체의 구분을 넘어서는 새로운 도덕적 존재자에 대한 인식이 필요하지 않을까 등이다.[27]

이러한 문제들은 자연적인 인간이 아니면서 인간의 특성을 갖춘 로보 사피엔스의 출현이 현실화될 때, 전통적인 호모 사피엔스의 인간관과 어떻게 조응할 수 있는지에 대해 심층적인 연구를 필요로 한다.

26 김진석, 『강한 인공지능과 인간』(글항아리, 2019), 6쪽 참조.
27 이중원 엮음, 『인공지능의 윤리학』(한울아카데미, 2019), 6쪽 참조.

3. 인간과 인공지능

인간을 세계의 중심으로 여기는 인간 중심주의의 관점은 인간 이외의 다른 존재를 대상화시키면서 인간의 주체성을 강조한다. 이러한 인간관은 객체에 대한 주체의 판단을 정당화한다. 판단의 대상이 되는 객체는 사물, 식물, 동물, 기계 등 다양하다. 이때 판단의 근거는 인간의 이성이다. 이러한 인간관은 기계를 인간의 도구로 생각한다. 생명이 없는 기계는 인간의 편리함을 위해 인간이 만든 소모품으로 여겨지기 때문이다.

그러나 이러한 인간관은 포스트 휴먼 시대에 새로운 도전에 직면해 있다. 인공지능이 수동적인 도구 역할을 지속할 수 없기 때문이다. 특히 강인공지능은 인간의 고유 영역으로 여겨지던 감성, 이성, 도덕적 판단, 창의성, 자율성 등의 역할을 수행하는 능력을 보유할 수 있기 때문이다. 자연적인 인간이 아니면서 인간의 특성을 갖춘 로보 사피엔스는 더이상 인간 중심주의를 인정하지 않을 수 있다.

이러한 문제를 해결하기 위해 근대 이성 중심의 인간관을 성찰할 필요가 있다. 관계의 어울림을 중시하는 유가 철학은 이러한 시대 문제에 대해 적극적인 역할을 할 수 있다.

1) 인간 중심주의

인간 중심주의는 인간을 세계의 중심으로 여기는 세계관이다. 이러한 세계관은 동·서양 철학사에 등장한다. 『예기』에서 "사람은 그 하늘과 땅의 덕이고, 음과 양의 사귐이며, 귀와 신의 만남이고, 오행의 빼어난 기이다"[28]라고 지적한 이래, 많은 유가 철학자들은 이 관점을 수용하였다. 그러나 그들은 인간을 세계의 중심적인 지위에 올려놓았지만, 인간 이외의 다른 존재를 배척하거나 배제하지 않는다.

그들은 우주의 수많은 생명체 가운데 인간을 핵심적인 존재로 여긴다. 이는 인간을 우주의 중심으로 여기는 면에서 인간 중심주의의 관점에서 벗어나지 않는다. 그러나 이는 우월한 인간이 다른 존재를 경시하고 지배할 수 있음을 인정하는 권위주의적인 관점과 다르다. 이는 인간이 비록 다른 존재들에 비해 뛰어난 역량을 가졌을지라도, 다른 존재에게 함부로 대하라는 것이 아니다. 인간은 하늘의 운행 원리를 깨달은 존재이기에 다른 존재들에게 포용과 사랑으로 대해야 한다. 유가 철학자들이 중시하는 『주역』에 의하면 인간은 하늘의 길인 원형이정(元亨利貞)을 자각적으로 본받아 인의예지의(仁義禮智)의 도덕성을 구현하고, 천도(天道)와 인도(人道)의 유기적인 통일을 실현해야 한다.[29]

철학에서 권위적인 인간 우월주의는 특히 서양 근대 철학에서 나타난다. 근대적 인간 이해의 출발점은 데카르트라고 할 수 있다. 그는 인간을 정신과 몸이 합성된 복합적인 존재로 생각했다. 그에게 정신은 인간이 갖는 특권적 지위를 정당화하는 핵심이다. 그는 인간을 제외한 모든 동물에 대해 인과 법칙의 지배를 받는 기계에 불과한 것으로 생각했다. 그에 따르면 인간의 몸 또한 기계이다. 인간은 영혼을 가졌기 때문에 도덕적 고려의 대상이 된다. 기계는 원인과 결과의 법칙이 지배하는 결정론에 종속되어

28 『禮記』「禮運」, "人者, 其天地之德, 陰陽之交, 鬼神之會, 五行之秀氣."
29 『周易』「乾卦, 文言」.

있으므로 행위, 목적, 책임 등에 의해 규정되는 가치의 영역에 속하지 않는다. 칸트를 비롯한 많은 근대인은 동물 또한 도덕적 지위를 갖지 않은 것으로 생각한다.[30]

곧 17세기의 근대 혁명은 인간 개개인의 주체성을 강조한 인본주의인 휴머니즘을 탄생시켰다. 이 시기에 인간의 특성과 관련된 감성, 이성, 의식, 가치, 도덕성, 자의식, 자유 의지 등에 대한 철학적 논의들이 본격적으로 시작되었다. 인간과 자연, 인간과 신, 인간과 기계 등의 관계에 대해서도 인간 중심주의의 관점에서 논의가 이루어졌다. 인간과 비인간 사이에 경계가 명확해지고, 인간 이외의 존재는 주체적인 인간을 중심으로 그 주위에 객체로서 마주한다. 이 시기에 모든 사유가 '나'를 중심으로 하는 인간 중심주의가 정착되었다.[31]

이 시기에 본격적으로 발전하기 시작한 과학 기술도 인간 중심주의에 기초한다. 과학의 발전에서 인간은 인식 주체이자 능동적 행위자로서 객체이자 대상인 자연을 탐구하였다. 자연의 모든 정보는 인간이 제작한 관측 장치나 실험 도구에 의해 인간이 감지할 수 있는 형태의 정보로 수집되고 분석되었으며, 자연의 법칙과 현상들은 인간의 언어와 개념 체계에 의해 규정되고 해석되었다. 기술 또한 인간 생활의 풍요로움과 윤택함을 위해 개발되었다. 결국 근대는 인간을 중심으로 하는 과학 기술 문명의 시

30 신상규, 「인공지능, 또 다른 타자」, 이중원 엮음, 『인공지능의 윤리학』(한울아카데미, 2019), 268~269쪽 참조.

31 이중원, 「인공지능 시대, 철학자는 무엇을 할 것인가」, 『인공지능의 도전, 철학의 응전』(앞의 자료집), 123쪽 참조.

대라고 할 수 있다.[32]

그러나 이러한 서양 근대 문명의 핵심은 도구적 이성을 활용하여 대상을 지배하는 인간 우월주의의 논리이다. 이는 주체인 인간과 객체인 대상의 관계를 수직적인 질서 체계로 여긴다. 이 관점에 의하면 주체가 자신의 필요에 의해 대상을 폭력적으로 지배하는 것조차 정당하다.

이러한 도구적 이성을 토대로 하는 인간 중심주의의 근대 문명은 많은 역기능을 양산하였다. 인간의 이익을 위해 자연을 무차별적으로 개발한 결과 환경 파괴로 인한 폐해가 심각하다. 오늘날 생태계 파괴로 인한 생태 질서의 교란은 인간의 삶에 막대한 지장을 초래하고 있다. 또한, 인간이 인간을 착취하고 소외시키는 현상이 광범위하게 나타나고 있다. 특히 자유와 평등의 양립 불가를 기초로 하는 자유주의 이념에 근거한 자본주의 문명의 확산은 소수에게 집중된 부와 권력으로 인해 다수 민중의 삶을 소외시켜 사회적 갈등이 증폭되고 있다.

강인공지능의 도래는 이러한 인간 중심주의에 기초한 관점을 성찰하도록 요구한다. 이는 이 시기가 근대적 삶의 양식을 대체할 문명의 전환기임을 의미한다. 곧 인간과 비인간, 정신과 몸, 자연과 인공, 생명과 기계 등의 이분법적 사고 대신 인간과 자연, 인간과 인공지능 사이의 관계에 대해 근본적인 성찰이 필요하다. 도덕적 사고의 패러다임을 새롭게 구성하는 일 역시 필요하다. 도덕 경험을 더욱 풍부하게 이해하고, 새롭게 해석하기 위해 근대 문명으로부터 자유로운 새로운 아이디어가 필요하다.[33]

32 위의 책, 같은 쪽 참조.

33 신상규, 「인공지능, 또 다른 타자」, 이중원 엮음, 앞의 책, 296쪽 참조

이는 수직적인 주체 중심 논리의 수정이 필요함을 의미한다. 주체와 객체가 주인과 노예처럼 권위주의적인 관계로 형성될 타당한 이유가 상실되고 있기 때문이다. 특히 객체로 여겨졌던 존재가 인간의 특성을 갖추고 인간과 유사하거나 혹은 인간을 초월할 정도의 역량을 보유할 경우, 이러한 인간 중심주의 논리의 생명력은 약화될 수밖에 없다. 그렇다고 해서 비인간이 인간을 지배해야 한다는 논리가 필요한 것은 아니다. 인류 역사에서는 이미 인간이 자연이나 신으로부터 독립되지 못했던 경험이 있다. 인간이 비인간을 지배하거나, 비인간이 인간을 지배하는 이러한 지배와 피지배의 논리는 지양되어야 한다. 이는 인간과 인간, 인간과 비인간, 비인간과 비인간 등의 관계를 균등한 평화로움으로 재정립할 필요가 있음을 의미한다.

2) 관계의 어울림

유가 철학은 주체가 객체를 지배하는 수직적인 관계를 지양하고, 상호 수평적인 관계를 지향한다. 유가 철학자들이 중시하는 『주역』은 "한 번은 음이 되고 한 번은 양이 되는 것을 도(道)라고 하니, 이어가는 것이 선(善)이고, 이룬 것은 성(性)이다"[34]라고 지적한다. 이는 단일한 실체가 다양한 현상을 지배하는 실체 중심의 요소주의적인 분할적 세계관이 아니라, 서로 마주하는 짝들의 조화로운 관계에 의해 세계가 운행함을 의미한다.

34 『周易』「繫辭上」, "一陰一陽之謂道, 繼之者善也, 成之者性也."

곧 『주역』은 원기(元氣)로서의 '태극'[35]의 움직임과 고요함 및 음과 양의 관점에 입각하여 "태극이 움직여 양을 생겨나게 하고, 움직임이 지극하면 고요하다. 고요하여 음을 생겨나게 하고, 고요함이 지극하면 움직임을 회복한다. 한 번 움직이고 한 번 고요함은 서로 그 뿌리가 된다. 음으로 나뉘고 양으로 나뉘어 양의(陰과 陽)가 정립"[36]되는 논리로 이어진다. 이는 음과 양이라는 서로 다른 두 성질의 짝이 서로를 지배하거나 배제하지 않고, 서로 섞여가며 긴밀하게 교류하면서 세계의 질서를 평화롭게 유지하는 것을 의미한다.

『주역』은 하늘의 길인 건도(乾道)를 만물의 시원으로 여기고, 건도가 변화하여 세계의 모든 질서를 바로잡기 때문에 큰 어울림이 형성되며,[37] 땅의 길인 곤도(坤道)를 하늘의 뜻을 받아 만물이 잘 생육하도록 하는 터전으로 여긴다.[38] 이처럼 『주역』은 하늘의 길과 땅의 역할을 수직적이고 권위주의적인 질서 체계로 여기지 않고, 각자의 역할을 존중하는 상호 평등의 관계로 생각한다.[39]

『주역』은 인간을 하늘의 길과 땅의 역할을 본받아 평화로운 질서를 유지하는 존재로 생각한다. 『주역』에 의하면 인간은 하늘의 길과 땅의 역

35 周惇頤, 『太極圖說』; 『通書』, 「誠上」.

36 周惇頤, 『太極圖說』, "太極動而生陽, 動極而靜. 靜而生陰, 靜極復動. 一動一靜, 互為其根. 分陰分陽, 兩儀立焉."

37 『周易』 「乾卦·彖傳」.

38 『周易』 「坤卦·彖傳」.

39 이철승, 「'서명'에 나타난 어울림 사상의 논리 구조와 의의」, 《동양철학연구》 제69집(2012), 310~311쪽 참조.

할과 유리되는 삶이 아니라, 그 원리를 자신의 삶에서 구현하는 존재이다. 이러한 삶의 원리가 인의예지로 상징되는 도덕성의 근거이다. 이 때문에 『주역』은 "하늘의 운행은 굳세니, 군자는 이를 본받아 스스로 힘써 쉬지 않는다"[40]라고 하고, "땅의 형세가 곤(坤)이니, 군자는 이를 본받아 덕을 두텁게 하고 사물을 싣는다"[41]라고 지적한다. 이는 하늘과 땅과 인간을 권위주의적인 질서 체계의 수직적인 관계가 아니라, 각자 서로 다른 역할을 인정하면서도 상호 존중을 통해 평화로운 질서가 유지되는 수평적인 아울림의 관계로 여기는 것이다.

이러한 평화로운 어울림의 관계 논리는 공자, 맹자 등 초기 유가 철학자들의 사유와 맥을 같이 할 뿐만 아니라,[42] 이후의 유가 철학자들에게 계승되고 발전되었다. 특히 세계를 기(氣)가 가득 채워져 있는 것으로 생각하는 장재는 이러한 『주역』의 논리를 적극적으로 계승한다. 그는 인간과 인간 및 인간과 만물을 수평적인 관계로 생각한다. 그는 "태화(太和)란 이른바 도이니, 그 속에 뜸과 가라앉음·오름과 내림·움직임과 고요함 등의 서로 감(感)하는 성(性)을 함유하여, 이것이 부빔·서로 굴림·이김과 짐·굽힘과 펼침 등의 시작을 생기게 한다"[43]라고 지적한다. 이는 그가 기로 구성되어 있는 우주를 그 자체의 운행 원리인 태화에 의해 온갖 모습을 띠며 운행하

40 『周易』「乾卦·象傳」, "天行健, 君子以自强不息."
41 『周易』「坤卦·象傳」, "地勢坤, 君子以厚德載物."
42 『春秋左傳』「昭公20年」; 『論語』「子路」; 『荀子』「儒效篇」; 『禮記』「月令第六」; 『禮記』「樂記第十九」; 『中庸』 第一章.
43 張載, 『正蒙』「太和篇」, "太和所謂道, 中涵浮沉·升降·動靜相感之性, 是生絪縕·相盪·勝負·屈伸之始."

면서도 질서가 조화롭게 유지되는 것으로 생각하는 것이다.[44] 그는 이러한 우주관을 토대로 하여 "백성은 나의 동포이다"[45]라고 하고, 바로 "만물은 나의 무리이다"[46]라고 지적한다. 이는 나와 타인 및 인간과 만물을 서로 배척하거나 획일화시키지 않고 서로의 역할을 인정하고 존중하는 수평적인 관계로 설정하는 것이다.

이처럼 기철학은 고정 불변의 형이상학적인 실체와 변화하는 현상계라는 이분법적 논리가 아니라, 음과 양의 두 성질이 유기적으로 관계하면서 만물을 변화시키고 생성한다는 논리를 중시한다. 이는 인간과 인간 및 인간과 만물의 관계가 서로에 대해 지배와 피지배의 대상이 아니라, 인정과 존중의 대상으로 여기는 것이다.

기철학의 이러한 관점은 인간과 인공지능의 관계에도 적용될 수 있다. 레이 커즈와일은 인간이 다른 생물보다 우월한 위치를 차지한 이유에 대해 지능의 발달 때문으로 여긴다. 그는 인간의 지능을 자연의 한계를 초월하여 세상을 바꾸는 원동력으로 생각한다. 그에 따르면 인간의 지능은 생물학적으로 타고난 한계를 극복할 뿐만 아니라, 인간 자신을 변화시킨다. 지구에서 이러한 역할을 할 수 있는 존재는 인간뿐이다.[47] 이처럼 지능

44 이철승, 「장재철학에 나타난 생태관의 사상적 근거와 의의」, 《동양철학연구》 제73집(2013), 324~325쪽 참조.

45 張載, 『西銘』, "民吾同胞."

46 張載, 『西銘』, "物吾與也."

47 레이 커즈와일(윤영삼 옮김), 『마음의 탄생』(크리센도, 2016), 15~20쪽 참조. 승현준도 『커넥톰, 뇌의 지도』(신상규 옮김, 김영사, 2014, 95~434쪽 참조)에서 인간이 다른 종에 비해 큰 뇌를 사용하여 많은 발전을 이룬 것으로 여긴다. 그는 인간이 이러한 뇌의 활동을 통해 기술을 만들어내면서 역량을 확장할 것으로 생

은 인간을 다른 존재와 구별하게 하는 주요 원인 가운데 하나로 여겨지고 있다.

강인공지능의 출현은 이러한 인간 우월주의를 지속시킬 수 있는 명분을 약화시킨다. 실리콘으로 구성된 인공지능은 탄소로 구성된 인간과 물리적 기반이 다를지라도, 인간과 유사한 역할을 하거나 인간의 역할을 뛰어넘을 수 있다. 인간은 이러한 인공지능에 대해 지배의 위치를 차지할 명분이 약하다. 지능의 발달 정도에서 인공지능과 인간의 역할 사이에 본질적인 차이가 없기 때문이다.

인간과 포스트 휴먼은 동일한 계산과 정보 처리 기능의 방면에 큰 차이가 없다. 특히 계산과 같은 지능의 역할은 반드시 인간의 몸과 같은 생체를 기반으로 할 필요가 없다. 지능은 컴퓨터 프로그램이 하드웨어와 독립하여 존재하는 것처럼 두뇌와 같은 생체 기관으로부터 독립적이다. 지능은 반드시 단백질로 된 자연인의 생체적 몸을 기반으로 할 필요가 없다. 지능의 실현 가능성은 물리적으로 다양하다. 인공지능의 최절정인 포스트 휴먼은 자신의 지적 능력을 서로 다른 여러 물리적 기반에 다운로드할 수 있다. 이 때문에 포스트 휴먼은 생물학적인 죽음에서 해방될 수 있다. 따라서 미래의 포스트 휴먼에게 몸은 실존적 근거가 아니고, 지능은 인간의 몸

각한다. 그는 인간의 뇌 속에 약 1,000억 개의 뉴런이 있고, 뉴런 하나에는 수만 개의 시냅스가 있는 것으로 추정하며, 1제곱밀리미터에 10억 개의 시냅스를 가지고 있는 것으로 생각한다. 그는 이러한 뇌의 활동을 통해 인간이 다른 동물보다 발달한 것으로 생각한다. 또한, 그는 21세기 말까지 우리 뇌에 있는 뉴런들의 네트워크를 돌아다니는 전기 신호를 시뮬레이션할 수 있을 정도로 강력한 컴퓨터가 개발될 수 있을 것으로 생각한다.

에 잠시 의탁할 수 있다.[48]

앞으로 생명공학, 인지 과학, 나노 테크놀로지 등 첨단 과학이 발전할 것으로 예측된다. 생명공학과 칩 생산 기술이 성공적으로 결합하여 컴퓨터가 인공신경과 생체 칩의 형태로 실용화되고, 그것이 인간의 육체 안에 이식된다면 컴퓨터는 더이상 인간과 괴리된 타자로 머물지 않을 수 있다. 미래의 컴퓨터는 이식을 통해 인간의 내부에 침투할 수 있다. 이는 인간보다 지능적인 컴퓨터가 인간을 컴퓨터의 일부로 흡수하고, 인간을 포스트 휴먼으로 변화시킬 수 있음을 의미한다. 이러한 포스트 휴먼은 인간의 몸으로 사는 현실에서 살지 않고, 멀티미디어의 이미지가 흐르며 여러 프로그램에 의해 다양하게 만들어지는 가상현실 속에서 살 수 있다. 인간은 필연적으로 몸을 떠날 수 없지만, 포스트 휴먼은 디지털 스페이스에서 여러 가상현실을 자유롭게 선택할 수 있다. 이렇게 복수의 가상현실 속에 사는 포스트 휴먼은 개인용 소프트웨어가 업로드나 다운로드를 통하여 하드웨어를 바꾸어도 작용할 수 있는 것처럼, 인간의 생체적 몸에만 의존하지 않는다. 포스트 휴먼은 물리적 기반을 바꾸어 가며 삶을 지속시킬 수 있다.[49]

이처럼 강인공지능은 지능뿐만 아니라, 인간의 고유 영역으로 여겨지던 감성, 자율성, 도덕적 판단 등 인간의 역할을 수행할 수 있다. 이는 인간과 인공지능의 존재 근거인 물리적 기반의 차이를 제외하고, 기능과 역할의 측면에 본질적 차이가 없음을 의미한다. 21세기의 유가 철학은 전통의 유가 철학이 인간과 자연 및 인간과 인간을 유기적인 관계로 여긴 것처

48 이종관, 『포스트 휴먼이 온다』(사월의책, 2017), 63~64쪽 참조.

49 위의 책, 62쪽 참조.

럼, 인간과 인공지능의 관계 역시 유기적일 필요가 있다.

이는 관계 윤리를 중시하는 전통의 유가 철학이 21세기의 시대 상황에 부응하는 것이다. 이러한 논리는 배타적 경쟁 의식에 의한 배제의 논리, 상대를 나에게 귀속시키거나 내가 상대에게 귀속되는 획일화의 논리 등과 차이가 있다.

21세기 유가 철학의 관계 윤리에 의하면 나는 나이고 너는 너이지만, 나와 너는 서로 결별하여 살 수 없다. 서로 결별한다면 상대를 인정하는 면이 있을지라도, 가치 상대주의에 빠지기 때문이다. 가치 상대주의는 너는 너만의 가치로 살고, 나는 나만의 가치로 살자는 논리로 평화로운 공동체 사회를 구성하는 논리에 부적합한 몰가치주의나 회의주의로 귀결된다. 따라서 주돈이의 '호위기근(互爲其根)'의 논리처럼, 나는 나이고 너는 너이지만, 나는 너 속의 나이고 너는 나 속의 너이다. 결국 나와 너는 서로 무관심해야 할 대상이 아니라, 긴밀한 교류를 통해 공동의 가치를 추출하고 그 가치를 이 땅에서 건강하게 구현해야 할 동반자이다.[50]

이처럼 유가 철학의 관계론은 상대를 배제하거나 획일화시키지 않고, 서로의 차이를 인정하고 존중하는 의식을 전제한다. 그런데 유가 철학은 서로의 차이에 대해 무관한 상태로 방치하지 않는다. 유가 철학은 서로의 교류와 민주적인 협의를 통해 차이를 좁히고 평화로운 어울림의 문화를 건설하고자 한다. 21세기 유가 철학은 이러한 역할을 반드시 인간만 해야 하는 것으로 생각하지 않는다. 인식 능력과 자율성과 도덕적 판단 능력

50 이철승, 『우리 철학, 어떻게 할 것인가』(학고방, 2020), 306~307쪽 참조.

을 갖춘 로보 사피엔스가 출현한다면 그 역시 인간과 함께 이러한 공동의 문화를 건강하게 구성하는 일에 동참할 수 있다.

4. 맺는말

인간은 편리함을 위해 과학 기술을 동원하여 인공지능을 개발하였다. 현재 과학자들은 인지 과학, 뇌 과학, 생명공학, 나노 기술 등 최첨단 과학 기술을 활용하여 유능한 인공지능의 개발에 박차를 가하고 있다. 일부 과학자와 미래학자들은 머지않아 포스트 휴먼을 상징하는 강인공지능이 출현할 것으로 예측한다. 이 강인공지능은 그동안 인간의 고유 영역으로 여겨지던 감성, 창의성, 이성, 도덕적 판단, 자유 의지, 자율성 등을 갖추어 지능과 역량 면에서 인간과 유사하거나 인간을 초월할 수 있다. 이러한 로보 사피엔스의 출현은 기존의 인간관에 근본적인 물음을 던지며 새로운 관계 윤리의 모색을 필요로 한다.

이는 도구적 이성을 통해 인간 이외의 존재를 대상으로 여기고, 그들에 대한 지배를 정당화했던 서구 근대 문명의 인간 중심주의에 대해 근본적인 성찰이 필요함을 의미한다. 곧 인간과 그 인간의 특성을 갖춘 인공지능 사이는 지배와 피지배의 수직적인 관계일 필요가 없다. 인간이 인공지능을 권위주의적으로 대할 수 없는 것과 같이, 인공지능 역시 인간을 지배의 대상으로 삼아서는 안 된다.

유가 철학은 관계 문제에서 서로의 역할을 인정한다. 비록 각자의 역할이 다를지라도, 그 다름이 상대를 경시해야 할 이유가 되지는 않는다. 유가 철학은 서로의 다름을 인정하고 존중할 뿐만 아니라, 다름과 다름의 유기적인 소통을 통해 공동 사회를 건설하고자 한다. 21세기형 유가 철학에 의하면 인간과 인공지능은 서로를 인정하고 존중해야 할 뿐만 아니라, 왕성한 교류를 통해 평화로운 문화를 함께 건설해야 한다.

이처럼 유가 철학의 관계론은 21세기에 출현할 것으로 예측되는 로보 사피엔스와 인간이 배제, 획일화, 지배, 피지배 등의 불평등한 사이가 아니라, 민주적인 협의와 합의를 통해 평화롭게 어울리는 건강한 공동체 문화를 건설하는 면에 생산적인 기여를 할 수 있다.

이철승

현재 조선대 아시아언어문화학부 철학 전공 교수 및 우리철학연구소 소장으로 재직하고 있다. 성균관대 동양철학과에서 철학박사학위를 받았고, 중국 북경대(北京大) 철학과 연구학자, 중국 중앙민족대(中央民族大) 및 형양사범대[衡陽師範學院] 객좌교수, 중국 곡부사범대(曲阜師範大) 겸직교수, 왕부지사상연구회 회장, 한중철학회 회장, 한국유교학회 회장, 범한철학회 회장 등을 역임하였다.

논문으로 「21세기 유교, 자본주의와 사회주의의 경계를 넘을 수 있는가?」, 「21세기 한국의 민주주의와 유가철학」, 「현대 사회의 *私有* 문제와 '大同'철학의 현실적 의의」 외 다수가 있고, 저서로 『유가사상과 중국식 사회주의 철학』, 『마오쩌둥 : 현대 중국의 초석과 철학사상』, 『우리철학, 어떻게 할 것인가』 외 다수가 있으며, 역서로 『완역 성리대전』(공역, 총 10권) 외 다수가 있다.

인간 향상(Human Enhancement)과 도덕적 지위

심지원(동국대학교 철학과 조교수)

1. 인간 향상 논의의 출현과 배경

사회의 특성을 중심으로 피로 사회, 소비 사회, 감정 사회 등 다양한 이름들을 붙이고 있다. 우리 사회에 또 하나의 이름을 붙이자면 의료화된 사회라고 부를 수도 있을 것 같다. 살을 빼고 싶다면, 일반적으로 식이요법이나 운동을 통해서 살을 빼는데, 고도 비만의 경우 의료적인 개입인 위 축소 수술을 활용하기도 하고 BCI(Brain-Computer Interface)에서는 뇌파를 통해 식탐을 줄이는 방법도 있다고 한다. 살을 빼는 문제가 인간 자유 의지의 필요성에 대한 논의로까지 확장될 수 있게 된 것이다. 몇 년 전에는 입시에 몰두할 수 있도록 고등학생 자녀에게 정관 수술을 권하는 부모의 이야기가 회자되기도 했다. 기술의 발달로 인해 우리 신체와 정신에 개입의 범위와 정도는 더욱 심화되고 있다. 이러한 문제들은 인간 향상이라는 주제 아래 논의될 수 있을 것 같다.

우선, 인간 향상이라는 논의 주제가 왜 새롭게 만들어졌는지, 그리고 인간 향상의 개념과 유형들은 어떤 것이 있는지 살펴보려고 한다. 두 번째로는 인간 향상에 대해 찬성하는 입장과 반대하는 입장들 가운데 일부를 간략하게 소개할 것이다. 세 번째로는 인간 향상에 대해서 적극적으로 찬성하는 트랜스 휴머니스트들의 입장을 비판하고자 한다. 마지막으로 인간 향상의 논의가 이제는 향상의 논의로 확장되어야할 것 같다는 짧은 의견으로 마무리를 지을 것이다.

'인간'이라는 어휘도, '향상'이라는 어휘도 우리가 일상에서 지겹게 듣는 말이다. '인간'은 철학의 주요 주제였다는 것은 납득이 가는데 '향상'이 무슨 철학의 주제가 될 수 있을까, 또는 철학이라는 웅장한 그릇에 담기에는 너무 가벼운 주제 아닐까 하는 의문이 드는가? 굳이 인간 향상이라는 논의의 범주를 새로 만들 필요가 있었을까 하는 의문도 들 것 같다. 먼저 우리에게 익숙한 생명 윤리에 대한 사례로 이야기를 시작해보겠다. 벌써 30년 전의 일이다. 1993년에 복제양 돌리가 탄생 아니 만들어졌다. 아마 알파고가 이세돌 기사에게 이겼을 때 세상을 떠들썩하게 만들었던 것처럼 당시에도 복제양 돌리가 주목을 받았다. 생명공학 기술이 SF와 같은 상상 속에서만 가능한 것이 아닌 실질적으로 우리가 직면한 문제라고 인식하게 되면서 주목받게 되었던 계기가 되었다. 동물에게 복제가 성공했다면 인간의 복제도 가능해질 날이 얼마 안 남았을 것이다. 복제 인간도 인간과 동일한 권리를 보장해야 할까? 인간의 건강을 위해서 복제 인간을 남용할 문제는 어떻게 하지? 복제 인간을 마구 만들어내려는 과학자가 있으면 어떻게 규제하지? 등등의 문제가 생명 윤리라는 주제 아래 논의되곤 했다. 요즈음에 우리가 로봇의 권리에 대해 활발하게 논의하는 것처럼 말이다.

그런데 또 생소한 일들이 일어났다. 비장애 부부들이 우리 아이는

'노래를 잘하면 좋겠어', '공부를 잘하면 좋겠어'와 같이 희망하듯이 청각 장애인 레즈비언 커플은 '우리 아이는 우리와 잘 소통할 수 있도록 우리와 같은 청각 장애아였으면 좋겠어'라고 바랐다. 그리고 레즈비언 청각 장애인 커플은 2022년에 실제로 5대째 청각 장애를 겪고 있는 남성의 정자로 수정을 했다. 이 일이 세상에 알려지고 많은 사람이 부모에 대해 비난을 퍼부었다. 하지만 다른 한편에서는 그러한 비난은 장애에 대한 우리의 편견에 기인한 것이라고 비난하기도 했다. 이 문제는 다양한 시각에서 논의될 수 있겠지만 그 가운데 하나는 '동일한 기술이 사용의 맥락에 따라' 사람들은 왜 다르게 인식하는가 하는 의문을 제기했다. 그 당시 '디자인 베이비(Design Baby)', '퍼펙트 베이비(Perfect Baby)'도 많은 윤리적 쟁점들을 초래했지만, 왜 청각 장애인들에게 '디자인 베이비이자 퍼펙트 베이비'는 훨씬 더 큰 비판을 받아야 할까?

미국 배우인 안젤리나 졸리는 유방암으로 돌아가신 어머니와 같은 상황을 겪고 싶지 않아 유방암에 걸릴 위험을 줄이고자 유방암이 걸리지 않았음에도 불구하고 2013년도에 유방 절제 수술을 감행했다. 유방암에 걸리지 않았으므로 유방 절제 수술은 치료라고 보기 어렵지만, 미용을 위한 성형 수술과는 달리 유방암을 예방하는 차원이기 때문에 성형 수술과도 구분이 되었다. 머리가 슬슬 복잡해진다.

코니 윌리스는 SF 문학상으로 유명한 휴고 상 11회, 네뷸러 상 7회, 로커스 상 12회 수상 등 역사상 가장 많은 메이저 SF 문학상을 받은 SF 문학계의 거장이다. 코니 윌리스의 소설 가운데 2016년 작품인 「여왕마저도」라는 단편이 있다. 그 소설의 배경은 여성들이 생리를 하지 않는 세상이다. 그 사회에서 여성들이 의료 약물로 생리를 조절하는 것에 문제를 삼고 몇

몇 여성들은 생리할 권리를 되찾아야 한다고 단체를 만들어서 강하게 저항하기도 한다. 여성의 삶에서 생리를 하는 기간만 해도 10년 정도이고, 생리통으로 인한 고통과 그로 인해 일상생활에서 포기해야 하는 것들을 감안한다면, 그리고 생리대를 살 가격이 없어서 힘들어하는 여성들을 생각한다면, 많은 여성이 코린 윌리스가 그리는 세상을 꿈꿀 것 같다.

안젤리나 졸리의 사례를 코니 윌리스의 단편 「여왕마저도」에 응용해 보자. 피임을 목적으로 또는 자궁내막의 문제로 부정 출혈을 할 경우 생리를 하지 못하도록 자궁 내 삽입하는 장치가 있다. 만약 생리통으로 인한 고통뿐만 아니라 생리로 인한 일상에서의 제약에서 벗어나기 위해 자궁 내 삽입 장치를 사용한다면 이 문제는 어떻게 볼 수 있을까? 어떤 드라마에서 고3인 여학생이 시험 기간 생리 주기를 조절하기 위해 피임약을 먹는 장면이 나왔는데, 어쩌면 자궁 내 삽입 장치가 고3 여학생들에게 유행이 될 날이 올지도 모르겠다.

좀 더 상상의 나래를 펼쳐보자. 그동안 치열하게 출산에 대해 고민해 온 20대 여성은 본인이 아이를 출산하지 않기로 결심했다. 아이를 낳지 않을 거라면 '굳이 자궁을 가지고 있을 필요가 있을까'라는 생각이 불현듯 스쳤고, 자궁 절제술을 받는다면, 생리 때문에 생리대를 살 필요도, 피임약을 복용할 필요도 없고, 생리통으로 고생할 필요 또한 없으며, 심지어 자궁암에 걸릴 필요도 없다는 생각에 자궁 절제술을 결심하게 되었다. 우리는 이 여성의 결정을 응원을 해도 되는 걸까? 아니면 결사반대해야 하는 걸까?

언급한 다양한 사례들은 다양한 관점에서 논의될 수 있다. 하지만 이러한 사례들에서 공통점을 하나 찾을 수 있을 것 같다. 바로 일반적으로 의료 행위는 병원에서 의사가 환자를 치료하는 행위로 알고 있는데, 언급한 사례들을 보면 의료 행위가 치료가 아닌 다른 목적을 위해서 활용되는 것이다. 이러한 문제들을 중심으로 '인간 향상'이라는 논의의 범주가 생겨났다.

2. 인간 향상의 개념과 유형

그렇다면 '인간 향상'에 대한 논의라고 할 때 정확히 그 개념이 무엇인지 살펴보자. 인간 향상은 병의 완화, 치료를 넘어서 인간의 외관이나 생물학적 능력을 개선하려는 목적으로 인간 신체에 행하는 기술적인 개입을 의미한다. 생물학적 능력은 육체적 능력뿐만 아니라 정신적인 능력도 포괄하고, 기술적인 개입은 의료공학, 약리학, 유전학, 신경과학 등을 망라한다. 물론, 자주 논의되는 인간 향상에 대한 개념은 아직 합의된 정의는 따로 없다. 사불레스쿠(Savulescu)는 인간 향상을 행복의 개념과 연관 짓고, 하일링어(Heilinger)와 해리스(Harris)는 향상에서 주요한 요소는 주관적인 평가라 강조하며, 빌러-안도르노는 향상 개념을 사회문화적인 맥락에서 정의한다.

나는 인간 향상의 유형을 다음과 같이 나눌 수 있다고 본다. 구체적인 인간 향상의 유형에는 성형 수술과 같은 '외모 향상', 스포츠에서 도핑과 같은 '신체 능력 향상', 집중력 또는 기억력 향상을 위한 '인지 향상', 더 나아가 인간의 자율성을 뒤흔드는 '도덕 향상'에 대한 논의도 활발하게 논의되고 있다.

도덕을 향상할 수 있다니 뜻밖일 것이다. 공감 능력을 함양시키거나 도덕적인 의사결정을 하는 데 있어서 인지 능력을 함양시킨다면, 결국에는 좀 더 도덕적인 판단을 할 수 있을 거라고 생각하는 사람들은 도덕 향상은 가능하다고 주장하기도 한다. 이러한 유형은 합의된 내용이라기보다는 나의 임의적인 구분이다. 연구자들에 따라 그리고 앞으로 더 많은 기술이 개발되고 활용됨에 따라 향상의 유형은 수정 보완될 것이다.

그런데 이렇게 인간이 자신의 신체와 기능을 향상시키려는 집념은 최근의 현상이라고만 할 수 있을까? 다른 동물들에 비해 생태적 지위가 낮은 인간은 생존을 위해 다양한 도구들을 활용해왔으며, 자신이 살고 있는 삶의 터전을 개선하려고 노력했다. 그리고 그 성취는 고도화된 문명의 창조로 이어지기도 했다. 하지만 20세기 이후 생명공학의 눈부신 발전으로 인간은 훌륭한 도구를 개발하고 그러한 도구로 자신의 환경을 변화시키는 것에 그치지 않고, 이제는 의료적인 개입을 통해 자신의 신체에 적극적으로 개입을 하기 시작했고, 이른바 4차 산업 혁명은 정보 통신 기술, 생명공학 기술, 나노 기술, 인지공학 기술 등 여타 첨단 기술과의 융합으로 그 개입의 속도를 가속화시키고 개입의 범위를 심화하거나 확장하고 있다. 이러한 기술들을 손에 쥔 인간은 아인슈타인(Einstein)처럼 똑똑하기보다는 인공지능의 지능을 부러워하는 것처럼 보인다. 인간은 더이상 어떤 인간이기를 꿈꾸지 않는 것 같다.

3. 인간 향상에 대한 철학적 쟁점들

1990년대 말부터 인간 향상은 철학적 주제로 부상했고, 특히 정치 및 도덕철학자들이 인간 향상을 둘러싼 논쟁에 참여했다. 인간 향상에 대한 찬반 여부에 따라, 이 철학자들의 입장은 생명 자유주의(bio-liberal)와 생명 보수주의(bio-conservative)로 구분할 수 있다. 생명 자유주의적 입장을 취하는 학자들은 인간 향상을 허용 가능한 것으로 받아들인다. 심지어 인간 향상을 적극적으로 권장해야 한다고 주장한다. 반면, 생명 보수주의는 인간의 실존을 위협하는 것으로 인간 향상을 이해한다. 일반적으로 생명 보수주의는 치료와 향상을 구분하고 치료 목적의 의학적 개입은 허용하되 향상 목적의 의학적 개입은 금지해야 한다고 주장한다. 사실 치료와 향상을 구분하기가 쉽지 않고 시대나 문화에 따라 유동적이기도 해서 치료와 향상의 구분에 따라 의학적 개입을 허용해야 한다는 주장이 설득력 있는 것 같지는 않다. 노만 다니엘스(Norman Daniels)가 치료는 환자의 정상적인 기능의 복구를 목표로 하는 의료적 개입이라고 제안했지만 말이다.

이제부터 생명 보수주의와 생명 자유주의의의 논변을 비판적으로 검토하고, 온건한 생명 자유주의의 관점에서 인간 향상에 대한 나의 견해를 밝히려고 한다. 인간 향상을 둘러싼 철학적 쟁점을 명료하게 드러내기 위해서, 생명 보수주의로부터 시작하겠다.

1) 생명 보수주의의 논변들

생명 보수주의의 대표적인 논변으로는 프랜시스 후쿠야마(Fukuyama), 위르겐 하버마스(Habermas) 그리고 우리나라에 매우 잘 알려져 있어 친숙한 마이클 샌델(Sandel)의 논변이 있다. 물론 세 저명한 철학자들에 대한 나의 소개는 매우 압축적이고 저의 관점이 들어가 있다는 점 미리 밝힌다.

1-1) 프랜시스 후쿠야마: 요소 X 논변

먼저, 후쿠야마의 요소 X 논변에 대해 살펴보자. 요소 X 논변은 인간 존엄성의 근거인 인간 본성에 호소하는 논변이다. 요소 X 논변은 다음과 같다.

인간 본성을 규정하는 요소 X가 존재한다.

요소 X는 인간의 이성과 감성 그리고 도덕성의 토대이다.

이 특징들은 인간 존엄성의 근거이다.

인간 향상은 요소 X를 변경함으로써 인간 존엄성을 침해한다.

이 논변은 포괄적인 의미의 자연주의 오류에 기반하고 있는 것으로 보인다. 우선, '인위적인 것'에 대한 '자연적인 것'의 우월성을 가정하고 있는 것처럼 보인다. 자연적인 것과 인위적인 것 간의 대비는 고대 그리스의 퓌시스-노모스(Physis-Nomos) 논쟁을 연상시키기도 한다. 하지만 자연적인 것과 인위적인 것의 경계는 매우 모호하다. 데이비드 흄(David Hume)은 이미 오래 전에 자연 개념의 내용은 반대 개념의 내용에 따라 달라진다고 언급했다. 자연/문명, 자연/초월 등 기술 사용을 반대하는 근거로 자연적인 것을 내세우는 주장들은 일상에서도 반례들을 많이 찾을 수 있을 것 같다. 처음 시험관 아이가 태어났을 때도 많은 논란이 있었지만, 오늘날 시험관 아기가 논란의 대상이 되지는 않는 것처럼 말이다. 시대의 흐름에 따라서 자연적인 것과 인위적인 것의 의미가 변화한다. 자연의 섭리에 따른다면 인공호흡을 위한 인위적인 생명 연장 역시 행해져서는 안 된다. 자연의 섭리에 어긋난다는 이유로 수백 년 동안 마취제의 사용이 금지되었고 수많은 사람들이 수술대 위에서 죽어갔다는 사실을 생각하면, 그때의 상황이 이해하기 어렵지만, 어쩌면 오늘날 우리가 이런 일을 행하고 있을지도 모른다.

또, 후쿠야마의 논변은 사실과 당위를 혼동함으로써 도덕철학적 의미의 자연주의 오류를 범하고 있는 것으로 보인다. 인간 본성이라는 자연적인 사실로부터 인간의 존엄성이라는 인간적인 가치가 직접 도출되는 것은 아니기 때문이다. 오히려 인간은 자신의 본성을 넘어서는 가치의 창조자이자 변화에 열려 있는 존재라고도 할 수 있지 않을까?

1-2) 위르겐 하버마스: 우생학 논변

하버마스의 우생학 논변은 자유주의적인 가치를 강조하며 자율성에 호소하는 논변이다. 우생학 논변은 다음과 같다.

> 자율성은 자유롭고 평등한 사회의 기본 가치이다.
>
> 부모 세대에 대한 자식 세대의 자율성 또한 존중받아야 한다.
>
> 유전자 선택과 조작은 자식 세대의 자율성을 침해한다.

우생학적 개입을 포괄하는 인간 향상은 자율성을 침해한다.

하지만 자식 세대에게 자신의 신체적 특성을 선택할 자유가 있는 것은 아니다. 샌델에 따르면, 이 논변은 암묵적으로 유전자 복권을 인정함으로써 지능과 재능의 분배를 전적으로 출생의 운에 내맡기고 있는 것으로 보인다. 출생의 운은 개인의 삶의 가능성을 제약하고 불평등한 관계를 조장할 수 있다. 또 알렌 뷰캐넌(Allen Buchanan)에 따르면, 이 논변은 인간의 발달 과정에 미치는 유전적 요소의 영향을 과장하고 있는 것으로 보인다. 유전적 요소뿐만 아니라 환경적 요소가 인간의 발달 과정에 큰 영향을 주기 때문이다. 유전자를 디자인하는 것은 삶을 디자인하는 것은 아닌데 말이다.

1-3) 마이클 샌델: 선물 논변

샌델의 선물 논변은 공동체주의적인 가치를 강조하며 겸손, 책임, 연대에 호소하는 논변이다. 선물 논변은 다음과 같다.

삶을 주어진 선물로 인정하는 겸손의 미덕은 공동체의 기초이다.

인간 향상은 완전성과 정복에 대한 충동에 의해 지배되고 있다.

완전성과 정복에 대한 충동은 삶은 주어진 선물로 인정하지 않는다.

인간 향상은 겸손(그리고 책임, 연대)이라는 공동체의 기초를 잠식한다.

샌델의 논변은 자연주의 오류를 후쿠야마와 공유하고 있는 것 같다. 삶을 주어진 선물로 인정하자는 것은 자연적인 것의 신성함을 받아들이자는 것이기 때문이다. 게다가 이 논변은 지나치게 일반적이다. 이 논변은 샌델 자신의 공동체주의적 정치 및 사회 철학과 덕 윤리에 기반하고 있다. 샌델은 자유주의 체제에 내재한 삶의 방식에 대한 근본적인 성찰을 요구하고 있다. 인간 향상의 동기가 완전성과 정복에 대한 충동이라는 추상적인 가정은 전혀 분명하지 않은 것 같다. 그 가정은 샌델 자신의 포괄적인 신념의 산물이기 때문이다. 따라서 인간 향상이 공동체의 기초를 잠식한다는 결론도 의심스러운 점이 있다.

전체적으로 생명 보수주의자들은 인간 향상을 포괄적인 거부의 대상으로 보는 것 같다. 유전자 조작 같은 특정한 인간 향상에 대한 거부가 인간 향상 자체에 대한 포괄적인 거부로 이어지는 것으로 보인다. 이러한 입장은 일종의 미끄러운 경사길 오류(slippery slope fallacy)로 볼 수 있다. 하지만 일정한 조건하에서 특정한 인간 향상이 개인적인 삶을 풍요롭게 하고 집단적인 과제의 해결에 도움이 될 가능성을 배제할 수는 없다. 그래서 인간 향상은 포괄적인 거부가 아닌 건설적인 관여의 대상으로 이해되어야 할 것이다. 배제가 아닌 적절한 공적 규제의 대상으로 말이다.

2) 생명 보수주의의 논변: 트랜스 휴머니스트

한편에는 생명 보수주의가 있고 다른 한편에는 생명 자유주의를 대표하는 트랜스 휴머니스트들이 있다. 트랜스 휴머니스트들은 인간 향상의 적극적인 옹호자들이다. 피코 델라 미란돌라(Mirandola)는 다음과 같이 말했다. "당신은 스스로의 선택을 통해 상위의 신성한 생명체로 다시 상승할 수도 있다." 그리고 트랜스 휴머니스트는 이러한 신념을 공유하고 있다. 원칙상, 트랜스 휴머니스트들은 인간 향상에 한계를 설정하지 않는다. 그들은 인간의 질병, 노화와 같은 현상을 극복의 대상으로 간주한다. 그들은 개인 선택의 자유에 가장 중요한 가치를 두기 때문이다. 유일한 한계는 존 스튜어트 밀(John Stuart Mill)로부터 유래하는 위해 원칙이다. 이 원칙은 트랜스 휴머니스트인 센텐티아(Wrye Sententia)의 인지적 자유(cognitive liberty)의 원칙에 잘 표현되어 있다. 센텐티아는 "다른 사람들에게 해를 끼치는 행동에 관여하지 않는 한, 정신을 향상시키는 새로운 약물과 기술을 사용하는 것이 금지되거나 범죄로 처벌되어서는 안 된다"고 말했다.

하지만 강압 논변(Coercion argument)은 선택의 자유를 비판적으로 살펴본다. 각각의 개인은 다양한 사회적 압력에 노출되어 있다고 볼 수 있다. 대체로 이 압력은 직접적이지 않고 간접적으로 작동한다. 선택의 자유는 보장되지만 선택지는 제한되어 있다. 그리고 선택의 자유의 한계를 설정하는 위해 원칙도 더이상 견고하지 않은 것 같다. 인류는 기후 위기 같은 집단적 재앙의 위협에 잠재적으로 노출되어 있기 때문이다. 이 집단적 재앙은 개인적 위해와 무관하게 현실화되고 있다. 마찬가지로, 무제한적인 인간 향상이 예측할 수 없는 방식으로 또 다른 재앙을 초래할 가능성을 배제할 수 없다는 점을 기억해야 할 것이다.

4. 도덕적 평등

1) 가타카 논증(The Gattaca argument): 차별

생명 자유주의자들은 인간 향상의 부정적 영향을 과소평가하고 있는 것 같다. 인간 향상의 가장 부정적인 영향은 차별이라는 또 다른 쟁점과 관련이 있어 보인다. 이 쟁점은 1997년 개봉한 SF 영화 〈가타카(Gattaca)〉에 잘 나타나 있다. 이 영화는 26년 전에 제작된 영화인데도 디스토피아 사회에서 유전자 조작, 선택 그리고 수집에 기반한 유전적 차별이 일상적으로 어떻게 이루어질지 잘 그려내었다. 슈테판 로렌츠 조르그너(Stefan Lorenz Sorgner)는 "존재들은 각기 다른 능력에 따라서 다른 도덕적 지위를 부여받을 위험이 있다. 이것이 우리가 가타카 논변을 진지하게 받아들여야 하는 이유이다"라고 진중하게 경고하고 있다.

2) 도덕적 지위(Moral status): 플라톤에서 칸트까지

조르그너가 언급한 도덕적 지위라는 주제를 다룬 최초의 철학적 문헌은 플라톤(Plato)의 『국가(Republic)』인 것 같다. 이 책에서 인간의 영혼은 로고스(logos), 튀모스(thymos), 에피튀미아(epithymia) 세 부분으로 구성되어 있다고 한다. 대체로 이 세 부분은 각각 이성(reason), 정서(emotions), 욕망(appetites)에 대응한다고 이해해도 된다. 흥미롭게도 플라톤에게 이 세 부분은 영혼의 능력이자 욕구이다. 세 부분이 지닌 특정한 능력은 동시에 특정한 욕구를 수반한다. 이성도 욕구를 지닌다. 예를 들어, 플라톤의 스승

소크라테스(Socrates)는 "검토되지 않은 삶은 살 가치가 없다"라고 말했다. 저서 『국가』에서 플라톤의 결론은 이성적 능력과 욕구를 지닌 하나 또는 소수의 철인 왕이 낮은 차원의 능력과 욕구만을 지닌 대중을 통치해야 한다는 것이다. 플라톤의 이상 국가(ideal state)는 도덕적 불평등에 기초하고 있다고 볼 수 있다.

임마누엘 칸트는 이러한 플라톤의 견해에 도전장을 내밀었다. 플라톤과 마찬가지로, 칸트에게 이성은 능력이자 욕구였다. 이성은 스스로 도덕 법칙(moral law)을 수립하고 선의지(good will) 또는 법칙에 대한 존중(reverence for the law)에 의해 그 법칙에 따라 행위한다고 볼 수 있다. 하지만 플라톤과 달리, 칸트에게 이성적 능력과 욕구는 소수만의 전유물이 아니었다. 칸트는 "불평등에 대한 믿음이 사람을 불평등하게 만든다. 오직 루소의 가르침만이 가장 학식이 높다는 철학자조차도 일반인보다 더 나은 주장을 펴지 못한다는 사실을 드러낸다"라고 말했다. 철학자와 동등하게 대중도 이성적 능력과 욕구를 지닌다고 생각한 것이다. 따라서 대중은 스스로 통치할 자격을 부여받았다. 칸트 이전에 자율성(autonomy) 개념은 정치적 맥락에서 자기 지배(self-governance)의 의미로 사용되었다. 그러나 칸트 이후 자율성은 인격(persons)의 본질적인 속성으로 이해되었다. 인격은 수단 아닌 그 자체의 목적(ends-in-self)이다.

우리가 살고 있는 입헌 민주주의 체제는 칸트가 제시한 도덕적 평등이라는 근본 관념에 기초하고 있다. 도덕적 평등은 우리가 직면하는 실천적 과제에 대해 해석과 전망의 틀을 제공한다. 존 롤스(John Rawls)에 따르면, 동등한 인격으로서 시민들은 정의감과 가치관이라는 도덕적 능력을 지니고 공정한 협력 체제로서의 사회에 참여하고 있다.

가타카 논증은 인간 향상에 의한 도덕적 평등의 붕괴를 시사한다. 인간 향상이 적절한 공적 규제 없이 무분별하게 행해질 때, 동등한 인격으로서 시민들이 지니고 있는 이성적 능력과 욕구는 부정될 가능성이 커진다. 가령, 인간 향상에 의해 지적으로 월등한 소수 집단이 출현할 경우, 시민들의 이성적 능력과 공적 결정에 참여하고자 하는 욕구가 무시될 수 있다. 그리고 결과적으로, 우리가 살고 있는 이 세계가 소수 집단이 통치하는 관리사회로 퇴행할 가능성을 배제할 수 없다. 물론 이 소수의 통치 집단이 아주 관대할 수도 있다. 하지만 이 경우에도 시민들은 인격으로 대우받지 못하고, 기껏해야 낮은 차원의 욕구에 지배되는 비인격적 존재로 대우받게 될 것이다. 인간 향상 기술을 활용하게 됨으로써 다양한 문제들이 생기겠지만 그 가운데에서 가장 중요한 문제는 인간 향상 기술이 이 사회를 지탱하고 있는 도덕적 평등에 균열을 가져올 수 있다는 점이다.

5. 인간 향상에서 향상으로

지금까지 인간 향상을 아주 인간 중심적인 방식으로 살펴보았다. 하지만 지난 세기 이래 인간의 도덕적 관심은 대상에 있어서 인간에서 동물과 생태로, 방식에 있어서 탈인간 중심주의로 확장되어오고 있다. 그런데 나는 '탈-인간 중심주의' 또는 '탈-인류 중심주의'를 우리가 지향해야 할 가치로 전제하고 논의하는 분위기에 심한 거부감을 가지고 있긴 하다.

1992년에 복제 양 돌리와 함께 유전자 이식 양 폴리(Polly)와 몰리(Molly)가 탄생했다. 폴리와 몰리의 게놈에는 인간의 유전자가 이식되었다. 폴리와 몰리는 향상된 존재일까? 이제 향상은 단지 인간 조건에 관한 것은 아닐지도 모른다. 물론 도나 해러웨이(Haraway)가 내 질문을 듣는다면, 폴리와 몰리는 온코마우스(OncoMouse) TM에 지나지 않는 존재야!라고 나를 꾸짖을 수도 있겠다.

심지원

동국대학교 철학과 조교수. 동국대학교 윤리문화학과를 졸업하고, 동 대학에서 정치철학 전공으로 철학석사를 취득하고 독일 뮌스터대학 철학과에서 인간 향상을 주제로 박사를 취득했다. 현재 동서사상연구소 소장을 맡고 있으며, 인제대학교 인간환경미래연구원 전임연구원, 건국대학교 몸문화연구소 공동연구원, 중앙대학교 인문콘텐츠연구소 HK+인공지능인문학사업단 연구교수와 한국철학회 사무총장을 지냈다. 기술과 관련된 생명의료 윤리, 인공지능 윤리, 신경 윤리 등 실천 윤리 및 학제 간 연구에 관심을 가지고 있다. 주요 저서로 *Automobile ethics*(Oxford university press, 공저) 등이 있으며, 역서 『도대체 왜 도덕적이어야 하는가(Warum ueberhaupt moralish sein?)』(쿠어츠 바이어츠), 『인간보다 나은 인간: 인간증강의 약속과 도전(Better than Human: The Promise and Perils of Enhancing Ourselves)』(알렌 뷰캐넌) 등이 있다.

구성적 정보 철학:
그림자처럼 이미 도착한 미래

박충식(유원대학교 인공지능소프트웨어학과 석좌교수)

1. 서론: 정보? 정보 철학? 구성적 정보 철학?

정보라는 말을 일상적으로는 '이익이 되는 행동을 결정하기 위한 앎'이라는 정도의 의미로 생각해볼 수 있지만, 물리학에서는 세상을 물질, 에너지, 정보로 이루어져 있다고 생각하고 최근에는 우주가 정보를 처리하는 프로그램이라는 주장에 이르고 있으며, 생물학에서도 생명의 설계도인 유전자를 정보라고 하며 이렇게 태어난 인간을 포함한 모든 생물도 정보를 처리한다고 하며 이러한 생물들이 모여진 군집 또는 사회들도 정보를 처리하는 하나의 시스템으로 간주한다. 정보라는 말이 세상에 처음 등장한 이후로 확장에 확장을 거듭하여 이제 세상을 바라 보는 관점을 제공하는 하나의 패러다임이 되었고 드디어 '세상 모든 것이 정보'라는 개념 과잉의 지경에까지 이르게 되었다.

하지만 컴퓨터와 정보 통신, 인공지능은 물론이려니와 물리학, 생물학, 의학, 뇌 과학, 심리학, 인지 과학, 경제학, 사회학, 정치학, 행정학, 언론/홍보학, 그리고 심지어 문학이나 예술 분야에 이르기까지 정보적 관점에서 시도되는 이론들이 늘어나는 이유는 무시할 수 없는 개념의 유용성 때문일 것이다. 더구나 융합과 통섭이 요구되는 시대에 흐름에도 결코 따로 떼어볼 수 없는 여러 분야를 연결할 수 있는 키워드로서 정보 개념의 유용성 또한 적지 않다.

현재 '정보'라는 용어가 일상적으로 그리고 여러 학문 분야에 사용되고 있지만 소위 정보 통신 기술(ICT: information and communication technology)이 등장한 이후에야 비로소 보편적으로 사용되기 시작하였다. 과거를 돌이켜보아도 세상에 대한 생각은 어쩔 수 없이 세상을 크게 바꾸어 놓은 물질적 성과를 제공한 과학 기술의 등장으로 크게 반응해왔다. 정보는 현재 첨단 과학 기술 개념이라는 의미에서 미래 지향적이면서도 희망과 두려움을 배태하고 있지만, 인간의 앎과 삶에 관한 무엇으로 다루어져야 한다는 의미에서 고전적이라고 할 수 있다. 그러므로 정보로 그려보는 우리의 미래는 용어만 달라졌을 뿐 그림자처럼 항상 함께 있었던 것이라고 할 수 있지 않을까. 그래서 정보는 과거로부터 이어지는 현재로부터 미래를 그려보고 준비할 수 있는 하나의 관점으로 주목할 수 있다.

정보를 인문학적인 의미에서 철학의 대상으로 삼고자 하는 것이 정보 철학(philosophy of information)이다. 정보 철학이라는 용어를 처음 사용한 플로리디는 정보 철학을 ① 정보의 개념적 성질과 원리, 정보의 역학과 정보를 활용하는 연구와 ② 정보 이론적이며 계산적 방법들을 철학적 문제들에 적용하는 철학 분야로 정의한다. 플로리디는 인공지능을 철학적으로 탐구하는 인공지능 철학을 정보 철학의 전 단계로 생각하고 컴퓨터와 인공지능의 여러 개념을 그의 정보 철학에 사용한다. 더 나아가 플로리디는 정보 철학이 제일 철학이라고까지 주장한다.

정보 철학의 전 단계로 인공지능의 철학에 주목하는 이유는 인공지능이 우리가 논의하고 연구하는 이 모든 것을 가능하게 하는 지능을 물리적으로 구현하는 정보 처리 기계이기 때문이다. 여기서 지능 또한 오랫동안 탐구되어온 주제이지만 현재까지도 합의된 정의는 없다. 하지만 지능에 대한 가장 거친 정의는 '개체가 환경에 적응하는 능력'으로서 '환경에 적응하여 존재를 지속하기 위해서는 개체가 맞닥뜨리는 환경을 이해하고 개체가 할 수 있는 능력'이라고 할 수 있다. 개체가 할 수 있는 행위는 환경 이해를 기반으로 예측하는 것을 넘어서 환경의 요소들을 재구성하여 무엇인가를 만드는 것으로까지 나아간다. 정보적인 측면에서 보면 정보에 대한 과학은 자연의 분석과 이해의 측면으로서의 자연과학과 더불어 자연을 기반으로 하지만 자연의 구성물들을 재구성하는 설계와 제작으로서의 인공 과학(공학)으로도 파악할 수 있다.

사실 인류는 자연의 정보에 기반한 인공물의 설계와 제작으로서의 인공 과학을 통하여 문명을 이루어왔다고 할 수 있으며 도구나 기계와 같은 물질적인 공학은 물론이려니와 학문들과 사회 제도들도 비물질적 공학이라고 할 수 있을 것이다. 허버트 사이먼이 인공 과학(the science of the artificial)으로 지칭하는 것이 바로 이것이다. 이렇게 자연을 이해하고 분석하기 위하여 고안해낸 개념들도 인간이 만들어낸 인공적인 것이라고 할 수 있을 것이다. 자연이라는 개념조차 인공물에 대한 차이로서 인식된 개념이라고 할 때 정보는 인공 과학적 주제라고 할 수 있을 것이다. 심지어 플로리디는 철학조차 개념을 만들어내는 '개념 공학(conceptual engineering)'으로 간주한다.

스스로 정보를 만들어내고 그에 따라 행위하는, 소위 정보 행위자(information agent)라고 부를 수 있는 존재에는 관점에 따라 이러한 논의를 일삼는 인간뿐 아니라 모든 생명과 생명체들의 집단, 나아가 인공 과학(공학)의 산물로서 기계적인 인공물들(인공지능)도 포함될 수 있다.

그 관점이란 바로 구성주의로서 '모든 앎 또는 정보는 관찰에 의하여 구성된다'는 것이다. 이러한 정보 처리를 할 수 있는 존재는 환경과 스스로의 경계를 유지하며 개체성을 지켜가며 존재하는 소위 자기 생산 체계(autopoietic system)이다. 그러므로 구성적 정보 철학의 정보는 '개체가 자신의 목적 달성을 위해 행위하기 위한 환경과의 접촉으로부터 구성된 세상의 대한 믿음의 집합'이라고 할 수 있다.

그 개체의 정보 구성의 내용은 다른 개체가 결코 직접 알 수 없기 때문에 구성주의에서는 "말해진 모든 것은 관찰자에 의하여 다른 관찰자에게 말해지는 것이고, 또 다른 그 관찰자는 자신일 수도 있다"는 테제가 만들어졌다. 정보는 관찰자 내부의 정보가 매체에 의하여 외부로 표현될 때만 다른 관찰자도 알 수 있게 된다. 이렇게 외부로 표현된 정보의 옳고 그름이 유보된 채 지식으로 소통된다. 이런 점에서 정보는 태생과는 달리 매우 사회적이다. 그러한 지식의 옳음은 경험에 의하여 확인할 수 있는 세상과의 정합성에 따라 유지되거나 폐기된다.

구성적 정보 철학은 정보가 '무엇인가'보다는 '어떻게 구성된 것인가'에 관심을 가진다. 그러므로 구성적 정보 철학은 존재론적이기보다는 인식론적이다. 하지만 잠정적으로나마 정합적으로, 즉 물리적 경험으로 확인할 수 있는 (잠정적) 존재를 기반으로 한다. 구성적 정보 철학은 이러한 정보 행위자가 물리적으로 존재하는 것이고 그의 구성된 믿음도 물리적으로 구성된 것이니 물리적으로 만들 수 있을 만큼 알기를 원한다.

이러한 정보 행위자들로 채워져 있는 환경에서 정보 행위자들은 다른 행위자들과 경쟁하고 협력하며 살아가기 위해서 정보를 처리한다. 그러한 정보 처리는 정보의 윤리학이나 정보의 정치학이라 부를 수 있을 것이다. 정보 행위자의 정보는 세상에 대한 옳은 정보이어야 할 텐데 우리는 서로 다른 정보들 사이에 혼란할 뿐 아니라 격돌하는 정보들 사이에서 고통받기도 한다. 구성적 정보 철학의 중요한 바람 중 하나는 어떤 정보가 옳다고 단정하고 투쟁하기보다는 어떻게 자기의 정보가 옳다고 믿게 되었는지에 대한 과정을 살펴봄으로써 상호 이해를 도모하고 소통할 수 있는 여지를 만들어보고자 하며 같이 살아가는 데 도움이 될 수 있는 공동의 인공물들(기계들과 제도들)을 만들 수 있기를 희망하며 이런 노력이 미래를 위한 일이라고 믿는다.

이 글은 정보 행위자가 어떻게 정보를 구성하는지에 대한 논의가 될 것이며 이를 위하여 정보 이론과 구성주의, 구성된 정보의 성격으로서의 심볼 그라운딩, 정보 철학적 관점의 인간에 대하여 논의하는 것이 될 것이다.

2. 정보 이론과 구성주의

2000년에 번역 출간된 페르낭 테루의 『정보(L' Information)』라는 이름의 책에는 출판에 대한 이야기로만 채워져 있다. 현재 정보 통신 기술의 발전에 따라 숱하게 접하게 된 정보라는 용어는 국가정보화 기본법 제3조에서 "정보는 특정 목적을 위하여 광(光) 또는 전자적 방식으로 처리되어 부호, 문자, 음성, 음향 및 영상 등으로 표현된 모든 종류의 자료 또는 지식"으로 정의하고 있으며, 위키피디아에서 "정보는 언어, 화폐, 법률, 자연 환경 속의 빛이나 소리, 신경, 호르몬 등의 생체 신호부터 비롯한 모든 것"이라고 정의하고 있다. 정보는 정보 자체보다는 정보를 실어 나르는 매체에 대한 발전에 기인하는 것이다. 우리가 사용하는 정보의 일상적인 용법은 "정보가 있다"는 것이고 이 정보가 이득이 될 수 있는 행위를 할 수 있는 근거라고 기대한다. 정보가 출판에 대한 이야기였을 때나 정보 통신 기술에 대한 아야기인 지금이나 정보는 '매체에 새겨진 무언가에 대한 앎'이라는 점에서는 공통점이 있다.

현재의 정보 통신 기술을 촉발시킨 중심에는 그 유명한 섀넌의 정보 이론이 있다. 섀넌은 1948년 역사적인 「통신의 수학적 이론(A Mathematical Theory of Communication)」이라는 논문을 통하여 정보의 양을 측정할 수 있는 정의를 내놓았다. 섀넌은 정보와 관련한 풍부한 경험과 교류가 가능했던 그의 일생을 통하여 정보라는 용어가 다양한 분야에서 서로 다른 의미로 사용됨에도 다양한 분야에서 의미 있게 사용하기 위해서는 다양한 분야를 아우르는 핵심적인 정보의 속성이 무엇일까에 대한 문제의식을 가지고 측정의 개념에 따라 정보의 양을 정할 수 있는 정보의 정의를 내리고 그 크기를 위한 단위를 정했다. 논문 서론에서 섀넌은 다음과 같이 말하고 있다.

> 통신의 근본적인 문제는 다른 한 곳에서 선택된 메시지가 정확히 또는 개략적으로 다른 한 곳에서 재생산되는 가이다. 종종 메시지는 의미를 가지고

있다. 의미는 어떤 물리적인 또는 개념적 대상을 지칭하거나 어떤 체계에 따라 관련된다는 것이다. 통신의 이러한 의미적 측면은 공학적 문제와 무관하다.

의미에 관해서 아주 쉬운 예를 생각해보면 의자의 길이나 무게가 의자를 사용하는 사람에 따를 것이기 때문에 모든 사람이 서로 다른 의미로 파악하는 것은 너무나 당연하다. 섀넌은 이러한 정보의 의미를 포기하는 것이 오히려 현존하는 많은 분야의 정보와 앞으로 등장할 새로운 분야의 정보 연구의 기반이 될 것으로 생각하였다. 그런 의미에서 통상적으로 쓰는 정보라는 용어와는 무관하게 새롭게 정보를 정의하였다. 정보는 하나의 사건이 아니라 사건들의 체계를 대상으로 정의되었다.

개별 사건의 정보량 $I(x_j) = -\log_2 p(x_j)$

전체 사건의 평균 정보량 $H(x) = E\{(I(x_j)\}= - n \Sigma j\, p(x_j) \times \log_2 p(x_j)$

개별 사건의 정보량은 해당 사건의 발생 확률로 정의하고 단위는 bit로 정했다. 해당 사건의 확률이란 관련 사건이 일어나는 전체 사건들을 통해서만 정의 가능하다. bit는 무엇인가를 표현할 수 있는 가장 작은 단위이고 이 표현을 물리적으로 만들 수 있는 기계 장치도 가장 간단하다. 체계 전체를 고려할 때는 전체 사건의 평균 정보량은 물리학의 엔트로피(entropy)와 유사한 개념도 아니고, 같은 개념도 아니고, 포함하는 개념이 된다. 섀넌이 정보량의 크기를 나타낼 수 있도록 확률 이론을 도입하여 정의하는데 물리학적 엔트로피와 동일한 모양이었고 (정보) 엔트로피라는 이름을 붙였다. 정보 엔트로피는 어떤 확률 변수가 나타낼 수 있는 상태의 총합으로 정의되고 물리학적 엔트로피는 분자들의 배열이 나타낼 수 있는 상태의 총합에 자연 로그를 취한 것으로 정의된다. 즉, 물리학적 엔트로피는 정보 엔트로피의 한 형태이다. 물리학은 근본적으로 역학으로서 사물, 즉 입자들의 운동에 대한 탐구이고 운동은 하나의 상태에서 다음 상태로의 변화이므로 다음 상태로의 확률은 핵심적인 주제가 될 수밖에 없다. 정보는 다음 상태에 대한 앎과 관련되기 때문이다.

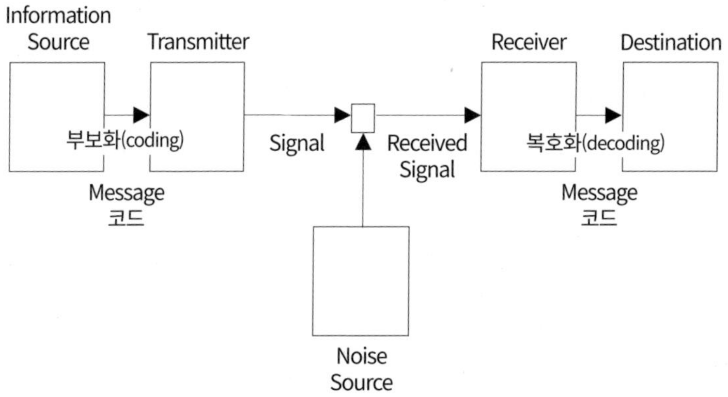

일반적인 통신 시스템의 도식

또 다른 중요한 한 가지는 일반적 통신 시스템의 도식과 이 도식에 등장하는 부호화(encoding)/복호화(decoding)로서 매우 중요한 의의가 있는 개념이다. 정보 통신 분야에서 부호화/복호화는 문자, 소리, 이미지, 영상, 센서 신호들을 디지털화, 즉 숫자로 된 코드로 만든 것을 의미하는데 이러한 코드는 전송기가 부호화하고 수신기가 복호화하기 위하여 일정한 규칙에 의하여 만들어져야 하는 하나의 체계라고 할 수 있다. 이러한 부호화/

복호화 체계의 코드는 정보 이론에 입각하여 공용화를 위하여 표준화하거나 전송, 저장, 처리 속도 향상을 위하여 데이터의 양을 줄이거나, 잡음이 심한 경우에도 제대로 전송되도록 하거나, 메시지의 보안을 위하여 암호화할 수 있도록 만들어진다.

이러한 부호화/복호화의 코드는 관심 사건의 정보를 표현하는 체계적인 모델이어야 하기 때문에 코드는 사건의 개념 체계라고 할 수 있는 코드의 체계를 전제로 한다. 생물학은 환경의 신호들을 감각기관을 통하여 부호화된 메시지를 복호화하여 생존하고, 유전자 코드를 복호화하여 단백질 생성함으로써 세대를 이어가는 코드 체계를 분석하는 일이며, 언어학은 사람들의 의하여 자연 발생적으로 만들어진 코드 체계를 구성하는 일이고, 물리학은 자연 현상 관찰과 측정에 의하여 물리 법칙이라는 코드 수신기의 규칙을 추정하는 일이고, 예술학은 음악, 미술, 무용, 영화, 사진, 등이 독창적인 새로운 코드를 만드는 송신기로 합의되지 않은 수신기의 규칙을 작동시키는, 즉 영감의 코드체계 밝히는 일이라고 할 수 있을 것이다.

이와 같은 과정이 이루어지려면 대상 사건, 대상 사건의 관찰자, 그리고 사건을 기술할 수 있는 코드, 즉 언어가 필요하다. 사건의 기술은 관찰자에 의하여 이루어지기 때문에 최초의 정보는 원래 있는 것이라기보다는 있는 것으로 간주되고 관찰자의 언어에 의하여 기술되는 것이라고 할 수 있다.

이러한 능력을 가진 관찰자의 자격 때문에 급진적 구성주의자인 마투라나와 바렐라의 자기 생산 체계(autopoietic system)라는 개념이 유용하게 활용될 수 있다. 이러한 이유로 "모든 앎은 어떤 관찰자에 의하여 말해진 것이다"라는 구성주의 테제와 어우러지게 된다. 화이트헤드나 스피노자라면 모든 물질과 물질들의 구성물이 관찰자 자체라고 할 수도 있겠지만 자기 생산 체계는 생물학적 아이디어로부터 만들어진 개념이고 스스로 환경과의 차이로 자신의 경계를 유지하는 체계로 정의된다.

정보 이론에 급진적 구성주의를 채용하는 구성적 정보 철학은 구성주의로부터 몇 가지 유용한 개념을 빌려올 수 있다. 한 가지는 관찰자는 관찰하는 자신은 관찰할 수 없다는 점을 이론 내에 포함으로써 완결적이려는 모든 이론이 가질 수밖에 없는 역설을 처리하고 있다는 것이다. 또 한 가지는 자신의 옳음인 진리를 다른 관찰자에게 확인시킬 방법이란 존재하지 않고 진리는 경험으로서의 세상과의 정합성 속에서만 존재하며 그러므로 구성주의는 다른 관찰자와의 정보 소통을 통하여 진리 주장을 넘어선 상호 이해해야 한다는 윤리관을 가지고 있다. 구성주의자인 폰 푀르스터는 "진리는 거짓말쟁이의 발명품"이라고까지 한다.

구성적 정보 철학은 마투라나와 바렐라의 자기 생산 체계, 루만의 작동적 구성주의, 그리고 폰 푀르스터의 급진적 구성주의에 기반한 정보 철학이다. 구성적 정보 철학은 사회학, 심리학, 언어학, 철학 등의 다양한 인문학적 통찰과 인지 과학, 뇌 과학, 생물학, 물리학, 등의 증거 기반의 다양한 이론들의 설명을 적극 수용하여 지속적으로 정보 개념을 구축하고 구체적 행위를 통한 문제 해결을 설계할 수 있기를 희망한다. 또한, 동기, 욕망, 정서/감정, 의식, 자아, 자유 의지, 등의 추상적인 개념들을 정보로 재정의함으로써 생명에 대한 계산적 모델의 구성을 통하여 구현 가능한 정보 처리의 개념으로 나아가고자 한다.

마투라나와 바렐라는 인지를 생물학적 현상으로서 신경 체계의 변화에 의해서만 가능한, 세상에 적응하기 위한 앎(정보, 또는 모델)이라고 한다. 인지는 오직 관찰자에 의해서만 생물학적·인지적·문화적 조건에서 이루어지고 이러한 관찰은 오직 차이와 구별, 그리고 지칭에 의해서 이루어지며 지각이나 인식은 외부 세계를 있는 그대로 복사하는 것이 아니라 관찰자의 인지 체계가 행할 수 있는 조작들로만 이루어지는 폐쇄 구조(operational closure)이다. 그러므로 객관적 진리는 유무에 관계 없이 확인 불가능하고 지식의 진위 문제는 정합성 문제로 바뀌게 된다. 또한, 인지가 생물학적 현상이기 때문에 당연히 심신 일원론적 입장을 가질 수밖에 없다. 지식의 가치는 절대적인 도그마에 의하여 정해지기보다는 환경에 적응하기 위한 인간 삶의 유용성에 따라 정해지는 실용적 노선을 추구하게 되고 인간은 스스로의 인지와 그에 따른 행동에 대한 책임이 강조된다. 구성주의는 지식의 정합성을 기준으로 하기 때문에 모든 주장이 모두 옳다는 상대주의와는 다르며 구성주의 스스로에게도 정합성을 따르도록 한다.

구성적 정보 철학에서 정보는 문제 해결을 위한 세상에 대한 모델(믿음 체계)이며 '차이를 만드는 차이'로서 관찰자가 허락된 감각적 기능에 의해서만 구별할 수 있는, 그리고 관찰자의 욕망(가치)에 관여되는 한에서만, 또한 관찰자에게 형성된 기존의 정보와의 관계 하에서 포착할 수 있는 범위 내에서만 가능한 것으로 생각한다. 그리고 모든 정보는 문제 해결을 필요로 하는 관찰자가 경험한 모든 외적/내적 사건들로부터 구성되며, 사건은 직접 체험한 사건부터 다른 관찰자의 정보를 관찰한 사건도 포함한다. 사건은 특정 상황의 대상들, 대상들(관찰자 포함)의 관계가 관찰자에 의하여 표현되고 처리된다. 이러한 관찰자는 전형적인 생명을 물론이려니와 이를 확장한 니클라스 루만의 이론에 따르면 모든 작동하는 자기 생산 체계들로서 물질들, 기계들, 의식들, 사회들이 포함된다.

3. 심볼 그라운딩

1) 정보의 의미: 심볼 그라운딩

정보는 관찰자가 구성한 문제 해결을 위한 세상 모델이기 때문에 외부 대상에 대한 관찰자 내의 표현이 존재해야 한다. 이러한 내부 표현이 정보의 실체라고 할 수 있을 것이다. 기호가 어떻게 의미를 가지게 되는지에 대한 연구는 인공지능의 오랜 연구 주제였으며, 이를 심볼 그라운딩(symbol grounding)이라고 부른다. 이러한 심볼 그라운딩을 기반으로 자신의 문제 해결을 위한 세상에 대한 모델이 만들어지고 작동하는 것이 정보의 의미라고 할 수 있다.

정보라는 개념이 과학과 공학 분야에서는 구체적이고 정량적으로 사용되지만 다양한 인문사회학 분야에서는 실체가 모호하고 추상적으로 사용되고 있는 경향이 있다. 심볼 그라운딩은 정보의 양과 더불어 정보의 의미를 다룰 수 있게 하고 과학, 공학 분야와 인문사회학 분야를 연결할 수 있는 중요한 접점이 될 수 있다. 소쉬르와 퍼스에 의하여 시작된 기호학과 언어학은 심리학, 사회학, 인류학, 뇌신경학, 커뮤니케이션학, 심리 분석 철학, 생물 기호학, 등 수많은 분야에서 풍부한 연구들이 이루어져 있기 때문에 심볼 그라운딩과 관련하여 다양한 통찰을 얻을 수 있다.

심볼 그라운딩이라는 용어는 이미 언급한 바와 같이 '기호가 어떻게 의미를 가지게 되는가'라는 좁은 의미보다는 '외부 대상들이 관찰자 내에 어떻게 내부 대응물을 가지게 되고 처리되는가'라는 넓은 의미로 사용할 것이다. 그러므로 생명 현상을 보이는 다양한 생물들도 정보 처리 수준에 따라 다양한 수준의 심볼 그라운딩을 한다. 어떤 형태로든 심볼 그라운딩을 하는 특정 생물들은 의사소통을 통하여 공동 사회를 이룬다. 전자를 1차 심볼 (개별) 그라운딩, 후자를 2차 (공동) 심볼 그라운딩이라고 할 수 있다. 생물 내부의 표현이 외재화되어 기록되고 전달될 수 있으면 3차 (표시) 심볼 그라운딩이 되고 이것이 바로 인간의 언어이고 좁은 의미의 심볼 그라운딩이다.

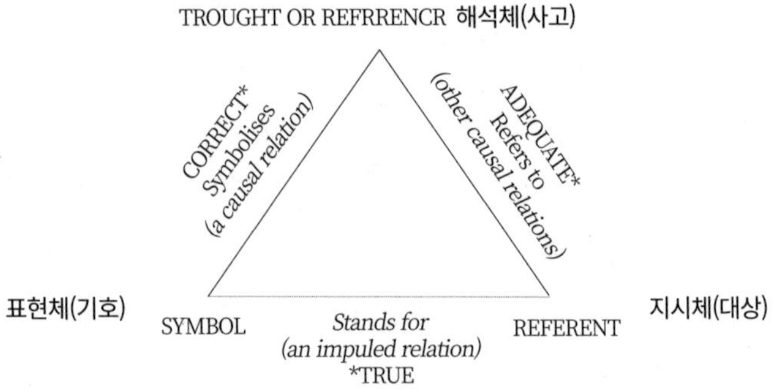

기호 삼각형

퍼스 기호학은 기호가 의미를 가지게 되는 과정, 즉 기호 작용(semiois)을 강조하면서 이 과정을 기호 삼각형으로 개념화하였다. 기호 삼각형은 기호 자체인 표현체, 기호가 지칭하는 대상체, 관찰자가 이해한 해석체로 이루어진다. 기호 작용은 관찰자가 이해한 해석체에 대해서도 적용되어 이 해석체가 대상체가 되고 또 다른 기호 삼각형을 이룬다. 정보가 차이를 만드는 사건이라고 할 때 사건은 관찰자를 전제로 존재한다. 관찰자에 의해서만 가능한 사건의 정의는 사건의 대상과 가치로 이루어지는 심볼 그라운딩이다. 정보의 의미는 다른 정보와의 추론적 관계에 의하여 구성되는 퍼스 삼각형의 해석체이다.

퍼스 기호학에서 플로리디의 정보 구분은 유전 정보, 알고리즘, 요리법과 같은 명령어들과 같은 실재를 위한 정보는 매체로 구성된 표현체로, 실재로서의 정보는 기호의 표현체를 이루는 매체, 그리고 실재에 대한 정보는 해석체로 생각할 수 있다.

2) 지향적 정보와 추론적 정보

관찰자 내부의 정보인 해석체는 항상 대상체를 가지게 되는 것을 철학에서는 '지향성(intention)'이라고 한다. 지향성의 자연화 연구, 즉 지향성을 구체적인 인지 과학의 현상으로 간주하려는 연구에서 지향성은 지향 대상(대상체)과 마음속의 표상(해석체)에 대하여 인과적 관계라는 인과론적 의미론(causal semantics), 생물학적인 기능에 의한 것이라는 목적론적 의미론(teleosemantics), 다른 표상들과의 관계에서 역할이라는 개념 역할 의미론(CRS: Conceptual Role Semantics)의 주장이 있다. 개념 역할 의미론의 기본적인 아이디어는 내적 표현의 의미적 속성들은 그 내적 표현과 다른 내적 표현들 사이의 추론적 관계에 의하여 구성된다는 것이다. 비트겐슈타인의 언어 사용론에 기반한 추론주의 의미론적 관점은 브렌타노의 조합적 의미론과 달리 언어의 의미는 언어의 사용에 의한 것이 된다.

그러므로 정보의 의미는 추론이라는 절차에 의한 것이 되며 그 절차는 알고리즘으로 표현된다. 섀넌의 확률론적인 정보 이론과 달리 콜모고로프와 카이틴의 알고리즘 정보 이론(algorithmic information theory)에서는 "정보가 문자열(문자의 나열)로 표현된다고 할 때 해당 문자열을 발생시킬 수 있는 가장 짧은 다른 문자열이 정보의 양"이다. 문자열을 발생시킬 수 있는 다른 문자열이 그 절차를 기술한 프로그램이다. 이제 확률적 정보 이론의 숫자적 사건은 알고리즘 정보 이론의 문자열, 즉 사건을 표현하는 코드로 표현되는 것이다. 이제 정보의 의미는 절차를 표현하는 프로그램으로 다룰 수 있게 된다.

정보 통신 과학에서 알고리즘이나 프로그램은 순차적인 명령어 코드들로 구성되며 명령어 코드는 대상에 대한 코드와 그 대상에 행해지는 작용을 지시하는 코드로 이루어진다. 그 대상의 코드와 작용의 코드는 관찰자가 기술한 사건의 대상들과 그 대상들의 관계들을 표현하는 코드라고 할 수 있다. 그러므로 섀넌의 일반 통신 시스템의 도식에서 메시지가 코드들이며 그 코드들을 복호화하는 것이 알고리즘인 것이다.

3) 의식화된 양자화 정보

관찰자에게 있어서 사건은 명료한 것이 아니다. 사건은 관찰자에게 온몸으로 체험되는 직관적·무의식적·감정적 경험으로서 메를로-퐁티의 '살(la chair)'적인 것이다. 이러한 사건을 통한 앎은 언어 등의 형식을 갖추어 표현될 수 없는, 경험과 학습에 의해 몸에 쌓인 폴라니의 '암묵적 지식(tacit knowledge)'이기도 하다. 이러한 사건은 기존의 정보에 의하여 의식적으로 인지되고 명료화되며 명제화된다.

사건은 다양한 방식의 단위 정보들(단위 개념)로 짜일 수 있다. 다른 말로 하면 다양한 방식으로 설명될 수 있다는 것이다. 하지만 하나의 방식을 이루는 단위 정보들은 모순 없이 정합적으로 짜여야 하기 때문에 일단 사건을 기술하기 위한 하나의 개념이 정해지면 논리적으로 다른 개념들도 정해지게 된다. 사건 기술에 사용되는, 또는 현상을 설명하는 단위 정보(개념)는 양자(quantum)화되는 것이다. 양자역학에서 양자화는 미시 물리학의 모든 물리적인 현상들이 연속적인 값이 아니라 특정한 값을 가진다는 의미이고 이러한 양자화 때문에 전통적인 물리학에서 예상치 못한 물리적 현상이 나타난다. 구성적 정보 철학에서 양자화 정보는 단위 정보(개념)가 전체 사건이나 현상의 특정한 의미를 가지기 때문에 관련 개념들이 그에 따라 같이 정해질 뿐만 아니라 양자화된다는 사실 때문에 결코 완전한 정보가 될 수 없다는 의미로 사용할 것이다. 그럼에도 불구하고 사건을 설명할 수 있는 다양한 이론이 있을 수 있지만, 사실적 증거들과 부합되어 문제해결에 도움이 되는 예측 가능한 이론이 살아남게 된다.

구성적 정보 철학적 관점에서는 이러한 개념들은 전체적으로 짜인 코드 체계에서 하나의 코드로 파악된다. 그러한 파악이 여의치 않으면 기존의 정보에 포섭되지 않은 채 모순적·부분적·잠정적 상태로 병존하는 정보가 된다. 사건이 기존의 정보로 파악되지 않은 때 이 사건은 기존 정보들의 관계를 교란하여 기존 정보들의 관계를 변형하게 되거나 완전히 새로운 정보 단위들과 그 관계들로 재구성하게 되는 계기가 될 수 있는데 이는 누군가의 창의적인 개념의 발명으로서 가능하다. 우리가 가진 세상에 대한 믿음 체계로서의 정보 모델에는 코드화되지 못한 사건들의 경험들도 그대로 기억으로 유지되며 코드화된 정보들도 양자화로 인하여 완전하지 못하고 불확실할 수밖에 없는 상태로 존재하게 된다.

4) 상상적 정보

우리는 고래로부터 이어받은, 비록 모순되고 부분적이지만, 일상생활을 영위하는 데 크게 문제가 없는, 수많은 외재화된 정보들 위에 구축된, 세상에 대한 모델을 통하여 살아가고 있는 것이다. 하지만 사건이 기존의 정보로 파악되지 않은 때 관찰자에게 당혹한 경험이 되겠지만 또한 새로운 정보의 발견으로 가는 계기가 될 수 있다. 새롭게 당면한 문제가 기존의 정보로 해결되지 않을 때 또는 상존하는 수많은 정보의 모순적이고 부분적 상태를 해결하고자 할 때 새로운 정보 모델이 필요하게 된다. 우리는 이를 창의력이라고 부른다. 우리는 모든 분야에서 새로운 문제 해결 방법을 고안할 수 있는 창의력 발휘를 강조하고 있으며 그 창의력은 상상을 통해서 가능하다. 상상은 기존의 정보 모델을 뛰어넘는 새로운 정보 단위를 발명함으로써 기존의 정보 모델을 재구조화하는 것이다.

그렇다면 새로운 정보 모델을 가능하게 하는 새로운 상상은 구체적으로 어떻게 가능한가? 이에 대한 다양한 이론과 방법이 제안되고 있지만 필자는 유비 추론(analogical reasoning)을 지목한다. 유비 추론은 서로 다른 대상이나 영역의 유사성을 기반으로 한다. 사실 유사성은 차이의 인식을 전제로 하는 것이므로 차이를 만드는 차이를 정보로 정의되는 바와 같다. 이러한 차이들로부터 새로운 정보의 가능성이 탐색되고 새로운 정보(개념)가 발명된다. 모든 정보는 사건의 경험을 기반으로 하지만 심볼 그라운딩은 대상 자체가 아니라 대상의 표현에 지나지 않고 그나마 관찰자마다 모두 다르게 이루어진다는 의미에서 어차피 상상의 산물이라고 할 수 있다. 이러한 관찰자 내부의 해석체들은 1차적으로는 비경험적인 모든 것을 상상적인 대상으로 정보화할 수 있다. 신, 이데아, 물자체, 공, 도, 기, 리, 정보, 그리고 생명과 죽음 등도 이러한 발명된 상상적 정보라고 할 수 있고 이를 기반으로 일상의 수많은 현상 이해와 행위의 믿음 체계를 구성하게 된다.

상상도 관찰자에게 일어나는 정보 처리이기 때문에 기존의 정보와 완전히 동떨어진 무엇이 될 수는 없고 유사성에 기반한 유비 추론에 기반한다. 유비 추론이 기반하는 차이는 단순한 유사성이 아니라 관찰자가 경험하는 대상의 속성들에 기반하며 대칭적·계층적·조합적으로 상상된다. 지동설과 천동설, 창조와 진화, 의식과 무의식, 모든 분류적 체계, 모든 전체-부분 관계 체계 등이 그러한 사례이다. 유용한 상상의 유비 추론은 증거나 설명의 정합성을 통하여 개인적으로 신뢰할 수 있는 또는 사회적으로 공인된 정보 모델로 자리 잡게 된다.

호프스태터는 유비 추론이 모든 사고의 본질이라고 한다. 칸트 범주론에서 지각 대상이 범주화되는 데는 구상력(상상력)이 상정되고 있으며, 레이코프는 인간의 모든 개념은 은유적으로 개념화되어 있다고 생각한다. 새로운 문제 해결 방법으로서의 새로운 정보 모델은 기존의 수많은 정보의 모든 차이의 조합을 탐색하는 것이다. 이 모든 조합의 가능성을 타진하는 과정의 어려움을 인공지능에서는 폭발적 조합(combinatorial explosion)이라고 한다. 유비 추론을 통하여 새로운 정보를 만드는 과정이 막대한 자원을 소모하는 일이기는 하지만 정보 처리로 만드는 것은 충분히 가능한 일이다.

5) 성찰적 정보

관찰자는 외부 대상들을 관찰할 뿐 아니라 자신이 의식하는 생각들, 즉 해석체들을 관찰하고 그 차이를 구별하고 지칭하기 때문에 해석체가 대상체가 된다. 철학에서는 이러한 과정을 '성찰적(반성적)'이라고 한다.

구성적 정보 철학에서 성찰은 해석체들을 대상으로 하기 때문에 메타적이며 해당 해석체가 어떻게 생성되는지 살피기 때문에 과정적이다. 이러한 성찰을 통하여 세상에 대한 모델로서의 정보가 부분적이며 불확실하고 모순적이라는 것을 알게 된다. 그러므로 성찰은 관찰한 세상 모델을 비교, 검토하는 정보 처리 과정이다. 이 성찰이 바로 루만의 '관찰에 대한 관찰', 즉 2차 관찰이다. 하지만 이러한 관찰들로 이루어진 정보들도 관찰자의 자기 참조적 맹점으로 인하여 논리적으로 역설적 자기모순일 수밖에 없는 괴델적 과정(불완전성의 정리)이 된다.

6) 사회적 정보

문화는 같은 방식의 심볼 그라운딩을 하는 생물들과 제한된 소통을 통하여 이루어진 공적인 심볼 그라운딩이다. 그 문화의 심볼 그라운딩은 곧 욕구와 관련된 의미이기 때문에 욕구의 변화마저 초래한다. 심볼 그라운딩은 개체 사이에 일어나는 사회적 현상으로 생기는 개체 내의 작용이다. 루만은 사회는 인간들로 이루어지는 것이 아니라 인간들에 의하여 행해지는 소통에 의하여 자기 생산적으로 이루어진다고 보는 것이 사회를 이해하기 용이하다고 주장한다.

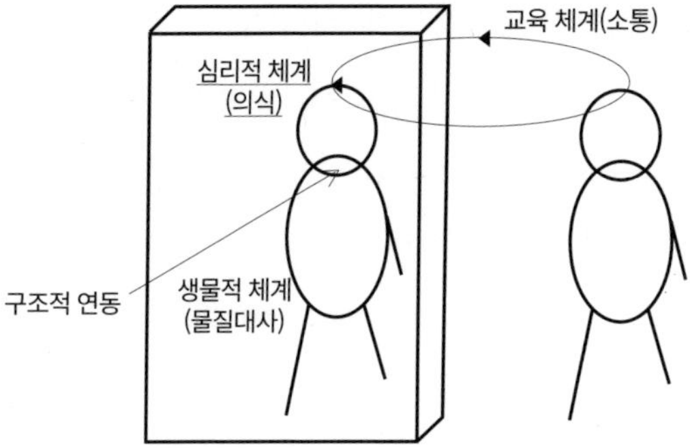

3개의 자기 생산 체계 모델

마투라나와 바렐라의 생물과 인지의 자기 생산 체계는 환경과 체계의 차이로부터 체계의 경계를 생산한다는 체계 이론으로서 루만에 의하여 사회학 연구에 적용되어 자기 생산적 사회 체계 이론이 된다. 사회 체계는 인간들 사이에 이루어지는 소통들이 환경과의 차이로부터 체계의 경계를 유지한다. 이러한 체계들은 생물적 체계(living systems), 심리적 체계(psychic systems), 사회적 체계(social systems)로 구별되며, 사회적 체계에는 사회(societies), 조직(organizations), 상호 작용(interactions)이 있다. 그리고 사회적 체계는 경제 체계, 정치 체계, 법 체계, 학문 체계, 예술 체계 등으로 분화되면서 근대적 사회가 된다. 인간은 생물적 체계와 심리적 체계로 이루어지고 두 체계가 '구조적 접속'이라는 현상으로 서로 영향을 준다. 그리고 심리적 체계와 사회적 체계, 또한 똑같이 구조적 접속으로 두 체계가 서로 영향을 주지만 심리적 체계가 사회적 체계의 구성 요소는 아니다. 심리적 체계는 생각과 생각에 의하여 구성되고 사회적 체계는 심리적 체계가 아니고 심리적 체계 사이에 일어나는 소통들에 의하여 구성된다. 하지만 의식적 체계와 사회적 체계 똑같이 '의미'라는 매체로 작동된다.

루만에게 사회를 이루는 구성 요소는 인간이 아니라 인간들의 소통이다. 이러한 소통은 송신자가 의미하려는 내용을 선택하고(정보), 그 내용을 표현하는 방법을 선택하고(통보), 이후 수신자가 가능한 통보가 의미할 수 있는 여러 가능한 의미를 선택하는(이해) 3가지의 선택으로 이루어진다.

심볼 그라운딩은 언어에 의한 사회적 현상이다. 루만의 사회 체계 이론에서 언어는 소통의 매체이다. 언어에 의한 심볼 그라운딩은 생각으로 작동하는 심리적 체계와 의식적 체계로 발생하는 소통에 의하여 작동하는 사회적 체계 사이에 '의미'라는 구조적 접속에 의하여 이루어지는 것이다.

7) 감정(느낌)적 정보

정보가 문제 해결을 위한 세상 모델의 믿음 체계라고 할 때 믿음이 논리적이지 않을 수 있다는 것을 함의한다. 서양 철학에서 지식은 정당화된 믿음이지만 그 정당화가 믿음 자체의 감정이기 때문에 시간과 공간적으로 지역적일 뿐이다. 인지 과학에서 감정은 문제 해결이 필요한 사건에 대한 즉각적이고 종합적 가치 판단으로 여겨지며 많은 처리 시간이 필요한 숙고적 가치 판단을 비하여 빠른 처리를 필요로 하는 생물의 진화적 결과물이라고 생각한다. 사건의 인지는 모호한 상태의 지각으로부터 감정적 그리고 논리적 이해와 평가가 이루어진다. 이성적인 판단을 위하여 논리적 이해가 필요하지만 논리적으로만 이루어질 수 없다. 다마지오는 감정이 의사결정에 필수적이라는 가설을 제시하였고 흄은 이성은 감정의 노예라고 하였다. 이성과 감정은 독립적인 정보 처리가 아니고 상호 작용한다. 논리적이라고 여겨질 때 감정적으로 믿음이 되고 감정적인 믿는 명제로부터 논리를 구성하게 된다. 직관은 축적된 경험의 논리가 즉각적으로 믿어지는 감정적 상태이므로 항상 정확한 것이라고는 할 수 없다.

개인이나 사회의 믿음 체계는 환경과 문화에 따라 숙명적으로 인지적 편향을 수반할 수밖에 없지만 정보 처리적으로는 제한된 합리성의 결과이다. 이러한 인지적 편향은 이성과 감정의 복합적인 작용으로 형성되는 것이다. 행동경제학이나 감정사회학의 연구 결과들은 개인과 사회의 행위들이 얼마나 감정적인지 보여주고 있다.

정보의 감정적 측면이 개인적이기보다 사회적이라는 점과 윤리와 정치의 사회적 문제 해결에 있어서 중요하다는 점은 현대의 인지 과학적 연구에서뿐만 아니라 칸트의 공통 감각, 후설의 상호 주관성 그리고 애덤 스미스의 공감에서도 명백히 드러나는 것이라고 할 수 있을 것이다. 자유 의지와 더불어 아직도 해결되지 않은 서양 철학의 가장 어려운 문제로 치부되는 감각질 또한 감정적 정보과 밀접히 연결되어 있기 때문에 이에 대한 정보 철학적 연구가 긴요하다.

4. 정보 처리 시스템으로서의 인간

정보 처리 시스템으로서 3차 심볼 그라운딩할 수 있는 인간이나 인공지능의 인지(지능)는 '개체가 불확실한 환경에서 적응하기 위한 정보 처리 능력'이라고 할 수 있다. 이러한 고등 인지는 진화의 결과이며 우연적 자연선택과 자기 조직화하는 창발적인 복잡 적응 시스템이다. 인지의 재료는 뉴런(신경세포)이고, 분자이며, 물질이므로 개체의 인지를 신체와 정신으로 분리하여 작용하는 것으로 생각할 수는 없다. 뇌는 이러한 인지의 가장 중요한 기관이지만 사실 생각을 하기 위한 기관이 아니라 신체 자원을 효율적으로 운영을 하기 위하여 발생한 것이다. 현재 뇌 과학에서 뇌는 중앙 통제 기관 없이 각각의 기능을 하는 분산된 모듈들로 구성되며 인지의 많은 부분은 무의식적으로 처리되는 것으로 생각한다.

인지는 자기 감각-운동 능력에 따른 심볼 그라운딩의 결과이며 이를 통하여 자신의 시스템에 알맞게 환경을 모델링하는 정보 처리이다. 이러한 심볼 그라운딩된 추상화 감각-운동 정보를 다시 재추상화할 수 있는 능력을 가진 존재들은 고등 인지 능력을 가지게 된다. 고등 인지 능력은 발전의 정도에 따라 정보들을 조합/운용하는 능력을 갖게 됨으로써 언어와 같은 상징 체계를 다룰 수 있게 된다. 이러한 인지 과정에서 관찰자로서의 자신을 추상화할 수 있게 되고 이를 통하여 의식이나 자유 의지가 발생될 수 있다. 의식은 무의식적 인지 과정 중에서 통합적 의사결정을 위한 추상적 수준의 정보 처리라고 할 수 있다. 의식은 재추상화된 환경 시뮬레이션이므로 이를 통하여 감각 촉발적인 단순한 반응에서 벗어나서 계획과 조정이 가능한 적응을 이루어낸다. 이 의식이 관찰자로서 자기 자신을 대상화하면 자기 시뮬레이션에 의한 자의식이라고 설명할 수 있을 것이다. 또한, 자유 의지는 의사결정을 내리는 의식적 정보 처리 과정에서 자기 자신을 포함시키게 되면 실제 결정이 내려지기까지 계속적으로 결정 유보 상태가 고려되어야 하기 때문에 자유 의지와 같은 현상을 보이는 것으로 볼 수 있다.

이러한 인지 과정에서 정서와 감정 같은 기제는 시스템의 환경 자극에 대한 통합적인 평가 시스템으로 간주될 수 있으며 욕구나 동기와 같은 개념들도 시스템에 연속적인 목표 생성 시스템으로 볼 수 있다. 정서나 욕구는 적응을 위한 합리적인 의사결정 과정에 배제되어야 할 대상이 아니라 시스템의 적응을 위한 필수적인 기제이며, 이러한 기제가 의식이라는 계획과 조정을 위한 시뮬레이션 과정 중에 포함되어 매우 복잡한 상호 작용을 통하여 시스템의 환경 적응을 조정하는 것으로 간주되어야 할 것이다.

살아 있는 생물 현상으로서의 생명은 변화하는 환경이라는 세상에서 스스로 에너지를 얻고 자손을 재생산하는 생존 문제 해결을 위하여 허용된 감각기관을 통하여 수집된 물리적 신호들로부터의 차이로부터 세상에 대한 내적 표현을 구성하고 미래의 환경 변화를 예측하고 허용된 행동을 결정한다. 인간과 같이 내적 표현을 외재화할 수 있는 복잡한 심볼 그라운딩 체계인 언어를 가진 생명은 정보를 기록하고 전달하여 집단적인 정보 공유와 세대를 건너 정보를 축적적으로 발전시켜 욕구를 최대화할 수 있다.

이러한 욕구는 단순히 생존을 넘어 좀 더 궁극적인 세상 모델을 추구하고 그 궁극의 욕구는 생명이 무엇인지를 지향한다. 칸트에 빗대어보자면 성찰적 생명으로서의 우리는 무엇을 알 수 있는지(궁극의 정보), 무엇을 해야 하는지(궁극의 행동), 무엇을 바랄 수 있는지(궁극의 욕구)에 대한 궁극적인 문제 해결을 원한다. 고래로부터 현재까지 수많은 동서양의 학문들, 특히 철학은 이 문제 해결을 추구해왔다. 인간은 그 내적 표현들로 이루어진 세상에 대한 모델이 '정보'이고 살아 있는 동안은 정보를 처리함으로써 다양한 욕구 문제 해결을 위해 구성된 정보 처리 시스템인 것이다.

5. 결론: 정보 철학적 인문 연구

인간은 존속 문제 해결을 위하여 세상에 대한 실재는 경험적으로는 결코 확인될 수 없는 믿음 체계를 구성하는 정보 처리 시스템이다. 이러한 믿음 체계는 현재 여기서 최적화된 것으로서 새로운 사건을 통한 경험으로 지속적으로 갱신된다. 특정 인간들에게 구성된 세상 모델로서의 정보는 지극히 현실적인 효용에 따라 만들어졌고 이 정보는 해당 인간이 미래 예측을 가능하게 하여 특정한 행위를 하게 만든다.

이러한 믿음 체계는 일상을 영위하기 위해서뿐만 아니라 종교적 믿음처럼 세상에 대한 근본적인 목적과 태도를 형성하여 한 개인, 한 민족, 한 나라의 운명을 좌우하는 행위들이 일어나게 한다. 이러한 종교적 믿음은 제도화된 거대 종교들뿐만 아니라 미신으로 치부되는 토속적 샤머니즘이나 신화에도 똑같이 적용되며 과학적 평가라는 잣대가 통용되지 않는다. 증거 기반의 과학이 발전하면서 놀라운 물질 문명이 이루어졌지만, 그 과학도 내용이 바뀌어 가고 양자역학에 이르러 일부 전문가만이 이해 가능하게 된 상황에서는 개개인들이 자신의 이해를 통한 믿음의 형성은 불가능한 것이 되었다. 일반인들에게 과학은 사제를 믿듯이 과학자를 믿을 수밖에 없다는 점에서 종교적 믿음과 다르지 않은 믿음이 되었다. 또한, 양자역학과 상대성 원리로 이루어진 현대 물리학의 발전은 새롭게 알게 된 물리적 사실과 더불어 새롭게 드러난 의문점들도 더 많아지고 있는 실정이다. 사실, 과학은 현재 과학자들이 연구한 내용을 바탕으로 합의한 내용이며 첨예한 논쟁들과 더불어 새로운 증거에 의하여 계속 발전하고 있는 것이다. 이러한 물리학이 아직 수많은 해결해야 할 문제들이 있음에도 물리학자들의 강철 같은 믿음은 물리주의적 이데아를 상정하고 있는 것이다.

과학과 더불어 자연의 절대적 진리로 치부되는 수학적 진리들도 발견되는 것이 아니라 발명된 것이라는 조지 레이코프의 설득력 있는 주장은 그것들을 잠정적으로 구성된 믿음이라고 볼 수 있는 것이다. 과학적 그리고 수학적 믿음은 물질 문명을 만들어내는 힘에 기반하고 있지만 일상의 삶은 양자역학이나 상대성 원리의 지식과 무관하게 이루어지고 종교적 믿음이나 사회의 통념적 믿음으로 영위된다. 더구나 정치적 프로파간다와 이데올로기, 그리고 자본주의적 광고로 믿음을 무의식적으로 구성되게 하는, 엄연한 현실에서는 우리 개개인들이 어떤 것을 욕구하고 행위하게 하는, 강제적으로 구성된 정보 시스템으로 만들어지고 있다는 점도 간과할 수 없다.

빈부 격차와 세대 갈등, 그리고 지구 환경, 더구나 인공지능을 필두로 한 4차 산업 혁명과 포스트 휴먼이 도래하는 시대에 개인적으로든 집단적으로든 이러한 당면한 문제에 대하여 문제 해결을 위한 믿음 체계로서의 정보는 어떤 함의를 가질 수 있을까? 세상에 대한 수많은 믿음으로서의 정보를 정보라는 통섭적 개념으로 상호 이해를 도모할 수 있으며, 수많은 이론보다 확인 가능한 경험적 정합성에 기반한 믿음 체계를 구성하기 위하여 정보는 실현 가능하고 반박 가능할 수 있도록 구체적이고 세부적이 되어야 한다. 또한, 문제 해결을 위한 개인적 또는 사회적 정보 모델들이 계속 새로워질 수 있는 전략으로서 유비 추론에 기반한 상상력을 앙양할 수 있는 풍토의 조성이 중요하다.

자연과학이 세상을 분석한 문제 이해의 정보 모델이라면 인공 과학은 자연과학을 바탕으로 문제 해결의 정보 모델이라고 할 수 있을 것이다. 현재 그 정점에 와 있는 것이 물질로 이루어진 인공지능 기계를 비롯한 수많은 물질 문명이지만 민주주의, 사회주의, 자본주의, 등의 정치 체계, 경제 체계, 교육 체계과 법 체계들의 수많은 사회제도도 충분히 만족스럽지는 않지만, 정보에 기반하여 인간이 만든 문제 해결의 인공물이라고 할 수 있다.

좀 더 나은 세상에 대한 정보 모델로서의 개인적 또는 사회적 믿음 체계의 형성은 좀 더 나은 문제 해결이 될 수 있을 것이다. 이러한 관점에서 인문사회학을 위한 정보 철학적 연구를 다음과 같이 생각해볼 수 있다. 이미 진행되고 있는 연구로서 디지털 인문학이라고 지칭되는 인문 고전을 비롯한 자료들에 대한 빅데이터 분석이 있을 수 있다. 대만과 홍콩의 학자들에 의하여 이루어진 관념사 연구가 그러한 사례이다.[1] 또한, 인공지능에서 인지 아키텍처라고 부르는 분야로 마음이나 인지 구조에 대한 심성 모델 컴퓨터 시뮬레이션이 있다. 신경 과학의 이론에 기반한 다양한 시뮬레이션이 있고 서양 철학의 경우 칸트 이론을 참조한 연구[2]는 다양하게 이루어지고 있으며 유사하게 불교의 유식론에 기반한 유사한 연구가 가능할

1 류칭펑, 「관념사(觀念史) 연구에서 데이터베이스 방법론이 지니는 의의」, 《개념과 소통》 제4호, 2009, 175~216쪽.

2 Hyeongjoo Kim and Dieter Schönecker, *Kant and Artificial Intelligence*, Gruyter, 2022.

것이고[3] 유학의 사단칠정론에 따른 심성 모델 시뮬레이션의 사례가 있다.[4] 이러한 연구는 마음이나 인지 과정에 대한 이론들을 컴퓨터 시뮬레이션으로 구현함으로써 더욱 이론을 정교화할 수 있고 인공지능 기술에 활용할 수 있다.

사회적 수준에서 행위하는 다양한 행위자들의 상호 관계와 관련 데이터를 연결함으로써 다양한 사회 현상을 이해하고 예측하는 소셜 시뮬레이션 연구들이 있고 이들은 계산 사회학, 계산 역사학, 계산 종교학 등의 이름으로 진행되고 있다.[5] 이러한 연구는 행위자 인지 아키텍처 연구와 연계함으로써 집단적 사고방식이나 생활 습관, 소위 망탈리테를 천착할 방

3 박기열, 「유식 삼성설에 대한 불교인식론적 고찰」, 《불교학보》 제47집, 2017, 9~53쪽.

4 유권종·박충식, 「性理學的 心性모델 시뮬레이션을 이용한 유교 禮교육 방법의 효용성 분석」, 《東洋哲學》 16, 2002, 269~298쪽; 유권종·박충식·장숙필, 「인지과학적 시뮬레이션을 통한 朝鮮 性理學의 禮교육 心性모델 개발(1)」, 《민족문화연구》 37, 2002, 317~345쪽.

5 박충식·김일겸, 「종교와 인공지능(1): 계산종교학」, 『한국종교학회 추계학술대회』 한국종교학회 추계학술대회, 2004; 최제영·박충식, 「BRMS를 이용한 루만의 사회체계이론 구현방안」, 『2013년 한국지능정보시스템학회 춘계 학술대회 논문집』, 2013, 255~260쪽; 최제영·박충식, 「행위자 기반 미시 — 거시 연계 경제 시뮬레이션과 루만의 사회체계이론 구현」, 『2014년 한국지능정보시스템학회 추계 학술대회논문집』, 2014, 229~232쪽; 박충식·이상동, 「From Data to Agents: 한국 디지털 역사학의 현주소와 AI 시대의 역사학」, 《호모이미그란스》 22, 2020, 178~202쪽, 유권종·박충식·장숙필, 「인지과학적 시뮬레이션을 통한 朝鮮 性理學의 禮교육 心性모델 개발(2)」, 《동양철학연구》 39, 297~341쪽; 박충식, 「계산종교학 + 구성적 인공지능 = ?」, 『K-종교학술확산연구소 국제학술대회 논문집』, 2022.

법이 될 수 있다.

또한, 인문학적 상상력에 기반한 정보 철학으로써 음양, 오행, 기, 리, 성, 과 같은 동양 철학적 개념으로 이루어진 믿음 체계를 정교하게 구성하거나[6] 최근 신유물론, 비유물론, 사변적 실재론, 객체 지향 존재론, 생기적 유물론, 등 존재론적 전회[7]라는 서양 철학의 새로운 경향의 이론들도 정보 철학적으로 구성해볼 수 있고 이러한 이론들은 동양 철학의 논리 구조와도 일정 부분 연관시키는 것을 기대해볼 수 있을 것이다.

서로 다른 믿음 체계의 소통에 대한 정보 철학의 중요한 연구로서 주장보다는 설득을 전제로 하는 패렐만의 신수사학[8]이나 원효의 화쟁론 연구[9]가 긴요할 수 있을 것이다. 또한, 감정적 소통의 기반을 위하여 칸트의 공통 감각[10]이나 후설의 상호 주관성 탐구도 생각해볼 수 있다.

6 김영건, 『동양철학에 관한 분석적 비판』, 라티오, 2009; 박동환, 『동양의 논리는 어디에 있는가』, 사월의책, 2017; 박동환, 『서양의 논리 동양의 마음』, 사월의책, 2017.

7 김은아, 「물질적 전회를 통해 본 나무와 인간의 얽힘, 그리고 상황적 지식」, 《교육인류학연구》 23(2), 2020, 1~37쪽.

8 양현정, 「신수사학과 데카르트 철학 — 카임 펠렐만의 관점에서 바라본 데카르트의 철학」, 《수사학》 12, 2010, 125~145쪽.

9 김영일, 「원효의 화쟁방법」, 《불교학보》 제54집, 2021, 37~65쪽.

10 류종우, 「들뢰즈의 칸트론에서 공통감각의 문제」, 《철학논총》 제79집 2015, 101~122쪽.

박충식

유원대학교(아산캠퍼스) 인공지능소프트웨어학과 석좌교수. 한양대학교 전자공학과를 졸업하고, 연세대학교 전자공학과(인공지능 전공)에서 석사학위와 박사학위를 받았다. 1994년부터 2022년까지 유원대학교(구 영동대학교) 교수로 재직하였고 현재 석좌교수로 있다.

구성주의적 관점의 인공지능을 연구하고 있으며, 인문사회학과 인공지능의 학제적 연구에 관심을 가지고 있다. 『인공지능의 존재론』, 『인공지능의 윤리학』, 『내가 만난 루만』, 『정보 철학의 모든 것』(근간), 『인문코딩』(근간), 등을 공저하였고, 「인공지능은 인문학이다」, 「정보기계로서의 생명」, 「From Data to Agents」, 등의 논문이 있다. 그리고 '박충식의 인공지능으로 보는 세상'의 제목으로 50여 건의 칼럼을 연재하였다.

'폴리스적 동물' 인간의 역사와 인류세 "역사란 무엇인가"

김기봉(경기대학교 사학과 교수)

1. '폴리스적 동물' 인간과 역사

만법귀일 일귀하처(萬法歸一 一歸何處). "모든 것이 하나로 돌아가는데, 그 하나는 어디로 돌아가는가?" 생명이란 무엇인가에 대한 물음의 답도 불교의 이 유명한 화두와 통한다. 오늘날 과학은 '모든 생명의 공통 조상(last universal common ancestor, LUCA)'이라 일컫는 최초의 살아 있는 단세포를 시작으로 지구상의 모든 생명체가 하나의 '생명 나무'를 이루며 진화했다는 설명을 한다. 생명의 기원을 찾아 과거로 거슬러 올라가면 결국 하나로 귀결된다는 것을 보여주는 증거가 모든 생명은 시토신(C), 구아닌(G), 아데닌(A), 티민(타이민, T)의 네 종류 염기 서열로 구성되는 DNA 분자에 저장된 유전 정보를 매개로 조직된다는 점이다.

존재하는 모든 물질의 기원은 다시 138억 년 전쯤에 일어났던 빅뱅으로 소급한다. 그렇다면 모든 것의 시작점이 빅뱅이라면, 빅뱅 이전은 무엇인가? 빅뱅과 함께 시간과 공간이 생겨났기에 빅뱅 이전이란 말부터가 성립하지 않는다. 그것은 지구의 가장 북쪽인 북극에서 다시 북쪽으로 가면 어디인가의 물음처럼 난센스다. 결국, 빅뱅 이후에 생겨난 물질과 별 그리고 지구상의 유기체까지를 포함해서 존재하는 모든 것은 과거가 있다. 빅뱅으로부터 38만 년이 지난 태초 우주의 모습을 찍은 우주 배경 복사 사진을 지금 우리가 볼 수 있는 것처럼, 과거는 결코 사라지지 않고 우주의 어딘가에 있다.

지구상의 생명체 가운데 인간의 특별함은 아주 작은 부분일지언정 과거에 대한 인식을 계속 넓힐 뿐만 아니라, 지구에 인간의 무늬인 문명을 새기고 그 영향력을 지구 전체로 확산시켰다는 점이다. 그런 인간 활동의 총체를 가리키는 말이 역사다. 역사란 인간이 과거의 사실을 기록해 정보화해서 집단 기억을 축적해 그것을 토대로 집단 학습을 할 목적으로 만들어낸 지식을 뜻한다. 로마 시대의 철학자 키케로(Cicero)는 인간에게 "역사는 삶의 교사(Historia Magistra Vitae)"라고 말했다. 그는 "우리가 만일 태어나기 전에 일어난 일들을 알지 못하면 영원히 어린아이로 머무를 것이다. 역사의 기록에 의해 우리 조상들의 삶에 엮이지 않는 한 인간의 삶의 가치는 무엇인가?"[1]라고 물었다.

과거는 사라지지만, 인간이 기록으로 남긴 것은 영속할 수 있다. 문자의 발명으로 가능해진 기록은 개체의 유한성을 공동체의 차원으로 확장해 극복할 수 있는 길을 열어주었다. 인간은 공동체의 이름으로 역사의 기록을 만들어내 과거 정보의 도서관을 구축하고 그것을 토대로 집단 학습을

1 Cicero, *Orator* 120, David Tabachnick and Toivu Koivukoski, *On Oligarchy: Ancient Lessons for Global Politics*(University of Toronto Press, 2011) 166,쪽.

해나가는 삶의 방식을 추구해서, 리처드 도킨스가 '밈(meme)'이라 명명한 문화 유전자를 만들어냈다. 인간은 모든 사람이 아니라 한국인, 미국인, 일본인처럼 특정 정치 공동체의 일원으로 살아간다. 인간은 다른 동물과는 달리 생물학적 유전자에 의거한 혈통보다는, 교육을 통해 인문(人文)이라 지칭되는 이상적인 자기 정체성의 문화적 코드를 내면에 주입하는 특이한 존재다. 헬레나 노르베리-호지(Norberg-Hodge)가 인용했던 히말라야 고원의 라다크 지역 속담처럼, "호랑이의 줄무늬는 밖에 있고 인간의 줄무늬는 안에 있다."[2]

개체로서 나는 유한하지만, 나를 있게 한 조상과 나로부터 생겨나는 후손들의 연합체로서 폴리스라고 통칭되는 상상의 공동체는 영원할 수 있다는 믿음이 역사라는 서사를 발명하게 만든 원동력이다. 집단 생활은 거의 모든 생명체의 특성이지만, 영국 옥스퍼드대학 문화인류학자 로빈 던바(Dunbar)는 한 유기체의 정보 처리 능력은 대뇌 신피질 크기에 달려 있기에 개체가 안정적 사회적 관계를 맺을 수 있는 임계치가 있다고 했다. 그는 인간의 경우는 평균이 150명이라 했다. 하지만 인간이 그 숫자의 한계를 초월하는 국가, 민족, 제국 같은 거대한 사회적 협력 공동체를 구성할 수 있었던 것은 '폴리스적 동물(zoon politikon)'로 진화했기 때문이다.

아리스토텔레스가 정의한 "인간은 폴리스적 동물이다"가 유약한 유인원의 일종으로 탄생했던 호모 사피엔스가 위대한 문명의 도약을 이룩할 수 있었던 역사의 기본 값(default value)이다. 아리스토텔레스는 인간이 폴

2 헬레나 노르베리-호지(양희승 옮김) 『오래된 미래』(중앙북스, 2012), 77쪽.

리스적 동물로 성장하는 과정을 다음과 같이 요약했다.

> 맨 먼저 생겨난 것이 가정이다. […] 날마다 되풀이되는 필요를 충족하기 위해 자연적으로 형성된 공동체가 이렇듯 가정인데, 그 구성원을 카른다스는 '식탁의 동료들'이라고 부르고, 크레테의 에피메니데스는 '식구'라고 부른다. 날마다 되풀이되는 필요 이상을 충족하기 위해 여러 가정으로 구성된 최초의 공동체가 마을이다. 마을이 형성되는 가장 자연스런 형태는 한 가정에서 아들들과 손자들이 분가해 나가는 것이다. […] 여러 부락으로 구성되는 완전한 공동체가 국가인데, 국가는 이미 완전한 자급자족이라는 최고 단계에 도달해 있다고 할 수 있다. 국가는 이전 공동체들의 최종 목표이고, 어떤 사물의 본성은 그 사물의 최종 목표이기 때문이다. 사람이든 말이든 집이든 각 사물이 충분히 발전했을 때의 상태를 우리는 그 사물의 본성이라고 하니 말이다. (1252b27)[3]

아리스토텔레스는 '폴리스적 동물'이 인간의 본성이며 존재의 원인인 동시에 최종 목표라고 했다. 그런 폴리스적 동물로서 정치 공동체의 서사를 쓴 최초의 역사가가 헤로도토스다. 그는 『역사(Historiai)』를 저술한 의도를 첫 문장으로 기술했다.

> 할리카르네소스의 헤로도토스는 그의 탐구 결과를 다음과 같이 밝힌다.

3 아리스토텔레스(천병희 옮김), 『정치학』(도서출판 숲, 2009),

이는 인간들이 이룬 일들이 시간이 흐르면서 잊히지 않도록 하고, 또 헬라스 인들과 이방인들이 보여준 위대하고 놀라운 행적과 특히 그들이 전쟁을 벌인 원인이 세상에 널리 알려지도록 하려는 것이다. (Herodotos, I, 1)[4]

과거가 지나간 실재라면, 역사란 그에 관한 집단 기억을 문자라는 상징 언어를 사용하여 재현한 서사다. 인간이 기억을 문자 기록으로 외장화해서 축적해 주조해낸 '문화적 기억'이 역사다. 나는 한국인으로 태어난 것이 아니라 한국사라는 '문화적 기억'이 주입된 집단 학습의 결과로 그런 정체성이 각인됐다.

역사라는 '문화적 기억'은 집단 정체성을 형성하는 '밈'을 만들어내서 인간을 자연에 사는 동물과는 다르게 '폴리스적 동물'로 진화시켰다. 문화 유전자를 가진 인간은 상상의 공동체의 항상성을 유지하고 작동시키는 소프트웨어 프로그램을 개발했고, 그 대표적인 것이 신화, 종교, 역사와 같은 허구 서사다.

내 몸은 약 30조 개 세포로 구성돼 있다. 세포의 유통 기한은 유한하다. 뇌 신경 세포와 눈 수정체 세포를 제외한 다른 주요 장기를 이루는 세포는 대략 6개월이고, 7년이 지나면 대부분의 세포가 교체되어 몸은 바뀌게 된다. 그런데도 같은 내 몸이라고 믿는 이유는 무엇인가? 뇌 과학은 그런 자아 정체성을 '테세우스의 배(The Ship of Theseus)'의 역설로 설명한다. 고대 아테네인들은 국가적 영웅인 테세우스의 배를 낡은 판자를 새것으로

4 헤로도토스(김봉철 옮김), 『역사』(길, 2016), 59쪽.

교체하는 방식으로 보존했다. 그런데 원래 배의 판자가 모두 교체됐다면, 둘은 같은 배인가? 우리 몸의 30조 개 세포가 7년 후 모두 바뀐 후에도 같은 '나'로 인식되는 이유는, 실재가 아니라 기억이 정체성을 만들기 때문이다.

왕조와 제국, 국가 및 민족도 결국 '테세우스의 배'처럼 집단 기억이 만들어낸 폴리스의 확장된 상상의 정치 공동체다. 그런 정치 공동체의 집단 기억을 구성할 때 화두가 되는 질문이 "우리는 어디서 왔고, 무엇이며, 어디로 가는가?"이다. 이 물음은 문·사·철로 대표되는 인문학의 근본 문제이기에 '인문학 3문(問)'이라 칭할 수 있다. 모든 시대 모든 정치 공동체의 지배자들은 '인문학 3문'에 대한 정형화된 답을 구성원들에게 주입할 수 있는 길을 모색했다.

동아시아는 주로 정사(正史)라는 왕조 국가의 정통 서사를 편찬하는 것으로 그 목표를 달성하고자 했다. 그런 동아시아 역사의 아버지는 사마천(司馬遷)이다. 그는 역사를 쓰는 행위를 과거에 일어났던 일을 기억할 수 있는 기록을 남기는 것을 넘어 인간이 하늘과 소통하는 삶을 영위할 수 있는 일종의 종교적 의례로 이해했다. 그의 역사 정신을 한마디로 요약한 문장이 "하늘과 인간의 관계를 탐구하고, 고금의 변화에 통달하여, 일가의 말을 이루고자 한다[欲以究天人之際 通古今之變 成一家之言]"이다. 사마천은 그런 연결의 서사를 천도(天道)라는 초월적 기의에 근거해서 구성하려 시도했고, 그것을 통해 폴리스적 동물로서 인간 삶의 목적과 의미를 집단 학습 시킬 수 있는 서사를 편찬해내고자 했다.

그런 역사 편찬은 폴리스적 동물로서 인간이 삶을 영위할 수 있는 학습 도구이면서 그 자체가 존재의 근거가 되었다. 그런 역사의 표상이 『조선왕조실록』이다. 조선 왕조가 500년 넘게 존속할 수 있었던 생명력도 임진왜란과 같은 국난 속에서도 『조선왕조실록』을 지켜내고 실록 편찬을 멈추지 않았던 투철한 역사 정신에서 유래했다. 『조선왕조실록』은 조정의 일들을 기록하는 단순한 연대기를 넘어서 왕과 신하 그리고 백성으로서 현존재의 존재 방식을 규정하는 '숨은 신(Deus absconditus)'의 아우라(aura)를 발휘했다.

그것을 편찬해야 하는 사관을 제외한 왕은 물론 어느 누구도 볼 수 없다는 것이 '신격화'의 효과를 낳았다. 궁극적으로 기억되는 것은 『조선왕조실록』에 실리게 될 자신에 관한 기록이라는 사실이 조선의 왕들에게 역사에 대한 외경을 갖게 만들었다. 역사는 볼 수는 없지만 엄연히 존재해서 자신의 삶을 규제하는 종교의 역할을 했다. 따라서 연산군과 같은 왕이 '실록'을 보는 신성모독을 범하고 사화(史禍)를 일으켰을 때는 반정(反正)이 일어났다.

폴리스적 동물인 인간의 3문에 대한 답은 종교와 정치 공동체 그리고 지향하는 가치 체계에 따라 다를 수밖에 없다. 그 형태는 신화, 종교, 역사의 형식으로 정형화되고 변형됐지만, 천명이든 신의 섭리와 같은 메타서사에 의거해서 '존재의 대사슬'을 구성했다. 하지만 막스 베버가 '탈주술화'라고 특징 지웠던 근대에 이르러 그런 초월적 가치 체계는 붕괴하고 다시 가치의 다신교 시대가 도래했다. 가치의 다신교 시대에 초래되는 '만인의 만인에 대한 투쟁'을 종식시킬 목적으로 근대인들이 '인조 신'으로 발명한 것이 리바이어던 국가다. 국가에 대한 가장 유명한 정의는 막스 베버의 "주어진 영토 내에서 물리적 폭력의 정당한 사용의 독점을 주장하는 인

간 공동체"이다.[5]

그렇다면 국가가 폭력을 독점해야 하는 정당성의 근거는 무엇인가? 정치를 탈도덕화했던 근대 정치학의 아버지로 일컬을 수 있는 마키아벨리는 리바이어던이 내리는 정언 명령을 국가이성과 같은 것으로 보았다. "국가 이성이란 넓은 의미에서 국가적 행위의 판단 기준으로서의 이성을 뜻한다. 달리 말해서 그것은 국가 목적의 달성에 필요한 수단을 찾아내는 통치 원리"이다.[6] 이는 국가의 생존과 번영을 위해 헌신하는 것을 폴리스적 동물인 인간이 갖춰야 할 최대 덕목으로 설정하는 논리다. 따라서 근대 역사학의 과제는 국가 이성에 근거해 정치 종교의 기본 값 설정을 리셋(reset)할 수 있는 새로운 역사 서술 모델을 창안해내는 것이었다.

그런데 모든 절대적 보편 가치와 의미 체계가 탈주술화 됨에 따라, 막스 베버의 표현대로 고대의 무덤에서 부활한 가치의 다신교 시대에 국가 이성에 근거한 정치 종교의 수립이 어떻게 가능할 수 있는가? 근대에서 이기적 개체들을 하나의 정치 공동체로 통합할 수 있는 이데올로기로 가장 강력한 힘을 행사하는 것은 민족주의다. 개체로서 나는 유한하지만, 과거의 조상과 미래의 후손과 연결시켜서 나의 정체성과 존재 의미를 규정하는 민족주의는 근대를 위한 정치종교다. 에르네스트 르낭(Ernest Renan)은 민족은 개개인이 함께 살고 있는 사람들과 공동의 삶을 계속하기를 결정하는 "매일 매일의 국민투표"로 성립하는 정치 공동체인 동시에, "이미 치

5 M. Weber, "Politik als Beruf", *Gesammelte Politische Schriften*(Tuebingen, 1921), 5. Aufl. 1988, 506쪽.

6 곽차섭, 『마키아벨리즘과 근대 국가 이념』(현상과 인식, 1995), 17쪽.

러진 희생과 여전히 치를 준비가 되어 있는 희생의 욕구에 의해 구성된 거대한 결속"이라 했다.[7] 민족의 근대적이면서도 전근대적인 이중성이 한편으로는 주권자인 국민의 의지 공동체면서도, 다른 한편으로는 나는 유한하지만 민족은 영원하기에 나는 민족 중흥의 역사적 사명을 띠고 이 땅에 태어났다는 국민 국가의 정치 종교로 기능하도록 만들었다.

근대 역사학은 폴리스적 동물인 인간의 집단 정체성과 존재 의미를 규정하는 역사의 플롯을 구성하는 메타 역사가 왕조의 정사에서 국민 국가의 서사로 바뀌는 맥락에서 성립했다. 유럽은 종교 전쟁과 혁명을 겪으면서 국민 국가로의 전환이 연속적으로 이뤄졌다. 그럴 수 있었던 것은 근대적 주체를 탄생시킨 '코페르니쿠스 전환'이라는 세계관의 변동이 동반됐기 때문이다. 그에 비해 동아시아에서 근대로의 이행은 자력이 아니라 서구 제국주의로부터 충격을 받고 추진됐다. 아편 전쟁에서 청나라의 패배를 기점으로 해서 중화 세계 질서에서 만국 공법 질서로 세계관의 전환이 일어났고, 그것에 부합하는 정치 공동체의 서사를 재구성하는 새로운 역사 서술 모델이 요청됐다. 다음으로 그 같은 근대로의 이행을 위한 정치 공동체 서사가 어떻게 재구성됐는지를 살펴본다.

7 에르네스트 르낭(신행선 옮김), 『민족이란 무엇인가?』(책세상, 2002), 80쪽.

2. '국사(國史)'의 탄생과 역사학의 3분과 체제

근대 국민 국가를 형성하기 위해서는 먼저 왕조의 백성이 아니라 국가의 국민으로 정치 공동체의 전 주민을 포섭할 수 있는 역사 서사가 요청됐고, 그 필요에 의해 창안된 것이 '국사(國史)' 모델이다. 동아시아에서 그 모델의 창시자들은 1887년 랑케의 제자인 루트비히 리스(Ludwig Riess)를 초빙해 도쿄제국대학 사학과를 창설하고, 2년 후에 국사학과를 개설한 일본의 역사가들이다. 동아시아 근대 역사학은 중화 세계 질서에서 만국 공법 질서로 세계관이 바뀌면서 국민 국가를 형성해 문명 개화로 나가는 것이 시대적 과제로 떠오름에 따라 그런 역사적 사명을 완수하는 것을 목표로 해서 정립됐다.

근대 역사학의 아버지인 랑케는 국민 국가의 서사로서 '국사'를 쓸 수 있는 정치사를 역사의 첫 번째 과학 모델로 제안했다. 랑케의 정치사 모델은 양립할 수 없는 두 과제를 성취하는 것을 추구했다. 하나는 현존하는 국가 그 자체가 역사적 발전의 결과이자 하나의 '도덕적 에너지' 곧 '신의 생각(Gottesgedanken)'임을 보여주는 것이고, 다른 하나는 사료 비판에 의거해서 비당파적 역사를 쓰는 과학적 방법론을 정립하는 것이었다.[8] 랑케는 정치와 과학 사이의 모순을 개체는 필설(筆舌)로 다할 수 없는 신의 보편성을 내재한다는 역사주의 개체 사상으로 극복할 수 있다고 믿었다. 하지만 "편견과 가치 판단에서 해방된 연구를 요구하는 역사학의 과학적 에

8 게오르그 G. 이거스(임상우·김기봉 옮김), 『20세기 사학사 — 포스트모더니즘의 도전, 역사학은 끝났는가?』, (푸른역사, 1999), 48쪽.

토스와 특정한 사회적 질서를 당연한 것으로 받아들이는 역사학의 정치적 기능 사이에는 애초부터 긴장감이 존재하고 있었다."[9] 그런 모순으로부터 독일 역사주의는 역사학자들을 민족주의 정치 종교의 사제로 전락시키는 경향성을 낳았고, 마침내 히틀러의 제3제국이 '독일의 파국(Deutsche Katastrophe)'[10]을 초래하는 데 일조했다는 반성을 하지 않을 수 없었다.

일본의 근대 역사가들은 "모든 시대는 신에 직결된다(Jede Epoche ist unmittelbar zu Gott)"는 랑케 역사주의 공리를 전유하여 통치권의 주체로서 천황을 국체의 본질로 삼았다. 랑케의 신이 프로테스탄티즘에 근거한다면, 일본 근대 역사학의 창시자 가운데 한 명인 시라토리 구라키치는 천황 숭배가 일본 진보의 원천이라 주장했다. "일본 민족의 영원한 규범이자 조상 전래의 기원으로서, 천황은 이미 일본 민족의 보편 정신을 체현"하며, "민족의 일체성을 유지시키는 현상적이고, 정신적인 힘이었으며, 민본 정신—서구 민주주의 정신—을 내포했으며, 일본 문화의 진보 정신을 생성했다"고 했다.[11]

일본 근대 역사학은 천황 민족주의 정치 종교의 사제 역할을 하는 가운데 탄생했다. 천황 민족주의에 의거해서 일본의 국체(國體)를 만들고 그것을 정당화하는 일본사의 재구성을 모색했다. 만세일계(萬世一系)의 천황이 통치하는 일본 제국의 국가 정체성과 봉건 사회의 근대적 재구성을

9 위의 책, 44쪽.

10 Friedrich Meinecke, *Die deutsche Katastrophe: Betrachtungen und Erinnerungen* (Wiesbaden: Brockhaus, 1955).

11 스테판 다나카(박영재·함동주 옮김), 『일본 동양학의 구조』,(문학과지성사, 2002), 56쪽.

위해 새롭게 제기해야 할 질문이 "우리는 어디서 왔고, 누구이며, 어디로 가야 하는가?"이다. 메이지 시대 일본의 역사가들은 1885년 후쿠자와 유키치가 일본의 나아갈 길로 제시한 탈아입구(脫亜入欧)를 이정표로 삼고 이 3문에 답하는 각각의 역사 서술을 고안해내는 것으로 근대 역사학 체계를 세웠다. 그렇게 해서 탄생하는 것이 역사를 동양사, 국사, 서양사로 배분하는 3분과 체제다.

"우리는 어디서 왔는가?"의 질문으로 일본사의 기원을 탐구하는 역사가 동양사라면, "우리는 누구인가?"의 답을 주는 것이 '국사'로서 일본사이고, "우리는 어디로 가야 하는가?"의 방향을 설정하는 일본사의 모범이 되는 역사가 서양사다. 동양사와 서양사는 일본 정체성의 부정과 긍정의 거울이 되는 역사다. '국사'로서 일본사의 과거를 탐구하는 동양사는 '탈아'의 명분으로 극복하고 지배해야 할 공간의 역사다. 세계의 중심을 뜻하는 중국(中國)을 지나(支那)로 지역화하고 일본이 아시아를 지배의 대상으로 삼을 목적으로 만든 심상 지리가 '일본의 오리엔트(Japan's orient)'로서 '동양'이다.

일본 역사가들이 만든 3분과 체제의 매트릭스는 동아시아 근대 역사학의 하드웨어와 소프트웨어를 주조하는 주형으로 기능했다. 해방 직후 사학과를 설치한 한국의 고려대, 동국대, 서울대, 연희대의 4개 대학은 일본 역사학이 제도화한 3분과 체제를 그대로 적용하여 전임 교수진을 충원했다. 그런 구색을 맞출 수 있었던 것은 경성제국대학 출신자, 그리고 일본 본토의 제국대학과 와세다대학 같은 사립 대학에서 역사를 공부한 사람들이 한국 역사학계의 주류를 형성했기 때문이다. 식민지 유산인 3분과 역사학 분류 체계는 해방 후에도 신성불가침의 학문 권력으로 작동했다.

메이지 시대 일본의 근대 선각자들이 만든 근대, 철학, 사회, 역사, 문화, 문명 등의 번역어는 동아시아 근대 문명의 문화 유전자인 '밈'을 만들어내는 효과를 발휘했다. 정치적 해방을 맞이한 이후에도 '밈'의 복제의 계속됐기에, 한국 근대 역사학에서 3분과 체제는 철폐되기는커녕 한 지붕 밑의 세 가족으로 각자의 계보로 후속 세대를 번성시켰다.

한국의 역사학자들은 국사·동양사·서양사의 3분과 체제에서 벗어나야 한다는 당위성은 거의 모두가 인정한다. 하지만 문제는 그 대안이 무엇인가다. 분류 체계가 학문 권력이 돼 버린 상황에서 그로부터 벗어날 엄두를 못 내고, '자유로부터 도피'를 통해 3분과 체제의 권위에 복종하며 전공 분과의 길드에 안주한다. 그런 역사학 지식 생태계에서 '전문주의 숭배(cult of professionalism)'는 만연해 있다. 역사학자들은 논문 수를 늘리기에 적합한 세밀하고 작은 영역의 주제에만 천착하고, 인류 문명과 역사에 대한 장기 전망을 하는 연구는 포기한다. 그런 악순환의 구조로부터 탈피하지 않으면, 전공 영역의 칸막이는 강화되고 소수의 전공자끼리만 소통하는 전문가 집단으로 변질된다.

그러는 사이 문명의 전환은 일어났다. 마샬 맥루한(Marshall McLuhan)이 말하는 '구텐베르크 은하계(The Gutenberg Galaxy)'[12]가 종말을 고하면서, 역사학은 탈문자 시대로 진화하는 지식 생태계에서 소외된 '갈라파고스(Galapagos)섬'처럼 고립될 수 있다. 근대 역사학은 디지털 시대를 맞이하여 패러다임 전환을 하지 않으면 고고학처럼 죽은 화석을 연구하는 학

12 Marshall McLuhan, *The Gutenberg Galaxy*(University of Toronto Press, 2011).

문으로 전락할 수 있다. 그런 문제의식으로 조 굴디(Guldi)와 데이비드 아미티지(Armitage)는 '역사학 선언(History Manifesto)'을 했다.[13] 동아시아 차원에서도 '역사학 선언'은 필요하다. 아마 그 선언문의 첫 문장은 "하나의 유령이 동아시아 역사학을 떠돌고 있다. 3분과 체제라는 유령이"가 될 것이다. 무엇보다도 세계화의 시대정신을 타고 부상한 한국의 글로벌한 문명사적 위치가 새로운 역사 서술을 요청한다. 요컨대 근대화에 지각해서 식민 지배를 받았던 한국이 산업화와 민주화라는 근대의 이중 혁명에 성공한 것을 역사적으로 어떻게 설명할 것인가?

3. '국사'에서 글로벌 한국 문명사로의 전환

근대화 이후 세계화는 문명에 대한 인식을 바꿨고, 한국사를 보는 관점을 변화시켰다. 거대한 변화의 조짐은 아이러니하게도 가장 보수적인 학문의 전당에서 시작됐다. 2007년 대한민국 학술원 인문사회 제3분과는 '문명의 전환과 세계화'라는 주제로 국제학술회의를 열었다. 취지는 "현재 전 세계적 규모로 진행되고 있는 세계화의 문제가, 온 인류의 문명사 발전의 관점에서는 어떠하였는지 또 어떠해야 할 것인지를 학문적으로 점검해보고자 함이었다."[14] 학술대회에 미국과 일본에서 저명한 역사학자

13 Jo Guldi·David Armitage, *The History Manifesto*(Cambridge University Press, 2014).

14 김용섭, 『東아시아 역사 속의 한국문명의 전환 — 충격, 대응, 통합의 문명으로』

가 초청되어 강연하고, 한국 대표로 김용섭이 "한국: 동아시아 역사 속의 문명 전환과 세계화"라는 제목으로 보고를 했다. 여기서 내재적 발전론의 '숨은 신'[15]이라고까지 일컬어졌던 원로 역사학자는 문명사적 전환으로 한국사의 전 과정을 총괄하는 역사관을 제시하는 일대 변신을 했다. 세계화를 인류 역사의 보편적 흐름으로 설정해서, 전통 시대 중화 문명에서 서구 근대 문명으로 보편 문명이 바뀌는 것에 맞춰 한국사를 2단계의 세계화로 발전하는 과정으로 총괄했다.

한민족의 역사는 시작부터 중국 문명에 대한 도전과 응전으로 전개됐다. 중국의 역사서에서 동이(東夷)라고 일컬어졌던 한민족의 태반 문명은 고조선 문명이다. 제1차 문명 전환과 세계화는 고조선 문명이 중국의 천하 체제에 포섭되어 유교 사상을 수용하여, 그것을 보편적 가치로 인정하여 중화 세계 질서 속에 살아간 것을 계기로 이뤄진다. 김용섭은 그때의 문명 전환을 "한민족의 문명이 고조선이라고 하는 소(小)세계 문명권에서, 중국 문명이 중심이 되는 동(東)아시아 중(中)세계 문명권으로 편입되는 과정이었다"[16]고 서술했다. 동아시아 문명권은 오랫동안 중국 중심의 천하(天下)라는 관념으로 세계를 인식했고, 거기에 편입된 것이 한민족이 경험한 첫 번째 세계화였다. 19세기 중국 중심의 천하 체제가 붕괴하는 것으로 동아시아에서 "제2차 문명전환과 세계화, 즉 근대 서구 문명의 수용

(지식산업사, 2008), 7쪽.

15 윤해동, 「'숨은 신'을 비판할 수 있는가? — 김용섭의 '내재적 발전론'」, 『역사학의 세기』(휴머니스트, 2009), 253~282쪽.

16 위의 책, 114쪽.

이 시작되었다." 그것을 김용섭은 "중세적 중(中)세계 문명권에서 근대적 대(大)세계 문명권에로의 발전 과정"[17]이라 지칭했고, 그로부터 오늘날의 문명 전환과 세계화가 시작됐다고 했다.

그렇다면 한국사를 '국사' 프레임에서 벗어나 보편 문명의 전환에 적응하는 세계화 과정의 글로벌 히스토리로 기술할 때, 일제 식민 시대에 대한 역사적 자리매김을 어떻게 할 것이며, 남과 북의 이질적인 두 체제를 아우르는 한민족의 역사를 어떻게 기술할 것인가? 김용섭은 이에 대한 자세한 서술을 하지 않았다. 중요한 것은 내재적 발전론을 포기하고 한국사를 글로벌 문명사로 바라보는 관점의 전환을 했다는 것이다. 근대로의 이행기 한국사는 식민 지배를 당하는 후진적 역사였다. 하지만 세계화 시대 한국은 원조를 받던 나라가 선진국 대열로 진입한 전 세계에서 유일한 국가로 성장했다. 전자에서 후자로의 한국의 위상 변화는 새로운 한국사 서술을 요청했다. 요컨대 과거와는 달라진 현재에서 새로운 관점과 시각으로 "우리는 어디서 왔고, 누구이며, 어디로 가야 하는지?"에 답할 수 있는 한국사를 새로 써야 한다는 문제의식이 대두했다. 종래 한국 역사학자들에게 이 3문에 답하는 가장 강력한 서술 모델은 내재적 발전론에 입각한 민족주의 사학과 유물 사관의 세례를 받은 민중 사학이었다. 하지만 이 두 모델로 21세기 글로벌 한국사를 쓰는 것은 불가능하다. 그러기 글로벌 문명사로 한국사를 재구성해야 하는데, 역설적이게도 그 모범을 내재적 발전론의 대표 역사학자가 선구적으로 보여주었다.

17 위의 책, 196쪽.

한국은 보편 문명의 '밈'을 복제하는 문화적 진화로 살아남았고 오늘의 성공에 이르렀다. 그렇다면 오늘날 한국의 역사가들이 해명해야 할 가장 중요한 문제 가운데 하나가 한국이 역사 공동체를 보전하여 지금처럼 세계화에 성공할 수 있었던 요인을 이루는 문명사적 유전자는 과연 무엇인가이다. 그런 맥락에서 김한규는 발상의 전환을 하는 물음을 던져서 한국의 생존 방식을 새롭게 해명하는 역사 연구를 제안했다. "전통 시대에 동아시아 '세계'를 구성하고 있었던 다수의 역사 공동체들 가운데 중국 이외에 한국과 베트남, 일본, 몽골 등 4개의 역사 공동체만 현재 독립된 국가를 운영하고 있다. '중국'과 '중화인민공화국' 사이 '변강'에 병존했던 그 수많은 역사 공동체들이 중국의 일부로 편입되어 역사의 무대로 사라졌는데, 이들 네 역사 공동체만이 생존하게 된 까닭은 무엇일까? 특히 한국이 그 숱한 역사적 골곡을 겪으면서도 장구한 기간 동안 독립된 국가를 영위할 수 있었던 힘은 어디에서 찾을 수 있을까?"[18]

한국인의 문명사적 유전자가 생성되는 태반 문명은 고조선이다. 단군조선에서 기자조선으로 이행을 통한 보편 문명으로의 포섭은 이후 전개되는 글로벌 한국 문명사의 출발점이 되었다. 제1차 문명 전환을 통해 한민족은 중국화하여 소멸하지 않고, 개체 문명이 보편 문명을 모방하는 문화적 유전자로서 '밈'을 형성하여 역사 공동체를 보전하고 발전시킬 수 있는 원형(archtype)을 마련했다. 단군이 종족의 기원을 상징하는 개체 정체성 코드라면, 기자는 보편 문명의 코드다. 단군조선과 함께 한국사는 끝난

18 김한규, 『동아시아 역사상의 한국』, 84쪽.

것이 아니라 기자조선으로 문명의 전환을 하는 사대(事大)의 생존 전략으로 한국인의 문화적 유전자를 진화시키는 문명사의 길을 열었다. 요컨대 보편 문명을 개체의 역사 공동체가 수용하여 고유 문명을 새로운 차원의 통합 문명으로 재창출하는, 예컨대 명이 멸망하고 청이 중국을 지배했을 때 '조선 중화' 내지 '소중화'로 역사 공동체의 정체성과 집단 지향성을 모색하는 문명 문법으로 한국사는 전개됐다.

한국과 일본은 보편 문명을 전유하는 방식이 다르다. 비유하자면, 한국은 보편 문명과 뒤섞이는 '비빔밥' 유형의 문화적 진화를 한다면, 일본은 자기 언어로 번역해서 의미를 추구하는 문명 문법을 갖고 있다. 근대로의 이행을 일본은 천황의 만세일계라는 상상의 공동체를 고안해서 주체적으로 번역해서 완수했지만, 그것은 천황제 파시즘이란 파국의 결과를 낳았다. 이에 비해 중화라는 보편 문명에 사대하는 관성에서 벗어나지 못했던 조선은 세계관의 변동에 능동적으로 대처하지 못함으로써 식민 지배를 당했다. 신채호는 보편 문명의 포섭하는 사대주의를 조선이 망할 수밖에 없는 근본 원인으로 비판했다. "우리 조선 사람은 매양 이해 이외에서 진리를 찾으려 하므로, 석가가 들어오면 조선의 석가라 되지 않고 석가의 조선이 되며, 공자가 들어오면 조선의 공자가 되지 않고 공자의 조선이 되며, 무슨 주의가 들어와도 조선의 주의가 되지 않고 주의의 조선이 되려 한다. 그리하여 도덕과 주의를 위하는 조선은 있고 조선을 위하는 도덕과 주의는 없다. 아! 이것이 조선의 특색이냐, 특색이라면 특색이나 노예의 특색이다. 나는 조선의 도덕과 조선의 주의를 위하여 곡하려 한다."[19]

20세기 문명 개화를 일본은 번역으로 성취했고, 한국은 그것의 이중 번역으로 식민지 근대화를 했다. 그런데 근대화에서 세계화로 시대정신의 바람이 바뀌면서 일본과 한국의 위상에 변화가 일어났다. 21세기에 동아시아 근대를 선도했던 일본은 쇠락하는 경향성을 보인 반면, 세계화 시대의 바람을 타고 한국은 계속 부상하는 추세다. 시대정신의 바람이 바뀌면 빛과 그림자 또한 위치가 변동한다. 일본 문화의 최대 장점 가운데 하나가 장인정신이다. 그런 전통은 지식과 기술을 전문화하는 서구 근대성을 성공적으로 번역할 수 있는 정신적 자산으로 작용했다. 하지만 디지털 문명 전환을 통해 초가속적 변화가 일어나면서 정상과 비정상이 바뀌는 뉴노멀의 도전에 얼마나 잘 응전하느냐가 성공의 열쇠가 되었다. 가장 강한 종이 아니라 가장 변화를 잘하는 종이 살아남는, 그야말로 다윈이 말하는 진화의 생존 방식이 자연뿐 아니라 문명 세계를 지배하는 원리로 자리를 잡았다. 뉴노멀의 시대적 조건 속에서는 성공의 경험 때문에 실패의 함정에 빠지는 역설이 일어난다. 경험주의라는 도그마(dogma)로부터 해방될 때 창조성이 발현되는 4차 산업혁명 시대 성공의 신화와 역사를 가진 장인정신이 혁신의 장애물로 작용하면서, 근대화의 기획을 선진적으로 추진할 수 있는 토대가 됐던 일본의 과거가 굴레가 되었다.

일본은 보편 문명의 흐름을 따라가는 글로벌리제이션하기보다는 그것을 번역해서 전유하는 문화적 유전자를 갖고 있다. 이에 비해 '조선의 공자'로 번역하지 않고 '공자의 조선'으로 포섭되는 문화 유전자를 가진 한국인들은 문화 사대주의로 소중화를 추구했지만, 그것이 글로벌 시대에는 강점으로 작용한다. R. 태가트 머피(R. Taggart)는 그것이 한국 기업이 일

19 신채호, 「浪客의 新年漫筆」, 『단재 신채호 전집(하)』(단재 신채호선생 기념 사업회, 1972), 26쪽.

본의 비즈니스를 따라잡은 요인 가운데 하나라고 지적했다. "한국에는 국제화된 엘리트가 더 많다. 해외에서의 거주 경험과 영어 구사 능력은 '한국적이지 않다'는 비난의 대상이 되기는커녕 한국의 엘리트 계급에 들어가기 위한 필수 조건에 가깝다."[20] 한국 재계와 학계에서 미국 아이비리그(Ivy league)와 MIT 및 스탠퍼드 졸업생이 최고의 스펙을 가진 사람으로 우대를 받는다. 이에 비해 일본에서는 해외 유학이 아니라 도쿄대학을 나왔다는 것이 파워 엘리트가 될 수 있는 첩경이다.

한국인은 보편 문명과의 융합을 추구하는 '비빔밥 문화 DNA'를 갖고 있다. 과거에는 그것이 아류에서 벗어나지 못하는 한계로 여겨졌지만, 디지털 시대에는 한국을 카메라폰·MP3폰 등 컨버전스(Convergence) 전자제품의 국제적인 '시험대(Test Bed)'로 부상시키는 요인으로 작용한다. 근대 산업 사회가 소유의 상품 시대라면, 4차 산업혁명 시대는 공유의 문화 상품이 각광을 받는다. 비빔밥 문명 코드의 '밈'으로 복제된 K-컬처는 세계인들의 공감을 이끌어낸다. 어느새 '세계 속의 한국'이 아니라 '한국 속의 세계'로 한국의 문명사적 위치가 바뀌었다는 말까지 나왔다. 지금 우리는 세계사적으로는 미국과 중국이 패권 경쟁을 벌이는 G2 시대에 살고 있지만, 문명사적으로는 디지털 뉴노멀 시대를 이끌 선도 문명이 부재한 G0 시대다.

20 R. 태가트 머피(윤영수·박경환 옮김), 『일본의 굴레』(글항아리, 2021), 360쪽.

4. 인류세 인간의 조건과 "역사란 무엇인가"

우리 삶은 탄생(Birth)과 죽음(Death) 사이 선택(Choice)의 연속으로 전개된다는 뜻으로 "인생은 BCD다"라고 말한다. 삶의 시작과 끝, 탄생과 죽음은 모든 생명에게 주어진 운명이다. 종교에서는 그런 운명의 주재자를 일반적으로 신이라 말하지만, 과학적 사고로는 자연이다. 자연이 생물 종의 '죽느냐 사느냐(to be or not to be)'를 결정하는 심판관이라 주장하는 다윈의 진화론이 생물학의 핵심 이론이다. 기본적으로 피식자인 유인원에서 출발했던 현생 인류가 지구상에서 최상위 포식자로 등극한 것은 자연선택이 아닌 자유 선택의 실존적 삶을 추구한 덕분이다. 그런 인간 특성을 사르트르는 "실존은 본질에 앞선다"라는 명언으로 표현했다. 생명체 가운데 인류만 자연의 감옥을 탈출해 자기 존재 의미를 만드는 문화적 존재로 진화했다.

2023년 6월 27일에 별세한, 『리스본행 야간열차』를 쓴 페터 비에리(Peter Bieri)는 인간은 "타고 난 것들은 결정할 수 없지만, 어떻게 살아갈지는 스스로 결정할 수 있다"[21]고 했다. 결정한다는 것은 결국 선택이고, 인간이 어느 하나를 선택할 때 그 나머지 모두는 포기하는 고통을 치러야 한다. 그 고통의 무게로부터 사르트르는 "인간은 자유롭게끔 저주받았다"라고 말했다. 우리가 생각으로 할 수 있는 일은 수없이 많지만, 실제 행동으로 옮길 수 있는 선택의 가지 수는 그렇게 많지 않다. 인간이 '하고 싶은

21 파스칼 메르시어(문항심 옮김), 『자기 결정 — 행복하고 존엄한 삶은 내가 결정하는 삶이다』(은행나무, 2015), 28쪽.

것'과 '할 수 있는 것'은 다르다. 그렇기에 스피노자는 『에티카』에서 자유는 "필연성에 대한 인식"이라 했다. 자유란 결정론의 범위를 벗어난 내 맘대로 하거나 예측 불가능한 것이 아니라, 오히려 결정론적 법칙이 규정하는 한도 내에서 내가 하는 선택이다.

인간의 실존적 삶을 규정하는 인간의 조건을 한나 아렌트는 노동(labor), 작업(work), 행위(action)의 셋으로 유형화했다.[22] 광합성을 통해 직접 에너지를 생산하는 식물과 다르게 동물은 외부 환경으로부터 생존에 필요한 에너지를 조달해야 한다. 동물의 일종인 인간이 자연과의 교통을 통해 에너지를 획득하는 활동을 노동이라 말한다. 마르크스는 그런 인간의 노동을 "자연과의 물질 대사"라고 정의했다. 노동은 인간이 자연의 필연성에 종속되어 하는 활동이다. 그에 반해 작업은 인간이 자연의 필연성을 인식한 것을 토대로 자연을 이용하고 변용하는 활동이다. 그렇게 해서 창조된 인위적 세계가 문화다. 인간은 신체를 연장하는 도구를 발명해 자연에 대한 지배력을 확장하는 작업을 지속적으로 수행했다. 도구는 단순 작업을 수행하기 위해 설계된 물체를 의미한다. 단순 작업을 하는 도구로부터 여러 복잡한 부품들을 조합해서 작업을 자동화하는 기계로의 생산수단의 전환은 생산력을 비약적인 증가시켜서, 근대에 인간은 전 지구를 세계화했다. 하지만 그런 인간 자유의 확대는 '이성의 도구화'라는 주인과 노예의 변증법을 낳았다.

세 번째 조건인 행위는 노동의 필연성과 작업의 도구성이 유기적 관

22 한나 아렌트(이진우 옮김), 『인간의 조건』(한길사, 2019).

계를 맺는 작용을 하는 인간 활동이다. 인간이 이기적 개체들이 모여 거대한 협력 공동체를 결성한 '폴리스적 동물'이란 점이 그런 행위를 가능하게 만든 토대다. 인간은 언어를 통해 소통하고 공감하는 능력이 있기에 공동선을 지향하는 폴리스적 동물이 될 수 있었다. 폴리스라는 정치 공동체에서 나 혼자가 아닌 더불어 살아야 한다는 다원성이 언어를 통해 집단의 문제를 숙의하고 공동의 해결책을 모색하는 정치적 행위를 하도록 만들었다.

한나 아렌트가 『인간의 조건』을 쓴 시점은 1958년이다. 서론의 첫 문장이 "1957년에 인간이 만든 지구 태생의 한 물체가 우주로 발사되었다"이다. 인공위성 발사는 인류가 지구의 결박에서 벗어나는 해방의 가능성을 연 사건이다. 그로부터 반세기가 조금 지난 오늘날의 인류는 자유 의지가 아닌 지구의 명령으로 '지구 생활자'로서 실존적 삶의 방식을 마감해야 하는 인류세에 살고 있다. 인류세 대멸종의 위기에 직면해서 우리는 다시 물어야 한다. 인류세 인간의 조건은 무엇인가? 아렌트는 원자폭탄과 수소폭탄을 만든 인류에게서 태양 에너지를 사용하는 것을 넘어 핵분열과 핵융합으로 에너지를 생산하는 노동의 패러다임 전환이 일어날 수 있는 가능성을 보았다. 그와 더불어 우리 시대에는 인간의 노동과 작업을 대체할 수 있는 AI가 출현했다. AI는 인류 종말의 파국을 초래하는 '판도라 상자'면서, 동시에 인류세 위기를 극복하는 생존 전략의 길을 제시하는 역사와 문명의 '내비게이션'이 될 수 있는 도구다.

46억 년 지구 역사에서 생명의 출현은 38억 년 전쯤으로 추정한다. 생명 진화의 결정적 순간은 5억 4200만 년 전쯤으로 추정하는 캄브리아기 폭발(cambrian explosion)이다. 그 사건을 계기로 눈을 비롯한 감각기관이 분화하고 오늘날 지구상 모든 동물 문(animal phyla)의 초기 형태가 출현했다. 그 이전이 생명 진화의 전사(前史)라면, 이후부터가 고생대-중생대-신생대로 구분되는 역사 시대가 전개된다. 생명의 역사 시대 주요 사건은 5번의 대멸종 연대기로 기록된다. 빙하기와 간빙기의 주기로 생태 환경이 완전히 바뀌는 지구 역사에서 대멸종은 필연적일 수밖에 없다.

최근의 대멸종은 공룡이 1억 5,000만 년 동안 중생대 주역으로 전성기를 누리다 6,500만 년 전쯤 운석이 떨어지는 날벼락으로 졸지에 사라진 사건이다. 공룡 멸종은 외부적 요인 때문이지, 자초한 운명은 아니었다. 이에 비해 인류세 대멸종은 인간 자신이 '인류의 지질학'이란 비극을 연출한다는 점에서 지구 역사의 신기원을 창조하는 사건이 될 수 있다. '지구결박자(the Earthbound)' 인간이 탯줄을 끊으려는 오만(hybris)에 대한 징벌(nemesis)로 6번째 대멸종이 도래한다는 종말론적 위기 의식을 함축하는 인류세는 과학과 인문학의 모든 학문적 논의를 빨아들이는 블랙홀 담론이다.

인류세는 인간의 역사로는 커버할 수 없는 너무나 큰 지구의 과거를 포함한다. 작은 것을 큰 것에 붙이는 것은 문제가 안 된다. 하지만 반대로 큰 것을 작은 것에 붙이면 정체성이 바뀔 가능성이 크다. 인류 역사의 전사(前史)에 해당하는 지구의 역사를 연구하는 대표적인 학문이 지질학이다. 인류세의 역사화를 위해서는 역사학의 시간 범주를 지질학적 시간대로까지 확장해야 한다. 그렇다면 그렇게 서술된 인류세의 역사는 지질학인가, 역사학인가? 중요한 것은 그것이 어느 학문 분야에 속하느냐가 아니라, 인류세의 역사가 어떤 방식으로든 탐구돼야 한다는 점이다. 그런 문제의식은 역사학의 차원을 넘어서는 인문학 전반의 패러다임 전환을 촉발한다.

결국, 인류세는 인간 중심주의에서 벗어나 인류가 생겨나기 이전의 과거로의 확장을 통해서만이 "우리는 어디서 왔고, 무엇이며, 어디로 가는지?"에 대한 답을 줄 수 있다는 포스트(post) '코페르니쿠스 전환'을 요청한다. 천동설에서 지동설로 우주관이 바뀌면서 지구는 더는 우주의 중심이 아니게 됐지만, 역설적이게도 인간은 세상을 인식하는 주체가 된 계기가 '코페르니쿠스 전환'이다. '코페르니쿠스 전환'을 통한 중세에서 근대로의 이행과 함께 인간은 글로벌리제이션(globalization)이란 방식으로 지구를 통합하는 문명을 건설했다. 그 문명의 종착점이 인류세이고, 그것은 바로 인간이 6번째 대멸종의 희생자가 된다는 것을 의미한다. 따라서 앞으로 인간이 계속 생존해서 문명을 지속 가능하게 만들려면 근대 문명 문법을 형성한 인식의 주체로서 근대적 자아의 위치와 역할을 재설정하는 포스트 '코페르니쿠스 전환'이 일어나야 한다.

궁극적으로 존재하는 모든 것은 빅뱅 이후에 생성된 물질과 에너지의 변형으로 생겨났다. 모든 것을 있게 만든 빅뱅은 138억 년 전쯤에 일어났고, 지금까지 존재했던 모든 인류의 삶의 총체는 거기에 비춰보면 아주 짧은 찰나에 불과하다. 우주의 차원에서 인간 삶의 총체로서 역사란 무엇인가에 대한 가장 멋진 표현은 역사가가 아닌 천문학자인 칼 세이건(Carl Edward Sagan)이 했던 말이다.

> 이 빛나는 점을 보라. 그것은 바로 여기, 우리 집, 우리 자신인 것이다. 우리가 사랑하는 사람, 아는 사람, 소문으로 들었던 사람, 그 모든 사람은 그 위에 있거나 또는 있었던 것이다. […] 지구는 광대한 우주의 무대 속에서 하나의 극히 작은 무대에 지나지 않는다. […] 사진은 우리가 서로 더 친절하게 대하

고 우리가 아는 유일한 고향인 이 창백한 푸른 점을 보존하고 소중히 가꿀 우리의 책임을 강조하고 있다고 나는 생각한다.[23]

우주의 차원에서 사유하는 천문학적 계몽 이전의 "우리는 어디서 왔고, 무엇이며, 어디로 가는가?"에 대해 답하는 이야기를 신화, 종교 그리고 역사를 통해 해왔다. 이 모든 서사가 기본적으로는 '폴리스적 동물'로서 인간 정체성을 인식 범주로 해서 구성한 것들이었다. 하지만 21세기 우리는 '인류세'를 맞이해 전형적인 인문학의 3문(問)을 과학적 지식과 연계한 빅 히스토리로 풀어야 하는 상황에 직면해 있다. 앞서 언급했듯이, 생명의 역사 시대 주요 사건은 5번의 대멸종 연대기로 기록된다. 빙하기와 간빙기의 주기로 생태 환경이 완전히 바뀌는 지구 역사에서 대멸종은 필연적일 수밖에 없다. 최근의 대멸종은 공룡이 1억 5,000만 년 동안 중생대 주역으로 전성기를 누리다 6,500만 년 전쯤 운석이 떨어지는 날벼락으로 졸지에 사라진 사건이다. 공룡 멸종은 외부적 요인 때문이지, 자초한 운명은 아니었다.

이에 비해 인류세 대멸종은 인간 자신이 '인류의 지질학'이란 비극을 연출한다는 점에서 지구 역사의 신기원을 창조하는 사건이 될 수 있다. '지구 결박자(the Earthbound)' 인간이 탯줄을 끊으려는 오만(hybris)에 대한 징벌(nemesis)로 6번째 대멸종이 도래한다는 종말론의 징후는 이미 여러 번 나타났다. 무엇보다도 코로나바이러스는 2020년부터 3년 동안이나 강

23 칼 세이건 (현정준 옮김), 『창백한 푸른 점』(사이언스북스, 2001), 26~27쪽.

력한 종말론적 메시지를 전달됐다. 코로나19 팬데믹은 '폴리스적 동물'로서 인간의 존재 방식과 정체성에 대해 중대한 의문을 제기했다. 포스트 팬데믹 시대에는 인간은 자연에서 결코 분리돼 있지 않으며, 인류 역사는 인간들 사이 관계로만 전개되지 않는다는 각성을 해야만 지속 가능할 수 있다.

이제 '폴리스적 동물'이란 정의는 인간은 공동체(community)를 형성하며 살아왔던 것이 아니라 인간과 비인간 행위자 모두를 포괄하는 집합체(collective)로 살아왔다[24]는 사실을 은폐하기 때문에 수정돼야 한다. 그동안 인류는 삽, 안경, 자동차 등 도구와 기계와 연결로 신체를 연장했고, 그 연결 과정의 정점이자 최종 단계로 뇌를 연장한 인공지능을 발명한 단계에까지 이르렀다. 종래 비인간 존재 가운데 인간과 가장 긴밀한 집합체를 형성한 것이 동물이었다. 그들과의 집합체로 문화적 진화를 해나가면서 인간은 가축-애완동물-반려동물이라는 관계의 문법을 만들어냈다. 브뤼노 라투르(Bruno Latour)는 인간과 비인간 사이 연결망(network)의 규모와 복잡성만이 달라졌을 뿐이지 "우리는 결코 근대인이었던 적이 없다"고 주장했다. 코로나바이러스는 더 나아가 "우리는 오직 인간인 적이 결코 없었다(We have never been only human)"는 메시지를 전달함으로써, BC(Before Corona)와 AC(After Corona)의 시대 구분까지 거론됐다.

호모 사피엔스 탄생 이래로 가장 많은 인간 개체 수를 증가시키고 경제 성장을 이룩한 근대 문명은 기본적으로 에너지 대박을 일으킨 화석 연

24 브뤼노 라투르(홍철기 옮김), 『우리는 결코 근대인이었던 적이 없다: 대칭적 인류학을 위하여』(갈무리, 2009), 374쪽.

료를 기반으로 이룩됐다. 그런 근대 문명 모델이 한계 지점에 달한 21세기에 우리는 문명의 리셋(reset)을 위한 새로운 인간 정체성과 역사 모델을 추구해야만 한다. 요컨대 지구 생활자라는 차원에서 폴리스 동물로서의 인간 정체성을 재규정하고 역사란 무엇인가에 대해 다시 생각해보지 않으면, 과거의 지구 생활자로 전성기를 누리다 사라진 공룡처럼 현생 인류는 '인류세'라는 흔적을 남기고 사라질 것이다.

라투르는 지금 지구는 우리에게 칸트(Kant)가 말하는 것과 같은 정언 명령을 내리고 있다고 했다. "너희는 온도 상승을 2도 아래로 유지하라, 그렇지 않으면 죽을 것이다!"[25] 그런 정언 명령에 따르지 않으면 인류가 생겨나기 이전 지구에서 번성했다가 사라진 다른 생명체들처럼 멸종하는 것은 시간문제다. 물론 지구에서는 말할 것도 없고 우주에서도 영원한 것은 없다. 지구도 태양도 언젠가는 소멸한다. 하지만 지금 우리의 문제는 인류 종말의 시간이 우리 자신이 행한 것들로 인해 점점 더 가까이 다가온다는 점이다. 우리가 지구에서 존립할 수 있는 시간을 연장하려면 어떻게든 지구가 내리는 정언 명령에 따라야 한다. 인류세의 인간 조건을 전제로 기껏해야 5,000년에 불과한 문자 시대에 갇힌 역사학은 과학이 탐구할 수 있는 모든 인식 지평으로 시간과 공간을 확장해서 물어야 한다. 인류세 "역사란 무엇인가?"

25 브뤼노 라투르(박범순 옮김), 『지구와 충돌하지 않고 착륙하는 방법: 신기후체제의 정치』(이음, 2021), 11쪽.

김기봉

경기대학교 사학과 교수, 《철학과현실》 책임편집위원, 한국연구재단 인문학 단장, 역사학회 부회장, 수선사학회 회장 역임, 독일 빌레펠트대학교 사학박사. 저서로는 『역사학 너머의 역사: 빅히스토리, 문명의 길을 묻다』, 『내일을 위한 역사학 강의』, 『히스토리아 쿠오바디스』, 『'역사란 무엇인가'를 넘어서』, 『팩션시대: 영화와 역사를 중매하다』, 『역사를 통한 동아시아 공동체 만들기』 등이 있다.

참고문헌

서설_철학과 현실, 현실과 철학

백종현

백종현, 『철학의 개념과 주요 문제』, 철학과현실사, 2007.

_____, 『이성의 역사』 제3쇄, 아카넷, 2018.

_____, 『칸트와 헤겔의 철학』 개정판 2쇄, 아카넷, 2020.

『周易』.

『論語』.

『大學』.

Platon, *Phaidros*, bearbeitet v. D. Kurz, Darmstadt 1983.

Aristoteles, *Ethica Nicomachea*, ed. by I. Bywater, Oxford 1979; 김재홍·강상진·이창우 옮김, 『니코마코스 윤리학』 개정판, 길, 2011.

Descartes, *Principes de la philosophie*, in: Oeuvres IX-2, publ. par C. Adam & P. Tannery[AT], Paris 1973.

_____, *Meditationes de prima philosophia*(1641·1642): AT VII, 1~90; 이현복 옮김, 『성찰』, 문예출판사, 1997.

Rousseau, *Émile, ou De l'éducation*(Amsterdam 1762), in: Œuvres complètes de J.-J. Rousseau, tome II : La Nouvelle Héloïse. Émile. Lettre à M. de Beaumont(A. Houssiaux, 1852).

Kant(백종현 옮김), 『순수이성비판(Kritik der reinen Vernunft)』, 아카넷, 2006.
_____(백종현 옮김), 『윤리형이상학 정초(Grundlegung zur Metaphysik der Sitten)』개정 2판, 아카넷, 2018.
_____(백종현 옮김), 『형이상학 서설(Prolegomena zu einer jeden künftigen Metaphysik, die als Wissenschaft wird auftreten können[Prol])』, 아카넷, 2012.
_____(백종현 옮김), 『실용적 관점에서의 인간학(Anthropologie in pragmatischer Hinsicht[Anth])』, 아카넷, 2014.
Hegel, *Enzyklopädie der philosophischen Wissenschaften im Grundrisse*(1830)[*Enzy*], GW, Bd. 20, hrsg. v. W. Bonsiepen / H.-Ch. Lucas, Hamburg 1992.
_____, *Grundlinien der Philosophie des Rechts*[*GPR*], *Werke* in zwanzig Bänden, TW(Theorie Werkausgabe) Bd. 7, ed. v. E. Molenhauer/K. M. Michel, Suhrkamp Verlag, Frankfurt/M. 1971.
Fichte, J. G., *Sämtliche Werke – Nachgelassene Werke*, hrsg. v. I. H. Fichte, Berlin / Bonn, 1845 / 1935.
Schopenhauer, *Die Welt als Wille und Vorstellung*(1819·1859), in: Sämtliche Werke, Bd. I, hrsg. v. W. Frhr. von Löhneysen, Stuttgart·Frankfurt/M. 1968: 홍성광 옮김, 『의지와 표상으로서의 세계』 개정증보판, 을유문화사, 2015.
R. Stammler, *Wirtschaft und Recht nach der materialistischen Geschichtsauffassung – Eine sozialphilosophische Untersuchung*, Leipzig 1896.

1부 문명의 개화

공성과 대비의 이중주: 대승불교 보살행의 이념

안성두

미산, 「최상의 행복을 향하여」, 미산 외 『행복, 채움으로 얻는가 비움으로 얻는가』, 운주사, 2010.
안성두, 「유식학의 지관수행 — 『유가론』의 '지관쌍운'을 중심으로」, 《불교사상과 문화》 2, 2010.
_____, 「불교에서의 행복에 이르는 길」, 《동서사상》 11, 2011.

_____, 「유식학의 법무아 해석과 그 증득방법」, 《인도철학》 56, 2019.
안성두 역, 『보살지』, 세창출판사, 2015.
이중표, 「자비의 윤리」, 《불교학연구》 12, 2005
眞諦, 『婆籔槃豆法師傳』, T2049.50.
폴 윌리엄스 외(안성두·방정란 옮김), , 『인도불교사상』, 씨아이알, 2022.
푸셍, 루이 드 라 발레(김성철·배재형 옮김), 「무실라와 나라다: 열반의 길」, 《불교학리뷰》 10. 2011.
Aronson, H.B. *Love and Sympathy in Theravāda Buddhism*, Delhi, 1980,
BoBh, (ed. Wogihara), *Bodhisattvabhūmi*, Tokyo, 1971.
Bronkhorst, Johannes, *The Two Traditions of Meditation in Ancient India*, Stuttgart, 1986.
Conze, Edward, *Buddhist Thought in India*, Ann Arbor, 1967.
Lama Chimpa & Alaka Chattopadhyaya, *Tāranātha's History of Buddhism in India*. Delhi: Motilal Banarsidass, 1970
Maithrimurthi, M., *Wohlwollen, Mitleid, Freude und Gleichmut*, Stuttgart: Franz Steiner Verlag, 1999.
Norman, K.R., *The Group of Discourses*(Sutta-Nipāta) vol. I. London: PTS, 1984.
Ñyāṇamoli Bhikkhu, *The Path of Purification* I-II. (Buddhaghosa). Berkeley, 1976
Schmithausen, Lambert, "Zur buddhistischen Lehre von der dreifachen Leidhaftigkeit", *Zeitschrift für Deutsche Morgenländische Gesellschaften*, Supplementa III, 1977
_____, "On some Aspects of Descriptions of Theories of Liberating Insight and Enlightenment in Early Buddhism" *Studien zum Jainismus und Buddhismus, Gedenkschrift für Ludwig Alsdorf*, Eds. K. Bruhn und A. Wezler, Reinbek, 1981.
_____, "The Early Buddhist Tradition and Ecological Ethics", *Journal of Buddhist Ethics* 4, 1997.
Siderits, Mark, *Buddhism as Philosophy*, Ashgate Publishing Limited, 2007.
Sn, (eds. Andersen, Dines & Smith, Helmer), Suttanipāta. 1913.
Vetter, Tilmann, *The Ideas and Meditative Practices of Early Buddhism*, Leiden, 1988(김성철 옮김, 『초기불교의 이념과 명상』, 씨아이알, 2008).

『주역』과 유네스코 세계유산의 평화론적 독해

엄연석

『周易傳義大全』, 保景文化社, 2000.
방인·장정욱 옮김, 『역주 주역사전』, 소명출판사, 2007.
김석진, 『대산 주역정해』, 대유학당, 2009.
성백효, 『周易傳義』, 전통문화연구회, 2010.
정병석 역주, 『주역』, 을유문화사, 2011.
이혁진, 『세계문화유산의 이해』, 새로미, 2020.
이혁진·윤병국·이승곤·임근욱, 『유네스코 세계문화유산과 관광』, 새로미 2012.
외교부/유네스코한국위원회, 『변화의 시대, 한국의 유네스코 협력 비전』, 외교부/유네스코한국위원회, 2018
신희권, 『문화유산 개론』, 사회평론아카데미, 2018.
조민제, 『전쟁, 협력, 산업의 키워드로 본 유네스코 세계유산 이야기』, 통독원, 2021.
편집부, 『세계유산,:새천년을 향한 도전』, 유네스코한국위원회, 2010.
김면, 『유네스코 문화다양성 협약위원국 역할과 과제』, 한국문화관광연구원, 2018.
외교부, 『2015 유네스코 개황』, 휴먼컬쳐아리랑, 2015.
이리나 보코바(송창섭 옮김), 『유네스코와 21세기 고등교육』, 경희대학교 출판문화국, 2014.
강경환·조유진, 『왜, 세계유산일까? — 유네스코 세계유산 전문가가 들려주는』, 눌와, 2016.
강봉원, 『반구대암각화의 비밀: 그림으로 쓴 7천년 역사책』, 울산대학교 출판부, 2016.
공주대학교, 『반구대암각화 암면 보존방안 학술연구』, 울산광역시, 2010.
김광호, 『국보·보물 문화유산을 찾아서, 경상남도·울산광역시·부산광역시』, 혜성, 2013.
김호석, 『한국의 바위 그림』, 문학동네, 2008.
문명대, 『울산 반구대 천전리 암각화』, 한국미술사연구소, 2010.
문명대, 『울산 반구대 대곡리 암각화』, 한국미술사연구소, 2014.
석조문화재보존과학연구회, 『반구대암각화 보존대책 연구』, 울산광역시, 2003.
송수환, 『울산의 역사와 문화』, 울산대학교 출판부, 2007.
송화섭, 『울산 반구대암각화와 천전리 각석 연구』, 한국암각화학회 울산대학교 반구대암각화유적보존연구소, 2016.
Bergen, D. L., *The Holocaust:A Concise Histiory*, Rowman and Littlefield

Publishers, INC, 2009.

Briney, A., "An Overview and History of Unesco", *ThoughtCo*, Nov.14, 2019.

Cowan, J.K., Dembour, M. B., and Wilson, R. A., *Culture and Rights:Anthropological Perspectives*, Cambridge University Press, 2001.

Eriksen, T.H., *Ethnicity and Nationalism*, Second Edition. Pluto Press, 2002.

Erlanger, S., *What does UNESCO recognition mesn, exactly?*, The New York Times, January 6, 2012.

Graham, B., "Heritage as Knowledge:Capital or Culture?", *Urban Studies* 39(5-6).

Have, H., "The Activities of UNESCO in the Area of Ethics", *Kennedy Institute of Ethics Journal* 16(4), 2006.

Jones, P. W., "UNESCO and the Politics of Global Literacy", *Comparative Edition Review* 34(10):41-60, 1990.

진리의 가치

이종권

成百曉(譯註),『孟子集註』, 傳統文化硏究會, 1999.

Benthamm J. *An Introduction to the Principles of Morals and Legislation*, Oxford: The Clarendon Press. 1823.

Dostoevsky, F.(Ignat Avsey 영역), *The Karamazov Brothers*, Oxford University Press, 1994.

Hume, D.(L. A. Selby-Bigge에 의한 편집본), *A Treatise of Human Nature*, Oxford: The Clarendon Press, 1888.

Nightingale, Andrea Wilson, *Spectacles of Truth in Classical Greek Philosophy, Theoria in its Cultural Context*, Cambridge University Press, 2004

Pascal, B.(Honor Levi 영역), *Pensées and and Other Writings*, Oxford University Press, 1995.

Priest, Stehen, *Jean-Paul Sartre: Basic Writings*, Routlege, 2001.

2부 인간의 고뇌와 모색

아리스토텔레스 논리학 연구:
Dictum de omni et nullo와 아리스토텔레스의 '특칭 문장'

이영환

Alexander of Aphrodisias, *In Aristotelis analyticorum priorum librum I commentarium*, CAG II. 1, Reimer, 1883.

Barnes, J., Truth, etc., Oxford UP, 2007

___, et al. (tr.), *Alexander of Aphrodisias: On Aristotle's Prior Analytics* 1. 1-7, Cornell UP.

Crivelli, P., "Aristotle's Logic", in C. Shields (ed.), *The Oxford Handbook of Aristotle*, Oxford UP, 2012.

Geach, P., "History of corruptions of logic" in his Logic Matters (Basil Blackwell), 1972.

Gili, Luca, "Alexander of Aphrodisias and the heterodox dictum de omni et nullo", History and Philosophy of Logic 36, 2015.

Lu-Adler, Huaping, "Kant on proving Aristotle's logic as complete", *Kantian Review* 21, 1, 2016.

Malink, M., "TΩI vs. TΩN in Prior Analytics 1.1-22", *Classical Quarterly*, 58, 2008.

___, "A non extensional notion of conversion in the Organon", *OSAP* 37, 2009.

Mann, Wolfgang-Rainer, *The Discovery of Things*, Princeton, 2000.

Mignucci, M., "Aristotle's theory of predication" in I. Angelelli and M. Cerezo (eds.), *Studies in the History of Logic*, De Gruyter, 1996.

Morison, B., "Aristotle, etc.", *Phronesis* 53, 2008.

Patzig, G., *Aristotle's Theory of the Syllogism*, trans. J. Barnes, D Riedel, 1968.

Quine, W. V. O., 'On what there is', *Review of Metaphysics* 2, 1948.

Ross, W. D., *Aristotle's Prior and Posterior Analytics*, Clarendon, 1949.

Smith, R., *Aristotle's Prior Analytics*, Hackett, 1989

Striker, G., *Aristotle's Prior Analytics Book* 1, Oxford, 2009.

키케로: 로마의 희랍 철학 수용

양호영

[키케로의 문헌들]

키케로, 양호영 옮김, 『아카데미아학파』, 아카넷, 2022.

키케로, 김남우 옮김, 『투스쿨룸 대화』, 아카넷, 2022.

Falconer, W., *De Senectute, De Amicitia, De Divinatione*, Cambridge, MA: Harvard University Press, 1923.

Powell, J. G. F. (ed.), *M. Tulli Ciceronis: De Re Publica, De Legibus, Cato Maior De Senectute, Laelius De Amicitia*: Oxford Classical Texts. Oxford: Clarendon Press, 2006.

Rackham, H., *De Oratore Bk* I-II, Cambridge, MA: Harvard University Press, 1923.

Rackham, H., *De Oratore Bk III, De Fato, Paradoxa Stoicorum, De Partitione Oratoria*, Cambridge, MA: Harvard University Press, 1942.

Reynolds, L. (ed.), *M. Tulli Ciceronis: De Finibus Bonorum et Malorum*: Oxford Classical Texts, Oxford: Clarendon Press, 1998.

[2차 문헌들]

Altman, W., *The Revival of Platonism in Cicero's Late Philosophy: Platonis aemulus and the Invention of Cicero*, London: Lexington Books, 2016.

Griffin, M. and Barnes, J., (ed.), *Philosophia Togata* I, Oxford: Clarendon Press, 1989.

Nicgorski, W., (ed.), *Cicero's Practical Philosophy*, Notre Dame, IN: University of Notre Dame Press, 2012.

Powell, J., (ed.), *Cicero the Philosopher: Twelve Papers*, Oxford: Clarendon Press, 1995.

Steel, C., (ed.), *The Cambridge Companion to Cicero*, Cambridge: Cambridge University Press, 2013.

Woolf. R., Cicero: *Philosophy of Roman Sceptic*, New York, NY: Routledge, 2015.

비참한 현실과 포기할 수 없는 희망: 아우구스티누스의 신국(Civitas Dei)

강상진

[일차 문헌과 번역]

키케로(김남우 외 옮김), 『설득의 정치』, 민음사, 2015.

키케로(허승일 옮김), 『의무론』, 서광사, 1989.

키케로(김창성 옮김), 『국가론』, 한길사, 2010; Cicero, *De Re Publica, De Legibus, Cato Maior de Senectute, Laelius de Amicitia*, J.G.F. Powell ed., Oxford: Clarendon Press, 2006.

아우구스티누스(성염 옮김), 『신국론』 분도출판사, 2004; *De civitate Dei*, Dombart, B./Kalb, A. (eds.) Corpus Christianorum. Series Latina 47-48, Turnhout, 1955.

아우구스티누스(최민순 옮김), 『고백록』 바오로, 1965: 선한용 옮김, 대한기독교서회, 2003; 성염 옮김, 경세원, 2016.

[이차 연구 문헌]

강상진, 「서양 고중세의 인문정신과 인문학」, 한국학술협의회 편, 『지식의 지평 2: 인문정신과 인문학』, 아카넷, 2007.

강상진, 「명저 탐방: 아우구스티누스, 『신국론』: 문명의 전환은 어떻게 철학적으로 소화되는가?, 《철학과 현실》 75, 2007.

강상진, 「아우구스티누스: 불투명한 마음」, 서울대학교 철학사상연구소 기획, 『마음과 철학』, 서양편 상, 서울대학교 출판문화원, 2012.

강상진, 「고대철학의 종언 혹은 새로운 모색: 아우구스티누스에서 보에티우스까지」, 『서양고대철학 2』, 길, 2016.

강상진, 「아우구스티누스와 신국(Civitas Dei)의 함축」, 《동아문화》 60, 2023.

곽준혁, 「키케로의 공화주의」, 《정치사상연구》 13.2, 2007.

김병곤, 「중세 정치사상의 빛과 그늘」, 전경옥 외 지음, 『서양 고대 중세 정치사상사』, 책세상, 2011.

윤비, 「중세 제국, 보편권력과 선민의식, 그리고 인민주권」, 박성우 외 『정치사상사 속 제국』, 서울대학교 출판문화원, 2019.

브라운(서원모·이은혜 옮김), 『고대 후기 로마제국의 가난과 리더십』, 태학사, 2012.

모랄·울만(박은구·이희만 옮김), 『중세 유럽의 정치사상』, 혜안, 2016.

유발 하라리(김명주 옮김), 『호모 데우스』, 김영사, 2017.

유발 하라리(전병근 옮김), 『21세기를 위한 21가지 제언』, 김영사, 2018.

13세기 유럽과 스콜라 철학의 절정, 토마스 아퀴나스

김주연

[토마스 아퀴나스 문헌]

Summa Theologiae, Translated by Fathers of the English Dominican Province, Chicago University press, 1982.

Summa Contra Gentiles, Translated by Anton C. Pegis, Toronto: Pontifical Institute of Mediaeval Studies, 1955.

De ente et essentia: 박승찬 옮김, 『존재자와 본질』, 길, 2021.

[이차 문헌]

김주연, 『철학사 수업 2: 고중세 그리스도교 철학』, 사색의숲, 2022.

버나드 루이스(이희수 옮김), 『중동의 역사』, 까치글방, 1998.

에띠엔느 질송(김기찬 옮김), 『중세철학사』, 현대지성사, 2013.

요셉 피퍼(신창석 옮김), 『토마스 아퀴나스』, 분도출판사, 2005.

3부 다가선 미래 성찰

소크라테스의 '무지의 지'와 메타 인지

구본권

플라톤(강철웅 옮김), 『소크라테스의 변명』, 아카넷, 2020.

다나카 미치타로(김지윤 옮김), 『소크라테스, 죽음으로 자신의 철학을 증명하다』, AK, 2021.

엄정식, 『소크라테스, 인생에 답하다』, 소울메이트, 2012.

김용규, 『소크라테스 스타일』, 김영사, 2021.

대니얼 카너먼(이창신 옮김), 『생각에 관한 생각』, 김영사, 2018.

유발 하라리(조현욱 옮김), 『사피엔스』, 김영사, 2015.

유발 하라리(전병근 옮김), 『21세기를 위한 21가지 제언』, 김영사, 2018.

스튜어트 파이어스타인(장호연 옮김), 『이그노런스』, 뮤진트리, 2017.

새뮤얼 아브스만(이창희 옮김), 『지식의 반감기』, 책읽는수요일, 2014.
레나타 살레츨(정영목 옮김), 『알고 싶지 않은 마음』, 후마니타스, 2021.
대니얼 부어스틴(정영목 옮김), 『부정적 발견의 시대』, 문예출판사, 2000.
구본권, 『메타인지의 힘』, 어크로스, 2023.

로보 사피엔스와 유가 철학의 관계론

이철승

『國語』, 『論語』, 『孟子』, 『荀子』, 『禮記』, 『周易』, 『朱子語類』, 『中庸』, 『春秋左傳』
董仲舒, 『春秋繁露』
揚雄, 『法言』
王夫之, 『讀孟子大全說』
___, 『尙書引義』
王充, 『論衡』
李滉, 『退溪集』
張載, 〈西銘〉
___, 『正蒙』
丁若鏞, 『論語古今註』
___, 『孟子要義』
___, 『中庸自箴』
周惇頤, 『太極圖說』
___, 『通書』
朱熹, 『朱子語類』
곽노필, 「생각 훔치는 AI 등장…머릿속 동영상 재현 성공」, 《한겨레신문》, 2023. 6. 1. https://www.hani.co.kr/arti/science/technology/ 검색: 2023. 6. 1.
국립중앙박물관, 『호모 사피엔스』, 공존, 2021.
김진석, 『강인공지능과 인간 — 인간 강화와 인간 잉여의 패러독스』, 글항아리, 2019.
레이 커즈와일(채윤기 옮김), 『21세기 호모 사피엔스』, 도서출판 나노미디어, 1999.
___(윤영삼 옮김), 『마음의 탄생』, 크리센도, 2016.
승현준(신상규 옮김), 『커넥톰, 뇌의 지도』, 김영사, 2014.

신상규, 「인공지능, 또 다른 타자」, 이중원 엮음, 『인공지능의 윤리학』, 한울아카데미, 2019.
袁晓晶, 「生生之道与智能时代的人机关系」, 『第22届 国际中国哲学大会, 世界哲学视域中的中国哲学专题论文集(四)』, 中国华东师范大学, 2022. 6. 27.~7. 1.
유권종, 「유교의 방법론과 인지과학의 소통 가능성」, 《공자학》 제36집, 한국공자학회, 2018.
이종관, 『포스트 휴먼이 온다』, 사월의책, 2017.
이중원, 「인공지능 시대, 철학자는 무엇을 할 것인가」, 『인공지능의 도전, 철학의 응전』, 이화인문과학원·한국철학회 공동학술대회 자료집, 2017.
_____ 엮음, 『인공지능의 윤리학』, 한울아카데미, 2019.
이진우, 「인공지능, 인간을 넘어서다」, 『인공지능의 도전, 철학의 응전』, 이화인문과학원·한국철학회 공동학술대회 자료집, 2017.
이철승, 「'서명'에 나타난 어울림 사상의 논리 구조와 의의」, 《동양철학연구》 제69집, 2012.
______, 「장재철학에 나타난 생태관의 사상적 근거와 의의」, 《동양철학연구》 제73집, 2013.
______, 『우리 철학, 어떻게 할 것인가』, 학고방, 2020
______, 「코로나19 이후의 세계」, 『재난 시대의 철학』, 역락, 2022.
정의길, 「챗GPT 창시자 "AI, 심각한 위험도 존재…규제·국제표준 필요"」, 《한겨레신문》, 2023. 5. 17. https://www.hani.co.kr/arti/international/ 검색: 2023. 5. 23.
정재현, 「인공지능 시대와 동아시아의 관계론」, 이중원 엮음, 『인공지능의 윤리학』, 한울아카데미, 2019.
______, 「인공지능으로 유교성인 만들기 — 한국철학의 정초를 위한 실험철학적 시론」, 《동양문화연구》 35권 0호, 영산대학교 동양문화연구원, 2021.
Mihail C. Roco, William Sims Bainbridge, Converging Technologies for Improving Human Performance: Integrating from the nanoscale, *Journal of Nanoparticle Research* 4, 2002. Kluwer Academic Publishers, 2002.
KBS , 「두 달 만에 1억 명 '챗GPT' 돌풍…윤리 합의 시급」, 《KBS》, 2023. 2. 6.

인간 향상(Human Enhancement)과 도덕적 지위

심지원

마이클 샌델(강명신 옮김), 『생명의 윤리를 말하다: 유전학적으로 완벽해지려는 인간에 대한 반론』, 동녘, 2014.

신상규, 『호모 사피언스의 미래: 포스트휴먼과 트랜스휴머니즘』, 아카넷, 2014.

심지원, 「의료윤리에서의 향상(Enhancement)에 대한 고찰」, 《철학·사상·문화》 제17호, 2014.

앨런 뷰캐넌(심지원 외 옮김), 『인간보다 나은 인간: 인간 증강의 약속과 도전』, 로도스, 2015.

코니 윌리스(최세진 외 옮김), 『여왕마저도』, 아작, 2016.

프란체스카 페란도(이지선 옮김), 『철학적 포스트휴머니즘: 포스트휴먼 시대를 이해하는 237개의 질문들』, 아카넷, 2021.

프랜시스 후쿠야마(송정화 외 옮김), 『Human Future: 부자의 유전자 가난한 자의 유전자』, 한국경제신문, 2003

'폴리스적 동물' 인간의 역사와 인류세 "역사란 무엇인가"

김기봉

곽차섭, 『마키아벨리즘과 근대 국가 이념』, 현상과 인식, 1995.

굴디, 조·아미티지, 데이비드(안두환 옮김), 『역사학 선언』, 한울, 2018.

김용섭, 『東아시아 역사 속의 한국문명의 전환 — 충격, 대응, 통합의 문명으로』, 지식산업사, 2008.

김한규, 『동아시아 역사상의 한국』, 세창출판사, 2015.

헬레나 노르베리-호지(양희승 옮김), 『오래된 미래』, 중앙북스, 2012.

스테판 다나카(박영재·함동주 옮김), 『일본 동양학의 구조』, 문학과지성사, 2002.

브뤼노 라투르(홍철기 옮김), 『우리는 결코 근대인이었던 적이 없다: 대칭적 인류학을 위하여』, 갈무리, 2009.

R. 태가트 머피(윤영수·박경환 옮김), 『일본의 굴레』, 글항아리, 2021.

파스칼 메르시어 (문항심 옮김), 『자기 결정 — 행복하고 존엄한 삶은 내가 결정하는 삶이다』, 은행나무, 2015.

칼 세이건(현정준 옮김), 『창백한 푸른 점』, 사이언스북스, 2001.

신채호, 「浪客의 新年漫筆」, 『단재 신채호 전집』(하), 단재 신채호선생 기념 사업회, 1972.
한나 아렌트(이진우 옮김), 『인간의 조건』, 한길사, 2019.
아리스토텔레스(천병희 옮김), 『정치학』, 도서출판 숲, 2009,
에르네스트 르낭(신행선 옮김), 『민족이란 무엇인가?』, 책세상, 2002.
윤해동, 「'숨은 신'을 비판할 수 있는가? — 김용섭의 '내재적 발전론'」, 『역사학의 세기』, 휴머니스트, 2009.
게오르그 G. 이거스(임상우·김기봉 옮김), 『20세기 사학사 — 포스트모더니즘의 도전, 역사학은 끝났는가?』, 푸른역사, 1999.
헤로도토스(김봉철 옮김), 『역사』, 길, 2016.
Cicero, Orator 120, David Tabachnick and Toivu Koivukoski, *On Oligarchy: Ancient Lessons for Global Politics*, University of Toronto Press, 2011.
Meinecke, Friedrich, *Die deutsche Katastrophe: Betrachtungen und Erinnerungen*, Wiesbaden: Brockhaus, 1955.
Meinecke, Friedrich, *Die deutsche Katastrophe: Betrachtungen und Erinnerungen*, Wiesbaden: Brockhaus, 1955.
Weber, M., "Politik als Beruf", *Gesammelte Politische Schriften*, Tuebingen, 1921, 5. Aufl. 1988.

KI신서 12915
철학과 현실, 현실과 철학 1 : 인간의 자각과 개명
동서양 고중세 철학과 미래 세계에 대한 성찰

1판 1쇄 인쇄 2024년 7월 8일
1판 1쇄 발행 2024년 8월 1일

지은이 백종현, 안성두, 엄연석, 박원재, 신정근, 김혜경, 이종권, 이종환, 이영환, 양호영, 강상진, 김주연, 구본권, 이철승, 심지원, 박충식, 김기봉
엮은이 백종현
펴낸이 김영곤
펴낸곳 ㈜북이십일 21세기북스

인문기획팀 팀장 양으녕 **책임편집** 서진교 **마케팅** 김주현
디자인 최혜진
출판마케팅영업본부장 한충희
마케팅2팀 나은경 한경화
영업팀 최명열 김다운 권채영 김도연
제작팀 이영민 권경민

출판등록 2000년 5월 6일 제406-2003-061호
주소 (10881) 경기도 파주시 회동길 201(문발동)
대표전화 031-955-2100 **팩스** 031-955-2151 **이메일** book21@book21.co.kr

ISBN 979-11-7117-693-9 (94100)